修订版

成人高等教育公共课系列教材

中国近现代史纲要

ZHONGGUO JINXIANDAISHI GANGYAO

主编 朱蓉蓉 王玉贵

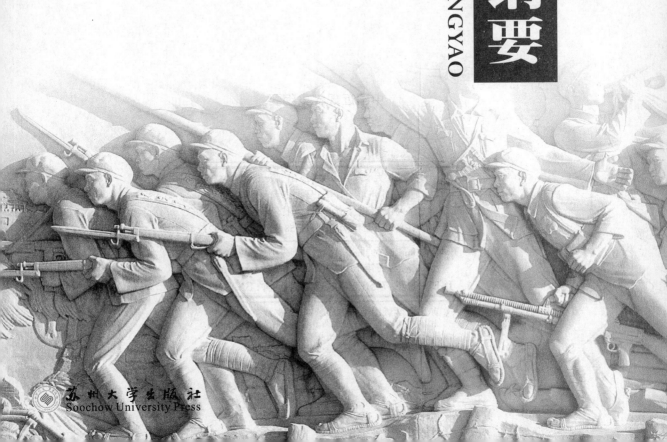

苏州大学出版社
Soochow University Press

图书在版编目(CIP)数据

中国近现代史纲要 / 朱蓉蓉，王玉贵主编. —苏州：苏州大学出版社，2013.2(2021.7重印)
成人高等教育公共课系列教材
ISBN 978-7-5672-0435-5

Ⅰ.①中… Ⅱ.①朱…②王… Ⅲ.①中国历史–近现代–成人高等教育–教材 Ⅳ.①K25

中国版本图书馆CIP数据核字(2013)第036334号

中国近现代史纲要

朱蓉蓉　王玉贵　主编

责任编辑　周建国

苏 州 大 学 出 版 社 出 版 发 行
(地址：苏州市十梓街1号　邮编：215006)
宜兴市盛世文化印刷有限公司印装
（地址：宜兴市万石镇南漕河滨路58号　邮编：214217）

开本 787mm×1092mm　1/16　印张 15.5　字数 322千
2013年2月第1版　2021年7月第10次印刷
ISBN 978-7-5672-0435-5　定价：38.00元

苏州大学版图书若有印装错误，本社负责调换
苏州大学出版社营销部　电话：0512-67481020
苏州大学出版社网址 http://www.sudapress.com
苏州大学出版社邮箱 sdcbs@suda.edu.cn

编者说明

本书根据中共中央宣传部、教育部《关于进一步加强和改进高等学校思想政治理论课的意见》精神，从目前高校思想政治理论课《中国近现代史纲要》的学习要求、授课时间、教学方法以及成人教育的实际出发，结合我们多年的教学实践经验编写而成。

本书的编写坚持理论联系实际的原则，在阐明中国近现代史的基本知识和理论的基础上，力求使大学生认识近现代中国社会发展和革命发展的历史进程及其内在规律性，"了解国史、国情，深刻领会历史和人民是怎样选择了马克思主义，选择了中国共产党，选择了社会主义道路，选择了改革开放"；进一步帮助学生树立对中国特色社会主义的道路自信、理论自信、制度自信。本书简明扼要、系统完整、观点明确、重点突出，注重理论联系实际，便于教学和自学，可作为成人高教和高等院校各专业的马克思主义理论课教材，也可供广大干部、理论工作者和实际工作者及理论爱好者阅读、参考。

本书由朱蓉蓉、王玉贵主编，负责拟定提纲、撰写内容和全书的统改定稿。段星、郭秋琴、杨余春、许劲松也参加了本书的撰写。

本书的编写参考了由教育部组织编写的"马克思主义理论研究和建设工程"《中国近现代史纲要》教材，吸取了近年来出版的有关中国近现代史教材和著述的相关成果。苏州大学继续教育处对本书的编写十分重视，并给予了很大的支持；苏州大学出版社许周鹣老师为本书的出版付出了辛勤的劳动，在此一并致谢。

本书虽然经过反复讨论和修改，但由于编者水平有限且时间仓促，书中的不足之处在所难免，恳请读者提出宝贵意见，以便再版时予以补正。

编　者
2013 年 2 月

修 订 说 明

中国特色社会主义已进入了新时代,这是我国发展新的历史方位。为推动习近平新时代中国特色社会主义思想进教材、进课堂、进头脑,深入贯彻落实党的十九大和十九届二中、三中全会精神,更好地体现中国特色社会主义思想和实践创新成果,体现马克思主义中国化研究的新进展,我们对教材进行了修订,朱蓉蓉、王玉贵、郑彦之、李飞具体参与了修订工作。

编 者

2019 年 1 月

Contents 目录

第一章　反对外国侵略的斗争

第一节　近代中国社会的基本国情和历史任务 / 1
一、近代中国社会的性质和主要矛盾 / 1
二、近代中国社会面临的两大历史任务 / 13

第二节　反对西方列强侵略的斗争 / 13
一、中国人民反对外来侵略的历程 / 13
二、反侵略战争的失败与民族意识的觉醒 / 15

第二章　对国家出路的早期探索

第一节　太平天国农民起义 / 19
一、太平天国农民起义的兴起 / 19
二、太平天国的制度和政策 / 21
三、太平天国农民起义的意义和局限 / 22

第二节　洋务运动 / 24
一、洋务运动的背景 / 24
二、洋务运动的内容 / 24
三、洋务运动的历史作用及其失败 / 26

第三节　维新运动 / 27
一、维新运动的背景 / 27
二、维新运动的经过 / 28
三、维新运动的意义和教训 / 29

第三章　辛亥革命与封建君主专制制度的终结

第一节　辛亥革命的兴起 / 31
一、辛亥革命兴起的背景 / 31
二、辛亥革命的酝酿与准备 / 32

第二节　武昌起义与建立民国 / 35

一、武昌起义与全国响应 / 35
　　二、中华民国的建立 / 36
　　三、辛亥革命的历史意义 / 36
第三节　辛亥革命的失败 / 37
　　一、封建军阀专制统治的形成 / 37
　　二、辛亥革命失败的原因和教训 / 39

第四章　开天辟地的大事变

第一节　新文化运动和五四运动 / 41
　　一、新文化运动 / 41
　　二、五四运动 / 43
第二节　中国共产党的诞生 / 45
　　一、中国共产党成立的历史条件 / 45
　　二、中国共产党第一次代表大会的召开 / 48
第三节　中国革命的新面貌 / 49
　　一、制定革命纲领，发动工农运动 / 49
　　二、实行国共合作，掀起大革命高潮 / 51

第五章　中国革命的新道路

第一节　国民党对全国的统治 / 55
　　一、国民党政权在全国统治的建立 / 55
　　二、国民党统治下的中国社会经济 / 55
　　三、国民党政权的性质 / 56
第二节　对中国革命新道路的艰辛探索 / 57
　　一、大革命失败后的艰难环境 / 57
　　二、中国革命新道路的实践 / 58
　　三、中国革命新道路的理论 / 59
　　四、反"围剿"作战与土地革命 / 61
第三节　中国革命在探索中曲折前进 / 62
　　一、土地革命战争的严重挫折 / 62
　　二、中国革命的历史性转折 / 63

第六章　全民族的抗日战争

第一节　日本发动全面侵华战争 / 66
　　一、日本侵略者对中国的局部进攻 / 66
　　二、日本侵华战争的全面爆发 / 68

第二节 抗日民族统一战线的形成 / 69
　　一、中国人民的局部抗战，国内和平的初步实现 / 69
　　二、国共实现第二次合作，全民抗战局面的形成 / 73
第三节 国共两党不同的抗日战场 / 74
　　一、国民党领导的正面战场 / 74
　　二、共产党领导的敌后战场 / 77
第四节 抗日民族战争的胜利和意义 / 80
　　一、抗日战争的伟大胜利及其基本经验 / 80
　　二、抗日战争在世界反法西斯战争中的地位 / 81

第七章 中华人民共和国的诞生

第一节 从争取和平民主到进行自卫战争 / 83
　　一、抗战胜利后的时局 / 83
　　二、中国共产党争取和平民主的斗争 / 84
　　三、国民党发动内战和解放区军民的自卫战争 / 86
第二节 国民党政府处于全民包围之中 / 87
　　一、全国解放战争的胜利发展 / 87
　　二、土地改革与农村的群众动员 / 89
　　三、国统区第二条战线的形成 / 90
第三节 中国共产党与民主党派的合作 / 91
　　一、中国共产党与民主党派的团结合作 / 91
　　二、第三条道路幻想的破灭 / 92
　　三、中国共产党领导的多党合作、政治协商格局的形成 / 93
第四节 中华人民共和国的成立 / 94
　　一、中共七届二中全会的召开与《论人民民主专政》的发表 / 94
　　二、中国人民政治协商会议的召开与中华人民共和国的成立 / 95
　　三、中国革命胜利的原因和基本经验 / 96

第八章 确立社会主义基本制度

第一节 巩固新生政权 恢复国民经济 / 98
　　一、新生政权的巩固 / 98
　　二、国民经济的恢复 / 109
第二节 建设和改造并举的过渡时期 / 119
　　一、国家过渡时期总路线的提出 / 119
　　二、生产资料私有制社会主义改造的基本完成 / 124
　　三、第一个五年计划的编制与实施 / 136

第九章 社会主义建设在曲折中发展

第一节 中国式社会主义建设道路探索的良好开端 / 144
一、《论十大关系》的发表 / 144
二、中国共产党第八次全国代表大会的召开 / 146
三、《关于正确处理人民内部矛盾的问题》的发表 / 150

第二节 社会主义建设指导方针的失误 / 152
一、反右派运动的严重扩大化 / 152
二、"大跃进"的失误 / 153
三、对"左"倾错误的纠正与反复 / 156
四、"文化大革命"的十年 / 168

第十章 改革开放与现代化建设的新时期

第一节 伟大的历史性转折与改革开放的起步 / 185
一、伟大的历史性转折 / 185
二、冤假错案的平反 / 189
三、改革开放的起步 / 192

第二节 改革开放的全面启动和中国特色社会主义事业的长足发展 / 195
一、改革开放的全面展开 / 195
二、改革开放的继续深入 / 200

第三节 社会主义现代化建设新局面的开创 / 211
一、建设中国特色社会主义理论的系统化 / 211
二、社会主义市场经济理论的提出 / 219
三、中国特色社会主义事业的跨世纪发展 / 222

第四节 全面建设小康社会 / 227
一、中共十六大的召开,全面建设小康社会行动纲领的制定 / 227
二、以科学发展观统领经济社会发展全局 / 229

第五节 改革开放和社会主义现代化建设的成就 / 231

第十一章 中国特色社会主义进入新时代

第一节 全国建设小康社会进入决胜阶段 / 233
一、全国建设小康社会的新要求和新举措 / 233
二、中国特色社会主义建设的新成就 / 235

第二节 坚持和发展中国特色社会主义 / 237
一、习近平新时代中国特色社会主义思想成为指导思想 / 237
二、实现中华民族伟大复兴的行动纲领 / 238

第一章 反对外国侵略的斗争

第一节 近代中国社会的基本国情和历史任务

一、近代中国社会的性质和主要矛盾

（一）鸦片战争前的中国与世界

中华民族有五千多年的文明历史，创造了灿烂的中华文明，为人类做出了卓越贡献，成为世界上伟大的民族。

中国是世界文明发达最早的国家之一，历史悠久、文明灿烂。灿烂的中华文明具有源远流长、博大精深、影响深远的特点，丰富了世界文明的宝库。古代中国在很长时期内一直走在世界的前列，对人类文明和进步做出过巨大的贡献。

战国时期，中国步入封建社会，至 1840 年鸦片战争，中国封建社会历经了漫长的 2 000 多年。在中国封建社会的历程中曾出现过多次盛世，如汉代的"文景之治"、唐代的"贞观之治""开元之治"。宋代以后，中国就少有盛世，但在 17 世纪、18 世纪，中国封建社会快要走向末路时，又出现了"康乾盛世"。清朝在开国之初，在康熙、雍正、乾隆三朝出现兴盛的景象，在乾隆皇帝初期和中期，国势达到鼎盛。但其后国运衰弱，特别是到了嘉庆、道光年间，政治腐败、经济衰退、军备废弛，阶级矛盾日益突出，整个社会危机四伏。

从公元前 5 世纪到公元 19 世纪，中国封建社会在其历史发展进程中，政治、经济、思想文化、对外关系等方面形成了以下特点：

经济上，中国封建社会是以封建地主土地所有制占主导地位的自给自足的封建经济结构。封建地主阶级拥有大量的土地，土地高度集中，可谓"富者田连阡陌，贫者无立锥之地"。嘉庆皇帝直接和间接掌握在手中的土地就达 83 万顷（每顷为 100 亩），占全国耕地的 12%。道光年间，大臣琦善一人就占有 259 万亩土地，至于当时的一般官僚和地主，也无不占有相当多的土地。而占人口大多数的农民只有很少或者完全没有土地，沦为地主豪绅的佃户。清代的地租率一般都在 50% 以上，有的地方甚至高达

60%~70%。除征收地租之外,封建政府还要向农民征收各种苛捐杂税和摊派徭役,广大农民生活在水深火热之中,过着极端贫困的生活。与此相联系,农民单靠农业生产很难维持基本的生计,必须同时从事家庭手工业生产,这样一来,地主阶级对农民的残酷剥削又进一步加强了农业和家庭手工业的紧密结合。

以个体家庭为单位并与家庭手工业牢固结合的小农经济是中国封建社会的基本生产结构,自给自足的自然经济始终占据绝对优势的地位。虽说从明朝中叶起,中国封建社会母体内已经开始孕育资本主义萌芽,到鸦片战争前夕,在丝织业、棉纺织业、造纸业、木材加工业等行业中更是出现了具有资本主义性质的手工工场,但这些资本主义因素相当微弱,中国依旧是一个封建社会。自给自足的自然经济曾有利于中国封建社会的经济发展和社会稳定,但同时又束缚和限制了社会生产力的发展,对新的生产方式具有较强的排斥力和抵抗力。

在中国封建社会里,地主、商人、高利贷者这三者常常是结合在一起的。中国商人不仅没有像欧洲封建社会中的城市市民那样成为对抗封建生产关系的独立力量,反而常常把财富转向购买土地,从事风险更小的地租剥削。而地主除对农民收取高额地租外,也常常兼营商业或放高利贷,以获取更多的货币财富。社会生产成果不是被用于扩大再生产,而是被用于地主奢侈消费和皇室挥霍、政府开支、军费支出等方面。农民没有任何政治权利,生活极端穷苦和落后。在社会内部,缺乏促使工业迅速发展和社会结构深刻变动的有效机制,这造成了封建经济发展的迟滞。

政治上,中国封建社会政治的基本特征是封建的中央集权君主专制制度。从秦始皇建立中央集权制的封建帝国开始,历代王朝统治者不断加强皇权,称皇帝为"奉天承运"的"天子",以维护"家天下"的君主专制制度;同时不断加强中央集权,加紧对地方官员的控制和监督。皇权是一切权力的中心,全国上下有一整套庞大的官僚机构维系着皇权的统治。清军入关后,"清承明制",在中央有内阁,是替皇帝总理全国政务的最高官署。内阁之下设立吏、户、礼、兵、刑、工六部,处理国家日常政事。雍正认为重大机密要务,由对皇帝直接负责的军机处处理,进一步强化皇权。在地方,由总督和巡抚执掌一省或数省的军政大权。省以下设立道、府、州、县。从中央到地方形成了一整套统治严密的组织系统。这种封建中央集权君主专制体制,在一定程度上巩固、维护了封建统治和多民族国家的统一,同时也在很大程度上抑制了中国封建社会的生机和活力。

社会结构上,中国封建社会结构的特点是族权和政权相结合的封建宗法制度。其核心是宗族家长制,突出父权、夫权、君权,把"三纲""五常"作为治国治家的根本原则。宗法制度在封建社会前期、中期起过稳定和规范封建社会秩序的作用,但其保守性日益增强,禁锢和限制了人们的思想,阻碍了社会的发展和进步。

思想文化上,中国封建社会的文化思想体系以儒家思想为核心。儒学本是孔子倡导的民间私学,自汉武帝推行独尊儒术后,儒家思想便成为中国封建社会的正统思想。它以三纲五常为伦理道德规范,主张仁政,提倡经世济民。儒家还与佛教、道教相互吸收、融合，共同为维护封建统治服务。封建统治者同时吸收法家思想，严刑峻法，实行专制统治。他们还通过种种方法，笼络和控制知识分子，并采取镇压异端、兴文字狱等手段，实行文化专制主义，使得众多知识分子埋头于故纸堆中，闭目塞聪，"不读秦汉之后书，更不考地球各国之事"。

对外关系上，实行限制对外贸易和交往的闭关政策。中国明清两代的封建政府实行重农抑商政策，限制对外贸易和航海业。清朝自1757年起，实行严厉的闭关政策，只留广州一个口岸作为对外通商口岸。粮食、铁器、硫黄、硝等许多商品均被禁止出口。规定外国商人销售商品和购买土货必须通过特许的"行商"（即"十三行"）之手，严重阻碍了我国对外贸易和国内生产的发展。清政府还颁发《民夷交易章程》《防范夷人章程》等，对外国人的商务活动、居留期限、居住场所、行动范围、华夷交往等做了苛杂的规定。自给自足的自然经济是闭关政策实施的经济基础。闭关政策虽然曾作为一种消极防御的手段而起到一定的民族自卫的作用，但对中国近代社会的发展起了严重的阻碍作用，使得中国的封建统治者故步自封，陶醉于"天朝上国"的美梦之中，不了解世界大势。同时也不利于中国人民学习和借鉴外国的先进事物，使中国和西方的差距越来越大，丧失了走向近代化的契机。正如马克思所说："一个人口几乎占人类三分之一的大帝国，不顾时势，安于现状，人为地隔绝于世并因此竭力以天朝尽善尽美的幻想自欺。这样一个帝国注定最后要在一场殊死的决斗中被打垮。"① 近代世界已不同于古代，任何国家已无法孤立于世界体系之外，闭关自保只能是一种不切实际的幻想。

总之，传统的封建主义生产方式、高度集权的君主专制制度，以封建宗法制度为核心的社会结构，以儒家思想为核心的意识形态和文化结构，以及长期以来实行的闭关政策，严重阻碍着中国社会的进步和发展。

正当中国国势衰微之际，西方资本主义却在飞速发展。

17世纪40年代，世界的东方和西方几乎同时发生了两件大事。在中国，1644年清军入关，建立了中国历史上最后一个封建王朝——清朝。在西方，1640年英国爆发资产阶级革命，推翻了封建政权，从此世界历史开始进入资本主义的新时代。

早在14世纪、15世纪，欧洲地中海沿岸城市就出现了资本主义萌芽。而在英国资产阶级革命之后，美国、法国、德国、意大利等先后发生类似的革命或改良，从制度上确立起资产阶级在北美洲和欧洲的统治或主导地位，这些国家利用国家机器，鼓励和发展资本主义。18世纪中叶至19世纪中叶，工业革命又迅速开展，大机器生产取代工场手工业，为资本主义在全世界的发展奠定了物质基础。

列宁指出："资本主义如果不扩大其统治范围，如果不开发新的地方并把非资本主

---

① 马克思：《鸦片贸易史》，中共中央马克思、恩格斯、列宁、斯大林著作编译局编译：《马克思恩格斯选集》第1卷，人民出版社1995年版，第716页。

义的古老国家卷入世界经济的漩涡,它就不能存在与发展。"①掠夺是资产阶级的本性,对市场和原料的需求推动资本主义急剧扩张。

英国成为殖民扩张的急先锋,从17世纪50年代至18世纪60年代,先后打败葡萄牙、西班牙、荷兰以及法国,成为显赫一时的"海上霸王"。1793年,英国曾派遣马嘎尔尼率使团来华,试图打开中国市场,遭到清政府的拒绝。1818年英国占领通往远东的重要基地新加坡,1824年部分占领缅甸,1838年侵入阿富汗,其后便将殖民扩张的利爪伸向中国。1849年英国侵占印度全境,1858年英国政府直接统治印度。

法国经过1789年的资产阶级革命,为资本主义的发展扫清了道路。法国是当时仅次于英国的西方强国,其对华贸易始于清顺治十七年(1660),法国在对华经济扩张的同时,也注重扩大宗教侵略,来华的人士多为传教士。

俄国虽然资本主义发展缓慢,但极具侵略传统。17世纪中叶,俄国武装力量侵入我国黑龙江流域和贝加尔湖以东地区,1689年,中俄两国经过谈判协商,订立了《尼布楚条约》,1727年,又签订了《布连斯奇条约》,这两个条约规定了两国东段和中段边界。从18世纪中叶起,沙俄不断侵占我国东北地区和西北地区的领土。同时,由于地缘上的优势,沙俄在对华贸易中比其他欧洲国家居于更加有利的地位。

美国虽然1776年才独立,但对华贸易发展迅速,到19世纪初已位居西方国家对华贸易的第二位。

西方资本主义的迅猛发展以及随之而来的殖民扩张,使逐渐走向衰落的中国面临着一场空前的挑战和严重的危机。

(二)中国半殖民地半封建社会的形成

1. 鸦片战争与中国半殖民地半封建社会的开端

自1840年英国发动鸦片战争后,西方资本—帝国主义势力侵入中国,从此中国开始逐步沦为半殖民地半封建社会。

商品、鸦片、大炮是英国侵华三部曲。鸦片战争以前的中外贸易主要是中英贸易。英国的资本家对中国庞大的市场寄托了极大的希望,甚至认为只要每个中国人的衣服下摆长出一寸,就够英国所有的工厂忙活几十年。然而他们期待的局面并未到来,英国对华贸易反而呈现逆差状态。英国的棉纺织品、布匹等工业品遭到中国自然经济和闭关政策的顽强抵抗;而中国的茶叶、生丝、瓷器等产品在英国畅销,英国不得不每年花费大量的银圆购买中国产品。在鸦片战争前的中英正当贸易中,英国向中国输出的商品,每年总值100万英镑;而中国向英国输出的仅茶叶、丝和丝织品三项物品,每年总值就达600万英镑以上。为了改变这种不利局面,扭转对华贸易的逆差,英国殖民者找到鸦片这种特殊的商品。英国强迫印度种植鸦片,并授权东印度公司垄断收购、加工并走私

---

① 列宁:《俄国资本主义的发展》,中共中央马克思、恩格斯、列宁、斯大林著作编译局编译:《列宁选集》第1卷,人民出版社1995年版,第232页。

到中国贩卖。1780—1821年,每年走私到中国的鸦片约4 000箱,以后逐年猛增,仅1838年一年就高达35 500箱。

鸦片走私给英国资产阶级和鸦片贩子带来了巨额的利润,但给中国人民带来了无穷的灾难。

首先,烟毒泛滥给中国造成社会不安定因素。据1838年黄爵滋在奏折上所说:"其初不过纨绔子弟,习以浮靡,尚知敛戢,嗣后上自官府缙绅,下至工商优隶,以及妇女僧尼道士,随在吸食,置买烟具,为市日中。"①当时全国吸食鸦片者达200万之众。这些烟民整日萎靡不振,鸦片不仅摧残了他们的肉体,而且泯灭了他们的良知,烟害成为旧中国最难医治的社会痼疾之一。

其次,白银大量外流,造成银贵钱贱。由于鸦片的大量输入,中国白银大量外流,造成国内银荒。1820—1840年,中国外流的白银大约1亿元,平均每年外流白银500万元。流通中白银的减少又造成银贵钱贱,"各省州县地丁漕粮,征钱为多,及办奏销,悉以钱易银,折耗太苦,故前此多有盈余,今则无不赔垫。各省盐商卖盐俱系钱文,交课尽归银两。昔之争为利薮,今则视为畏途"②。士农工商莫不受其害,尤其是普通百姓,过去白银1两折换铜钱1 000文左右,19世纪30年代末,增至1 600多文。按照清政府的规定,缴纳赋税需用白银,从前农民粜谷1石多即可完纳税银1两,如今完银1两非粜谷2石不可,农民的实际负担大为加重。

再次,造成工商业萧条。由于吸食鸦片具有成瘾性,许多人将银钱持久地消耗在鸦片上,减少了对其他商品的购买力,造成工商业凋敝。

此外,烟毒泛滥,使吏治更加腐败,在清政府各级官吏中形成一个庞大的保护鸦片走私的受贿集团,大批官员吸食成瘾,腐蚀了整个统治机构。特别是军队官兵吸食鸦片,使得整个军队的战斗力大为下降。

面对是否禁烟的问题,清政府内部出现严禁和弛禁两派。弛禁派主张将鸦片照药材纳税,严禁派则主张禁绝鸦片贸易并重治吸食。严禁派的代表人物林则徐上书道光皇帝,痛陈鸦片贸易的危害:"是使数十年后,中原几无可以御敌之兵,且无可以充饷之银。"面对鸦片贸易所带来的危害,清政府决定实施禁烟政策,并派林则徐为钦差大臣,前往广州查禁鸦片。林则徐会同两广总督邓廷桢、广东水师提督关天培等严拿烟贩,并整顿水师,惩办不法官吏。林则徐还宣布:"鸦片一日不绝,本大臣一日不回,誓与此事相始终,断无中止之理。"③

1839年6月3日至25日,林则徐率领地方官吏在虎门海滩将缴获的英美烟贩的鸦片当众销毁,沉重打击了侵略者的气焰,维护了中华民族的尊严。

---

① 黄爵滋:《严塞漏卮以培国本疏》,文庆等编:《筹办洋务始末》(道光朝)卷2,中华书局1964年版,第32页。
② 黄爵滋:《严塞漏卮以培国本疏》,文庆等编:《筹办洋务始末》(道光朝)卷2,中华书局1964年版,第31页。
③ 《谕各国商人呈缴烟土稿》,《林则徐集·公牍》,中华书局1963年版,第59页。

中国严禁鸦片的正义之举,被英国资产阶级视为发动侵华战争的借口,英国资产阶级纷纷叫嚣中国禁烟"给了我们一个战争机会",英国外交大臣巴麦尊甚至说,对待中国人应先揍一顿,然后再做解释。1839年10月,英国内阁会议正式决定向中国出兵。1840年6月,侵华英军总司令乔治·懿律率领由40余艘舰船、4 000余名士兵(后增至15 000人)、540门大炮组成的"东方远征军",抵达中国广东海面,封锁广东珠江口,第一次鸦片战争爆发。

战争从1840年6月持续至1842年8月,经过了两年多的时间。由于清政府内部不统一,和战不定,经过三起三落,最后以清政府失败而告终,于1842年8月29日中英双方代表在南京下关签订了中国近代史上第一个不平等条约《南京条约》。1843年7月至10月,英国又强迫清政府签订中英《五口通商章程》和《五口通商附粘善后条款》(亦称《虎门条约》)作为对《南京条约》的补充。条约的主要内容如下:

割让香港。《南京条约》规定:"因大英商船远路涉洋,往往有损坏须修补者,自应给予沿海一处,以便修船及存所用物料。今大皇帝准将香港一岛给予大英国君主暨嗣后世袭主位者常远据守主掌,任便立法治理。"①

巨额赔款。条约规定:"因大清钦差大宪等于道光十九年二月间经将大英国领事官及民人等强留粤省,吓以死罪,索出鸦片以为赎命,今大皇帝准以洋银六百万元偿补原价。""凡大英商民在粤贸易,向例全归额设行商,亦称公行者承办,今大皇帝准以嗣后不必仍照向例,乃凡有英商等赴各该口贸易者,勿论与何商交易,均听其便;且向例额设行商等内有累欠英商甚多无措清还者,今酌定洋银三百万元,作为商欠之数,准明由中国官为偿还。""因大清钦命大臣等向大英官民人等不公强办,致须拨发军士讨求伸理,今酌定水陆军费洋银一千二百万元,大皇帝准为偿补,唯自道光二十一年六月十五日以后,英国因赎各城收过银两之数,大英全权公使大臣为君主准可,按数扣除。"②即总计赔偿英国2 100万元。

五口通商。《南京条约》规定:"自今以后,大皇帝恩准英国人民带同所属家眷,寄居大清沿海之广州、福州、厦门、宁波、上海等五处港口,贸易通商无碍;且大英国君主派设领事、管事等官住该五处城邑,专理商贾事宜,与各该地方官公文往来;令英人按照下条开叙之列,清楚交纳货税、钞饷等费。"③《虎门条约》还准许英国人在五口通商地租地造屋。

协定关税。《南京条约》规定:"英国商民居住通商之广州等五处,应纳进口、出口货税、饷费,均宜秉公议定则例。"④《虎门条约》中又规定了"值百抽五"的低关税税率。

领事裁判权。《虎门条约》规定:"其英人如何科罪,由英国议定章程、法律发给管

---

① 王铁崖:《中外旧约章汇编》第1册,三联书店1957年版,第31页。
② 王铁崖:《中外旧约章汇编》第1册,三联书店1957年版,第31页。
③ 王铁崖:《中外旧约章汇编》第1册,三联书店1957年版,第31页。
④ 王铁崖:《中外旧约章汇编》第1册,三联书店1957年版,第32页。

事官照办。"①即英国人在中国犯罪,不受中国法律的约束和制裁。

片面最惠国待遇。《虎门条约》规定:"设将来大皇帝有新恩施及各国,亦应准英人一体均沾,用示平允。"②

引起这场战争的鸦片问题在正式条约中却只字未提,中方谈判代表耆英在答复英方谈判代表璞鼎查的书面照会中说:"中国官吏对于禁止鸦片的权力,当然只以不准中国军民吸食鸦片为限,至于各国商船是否载运鸦片,中国无须过问,也无须在这方面采取任何措施。"③实质上允许鸦片走私继续进行。

1844年,美、法两国也接踵而来,强迫清政府签订了中美《望厦条约》和中法《黄埔条约》。这两个条约扩大了领事裁判权的范围,列强又攫取了军舰可到通商口岸"巡查贸易",建立教堂、医院,传教自由等特权。此后,葡萄牙、比利时、西班牙、瑞典、挪威、丹麦、普鲁士等国也先后强迫清政府签订了不平等条约。

鸦片战争及第一批不平等条约的签订,使中国社会性质发生了根本性的变化。中国由一个领土完整、主权独立的封建社会逐步沦为半殖民地半封建社会。政治上,中国的领土、司法、关税等主权遭到严重破坏。经济上,中国自给自足的自然经济逐步解体并开始沦为资本主义世界的商品市场和原料供应地。在阶级关系上也发生了变化,在五口通商地出现了买办和第一批产业工人。

2. 第二次鸦片战争与中国半殖民地半封建社会的加深

鸦片战争后,借着不平等条约的保护,西方国家对华商品输入额虽一度迅速增加,但很快又急剧下降。如英国对华输出工业品的增长势头仅仅保持了两三年,这是英国资本家所始料不及的。这一方面是因为中国的自然经济并非立刻土崩瓦解,仍然对西方工业品有抗拒力;另一方面是鸦片贸易降低了中国人的购买力。英国资产阶级对此极为不满,决心以战争手段扩大和加深自鸦片战争以来取得的侵华特权。它联合美、法两国,向中国提出"修约"要求。在遭到拒绝后,英、法分别以"亚罗号事件"和"马神甫事件"为借口,挑起了新的侵华战争。由于这次战争是鸦片战争的继续和扩大,故称为"第二次鸦片战争"。这次战争仍然呈现三起三落的态势,从1856年至1860年,持续时间达五年之久。英法联军先后攻陷广州、大沽口、天津,侵入北京西北郊。

在侵略者炮口的威胁下,清政府先后被迫签订了中英、中法《天津条约》《通商章程善后条款》《北京条约》,条约规定:外国公使常驻北京;割让九龙司给英国;增开牛庄(后改营口)、登州(后改烟台)、台南、淡水、汕头、琼州、汉口、九江、南京、镇江、天津为通商口岸;鸦片贸易合法化;掠卖华工合法化;外国人可以入中国内地游历、经商、传教;外国商船可以在长江各口岸自由航行;确定"子口税"制度,洋货运销内地,只纳货物价

---

① 王铁崖:《中外旧约章汇编》第1册,三联书店1957年版,第42页。
② 王铁崖:《中外旧约章汇编》第1册,三联书店1957年版,第36页。
③ 姚贤镐编:《中国近代对外贸易史资料》第1册,中华书局1962年版,第416页。

值2.5%的子口税,即可遍行各地不再纳税;由外国人帮办海关税务;向英、法各赔款800万两白银。美国和沙俄以"调停"有功,也迫使清政府签订《天津条约》。沙俄还利用英法联军侵华之机,于1858年出兵瑷珲,胁迫黑龙江将军奕山订立中俄《瑷珲条约》,强占中国黑龙江以北、外兴安岭以南60多万平方千米土地,并把乌苏里江以东40万平方千米定为中俄"共管之地"。后又通过中俄《北京条约》把"共管"土地掠为己有。1864年,沙俄又迫使清政府签订《勘分中俄西北界约记》,侵占了我国巴尔克什湖以东和以南44万多平方千米的领土。沙皇俄国是第二次鸦片战争最大的获利者,共侵占了我国144万平方千米的领土。

第二次鸦片战争后,西方列强加紧并扩大对中国的政治控制和经济掠夺,中国的主权遭到了更为严重的破坏。特别是中外反动势力开始握手言和,互相勾结,出现了"中外同心"共同镇压太平天国的局面。清政府还在列强的要求下,于1861年设立总理各国事务衙门,专门办理洋务,加深了中国半殖民地半封建社会的程度。

3. 甲午战争和中国半殖民地半封建社会的进一步加深

1868年的明治维新使日本迅速发展成为亚洲唯一的近代强国,并跻身于列强向外扩张的队伍,日本政府制定了旨在征服朝鲜和中国的"大陆政策"。经过长期精心周密的策划准备,日本趁朝鲜爆发东学党农民起义,清政府出兵代为戡乱之际,于1894年发动了蓄谋已久的侵华战争,这一年是农历甲午年,史称"甲午战争"。1894年7月25日,日本海军在丰岛海面突袭中国雇用的英国运兵船"高升"号,运兵船被击沉,清军官兵950余人殉难;7月底到8月下旬,日本陆军向驻扎在朝鲜的中国陆军发动进攻,清军聂士成部、叶志超部在成欢驿、牙山等役中不敌日军,败退至平壤,奉命前来增援的卫汝贵等部也赶至平壤;9月15日,日军分四路进攻平壤的中国驻军,左宝贵等将领阵亡,平壤失陷,叶志超率在朝清军仓皇渡过鸭绿江退回境内,整个朝鲜半岛落入日军之手;9月17日,日本舰队在鸭绿江口的大东沟海面袭击北洋舰队,发动了黄海海战,经过5个多小时的激战,击沉北洋舰队致远号等5艘军舰,击毙击伤北洋海军官兵1 000多人;10月下旬,日军侵入中国境内;九连城、安东(今丹东)、凤凰城、长甸、宽甸、岫岩相继沦入敌手;11月,金州、旅顺、大连沦陷。1895年2月2日,威海卫沦陷,北洋舰队全军覆灭;2月28日至3月上旬,日军又相继攻陷牛庄、营口、田庄台,不到10天的时间,辽东半岛被日军控制;3月14日,慈禧太后任命李鸿章为全权议和大臣赴日本马关议和。

1895年4月17日,清政府全权代表李鸿章与日本首相伊藤博文在日本马关春帆楼签订了《马关条约》。其主要内容有:中国承认日本对朝鲜的控制;割让辽东半岛、台湾及附属各岛、澎湖列岛给日本;赔偿日本军费白银2亿两;增开沙市、重庆、苏州、杭州为通商口岸,日船可沿内河驶入以上各口岸,日本可在通商口岸设立领事馆;日本可在通商口岸投资设厂,其产品运销中国内地时,只按进口货纳税,免征各项杂税,并准在内地设栈寄存。1896年,中日两国根据《马关条约》,又订立了《通商行船条约》,日本又取得了在华的领事裁判权、片面最惠国待遇等侵略性特权。

《马关条约》是《南京条约》订立以来最严重的丧权辱国条约,对中国社会造成了严重的危害。这主要表现在:条约规定清政府承认日本对朝鲜的控制,将朝鲜变成日本侵略中国的跳板;中国被迫割让大片领土,并且将一个行省(台湾)割让,这在历史上是第一次,使中国的领土主权受到空前的损害;条约允许日本在华设立工厂,其他列强即可援引"利益均沾"的片面最惠国待遇,竞相向中国进行资本输出,这样可以直接利用中国廉价的原料和劳动力在中国办厂。此后中国不仅是帝国主义的商品倾销市场,也成为帝国主义的资本输出场所,这就更加严重地限制和压迫了中国的民族工商业,阻碍了中国生产力的发展;条约规定新辟四口通商和日本取得内河航运权,使列强的经济势力得以深入中国内地和长江上游地区,加深了中国经济的半殖民地化;巨额的战争赔款进一步加剧了清政府的财政危机,清政府不得不大量举借外债,列强由此以巨额政治贷款来挟制中国,中国人民的负担也进一步加重。

《马关条约》规定割让辽东半岛给日本,这阻碍了俄国在中国东北的扩张,于是俄国联合法、德两国,要求日本退还辽东半岛。在《马关条约》签订后第六天,俄、法、德三国同时派出海军舰队武力胁迫日本还辽,日本向三国屈服,答应退还辽东半岛,但坚持"对于中国则一步不让"的原则,又向清廷索要3 000万两"赎辽费",清廷被迫答应。而俄、法、德三国的行动表面是在维护中国主权,实质却是借机与日本争夺割占中国领土的机会。此后,俄、法、德自恃干涉还辽有功,相继要求清政府的"回报",英、美、日等国不甘落后,也要求清政府给予"补偿"。从三国干涉还辽开始,列强掀起了瓜分中国的狂潮,纷纷在中国划分势力范围,强租土地,夺取筑路开矿权,兜揽政治性贷款,扩大资本输出,实行殖民统治。清政府成为任人宰割的政府。甲午战争后,中国社会半殖民地半封建化的程度进一步加深。

4. 八国联军侵华战争与中国半殖民地半封建社会的完全形成

在帝国主义掀起瓜分狂潮之时,中国北方地区,主要是山东、直隶、京津地区爆发了声势浩大的以农民为主体的反帝爱国运动——义和团运动。这场运动是民族危机空前严重的产物,是中国人民自鸦片战争以来反侵略、反瓜分、反洋教斗争的深入和发展。义和团以"扶清灭洋"为主要口号,烧毁外国教堂,拆毁列强修筑的铁路、车站和工厂、矿山等,沉重打击了外国侵略势力。

为保护并进一步扩大帝国主义在华既得利益,镇压中国人民的反抗,1900年6月,英、德、法、俄、美、日、意、奥八国组成联军,先后以英国海军中将西摩尔、德国人瓦德西为统帅发动镇压义和团与侵略中国的战争。义和团与清朝爱国官兵共同作战,给侵略者以沉重打击。随着战争的失利,清政府积极向帝国主义谋求妥协,与外国侵略者联合,血腥地镇压了义和团反帝爱国运动。1900年8月,联军占领北京。1901年9月,组成联军的8个国家以及比利时、西班牙、荷兰共11个国家强迫清政府签订了丧权辱国的《辛丑条约》。其主要内容有:

经济制裁：中国向各国赔款白银 4.5 亿两，年息 4 厘，分 39 年还清，本息共计 9.8 亿两，以海关税、常关税和盐税作担保，此外地方赔款 2 000 多万两。这是自鸦片战争以来最大的一次赔款。从此，清政府的主要税收，除田赋外，几乎全被帝国主义控制，中国的财政经济命脉进一步被帝国主义操纵。

划定使馆区：各国将北京东交民巷划定为使馆区，各国可"常留兵队"守卫，中国人不得擅自入内，不得在使馆区内居住，使馆区成为"国中之国"。

拆毁炮台：大沽炮台及北京至大沽沿途所有炮台"一律削平"，在天津周围 20 里内不得驻扎中国军队；外国可以在北京至山海关铁路沿线的山海关、秦皇岛、昌黎、滦州、唐山、芦台、塘沽、军粮城、天津、杨村、廊坊、黄村 12 个要地驻扎军队。北京城完全处在列强的军事控制和监督之下。

禁止中国人民的反帝斗争：永远禁止中国人民成立或加入任何"与诸国仇敌"的组织，"违者皆斩"。镇压义和团不力的官员，被判处死刑、监禁、流放、革职等刑罚。各省地方官员必须保证外国人的安全，所属境内如再有所谓的"违约行为"，必须立即惩办，否则立予革职，永不叙用。凡发生反帝斗争的地方，停止文武等科举考试 5 年。清朝士人以通过科举入仕为奋斗目标，这样就掐断了旧式知识分子"学而优则仕"的出路。

对德、日"谢罪"：清政府分派亲王和大臣赴德、日两国，分别就克林德与杉山彬被杀一事"谢罪"，表示"惋惜之意"，在德国公使克林德被杀之处建立牌坊，对杉山彬用"优荣之典"。这严重损害了中国人民的自尊心，助长了列强的嚣张气焰。

设立外务部：将总理衙门改为外务部，班列六部之首，由皇族亲贵担任外务大臣，办理对外事宜，这不仅仅是一个机构名称的改变，而是帝国主义对中国内政的粗暴干涉。驻北京的外国公使团成为清朝的太上皇。

《辛丑条约》是中国近代史上赔款数目最庞大、主权丧失最严重、精神折辱最沉重、给中国人民带来空前灾难的不平等条约。自《辛丑条约》签订后，清政府一改对洋人的轻蔑敌视而转为崇洋媚外，慈禧太后居然无耻地宣称：今后要"量中华之物力，结与国之欢心"，体现了清王朝的臣服和反抗意识的消退。《辛丑条约》签订后，列强完全控制了中国的经济命脉，在华投资铁路、采矿和设厂、开办银行操纵金融和倾销商品达到了顶峰。清政府在政治、经济、军事、文化等方面全盘听命于列强，成为"洋人的政府"。中国主权丧失殆尽，"已经达到了一个国家地位非常低落的阶段，低到只是保持了独立主权国家的极少的属性的地步"[①]。

《辛丑条约》的签订，标志着中国半殖民地半封建社会的完全形成。

5. 中国半殖民地半封建社会的基本特征

毛泽东在《中国革命和中国共产党》中写道："帝国主义列强侵略中国，在一方面促使中国封建社会解体，促使中国发生了资本主义因素，把一个封建社会变成了一个半封

---

① 马士：《中华帝国对外关系史》第 3 卷，张汇文等译，商务印书馆 1960 年版，第 383 页。

建的社会;但在另一方面,它们又残酷地统治了中国,把一个独立的中国变成了一个半殖民地和殖民地的中国。"①

何谓"半殖民地"?"半殖民地"的含义应该从政治、经济等方面全面地理解,有人仅仅从政治上来理解"半殖民地",这是不完整的。"半殖民地"就政治上来说,它既不同于殖民地,又不同于主权国家:领土不完整,主权不独立,列强在华享有种种特权,如领事裁判权、协定关税、片面的最惠国待遇等;就经济上来说,中国被迫卷入资本主义的世界市场,逐渐沦为西方资本主义国家原料的生产地和产品的销售地。

何谓"半封建"?半封建的含义同样不能仅仅从经济上来理解,也要从政治、经济等方面全面完整地理解。"半封建",政治上表现为封建势力一统天下的局面结束,逐步形成了帝国主义、封建主义、官僚资本主义三座大山共同压迫人民的局面;经济上表现为在西方资本主义的刺激下,中国的资本主义开始产生,传统的自给自足的自然经济开始解体,表现出半封建的特点。

因此,无论是"半殖民地",还是"半封建",都应当从经济基础和上层建筑两个方面来把握与理解,都包含着政治、经济的特定内容和属性。

抗日战争时期,毛泽东在《中国革命与中国共产党》一书中将中国半殖民地半封建社会的基本特征概括为以下几点②:

第一,封建时代的自给自足的自然经济基础是被破坏了;但是,封建剥削制度的根基——地主阶级对农民的剥削,不但依旧保持着,而且同买办资本和高利贷资本的剥削结合在一起,在中国的社会经济生活中占着显然的优势。

第二,民族资本主义有了某些发展,并在中国政治的、文化的生活中起了颇大的作用;但是它没有成为中国社会经济的主要形式,它的力量是很软弱的,它的大部分是对于外国帝国主义和国内封建主义都有或多或少的联系的。

第三,皇帝和贵族的专制政权是被推翻了,代之而起的先是地主阶级的军阀官僚的统治,接着是地主阶级和大资产阶级联盟的专政。在沦陷区,则是日本帝国主义及其傀儡的统治。

第四,帝国主义不但操纵了中国的财政和经济的命脉,并且操纵了中国的政治和军事的力量。在沦陷区,则一切被日本帝国主义所独占。

第五,由于中国是在许多帝国主义国家的统治或半统治之下,由于中国实际上处于长期的不统一状态,又由于中国的土地广大,中国的经济、政治和文化的发展表现出极端的不平衡。

第六,由于帝国主义和封建主义的双重压迫,特别是由于日本帝国主义的大举进攻,中国的广大人民,尤其是农民,日益贫困化以致大批地破产,他们过着饥寒交迫的和

---

① 中共中央文献编辑委员会修订:《毛泽东选集》第2卷,人民出版社1991年版,第628页。
② 中共中央文献编辑委员会修订:《毛泽东选集》第2卷,人民出版社1991年版,第630—631页。

毫无政治权利的生活。中国人民的贫困和不自由的程度,是世界所少见的。

毛泽东指出,这些就是中国半殖民地半封建社会的特点,就是半殖民地半封建中国的基本国情。

(三)近代中国社会的主要矛盾

近代中国半殖民地半封建社会的矛盾错综复杂,其中有中华民族与资本—帝国主义的矛盾,农民与地主阶级的矛盾,资产阶级与地主阶级的矛盾,无产阶级与资产阶级的矛盾,封建统治阶级内部各集团派系的矛盾,各帝国主义国家在中国争夺的矛盾,等等。在这些复杂的社会矛盾中,帝国主义和中华民族的矛盾、封建主义和人民大众的矛盾是占主要地位的主要矛盾,而其中最主要的矛盾是帝国主义和中华民族的矛盾。这两对主要矛盾及其斗争贯穿于整个中国半殖民地半封建社会的始终,并决定了中国近代社会的发展。

中国近代社会的两大主要矛盾是互相交织在一起的,两者之间是交替上升的关系。

这两大主要矛盾是处于运动变化状态的。在各个历史时期,其具体内容和表现形式是不一样的。

当资本—帝国主义对中国发动侵略战争之时,除一些卖国分子以外,国内各阶级能够暂时地团结起来进行民族战争去反对资本—帝国主义。这时,帝国主义和中华民族之间的矛盾成为主要矛盾,其他的社会矛盾包括封建主义和人民大众的主要矛盾在内,便暂时地降到次要和服从地位。中国近代历史上在资本—帝国主义所发动的几次大规模侵华战争时,民族矛盾上升为最主要的矛盾,阶级矛盾则退处次要地位。当资本—帝国主义不是用战争压迫而是用政治、经济、文化等比较温和的形式进行压迫的时候,中国的封建统治阶级就会向帝国主义投降,二者结成同盟,共同压迫中国人民大众。这时,人民大众往往采取国内战争的形式,去反对资本—帝国主义和封建主义的同盟,而资本—帝国主义则往往采取间接的方式去援助中国封建主义压迫中国人民大众,而不采取直接行动,显示出国内封建主义与人民大众之间矛盾的特别尖锐性。辛亥革命、国共合作的国内革命战争、土地革命战争和解放战争时期,封建主义和人民大众之间的矛盾便成为中国社会最主要的社会矛盾。此外,当国内革命战争发展到从根本上威胁帝国主义及其代理人国内反动派存在之时,帝国主义往往采取分化革命阵线内部或者直接出兵援助中国国内反动派的举措。这时,帝国主义和国内反动派完全公开地站在一起,人民大众则站在其对立面,成为一个主要矛盾,而规定或影响其他矛盾的发展状态。[①] 伟大的中国革命就是在这些主要矛盾的基础上发生发展起来的。

---

① 沙健孙、李捷、龚书铎主编:《〈中国近现代史纲要〉教师参考书》,高等教育出版社2007年版,第25—26页。

二、近代中国社会面临的两大历史任务

(一) 两大历史任务的提出

近代中国社会的主要矛盾决定了近代中国社会面临的两大历史任务。1997 年 9 月 12 日,江泽民在题为《高举邓小平理论伟大旗帜,把建设有中国特色社会主义事业全面推向二十一世纪》的中共十五大报告中,对近代中国人民面临的两大历史任务进行了归纳和总结:一个是求得民族独立和人民解放,另一个是实现国家繁荣富强和人民共同富裕。

(二) 两大历史任务之间的关系

两大历史任务,既存在着阶段性的区别,又相互联系。前一任务是为后一任务扫清障碍,创造必要的前提。亦即前一任务完成是后一任务完成的前提与基础,后一任务是前一任务的必然要求和根本目的。

在相当长的时间内,世界上许多帝国主义国家都侵略过中国,而近代中国的反侵略战争也往往以中国失败而告终。究其原因,正如毛泽东所说:"一是社会制度腐败,二是经济技术落后。"①也就是说,中国要摆脱落后挨打的命运,必须首先改变这种半殖民地半封建社会制度,求得民族独立和人民解放,因为腐朽的社会制度束缚着生产力的发展,阻碍着经济技术的进步。只有这样,才能为实现国家富强和人民共同富裕创造前提,开辟道路。因为只有经过反帝反封建的斗争,争得民族独立和人民解放,才能废除列强强加给中国的不平等条约,改变它们控制中国经济财政命脉和向中国大量倾销商品与资本输出的特权,从而使中国民族工商业得以自由发展;才能废除封建地主土地所有制,解放农村生产力,改善农民的生活并提高他们的购买力;才能真正实现民族的团结和社会的稳定,使中国人民集中力量进行现代化建设,逐步改变贫穷落后的面貌,实现国家的繁荣富强和人民的共同富裕,实现中华民族伟大复兴的中国梦。

第二节 反对西方列强侵略的斗争

一、中国人民反对外来侵略的历程

"帝国主义和中国封建主义相结合,把中国变为半殖民地和殖民地的过程,也就是中国人民反抗帝国主义及其走狗的过程……中国人民,百年以来,不屈不挠、再接再厉的英勇斗争,使得帝国主义至今不能灭亡中国,也永远不能灭亡中国。"②

---

① 中共中央文献编辑委员会编:《毛泽东著作选读》下册,人民出版社 1986 年版,第 848 页。
② 中共中央文献编辑委员会修订:《毛泽东选集》第 2 卷,人民出版社 1991 年版,第 632 页。

鸦片战争后，中国陷入内忧外患的黑暗境地，中国人民经历了战乱频仍、山河破碎、民不聊生的深重苦难。为了民族复兴，无数仁人志士不屈不挠、前仆后继，进行了可歌可泣的斗争。

近代中国波澜壮阔的反侵略斗争主要包括两大部分，即人民群众的反侵略斗争和广大爱国官兵的反侵略斗争。其间涌现出大量可歌可泣的英勇事迹。

(一) 人民群众的反侵略斗争

英国发动鸦片战争时，中国人民进行了英勇的抵抗。1841年5月，英军闯入广州郊区三元里一带肆掠，当地乡民奋起反抗，"不呼而集者数万人"，一些具有爱国思想的地主士绅和知识分子也加入抗英斗争的行列。三元里人民与英军展开激烈的战斗，重创英军。三元里人民抗英斗争是近代史上中国人民第一次大规模的反侵略武装斗争，反映了中国人民不畏强暴，敢于反抗外来侵略的勇气。

太平天国农民战争后期，太平军在上海、浙江、江苏等地对进犯的外国侵略者进行了英勇不屈的斗争，曾多次重创英、法侵略军和外国侵略者指挥的洋枪队"常胜军""常捷军"。1862年5月，太平军在江苏奉贤(今属上海)击毙法国侵华海军司令卜罗德；6月，在青浦生擒"常胜军"副统领法尔思德；9月，在慈溪伤毙华尔。1863年1月，在绍兴打死"常捷军"统领勒伯勒东。

屡败清军的洋兵洋将，却常常被太平军战败，连清政府的官员也不得不感叹："夷人之畏长毛，亦与我同。"大长了中国人民反侵略的志气。

1895年，《马关条约》中割让了台湾和澎湖列岛给日本，台湾人民掀起了轰轰烈烈的反割台斗争。《马关条约》签订的第三天，台北即鸣锣罢市，抗议清政府的卖国条约。此后，从台南到台北，抗日的武装义军遍布各地。1895年5月25日，台湾士绅丘逢甲组织台人推举唐景崧为总统、自己为副总统成立"台湾民主国"，年号"永清"，寓意永远归属清朝，决心"据为岛国，固守以待转机"。丘逢甲本人还兼抗日义军统领，黑旗军将领刘永福为大将军，后因日军在基隆登陆，唐景崧逃回大陆而失败。总兵刘永福率领的黑旗军与徐骧等指挥的台湾义军在新竹、彰化、嘉义、台中、台南等地与日军进行血战，双方伤亡惨重。从1895年6月至10月，台湾军民浴血奋战，抗击了日本两个近代化师团和一支海军舰队。此后，在日本统治台湾的半个世纪里，台湾人民反抗日本侵略者的斗争从未间断过，充分表现了台湾人民不屈服于外来侵略和压迫的斗争精神与维护祖国统一的爱国主义精神。

1900年八国联军侵华时，义和团及部分清军与之展开殊死战斗。6月，英国海军中将西摩尔指挥的八国联军2 000多人，乘火车从天津向北京进犯，义和团和清军董福祥部在廊坊奋起拦截侵略军。廊坊阻击战粉碎了八国联军进犯北京的计划，西摩尔哀叹："进京之路，水陆俱穷。"义和团还与清军一起在天津老龙头火车站、紫竹林租界等地同八国联军拼死鏖战。在这些战斗中，义和团表现了舍身救国的英勇的反侵略斗争精神。

（二）爱国官兵的反侵略斗争

在历次反侵略斗争中,爱国官兵表现出英勇顽强的战斗精神。例如,1839年林则徐领导禁烟运动,显示了中华民族反对外国侵略的坚强决心,不愧是中国近代伟大的民族英雄。中法战争中,刘铭传在台湾击退法军,冯子材领导镇南关之战获胜,在中国反侵略斗争史上写下了光辉的一页。

在抗击外国侵略的战争中,许多爱国官兵英勇献身。如第一次鸦片战争期间,广东水师提督关天培、江南提督陈化成和副都统海龄;第二次鸦片战争中,提督史荣椿、乐善;中日甲午战争中,总兵左宝贵、致远舰管带邓世昌、经远舰管带林永升;等等,他们都以身殉国。海军提督丁汝昌等拒绝投降,也自杀殉国。

以上仅仅是近代中国人民反抗外来侵略的一小部分战斗历程。正是由于他们英勇顽强、不屈不挠的反侵略斗争,才使中华民族历尽劫难之后依然挺立,也使得外国侵略者认识到中国人民潜藏的反侵略的巨大能量,认识到"无论欧美日本各国,皆无此脑力与兵力,可以统治此天下生灵四分之一也"①。近代中国人民在反侵略斗争中表现出来的爱国主义精神,永远值得我们纪念和发扬光大。

二、反侵略战争的失败与民族意识的觉醒

（一）反侵略战争的失败及其原因

近代中国的反侵略斗争,无不以中国的失败、被迫接受丧权辱国的条约而告终。究其原因,从中国内部因素来分析,主要有以下两个方面:一是社会制度的腐败;二是经济技术的落后。

1. 社会制度的腐败

首先是吏治的腐败。封建君主专制制度到清朝已发展到顶峰,军机处、内阁、六部大臣只对皇帝一人负责,事事须请旨,许多政务皆由皇帝的个人喜好裁定。整个统治集团内部弥漫着享乐苟安、贪污腐化的气息。例如,在鸦片战争中道光皇帝缺乏抵抗到底的决心,和战不定,甚至将禁烟有功的林则徐、邓廷桢革职查办,而主张对敌妥协的琦善反而受到重用;掌握政权的权贵们,不懂御敌之策。不少将帅贪生怕死,临阵逃脱。他们大多害怕拥有坚船利炮的外国侵略者,甚至为了自身的私利,不惜出卖国家和民族的利益。如满族贵族穆彰阿本身就是鸦片走私的获利者,因此力主对英妥协。他们尤其害怕人民群众,担心人民群众动员起来以后可能危及自身的统治,所以,常常压制与破坏人民群众和爱国官兵的反侵略斗争。鸦片战争中,钦差大臣奕山到了广东,竟然主张"防民胜于防寇"。1885年中法战争中,老将冯子材在中越边境率领将士大败法军,取得镇南关大捷和谅山大捷,导致法国内外交困,茹费理内阁因此倒台,而未料想,这一胜利竟然成为清政府向法国求和的砝码!

---

① 中国史学会主编:《义和团》第3册,上海人民出版社、上海书店出版社2000年版,第244页。

长期的闭关自守还使掌握政权的权贵们昧于世界大势。鸦片战争期间,清朝的最高统治者道光皇帝,对于战争对手英国竟然一无所知,甚至仗打了一年多连英国与俄国是否接壤也不知道,对于英国为什么有一位年轻的女人统治全国无法理解。道光二十二年(1842)四月,台湾总兵达洪阿及道台姚莹讯问英国战俘时,居然问出如下问题:"该国地方周围几许?""英吉利所属国共有若干?其最为强大不受该国统属者共有若干?又英吉利至回疆各部有无旱路可通?平素有无往来?与俄罗斯是否接壤?有无贸易相通?"①作为一个与中国有200多年通商史的国家,清朝的皇帝与高级官员"竟莫知其方向",实在是匪夷所思。

其次是军事上的无能和军队的腐败。在反侵略战争中,清政府往往没有明确的战略战术指导思想,也无一个通盘的战略计划,常常左右依违,和战不定。尽管广大将士英勇抗敌,但还是无法摆脱战略上的被动,造成战争失败。有些清军军官不通近代战争的指挥艺术,不了解近代海战的规律和特点,对世界新式武器的掌握就更有限了。李鸿章任命丁汝昌为北洋水师提督(舰队总司令),丁汝昌为陆军将领,对海战不太了解,所以指挥无方。还有些将帅素质低下,军事上保守落后,不会带兵打仗。清政府的一些官员、将领甚至认为英国的大炮有邪术,对英国军队的战略战术完全不知道,当然也就找不出对付的办法。以八旗、绿营为主力的清军,人称"双枪兵",官兵吸烟上瘾,长期养尊处优,平时疏于训练,战时体力不支,往往临阵脱逃。

2. 经济技术的落后

战争是双方实力的较量,经济技术的落后是近代中国反侵略战争失败的另一个原因。

西方随着工业革命的开展和科学技术的发展,热兵器逐步取代冷兵器,战争的技术含量也大为提高。鸦片战争时期,清军武器处于冷热兵器混用阶段。多数清兵尚使用刀、矛、弓箭等冷兵器,火器也不过是用火绳点放的鸟枪、抬枪,炮台所用大炮有些还是明代仿照西方的滑膛炮,杀伤力弱。而英军则装备精良,大炮可打霰弹、开花弹,杀伤力强。中国水师的战船都是木船,薄板旧钉,遇击即破,难以在海上作战。而英国舰队帆船吨位大,载炮多,排水量大。正如林则徐所言:"彼之大炮,远及十里内外,若我炮不能及,彼炮先已及我,是器不良也;彼之放炮,若内地之放排枪,连声不断,我放一炮后,须转展移时,再放一炮,是技不熟也。"②在后来的反侵略战争中,清军与其他国家的军队比,劣势也十分明显,如在甲午战争中,李鸿章也悲叹:日船"最快者每点钟行二十三海里,次亦二十海里上下。我船订购在先,当时西人船机之学尚未精造至此,仅每点钟行十五至十八海里已为极速,今则至二十余海里矣。近年部议停购船械,自光绪十四年后,我军未增一船。丁汝昌及各将领屡求添购新式快船,臣仰体时艰款绌,未敢奏咨渎

---

① 《达洪阿等奏严讯战俘情形折》,齐思和:《筹办夷务始末》(道光朝)第47卷,中华书局1964年版,第1 777页。
② 中国史学会:《鸦片战争》第2册,神州国光社1954年版,第568—569页。

请"①。武器装备的差距是一种现象,透过这个现象背后是社会制度的差异。

（二）民族意识的觉醒

西方列强的侵略给中国带来巨大灾难,但同时也唤醒了中国人的民族意识,一些先进的中国人开始睁眼看世界,民族意识日益觉醒。

龚自珍,在鸦片战争爆发前就感觉到严重的社会危机,发出了改革的强烈呼唤,"自古及今,法无不变,势无不积,事例无不变迁,风气无不转移"。而要变法就要有人才,必须"不拘一格降人才"。梁启超曾评价道："晚清思想之解放,自珍确与有功焉。光绪间所谓新学家者,大率人人皆经过崇拜龚氏之一时期。"②

林则徐在广州禁烟时期,就敢于面对现实。为了寻找御敌之策,他严格区分正当贸易和非法的鸦片走私,提出"奉法者来之,抗法者去之"。林则徐主张抵抗外国侵略,但不排斥学习敌人的长处。在抵抗英国侵略的过程中,提出"师夷长技以制夷"的思想。他主动了解西方,"署中养有善译之人",翻译外国报纸和书籍,译有《四洲志》和《华事夷言》等。《四洲志》是中国近代第一部系统介绍世界地理的书籍。林则徐被誉为中国"开眼看世界"的第一人。

魏源,在林则徐编译的《四洲志》基础上,完成了《海国图志》一书。该书系统地介绍了世界各国的历史地理状况以及各种近代自然科学知识,是东亚国家关于世界知识最为丰富的一部巨著。书中详细叙述了"师夷之长技以制夷"的思想,提出只有了解"夷情",才能以夷攻夷,以夷款夷,师夷之长技以制夷。更难能可贵的是,他还主张像瑞士那样由贵族办理政务,"不设君位,唯立官长",开创了中国近代向西方学习、探索现代化道路的新风。

19世纪70年代以后,早期资产阶级维新派的主要代表人物王韬、薛福成、马建忠、郑观应等人主张在学习西方科学技术的同时,也要学习西方的政治、经济学说。他们的改革主张包括外交、经济、文化、政治等方面,具体内容有：抵御外国资本主义侵略,维护国家主权和民族独立；要求发展民族资本主义工商业；革新政治,建立君主立宪制度。如郑观应在所著《盛世危言》中提出大力发展民族工商业,同西方国家进行"商战",设立议院,实行"君民共主"制度等主张。这些主张具有重要的思想启蒙的意义。

甲午战败,亡国灭种的危机给国人以猛烈的冲击,中国人民的民族意识开始普遍觉醒。严复在1895年写的《救亡决论》一文中,响亮地喊出了"救亡"的口号。甲午战争后,严复翻译出版赫胥黎的《天演论》,他宣传"物竞天择""适者生存"的社会进化论思想,为中华民族的危机意识和民族意识提供了理论依据。

孙中山喊出了"振兴中华"的口号。1894年11月孙中山在创立中国第一个资产阶

---

① 《复奏海军统将折》（光绪二十年七月二十九日）,顾廷龙、戴逸主编：《李鸿章全集15·奏议十五》,安徽教育出版社、安徽出版集团2008年版,第406页。

② 梁启超：《清代学术概论》,中国书籍出版社2006年版,第121页。

级革命团体兴中会时就指出:"方今强邻环列,虎视鹰瞵,久垂涎于中华五金之富,物产之饶。蚕食鲸吞,已效尤于接踵;瓜分豆剖,实堪虑于目前。有心人不禁大声疾呼,亟拯斯民于水火,切扶大厦之将倾。"①由此,他喊出了"振兴中华"这一时代的最强音。兴中会作为资产阶级中下层的代表,举起了资产阶级革命的旗帜。他们认为,靠温和的改良是不能实现变革图强的理想的,只有运用暴力革命的手段彻底推翻腐朽的封建制度,才能真正改变中国积贫积弱的局面。

  在抗争中,人民的民族意识不断觉醒,无数志士仁人怀着强烈的民族责任感和危机感,不断探索挽救中华民族危亡的道路。这些探索使中华民族看到了新的出路,标志着中华民族的进一步觉醒。

---

① 孙中山:《兴中会章程》,《孙中山选集》,人民出版社1981年版,第14页。

第二章 对国家出路的早期探索

第一节 太平天国农民起义

一、太平天国农民起义的兴起

鸦片战争后,近代中国的民族危机和社会危机日益严重。中国到底该往何处去,已经成为国内各个阶级共同面临的问题。农民阶级、地主阶级、资产阶级纷纷登上历史舞台,拿出自己的方案,对国家出路进行探索。

(一)太平天国农民起义兴起的背景

鸦片战争后,中国封建社会原有的阶级矛盾和鸦片战争以后的民族矛盾交织在一起,中国社会危机日益严重。

首先,清政府为了支付赔款,大肆搜刮百姓。第一次鸦片战争失败以后,清政府为补偿7 000万两军费和2 100万元战争赔款,同时也为了弥补财政亏空,加重了赋税的征收。如湖南的地丁税从每丁银1两变成了每丁几两。1841—1849年全国增加的地丁税竟达330多万两。江浙一带的漕赋,原需交米1石的,战后竟需交米2石五六斗(10斗=1石,1石=120斤),甚至达三四石之多。各级官吏也藉此巧取豪夺,农民的负担更加沉重。正如天地会的《万大洪告示》所说:"天下贪官,甚于强盗,衙门污吏,何异虎狼……民之财尽矣,民之苦极矣!"

其次,鸦片大量输入,导致银贵钱贱现象更加严重。鸦片贸易在战后进一步泛滥,导致白银外流、银贵钱贱的现象更加严重,"昔日两银换钱一千,则石米得银三两,今日两银换钱二千,则石米仅得银一两五钱"。农民出售农产品时得到的是铜钱,但上交赋税时必须用银两,这样更加重了农民的负担。

再次,传统商路的改变,使得大批百姓失业。第一次鸦片战争后五口通商,改变了以前广州在对外贸易中的垄断地位,使两广、福建、湖南、江西等地原来依靠这条传统商路谋生的挑夫、船工等下层群众失去生计,处于失业和半失业状态,增加了社会的不安定因素。

此外,太平天国农民起义前,广西地区水、旱、蝗灾连年不断,饥民遍地,饿殍载道,无法生存下去的民众纷纷揭竿而起。

1842—1850年,全国各族人民的反清起义在百次以上。清政府调兵各处镇压,但群众斗争此起彼伏,人们酝酿着更大规模的反抗。太平天国农民起义就是在这种背景下爆发的。

(二)太平天国农民起义的经过

1. 洪秀全与拜上帝教

洪秀全(1814—1864),出身于广东花县(今花都区)的农民家庭。原名仁坤,小名火秀,后取名秀全。幼年入私塾受到传统的儒家教育,在本村学生中成绩优异。从16岁起开始考秀才,但四次均未考上。在隋唐以后的旧中国,士人以科举谋出路,洪秀全深感怀才不遇,并将个人际遇与当时社会制度的腐败联系起来,对科举制度和清王朝统治产生愤懑情绪。1843年,洪秀全认真阅读了《劝世良言》,被书中宣扬的一神教思想和基督教平等观念所吸引,深信他本人就是拯救中国,使中国"回到敬拜真神上帝之路"的救世主,于是创立拜上帝教,并说服同乡李敬芳、冯云山、洪仁玕等人信奉上帝,并根据"只拜上帝,不敬邪神"的信条,把各自村塾中的孔子牌位除去。

拜上帝教宣扬一神教,只有"皇上帝"才是独一真神,提出"天下多男人,尽是兄弟之辈;天下多女子,尽是姊妹之群",希望达到"天下一家,共享太平"的境界,建立一个"无处不均匀,无人不饱暖"的理想社会。洪秀全将基督教的说教与中国古代的大同理想结合起来,这些设想对于生活在社会下层、希望能借助某种神秘权威来改变自己生存状态的基层民众来讲特别有吸引力。对基层民众来说,宗教语言往往是最容易理解的语言,神秘力量往往是最可信赖的力量。经过数年准备,拜上帝教实力壮大起来,在广西紫荆山一带已有几千人信奉上帝。而拜上帝教教众与官府的冲突也越来越激烈。

2. 从金田起义到天京陷落

1851年1月11日,洪秀全率拜上帝教教众在广西桂平县(今桂平市)金田村发动起义,建国号太平天国。

太平军从广西经湖南、湖北、江西、安徽,一直打到江苏,席卷6省。1853年3月,占领南京,定为首都(改名天京),正式建立起与清王朝对立的太平天国农民政权。随后,又进行了北伐、西征和天京城外的破围战。到1856年上半年,除北伐失利外,太平军在湖北、江西、安徽和天京附近等战场都取得了重大胜利,控制了大片地区,达到了军事上的全盛。

在太平军取得重大胜利的同时,太平天国内部潜在的矛盾和弱点也日益凸显。追求享乐,争权夺利,诸王在建都后不久就大兴土木,不务政事。东王杨秀清居功自傲、专横跋扈。1856年9月,终于酿成了天京事变。1856年8月,杨秀清借"天父下凡",逼天王封其为万岁。洪秀全表面答应,但随即密令北王韦昌辉、翼王石达开火速返回天京。

韦昌辉接到密令后,立即率精兵赶到天京杀死杨秀清及其眷属,其后又杀死杨秀清部属2万多人。石达开回京后,责备韦昌辉滥杀无辜,韦昌辉又想加害洪秀全和石达开,石达开和洪秀全又联合除掉了韦昌辉。天京事变大大损伤了太平天国的元气,是太平天国历史上由盛转衰的转折点。事变后,洪秀全一方面在表面上提拔、重用石达开,另一方面又不信任石达开,暗中派自己的两个同姓兄弟监视、牵制石达开,导致石达开最后率部离开了天京。1857年5月,石达开率精兵10万负气出走,太平军走上了分裂的道路。1863年6月,石达天所率太平军在四川大渡河被清军打败,全军覆没。1864年6月,洪秀全病故。1864年7月,天京被湘军攻破。太平天国起义失败。

二、太平天国的制度和政策

太平天国定都天京后,制定了一系列的制度和政策,其中集中反映太平天国特点的是《天朝田亩制度》和《资政新篇》。

(一)《天朝田亩制度》

太平天国定都天京后,于1853年冬颁布了《天朝田亩制度》。这是一个以土地问题为核心,包括政治、经济、军事、文化等方面内容的纲领性文件。

第一,土地分配方案。

根据"凡天下田,天下人同耕"的原则,将土地按亩产高低划分为9等,好坏搭配,按人口平均分配。凡16岁以上的男女,每人皆可分得一份数量相等的土地,不满16岁的减半。

第二,农副业产品的生产与分配,都以农村政权的基层组织"两"来实行管理,每25户为1"两"。

每五家设一伍长,五伍长设一两司马,四两司马设一卒长,五卒长设一旅帅,五旅帅设一师帅,五师帅设一军帅,通一军共一万二千五百家。平时生产,战时打仗,军政合一。

第三,圣库制度。

《天朝田亩制度》规定,每两设一国库,规定每两生产的农副业产品,"除足其二十五家每人所食可接新谷外,余则归圣库";"所有婚娶弥月喜事,俱用国库,但有限式,不得多用一钱"。鳏寡孤独废疾者均由国库供养。

太平天国的领导者们希望通过施行这样的方案,建立"有田同耕,有饭同食,有衣同穿,有钱同使,无处不均匀,无人不饱暖"的理想社会。这种平均主义的乌托邦在中国历史上曾反复出现并成为农民起义的最大原动力。

《天朝田亩制度》提出的方案,触及了封建剥削的根基——封建地主土地所有制,反映了千百年来中国广大贫苦农民对获得土地、追求平等和平均的理想社会的渴望。而且《天朝田亩制度》以政府文件的形式颁布,俨然是以封建统治的对立物出现,意义更显重大。但是,农民的绝对平均主义的方案不可能使社会生产力向前发展,相反,它将使社会生产力停滞在分散的小农经济的水平上,把农业和家庭手工业相结合的自给自足的自然经济理想化、固定化。在缺乏物质基础的前提下,排斥并阻碍商品经济的发展,只能限于空想,甚至带来一些反面的作用,挫伤劳动者的生产积极性。《天朝田亩制度》后来未能在现实生活中推行。

(二)《资政新篇》

《资政新篇》是太平天国后期颁布的社会发展方案。洪仁玕在香港生活了近7年,是一位对西方资本主义制度有所了解的知识分子。1859年,洪仁玕从香港辗转来到天京。不久,他提出了一个统筹全局的施政纲领——《资政新篇》。这也是洪仁玕为重振朝纲,开辟"新天新地新世界"而写的施政纲领,其主要内容如下:

政治上:主张"禁朋党之弊",加强中央集权,学习西方,制定法律、制度,并强调革新政治的关键是"设法"和"用人"。所谓"设法",就是制定法律、制度;所谓"用人",就是选拔和使用官吏要得当。

经济上:主张效法西方资本主义,发展近代工矿、交通、邮政、银行等事业,奖励科技发明和机器制造,尤其是提出"准富者请人雇工",对穷人"宜令作工,以受所值",这就把向西方的学习,从生产力的领域扩展到生产关系的领域,即开始提倡资本主义的雇佣劳动制。

文教上:建议各省设立不受一般官吏节制的新闻官,创办报纸,设立新闻馆,破除陈规陋俗,提倡兴办学校、开设医院和创办社会福利事业。

外交上:主张同外国平等交往、自由通商,"与番人竞雄",但严禁鸦片输入。对于外国人,强调"准其为国献策,不得毁谤国法"。鼓励外国人在华投资,但不准外国人干涉中国内政。

洪仁玕的这些具有鲜明的资本主义色彩的改革方案,符合当时中国社会发展的客观要求,在向西方学习这一点上,超过了同时代的一些知识分子,因而是进步的。但《资政新篇》中提出的方案并非太平天国的当务之急,换言之,它是一个革命成功后进行经济社会建设的纲领,而不是一个指导革命战争的纲领,必须在相对和平的环境中才能实施,而依照当时太平天国所处的环境,是根本没有条件将《资政新篇》付诸实践的,对于从战略全局上扭转太平天国的危险局面,并无多少帮助。当时中国的资本主义仍处在萌芽状态,平分土地是广大人民群众的迫切要求,而这些在《资政新篇》中不是只字不提,就是语焉不详,因此不能唤起广大农民群众的强烈共鸣。

三、太平天国农民起义的意义和局限

(一)太平天国农民起义的历史意义

首先,太平天国农民起义是中国旧式农民战争的最高峰。太平天国农民起义历时14载,转战18省,建立了与清王朝对峙的政权,沉重打击了封建统治阶级,动摇了清政府的统治根基。提出了明确而系统的理论,颁布了体现太平天国特点的《天朝田亩制

度》和《资政新篇》，反映了广大农民反对封建制度、建立理想社会的美好愿望，成为中国农民起义的一个里程碑。

其次，促成督抚权力的转移，打破了满人垄断政权的局面。清政府为了镇压太平天国起义，不得不重用汉族官僚，从前由满人占据的重要督抚位置，渐渐落入汉人之手。如曾国藩在1860—1865年间就掌管了江苏、江西、安徽、浙江四个富庶而重要的省份；李鸿章后来升任直隶总督兼北洋大臣。汉人开始代替满人执掌政治权力。

再次，有力地打击了外国侵略势力。太平天国在与外国列强的交往中，拒绝了外国侵略者的无理要求，打击了列强妄图通过太平天国将中国殖民地化的企图。当中外反动派勾结起来向太平军展开进攻时，他们毫不犹豫地同侵略者进行了英勇的斗争。因此，太平天国在反对外来侵略、维护民族独立方面也做出了一定的贡献。

最后，太平天国农民起义具有世界意义。在19世纪中叶的亚洲民族解放运动中，太平天国起义是其中时间最久、规模最大、影响最深的一次。它和其他亚洲国家的民族解放运动会合在一起，冲击了西方殖民主义者在亚洲的统治。

（二）太平天国农民起义失败的原因与教训

太平天国农民起义失败的原因，从客观上讲，是由于敌人的力量强大。太平天国面对的不仅是本国封建势力，还有凶残的外国侵略者。因而太平天国农民起义在中外反动势力的共同镇压下失败了。

太平天国农民起义的失败，其主观原因在于农民阶级自身的局限性。

首先，缺乏科学的革命纲领。农民阶级是一个人数众多、革命性强的阶级，但不是一个先进的阶级，不是先进生产力的代表，不能制定出符合历史发展规律的革命纲领。《天朝田亩制度》是希望在落后的小生产的基础上，以平均分配的方法达到大同世界，这仅仅是一个幻想。此外他们想把整个社会改造成整齐划一的自给自足的小农经济，这是违背社会历史发展规律的空想。《资政新篇》提出的发展资本主义的方案，也缺乏实现的土壤和环境，不可能由农民阶级将其变成现实。

其次，缺乏先进的革命理论。农民是小生产者，拜上帝教这种宗教理论虽然在革命初期曾经起过动员和组织广大农民的重要作用，但它毕竟不是科学真理，随着局势的发展，它不再适应革命形势发展的需要，并且由于小生产者的局限性，太平天国领袖的实践活动与他们的理论相悖，导致革命队伍的思想混乱和人心涣散。特别是这种宗教理论后来被用来发展个人势力，酿成了天京变乱的悲剧。洪秀全本人也深深陷入了宗教迷信而不能自拔，以致困守孤城坐以待毙。

再次，缺乏正确的方针政策。农民阶级无法抵御封建思想的侵蚀，其政权未能跳出封建专制政权模式的窠臼，等级、特权观念日益膨胀，领导集团日益脱离群众，贪图享乐、生活腐化。内部的争权夺利造成了太平天国的严重内耗及军事、政治危机。他们也未能联合其他农民起义力量，在夺取天京后，忙于贪图享受，未能抓住时机推翻清政府的统治。正如洪仁玕所说，太平天国农民起义的失败并非丧在妖军之手，却在自己之手。

太平天国农民起义及其失败表明,在半殖民地半封建的中国,农民具有巨大的革命潜力,但它自身不能担负起领导反帝反封建斗争取得胜利的重任。单纯的农民起义不可能为中国找到出路,不可能完成争取民族独立和人民解放的历史任务。

第二节　洋务运动

一、洋务运动的背景

清王朝从19世纪40年代到60年代经历了两次鸦片战争和太平天国农民起义的剧烈冲击。在与西方资本主义殖民侵略者打交道和镇压太平天国农民起义的过程中,一批掌握实权的清朝官僚,对洋枪洋炮的作用有了亲身体会。两次鸦片战争的失败,使他们感到面临着千古未曾有过的变局,传统的统治方式已经不能应付新的局面,必须寻求新的对策,才能挽救摇摇欲坠的统治。于是,从19世纪60年代到90年代,由地主阶级改革派掀起了一场旨在维护封建专制体制的自救运动,史称洋务运动,也称为"同光新政""同治中兴""自强新政"。洋务运动的代表人物在中央是总理衙门大臣恭亲王奕䜣,地方上主要有曾国藩、左宗棠、李鸿章、张之洞等,这些官员被称为"洋务派",他们倡导西方新式练兵,引进机器生产,学习科学技术,派遣留学生和兴办学堂等活动。

二、洋务运动的内容

（一）洋务运动的指导思想

洋务运动的宗旨,亦即指导思想为"中学为体,西学为用",简称"中体西用"。对洋务运动的指导思想最先做出比较完整表述的是冯桂芬。他在《校邠庐抗议》一书中说:"以中国之伦常名教为原本,辅以诸国富强之术。"即以中国封建制度作为根本,利用西方"长技"来维护和巩固这一制度。在洋务派看来,中国的典章制度是好的,唯独"火器"落后。李鸿章就曾明确说过,中国之于西方,"独火器万不能及",由此必须学习西方的技术。

（二）洋务事业的主要内容

洋务运动分两个阶段,19世纪60—70年代是洋务运动的前期,以"求强"为主,主要是编练新式军队与创办军事工业阶段;19世纪70—90年代是洋务运动的后期,除继续进行"求强"外,又提出"求富"口号,强调"富""强"并重。洋务派创办的洋务事业主要包括以下内容:

第一,兴办近代企业。

洋务派首先是以"求强"为口号,兴办近代军事工业。从 1861 年曾国藩创办安庆军械所,仿制洋枪、洋炮开始,至 1890 年张之洞创办湖北枪炮厂为止,在全国各地共兴办的军工企业有 20 多家,其中规模最大的为李鸿章于 1865 年在上海创办的江南制造总局,其他有代表性的洋务企业有:1865 年李鸿章在南京创办的金陵机器局,1866 年左宗棠在福建创办的福州船政局,1867 年崇厚在天津创办的天津机器局,1890 年张之洞在汉阳创办的湖北枪炮厂。这些军事企业全部是官办企业。

为了满足军事工业对于能源、原材料、交通运输等方面的需求,同时也是为了"稍分洋商之利",洋务派从 19 世纪 70 年代以"求富"为口号开始创办近代民用工业,至 19 世纪 90 年代,洋务派兴办的比较重要的民用企业已有 20 多家,李鸿章在上海开办的轮船招商局是洋务派兴办的第一个民用工业,也是中国第一家轮船公司。其他有代表性的企业还有开平矿务局、天津电报总局、上海机器织布局、湖北织布局、漠河金矿和汉阳铁厂等。这些民用工业大部分采用"官督商办"的经营方式,少数企业采用官办和官商合办形式。这些企业基本上是资本主义性质的近代企业。

第二,编练新式陆海军。

洋务派认为,自强之术,必先练兵。19 世纪 60 年代初,奕䜣等奏准在天津成立洋枪队(用外国武器装备的军队),聘用英国教官,选派京营旗兵赴津训练。不久,广东、福建、江苏、湖北等省也纷纷聘请洋人,用西法练兵。另外,李鸿章的淮军、曾国藩的湘军也是用洋枪装备的军队。后来淮军发展成为当时清朝武器装备最精良的军队。

1874 年,日本派兵侵犯中国台湾,清政府筹办海防、建设海军之议随之兴起。1885 年成立海军衙门,由醇亲王奕譞任总理海军大臣,庆亲王奕劻和李鸿章为会办,并由李鸿章专司其事,曾纪泽帮同办理,实际主持人是李鸿章。从 19 世纪 70 年代到 90 年代,分别建成福建水师、广东水师、南洋水师和北洋水师,共有舰船八九十艘,分别负责京津、两江、福建、广东的防务。福建水师的规模最小,大部分舰船由福州船政局建造,少数向欧洲定制;1884 年中法战争中,仅 1 小时左右,全军即遭覆灭。广东水师船只吨位小、数量少,适用于缉私及近海、内河作战,战斗力弱。最强大的是北洋水师。1888 年北洋水师建成时,把福建、广东、上海、台湾的军舰全部划归南洋大臣统辖,称南洋水师。北洋水师是清政府的海军主力,这支舰队一直归李鸿章管辖。

第三,设立新式学堂,派遣留学生。

近代工业的兴办、新式海陆军的编练,使得洋务派急需大量的新式人才。洋务派一方面通过设立新式学堂在国内培养人才,另一方面派遣学生出国留学,在国外培养人才。

从 1862 年奕䜣奏请在京设立京师同文馆开始到 19 世纪 90 年代的 30 多年间,洋务派共创办新式学堂 30 多所,这些学堂主要有三种:一为翻译学堂,如上述的京师同文馆,它是洋务派创办的第一所新式学堂。以培养外语翻译和外交人才为宗旨,为沟通近代中西文化交流和学习西方近代科技打开了窗口。一为工艺学堂,培养电报、铁路、矿务、西医等专门人才,如福州电报学堂、采矿工程学堂、天津医学堂等。一为军事学堂,培养新式海军人才,如福州船政学堂、天津水师学堂等。

在创办新式学堂的同时,清政府还先后派遣赴美幼童及官费赴欧留学生200多人,直接到西方国家学习。1870年,两江总督兼南洋大臣曾国藩和直隶总督兼北洋大臣李鸿章向清廷奏准,计划分4批,每批30人,共派120名幼童赴美留学。1877年到1889年间,福州船政学堂派遣三批留学生共75人赴英法学习,培养海军人才,不少人学成归国后成为北洋水师的骨干,如刘步蟾(定远号管带)、林泰曾(镇远号管带)、林永升(经远号管带)、萨镇冰、严复等。

三、洋务运动的历史作用及其失败

(一)洋务运动的历史作用

第一,对中国民族资本主义的发展起了促进作用。

洋务派提出"自强""求富"的主张,通过引进西方先进机器和科学技术,兴办近代企业,给中国社会注入了资本主义元素,在客观上对中国的早期工业和民族资本主义的发展起了某些示范与促进作用。同时也试图"稍分洋商之利",对外国资本主义的经济扩张有一定的抵制作用。而且大多数近代企业都开办在通商口岸及沿海或沿江城市,有利于这些城市经济的发展,同时还吸引城市周边的农业人口进城务工,有利于产业工人队伍的成长、壮大。

第二,给中国带来了新的知识。

洋务运动时期,为了培养通晓洋务的人才,开办了一批新式学堂,派出了最早的官派留学生,开了中国近代教育的先河。这些留学生回国后,其中不少人成为政治、外交、军事、交通、教育等方面的栋梁之材,为中国的近代化事业做出了重要贡献。与此同时,京师同文馆、江南制造总局附设的翻译馆还翻译了一批西学书籍,给当时的中国带来了新的知识,打开了人们的眼界。中国开始打开国门吸纳新知,打破封闭走向世界。

第三,洋务运动冲击了传统的封建观念。

曾几何时,洋务被视为洪水猛兽,是"卑"和"野"之事。洋务运动时期,伴随着资本主义生产方式的出现,社会风气和价值观念开始变化,西方的各种技术和器物不再被当作"奇技淫巧"而受到排斥,而是被视为模仿、学习的对象。工商业者的地位也得到提升。这一切都有利于资本主义经济的发展,也有利于社会风气的改变。

(二)洋务运动失败的原因

北洋水师在中日甲午战争中全军覆没,标志着历时30多年的洋务运动的失败。其失败的主要原因如下:

第一,洋务运动具有封建性。

洋务运动是洋务派不甘于国势衰弱、遭受外来侵略的命运而采取的一次以自强和求富为目的的活动。洋务运动的发动者洋务派,本身是地主阶级,具有封建性,其阶级属性决定了他们首先是封建制度的维护者,拒绝变革封建政治制度和意识形态,不愿改变旧的生产关系,固守"中学为体,西学为用"的指导思想,欲在原有的制度框架下寻求制器之器与制器之人,这就从根本上制约了洋务运动的进一步发展。

第二,洋务运动对外国具有依赖性。

洋务派认为,外国资本主义是中国"数千年未有之强敌",对于这个强敌,应以"羁縻为上",既要承认与列强已经签订的不平等条约,又要对列强"遇事屈从,故为迁就"。洋务派在创办企业时,从机器到原材料,从设计到生产的技术骨干,无不依靠外国人。如金陵机器局刚开始时就由英国人马格里管理。

第三,洋务企业的管理具有腐朽性。

洋务派本身是从封建统治集团内部分化出来的,在管理时往往将官场习气、封建作风带到企业中,企业衙门化,生产效率低,成本昂贵,造出的轮船、枪炮往往质量低下。企业内部充斥着营私舞弊、贪污受贿的恶习,限制和束缚了洋务企业的发展。

第三节 维新运动

一、维新运动的背景

(一)民族危机严重

甲午战败后,列强掀起了瓜分中国的狂潮,他们纷纷在中国划分势力范围、强占租借地、夺取路矿权、在华设厂、强迫中国进行政治贷款等。1899年,美国又提出了"门户开放"政策,为各国和平争夺在华利益提出了统一方案,中国成为列强瓜分世界的重点,中华民族危机空前严重。正如康有为所说:"吾中国四万万人,无贵无贱,当今日在覆屋之下,漏舟之中,薪火之上,如笼中之鸟,釜底之鱼,牢中之囚,为奴隶,为牛马,为犬羊,听人驱使,听人宰割,此四千年中二十朝未有之奇变。"[①]

(二)民族资本主义初步发展

19世纪90年代以后,中国民族资本主义有了初步发展。据统计,从18世纪70年代初到1898年,在工矿、航运、新式金融等行业的商办近代企业有250家,其中多数是19世纪90年代以后设立的。当时还出现了一批实力比较雄厚的民族资本主义企业,如1895年华侨商人张振勋在山东烟台创立的张裕酿酒厂等。随着民族资本主义的发展,中国民族资产阶级逐渐形成。

新兴的民族资产阶级迫切要求挣脱外国资本主义和国内封建势力的压迫与束缚,

---

① 汤志钧编:《康有为政论集》,中华书局1981年版,第237页。

为发展资本主义开辟道路。

甲午战争后,中国民族资产阶级作为新的政治力量开始登上历史舞台,发出救亡图存、变法维新的号召,领导和发动了维新变法运动。

二、维新运动的经过

（一）维新运动前的准备工作

资产阶级维新派的主要代表人物有康有为、梁启超、谭嗣同、严复等,他们积极宣传维新变法的思想。

康有为曾7次向光绪皇帝上书,其中最著名的是他于1895年联合在京参加会试的举人上书清政府,提出"据和""迁都""练兵""变法"的主张,共同发起"公车上书",通过上书争取光绪帝和一些官僚对维新变法的支持。维新派还通过办报刊、立学会、兴学堂来教育和团结社会上的维新力量。维新派创办的当时影响比较大的报纸有1896年8月梁启超在上海创办的《时务报》,1897年冬严复在天津主编的《国闻报》等,成为宣传维新变法的重要阵地。著名的学会有强学会、南学会、保国会等。重要的学堂有康有为主持的广州万木草堂、梁启超任中文总教习的长沙时务学堂等。到1897年年底,各地已建立以变法自强为宗旨的学会33个,新式学堂17所,出版报刊19种。到1898年,报馆、学会和学堂达300多个。维新派还著书立说,大造变法图强的舆论,康有为写了《新学伪经考》《孔子改制考》,梁启超写了《变法通议》,谭嗣同写了《仁学》,严复翻译了赫胥黎的《天演论》,等等。

（二）百日维新

在维新人士和帝党官员的积极推动下,1898年6月11日,光绪帝颁布"明定国是"诏书,维新变法正式开始。因1898年是农历戊戌年,故此次运动史称"戊戌变法",又称维新运动。1898年9月21日,慈禧太后发动政变,维新变法推行了103天后失败,故此次运动又称"百日维新"。

在百日维新期间,维新派通过光绪帝颁布了数百道变法诏令,涉及政治、经济、军事、文化教育等方面。主要内容如下:

政治方面:改革行政机构,裁撤闲散、重叠机构;裁汰冗员,澄清吏治,提倡廉政;允许官民上书言事,广开言路;准许旗人自谋生计,取消他们享受国家供养的特权。

经济方面:设立国家银行;中央设立农工商总局与铁路矿务总局,各省设立商务局,保护、奖励农工商业和交通采矿业;提倡开办实业,奖励发明创造;注重农业发展,提倡西法垦殖,建立新式农场;广办邮政,修筑铁路;在上海、汉口等大城市开办商学、商报,设立商会等各类组织;改革财政,编制国家预决算。

军事方面:裁减旧式绿营兵,改练新式陆军;采用西洋兵制,改用西法操练;等等。

文化教育方面:创设京师大学堂,各省书院改为高等学堂,在各地设立中、小学堂;提倡西学,废除八股,改试策论,开经济特科;设立译书局,翻译外国书籍,派遣留学生出国;奖励新著,奖励创办报刊,准许自由组织学会。

维新派通过光绪皇帝颁布的新政命令,遭到封建守旧势力的激烈反对,大多未能付诸实施。1898年9月21日,慈禧太后发动政变,重新"垂帘听政",将光绪皇帝囚禁于中南海瀛台。康有为、梁启超被迫逃亡国外。9月28日,谭嗣同、刘光第、林旭、杨锐、杨深秀、康广仁6人惨遭杀害,史称"戊戌六君子"。维新运动以失败而告终。

三、维新运动的意义和教训

（一）维新运动的意义

第一,维新运动是一次爱国救亡运动。

戊戌维新运动是维新派在中华民族陷于内忧外患的危难中对国家出路的一种探索,是试图挣脱亡国灭种命运的努力抗争,维新派在民族危亡的关头,大声疾呼,要求变法图强,表现了可贵的爱国主义精神。维新运动是轰轰烈烈的爱国救亡运动的开始,推动了中华民族的觉醒。

第二,戊戌维新运动是一场政治改革运动。

康有为等人广泛宣传了西方资产阶级的民权思想和政治制度,并强烈呼吁对君主专制制度进行改革,提出向西方全面学习的主张,突破了洋务派"中学为体、西学为用"的思想藩篱,顺应了时代的潮流。这次政治改革运动虽然失败了,但其影响深远,三年后,清政府迫于国内外形势,不得不大体上按照维新变法的内容实施"新政"。

第三,戊戌维新运动是一场思想启蒙运动。

维新派在中国最早创办近代报刊,把旧式书院和私塾逐渐转变为近代学校,广泛建立了政治性和学术性的社团。这些新型的宣传工具和组织形式,在此后的新文化运动中,进一步被用作有效的载体。维新派大力提倡西方的社会政治学说和科学知识,宣传天赋人权、自由平等的观念,打开了知识分子的眼界,使他们重新认识世界,为后来人们接受新思想扫除了一些障碍,有利于民主思想在中国的传播。

（二）维新运动失败的原因和教训

戊戌维新运动的失败,客观上是由于新旧力量对比悬殊。一方面以慈禧太后为首的守旧势力非常强大,政府官员中也只有少数赞成变法,多数采取观望或者抵制态度,给变法运动带来了很大的阻力。另一方面维新势力弱小,无法抗衡强大的封建保守势力。当时民族资本主义经济力量还十分微弱,民族资产阶级的社会基础相当薄弱。他们就只能把自己实行改革的希望寄托在一个没有实权的光绪皇帝身上。

维新运动失败的主观原因是维新派本身的阶级局限性。它同封建主义和帝国主义既有矛盾,又有千丝万缕的联系,具有软弱性和妥协性。

第一,对封建主义的软弱态度。

他们不敢从根本上否定封建君主制度,幻想"以君权雷厉风行",依靠光绪皇帝实现自上而下的改革,而光绪皇帝则是"没有自己的主张,经常随着大臣的奏折为转移"。

在经济上，他们虽然要求发展民族资本主义，却未触及封建剥削的根基——封建土地所有制。在思想上，他们也不敢否定封建思想的权威——孔子，反而要打着孔子的旗号"托古改制"。

第二，对帝国主义抱有幻想。

维新运动本是在民族危机严重的情势下发动的，维新变法的目的就是为了救亡图存，但维新派却幻想西方列强能帮助自己变法维新。他们聘请英国人李提摩太指导强学会会务，有人甚至建议聘请日本前总理大臣伊藤博文来中国任维新的顾问。在守旧势力发动政变时，他们甚至希望英、美、日干预，结果无功而返。

第三，对广大人民群众轻视。

维新派不但脱离人民群众，而且惧怕人民群众。康有为在每次上书中，都反复提醒光绪皇帝如不变法，人民群众就会揭竿而起，"金田之役将复再起"，充分反映了维新派对下层民众的态度。因此，维新运动始终局限在少数官僚和士人之中，是少数人进行的政治运动。正因为没有人民力量作为后盾，所以当守旧势力发动政变时，维新派却无"回天之力"。

维新运动失败表明，在半殖民地半封建的旧中国，企图通过统治者走自上而下的改良道路，是根本行不通的。

虽然农民阶级、地主阶级和资产阶级改良派对中国出路的探索都遭到了不同程度的挫折和失败，但也分别是中国人民探索民族独立、国家富强道路上的重要一环，为以后的革命斗争提供了经验和教训。

第三章
辛亥革命与封建君主专制制度的终结

第一节 辛亥革命的兴起

一、辛亥革命兴起的背景

（一）民族危机的加深

《辛丑条约》签订后，帝国主义列强采取"以华制华"政策，在"保全主义"的幌子下加紧了对华侵略。

列强纷纷在中国扩张势力。1904—1905年，日、俄两国为了争夺在华利益竟然在中国东北开战。而作为"东道主"的清政府却宣称"局外中立"。经过一年多的厮杀，日本战胜俄国，俄国将攫得的中国东北南部所有一切侵略特权"转让"给日本。

到1911年，列强在中国强迫开通82处商埠，在上海、广州、重庆等16个大中城市设租界40多处。中国铁路里程的93.1%被帝国主义控制，1895—1914年，各国在华设立的工矿企业达130家，新设银行13家共85个分支机构经办对清政府的贷款，投资开设工矿，积极扩张在华经济势力。

辛亥革命前，帝国主义控制了中国的内政外交、财政金融、交通运输、工矿企业、文化教育等领域，中国陷入"人为刀俎，我为鱼肉"的岌岌可危的境地。

（二）清末新政与预备立宪

清政府为了摆脱内忧外患的困境，于1901年4月成立督办政务处，宣布实行"新政"。此后，陆续推行了一些方面的改革：

政治方面：改革官制，设立商部、学部、巡警部等中央机构，并尝试建立现代法律体系。

经济方面：奖励实业，鼓励私人投资设厂，制定一系列规章制度，保护工商业者的合法权利。另外还建立了近代财政制度。

文教方面：改革学制，包括废科举、设学堂、奖游学，建立了现代教育制度。

军事方面:从编练新式陆军扩展到确立现代军制,推进了中国军事的现代化。此外,清政府注重海军建设,采纳并推行了张之洞等人废旧船造新船、派遣人员学习海军、整顿水师等主张,以加强国防力量。

1906年,清政府又宣布"预备仿行宪政",1908年颁布《钦定宪法大纲》,制订了学习日本、实行君主立宪的方案,规定九年预备立宪期限。

清末"新政"和"预备立宪"是清政府主导的一场改革运动,从本质上说是地主阶级的自救运动。它没有能挽救清王朝,反而激化了社会矛盾,加重了社会危机。时人评论"新政"是"以貌不以心新,以浮不以实新,以外不以内新,以伪不以真始"。1908年颁布的《钦定宪法大纲》23条中共有14条是维护君主权力的。1911年5月成立的责任内阁里,13名大臣中满族就有9人,其中皇族占7人,被讥为"皇族内阁",所谓的"立宪"不过是一场骗局。这不仅使立宪派大失所望,也使统治集团内部因满汉矛盾和中央与地方矛盾的尖锐而分崩离析。武昌起义后,立宪派和一部分官僚转向革命,这是重要因素。

(三)民族资产阶级力量增强

20世纪初,中国的民族资本主义进入了初步发展阶段,虽然其在整个社会经济中的比重还非常小,但是近代工矿企业增长的速度和规模,比以前都有较大的进展。1901—1911年10年间,各地办水、电厂31家,资本额1 500万元;开办矿冶企业26家,资本额700万元;纺织厂85家,资本额400万元;食品厂95家,资本额1 300万元;此外,卷烟、造纸、火柴、玻璃等轻工业也有一定程度的发展。随着民族资本主义企业发展规模的扩大和数量的增多,民族资产阶级的力量也在增强,在社会政治经济领域也产生了显著影响,为资产阶级进行政治斗争创造了必要的经济基础和阶级基础。

此外,清末"新政"中,清政府实施兴学堂、奖励留学的政策,使中国出现了新式的知识分子群体。这些人接受了西方教育,以建立资产阶级共和国作为自己追求的目标,他们是中国民主革命的先觉者,后来也成为辛亥革命的中坚力量。

(四)群众斗争风起云涌

20世纪初,各阶层人民的斗争风起云涌,遍及全国。1902—1911年,各地民变多达1 300余起。其中包括各阶层人民的反洋教斗争,农民、手工业者的抗捐、抗税、抗租斗争,工人的罢工斗争,商人的罢市斗争,少数民族与会党的起事,等等。同时还发生了拒俄、拒法、抵制美货等爱国运动以及收回利权运动和保路运动等。这些斗争削弱了清政府的统治基础,为辛亥革命的爆发创造了社会环境和群众基础,资产阶级民主革命已经成为不可抗拒的历史潮流。

二、辛亥革命的酝酿与准备

(一)孙中山与三民主义

民主革命的先行者孙中山1866年11月12日出生在广东香山县(今中山市)翠亨

村,10岁开始接受私塾教育,12岁被华侨资本家哥哥孙眉接到美国檀香山读书,开始接受系统的西方资本主义教育。后又到香港读书,1892年毕业于香港西医书院。

民族危机的加深,使孙中山萌发了反清革命思想。1894年11月,他在檀香山创立了中国第一个资产阶级革命团体——兴中会,提出"驱除鞑虏,恢复中华,创立合众政府"的革命目标。1895年春,孙中山到达香港,成立香港兴中会。兴中会是一个以资产阶级及其知识分子为主体的革命团体,它的成立,标志着资产阶级革命派的诞生。兴中会成立后,就积极筹划举行起义。这也表明资产阶级革命派从一开始就选择以暴力革命的方式推翻清王朝。

随着资产阶级民主革命思想的传播,各地资产阶级革命团体纷纷建立,其中重要的有华兴会、光复会、日知会、岳王会等革命团体,正是在这种背景下,资产阶级革命派决定组建统一的政党。1905年7月,孙中山在日本会晤了宋教仁、黄兴等人,倡议联合兴中会、华兴会、光复会和其他革命团体,成立统一的革命团体。1905年8月20日,中国同盟会在东京召开成立大会,大会一致推选孙中山为总理,黄兴被任命为执行部庶务。同盟会以"驱除鞑虏,恢复中华,建立民国,平均地权"为政治纲领,是中国第一个资产阶级革命政党。同盟会的成立,基本结束了革命小团体分散斗争的局面,标志着中国资产阶级民主革命进入了一个新的阶段。

1905年11月26日,同盟会创办了机关刊物《民报》,孙中山在《民报》发刊词中将同盟会的十六字纲领归纳为民族、民权、民生三大主义,即"三民主义"。

民族主义包括"驱除鞑虏,恢复中华"两个方面,即进行民族革命,以革命手段推翻满洲贵族的统治,改变清政府一贯推行的民族歧视和民族压迫政策,建立民族独立的国家。孙中山明确指出"满政府穷凶极恶,今已贯盈。义师所指,覆彼政府,还我主权","中国者,中国人之中国,中国之政治,中国人任之"。[①] 虽然民族主义蕴含摆脱外来压迫的民族独立意识,但缺乏明确的彻底的反帝内容,而是将反帝寓于"反满"之中,没有把矛头对准当时的主要敌人,因而民族主义不能科学地揭示出近代中国社会民族矛盾深刻的历史内容。

民权主义的内容是"创立民国",即进行政治革命,推翻封建专制主义统治,建立资产阶级民主共和国。其基本含义有以下几个方面:第一,根本否定封建君主专制制度;第二,经由"国民革命"的途径,采取革命暴力的手段,建立资产阶级共和国;第三,建立与新国体相适应的新政体——以总统议会为组织形式和以宪法为指导法规的国民政府。孙中山的民权主义是对西方资产阶级民权思想的继承与发展,他将自由、平等、博爱以及民有、民治、民享的思想融入他的民权主义思想中,体现了旧民主主义革命时期的历史特点和发展趋势,代表了当时大多数革命群众的迫切要求。但民权主义也是有局限的。孙中山虽然注意到要使人民享有民权,但在他的制度设计中,无论是军政时期

---

① 中国社科院近代史研究所等编:《孙中山全集》第1卷,中华书局1981年版,第297页。

还是约法时期,都包含了要由"先知先觉"者掌握治权,以教育启发"后知后觉""不知不觉"者的思想。这样,在实践中,就很容易使人民的主权落空。这种严重轻视和脱离人民群众的倾向,使孙中山及其革命党人的民主革命实践难以得到广大人民群众的认同与支持。

民生主义的主要内容为"平均地权",即进行社会革命。"核定天下地价,其现有之地价,仍属原主所有;其革命后社会改良进步之增价,则归于国家,为国民所共享。"①其主要含义在于,第一,核定地价,即由地主自报地价,国家按亩征税,又可将土地随时收归国有。他认为,这样地主不敢"以少报多",因为如此"年年须纳最高之税,则已负累不堪,必不敢";同时又不敢"以多报少",因如此"则又恐国家从而收买,亦不敢"。第二,土地国有。比如地主有地价一千元,可定价为一千,或多至两千。就算那地将来因交通发达,价涨至一万,地主应得两千,已属有益无损,赢利八千,当归国有,这对国计民生皆有大益。"平均地权"本质上是资产阶级国家对地主的一种赎买政策,是一种温和的社会改良方案,只能防止地主垄断土地,而不可能真正消灭地主土地所有制以解决中国农民的土地问题。

孙中山的"三民主义"是中国历史上最早的比较完整的资产阶级民主革命纲领,对中国资产阶级民主革命产生了重大影响。

(二) 革命派的宣传与组织工作

伴随资产阶级革命派的形成,资产阶级民主革命思想通过一些革命书刊,迅速在中国传播开来,震撼着中国的思想界。在宣传革命思想的读物中,以下几种在当时影响较大。

1903年,章炳麟发表《驳康有为论革命书》,全文8 000多字,驳斥了康有为的保皇立宪观点,歌颂革命为"启迪民智,除旧布新"的良药,强调中国人民完全有能力建立民主共和制度。文章笔锋犀利,在当时产生了巨大影响。

1903年5月,邹容的《革命军》在上海出版,该书约20 000字。邹容在书中以"革命军中马前卒"的名义,阐述反对封建专制、进行民主革命的必要性和正义性。他指出:"我中国今日欲脱离满洲人之羁缚,不可不革命;我中国欲独立,不可不革命;我中国欲与世界列强并雄,不可不革命;我中国欲长存于二十世纪新世界上,不可不革命;我中国欲为地球上名国、地球上主人翁,不可不革命。"号召人民推翻封建专制统治,建立"中华共和国"。

1903年,陈天华写成了《警世钟》《猛回头》两本书,以通俗流畅的文字痛陈帝国主义侵略给中国带来的沉重灾难,揭露清政府已经成了帝国主义统治中国的驯服工具,指出:"这朝廷,原是个,名存实亡。替洋人,做一个,守土官长。"号召人民奋起革命,推翻清政府这个"洋人的朝廷"。这两本书,人们争相传诵,学生读之"如同着迷",兵士读之

---

① 中国社科院近代史研究所等编:《孙中山全集》第1卷,中华书局1981年版,第297页。

"即奉为至宝",成为宣传民主革命的锐利武器。

在资产阶级革命派的宣传活动中,最能扩大舆论阵地,传播民主革命思想的是革命派与康有为、梁启超代表的保皇立宪派的论战。这次大论战发生在1905年至1907年,革命派和改良派分别以《民报》和《新民丛报》为主要阵地,围绕"要不要以革命手段推翻清王朝""要不要推翻帝制,实行共和""要不要社会革命"进行。

1907年7月,梁启超以在武汉创办《江汉公报》为由,将《新民丛报》终刊。这场思想论战以革命派的胜利而告终,通过论战,划清了革命与改良的界限,传播了民主革命思想,导致"下至贩夫走卒,莫不口谈革命,而身行破坏",为即将到来的辛亥革命做好了舆论准备。

资产阶级革命派的宣传与组织工作为即将到来的革命高潮创造了必要的条件。

第二节 武昌起义与建立民国

一、武昌起义与全国响应

孙中山领导的中国同盟会,始终坚持武装推翻清王朝的方针,联络会党和新军,发动了多次武装起义。黄花岗起义是武昌起义爆发之前资产阶级革命派领导的规模最大的一次起义。1910年11月13日,黄兴率敢死队120余人在广州举行起义,大部分队员在激战中牺牲。其中七十二烈士的遗骸被葬于黄花岗。这次起义虽然失败,但正如孙中山所言:"黄花岗七十二烈士轰轰烈烈之概已震动全球,而国内革命之时势实以之造成矣。"

1911年5月,清政府宣布"铁路干线收归国有",并与四国银行团订立粤汉、川汉铁路借款合同,借"国有"名义把铁路利权出卖给帝国主义,同时借此"劫夺"商股。这种无耻行径大大激化了清政府与全国人民的矛盾。1911年6月,四川爆发了群众性的保路运动,声势浩大,清政府派兵进行镇压,制造了成都血案,广大民众忍无可忍,迅速掀起暴动。同盟会会员吴玉章等领导了武装起义,荣县宣布独立,这是同盟会会员建立的第一个县级革命政权,清政府派鄂军前往四川镇压,造成了武汉地区的兵力空虚,为武昌起义的成功创造了客观条件。

由于革命形势已经成熟,湖北新军中的共进会和文学社两个革命团体决定联合行动,在武昌举行武装起义。1911年10月10日晚,驻武昌的新军工程第八营的革命党人打响了起义的第一枪。起义军一夜之间就占领武昌,取得首义的胜利。革命军在三天之内就光复了武汉三镇,成立了湖北军政府。由于孙中山等领导人远在海外,在群龙无首的情况下,革命军推举新军协统黎元洪为都督,湖北立宪派首领、谘议局长汤化龙担任民政部部长。

武昌起义掀起了辛亥革命的高潮,各地革命党人纷纷响应,在一个月内,全国就有 13 个省以及上海和许多州、县宣布起义,脱离清政府的统治,腐朽的清王朝迅速土崩瓦解。1912 年 2 月 12 日,清帝被迫退位,在中国延续了两千多年的封建帝制终于覆灭。

二、中华民国的建立

随着革命风暴席卷全国,为了克服独立各省各自为政的状态,建立一个统一的中央政权问题被提到议事日程上来。革命军占领南京后,各省代表决议将南京作为临时政府所在地,正当各方对临时政府代表的人选问题产生意见分歧之时,孙中山从海外回到上海,由于孙中山在国内外的崇高威望以及他对革命的卓越贡献,1911 年 12 月 29 日,孙中山被选为临时大总统。1912 年 1 月 1 日,孙中山在南京宣誓就职,改国号为"中华民国",定 1912 年为民国元年,中华民国临时政府成立。随后,临时政府又选举黎元洪为副总统,成立临时参议院作为立法机关。中华民国临时政府的成立,标志着资产阶级共和国在中国建立。

南京临时政府成立后,在短短的一百多天中,颁布了以下一系列法令和措施:

政治方面:1912 年 3 月,临时参议院颁布《中华民国临时约法》,这是中国历史上第一部具有资产阶级共和国宪法性质的法典。《中华民国临时约法》共七章五十六条。总纲规定,中华民国主权属于国民全体,中华民国领土由全国 22 个行省加上内外蒙古、西藏、青海组成。中华民国由参议院、总统、国务员(国务总理及各部总长)、法院行使其统治权。第二章《人民》规定:中华民国人民一律平等,无种族、阶级、宗教之区别,人民享有人身、居住、财产、言论、出版、集会、结社、通信、信仰等自由,有请愿、诉讼、考试、选举及被选举权等权利,有纳税、服兵役等义务。其他几章规定参议院行使立法权,还有弹劾大总统和国务员的权利。临时大总统、副总统由选举产生,增设国务总理作为政府首脑。国家政体为内阁制,法院独立审判,不受上级官厅之干涉。

经济方面:宣布保护私有财产,奖励保护工商业,鼓励人民兴办实业,鼓励华侨回国投资。设立实业部,各省设立实业公司,提倡垦殖事业,废除清朝的苛捐杂税。

文化教育方面:改学堂为学校,监督、堂长一律改为校长,禁用清政府的教科书,否定忠君尊孔的封建教育,废止小学读经,增加自然科学等方面的课程。

社会生活方面:革除历代官场"大人""老爷"等称呼,改变为先生或某君,废止跪拜。男女一律剪除发辫,禁止缠足、赌博,严禁种植鸦片等。

以上各项无不体现了中华民国临时政府是资产阶级民主共和性质的政府。中华民国的成立,是资产阶级民主革命胜利的重要标志。

三、辛亥革命的历史意义

辛亥革命是 20 世纪中国的第一次伟大的历史性巨变,是一次比较完全意义上的反帝反封建的民族民主革命,具有伟大的意义。

第一,辛亥革命推翻了清王朝的统治,结束了统治中国两千多年的封建君主专制制度,使封建势力再也难以在中国建立稳定的统治秩序。建立了中国历史上第一个资产阶级共和政府,使民主共和的观念开始深入人心,并在中国形成了"敢有帝制自为者,天下共击之"的民主主义观念。

第二,辛亥革命促进了中国民族资本主义的发展。南京临时政府颁布和实行的一系列有利于民族资本主义发展的政策、法令与措施,激发了人们投资近代工业的积极性,使中国民族资本主义工业获得了显著的发展。

第三,辛亥革命是一场伟大的思想解放运动。辛亥革命打破了皇帝至尊的权威,正如林伯渠曾精辟地指出了辛亥革命的重大思想解放意义:"过去专制主义是正统,神圣不可侵犯,侵犯了就要杀头。现在民主主义成了正统,同样取得了神圣不可侵犯的地位。"①尽管辛亥革命后来失败了,但是它打开了思想进步的闸门,先进的知识分子不断探索拯救中国的道路。正是在辛亥革命的基础上,才有了五四新文化运动以及马克思主义在中国的传播。

第四,辛亥革命不仅在一定程度上打击了帝国主义的侵略势力,而且推动了亚洲各国民族解放运动的高涨。辛亥革命客观上冲击了帝国主义在东方的殖民体系,对整个亚洲和世界都产生了重大的影响,列宁把辛亥革命看成是"亚洲的觉醒"。

第三节 辛亥革命的失败

辛亥革命取得了巨大的成功,但仍以失败而告终。南京临时政府只存在了三个月便夭折了,代之而起的是封建军阀专制的统治。

一、封建军阀专制统治的形成

武昌起义的胜利,引起了帝国主义国家的震惊和仇视,全国革命形势的发展,又使帝国主义感到"恢复旧观,断无可望",只好宣布"中立",转而寻找和扶植新的代理人。由于袁世凯与帝国主义有良好的关系,并且有北洋军阀作为工具,各帝国主义国家一致选中了袁世凯,并敦促清政府启用袁世凯。1911年10月,清政府启用袁世凯,先后任命他为钦差大臣、内阁总理大臣,袁世凯获得了军政大权。

袁世凯巧妙地利用了南北对峙的局面,一方面借用南方的革命力量来威胁清政府;另一方面对革命党人又打又拉,软硬兼施。12月18日,南北双方在上海开始正式谈判,双方约定,只要袁世凯逼迫清帝退位,即推举他为大总统。在会谈期间,英、美、俄、

---

① 《林伯渠在孙中山先生诞辰九十周年纪念大会上的讲话》,《人民日报》1956年11月11日。

法、日、德六国驻上海总领事均向南北和谈代表提出了"使目前冲突归于停止"的照会,压迫革命党人向袁世凯妥协。袁世凯在得到革命党人的承诺后,加紧逼宫。2月12日,清帝在退位后仍居于故宫、仍用皇帝尊号等优待条件下宣告退位。第二天,袁世凯致电临时政府,宣布"共和为最良国体"。同日,孙中山向参议院提出辞职咨文,并附三个条件:定都南京、总统在南京就职、遵守《临时约法》,力图以此制约袁世凯的独裁野心,把中国纳入民主革命的轨道。2月15日,临时参议院举行选举,选袁世凯为临时大总统。这时,袁世凯在北京制造"兵变",迫使南京方面同意他在北京就职。1912年3月10日,袁世凯在北京宣誓就任临时大总统。4月1日,孙中山正式解除临时大总统职务。随后,临时参议院议决将临时政府迁往北京。中华民国虽然表面上完成了国家的统一,但政权转到了袁世凯手中,辛亥革命的胜利果实被袁世凯窃取。

袁世凯窃夺辛亥革命的果实之后,建立了代表大地主和买办资产阶级利益的北洋军阀政权,实行封建军阀的专制统治,具体表现在政治、经济和思想文化等方面。

在政治上,北洋政府实行军阀官僚的专制统治。将政党与国会踢开,一人独裁。1913年10月,在总统选举中,袁世凯指使军警、流氓包围国会,强迫议员投票选举他为大总统。接着,在利用完国会以后,他撕下了"拥护共和"的假面具,攻击国会是"暴民专制"。1913年11月,袁世凯以国民党议员与反对他的李烈钧有联系为由,下令解散国民党,收缴国民党议员的国会证书和徽章,使国会因不足法定人数而无法正常开会。1914年1月,袁世凯又公然下令取消国会。1914年5月,袁世凯竟然撕毁《临时约法》,公布了一个《中华民国约法》,用总统制取代内阁制,任用亲信组成参政院。不久,他又通过参政院修改《总统选举法》。选举法规定:总统任期十年,连选连任无限制;总统任期届满时,若认为政治上有必要,不必改选,即可连任;总统继任人由现任总统推荐,对被推荐者并无限制。这样,袁世凯不仅可以终身独揽政权,而且还可以将其传子传孙。为了达到专制独裁的目的,袁世凯公然进行复辟帝制活动。1915年12月12日,袁世凯发表了接受帝位申令,第二天在中南海居仁堂接受百官朝贺。此后,他宣布1916年为中华帝国洪宪元年,准备在元旦举行登基大典。至此,辛亥革命的成果只剩下"民国"一块空招牌了。

在经济上,北洋政府竭力维护帝国主义、地主阶级和买办资产阶级的利益,残酷压榨百姓。军阀、官僚本身就是大地主,他们还以各种手段兼并土地。袁世凯在河南彰德等县占有的土地就有4万多亩,奉系军阀张作霖在东北占地150万亩。许多自耕农和半自耕农陷入破产与丧失土地的境地,变成佃农和雇农。北洋政府还通过"清丈地亩"、征收各种苛捐杂税等手段,对农民进行敲骨吸髓的压榨。

在文化思想方面,北洋政府推行复古思潮,尊崇孔教。1912年9月,袁世凯下令尊崇封建伦理,百姓都要遵守封建礼法。1913年6月,袁世凯向全国发布《通令尊崇孔圣文》。次年1月,袁世凯又命令全国恢复祀孔、祭孔典礼,恢复跪拜礼节,中、小学恢复尊孔读经。12月,袁世凯下令恢复以前的祭天制度,自己亲自到天坛祭天。在袁世凯的专制统治下,中国坠入了更加黑暗的深渊。孙中山本人也曾沉痛地说过,这个时期中国"政治上社会上种种黑暗腐败比前清更盛,人民困苦日甚一日"。

辛亥革命失败后,为了反抗北洋军阀的反动统治、维护共和制度,资产阶级革命党人又先后进行了二次革命、护国运动、护法运动,但均以失败而告终。这些运动的失败,表明资产阶级领导的旧民主主义革命已经走入了绝境。

二、辛亥革命失败的原因和教训

(一) 辛亥革命失败的原因

从客观上说,主要是帝国主义和封建主义的力量太强大。帝国主义不允许中国建立一个独立富强的资产阶级共和国。毛泽东指出:"资产阶级的共和国,外国有过的,中国不能有,因为中国是受帝国主义压迫的国家。"外国资本—帝国主义列强来到中国,不是为了使中国成为一个独立、富强的资本主义国家,而是为了掠夺中国来发展它们自己国内的资本主义。中国不过是它们竞相争夺的一块肥肉而已。对于它们来说,一个政治上、经济上不独立的地大物博、人口众多的半殖民地的中国,是一个极其广大的倾销商品的市场,一个理想的资本输出的对象,廉价原料、廉价劳动力的供应地。如果中国成为一个独立、富强的资本主义国家,它当然还会同西方发达国家打交道,同列强发展经济文化往来,但那时的中国将作为一个主权国家同列强在平等的基础上、而不是如同半殖民地时期那样在不平等的基础上同列强建立和发展关系,这是列强所不能容忍的。列强既不愿意失去在中国的殖民主义利益,也不愿意看到中国在国际市场上成为它们的一个强有力的竞争对手。所以,无论怎样虔诚地向西方国家学习,怎样热烈地向它们表示友谊,中国的资产阶级革命派还是不能得到列强的同情和支持。事实上,袁世凯就是在帝国主义的支持下窃取辛亥革命果实的。毛泽东指出:"帝国主义侵略中国,反对中国独立,反对中国发展资本主义的历史,这就是中国的近代史。历来中国革命的失败,都是被帝国主义绞杀的,无数革命的先烈,为此而抱终天之恨。"

此外,国内封建主义的根基也很深厚。以袁世凯为例,1895—1912年他在中外反动势力的支持下,建成了一个反动的军事政治集团(即北洋集团)。这个集团拥有一支强大的北洋军,千方百计地破坏革命。正是帝国主义和封建主义两股反动势力互相支持,狼狈为奸,共同绞杀了辛亥革命。

从主观上说,领导革命的民族资产阶级,由于其经济基础薄弱,并与帝国主义、封建主义有着千丝万缕的联系,因此具有不可克服的软弱性和妥协性。具体表现在以下几个方面:

第一,没有提出彻底的反帝反封建的革命纲领。

从同盟会的纲领到南京政府的对外宣言,都没有提出明确的反帝纲领,更不敢和外国资本—帝国主义进行正面斗争,甚至承认清政府和帝国主义签订的一系列不平等条约,幻想以妥协和退让来得到外国资本—帝国主义的同情与支持,结果使帝国主义在

"中立"的幌子下,从容地扶植袁世凯镇压革命和窃取革命果实。从辛亥革命的历史史实中,我们还看到,同盟会反满、反君主政体,却放过了主要敌人,因此在清帝退位后,就失去前进的目标。他们只关注建立"共和"政权,没有认识到必须反对封建地主阶级,结果让袁世凯窃取了革命果实。

第二,未能充分发动和依靠人民群众。

辛亥革命没有触动半殖民地半封建社会的经济基础,未能充分发动和依靠群众特别是农民群众。他们利用会党、新军,却不发动广大农民,在革命的高潮时期,甚至镇压农民的反封建斗争。革命党人没有建立自己的革命武装,以推翻旧政府,保卫新政权。他们依靠的是清军士兵和民间秘密反清会党。武昌起义后,各地建立的民军,大部分是由原来的旧军和会党改编而成,领导权也掌握在立宪派和旧官僚手里。这使得本来力量就很薄弱的革命派,更加势单力薄,终于导致革命失败。

第三,没有建立起一个坚强的革命政党。

同盟会从成立起在思想上、组织上就不统一,光复会的人在加入同盟会后,仍在各地保留着独立的组织系统。内部的组织比较松懈,派系纷杂,在对许多重大问题上各派人士意见存在分歧,行动也不一致,当时甚至流传孙中山是三民主义、宋教仁是二民主义、章太炎是一民主义的说法,缺乏一个统一和稳定的领导核心。甚至有人主张"革命军起,革命党消"。有的还另建党派,自立山头。孙中山指出:辛亥革命之所以失败,"非袁氏兵力之强,实同党人心之涣散"。

(二) 辛亥革命失败的教训

诞生在半殖民地半封建社会的中国民族资产阶级虽然具有反帝反封建的革命性的一面,但又具有反帝反封建的不彻底的一面,他们与生俱来的软弱性决定了他们不可能成为中国革命的领导阶级,资产阶级共和国的方案在中国行不通。中国革命需要新的阶级来领导,需要寻求新的指导思想和革命方案。

第四章 开天辟地的大事变

第一节 新文化运动和五四运动

一、新文化运动

（一）新文化运动的兴起

辛亥革命失败后，中国重新陷入黑暗统治。不仅国内政局在北洋军阀的统治下动荡不安，而且思想文化领域内也出现了尊孔复古的逆流。一些先进的中国人开始反思，认为辛亥革命之所以失败，是因为中国国民的素质与行为的堕落，"今日之中国，人心散乱，感情智识，两无可言"①，这是"亡国灭种之病根"。他们认为，中国革命要取得成功，必须从思想文化入手，注重启蒙民众，培养国民的独立人格，把人们的思想从封建思想的禁锢和束缚中解放出来。这场运动后来被称为新文化运动。新文化运动是辛亥革命在思想领域中的继续。

1915年，陈独秀在上海创办《青年杂志》（次年更名为《新青年》）。《青年杂志》的创办是新文化运动兴起的标志。1917年，受北京大学校长蔡元培之邀，陈独秀出任北京大学文科学长，《新青年》编辑部也随之迁至北京。《新青年》后来由胡适、李大钊、钱玄同、刘半农、沈尹默、高一涵、鲁迅轮流担任主编，成为影响极大的综合性期刊，在哲学、文学、教育、法律及政治思想各个方面，均给当时的中国社会带来极大的冲击和反思，成为宣传民主和科学的最重要的刊物。《新青年》杂志和北京大学成为新文化运动的主要阵地。

（二）新文化运动的主要内容

五四前的新文化运动是资产阶级民主主义的新文化反对封建主义的旧文化的斗争，是对千百年来历史积淀而成的旧文化的扬弃与超越。新文化运动的主要内容包括

---

① 任建树、张统模、吴信忠编：《陈独秀著作选》第1卷，上海人民出版社1984年版，第113页。

宣传民主与科学、反对封建礼教和提倡"文学革命"三个方面。

首先,宣传民主与科学。民主与科学是新文化运动的基本口号。民主,即"德先生"(democracy),一是指民主精神和民主思想;二是指资产阶级民主制度。科学,即"赛先生"(science),一是指科学思想、科学精神以及用科学的方法去认识和判断事物;二是指具体的科学技术、科学知识。

陈独秀在《敬告青年》一文中说:"近代欧洲之所以优越他族者,科学之兴,其功不在人权说下,若舟车之有两轮焉。""国人而欲脱蒙昧时代,羞为浅化之民也,则急起直追,当以科学与人权并重。"①"我们现在认定只有这两位先生,可以救活中国政治上、道德上、学术上、思想上一切的黑暗。"②

新文化运动的倡导者们提倡"民主"与"科学",是为了"建设西洋式之新社会,组织西洋式之新国家",建设资产阶级共和国,发展资本主义,"以求适今世之生存"。

其次,提倡新道德,反对旧道德,通过批判孔教来反对"吃人"的封建礼教。

孔教维护封建专制制度,与民权、平等思想背道而驰。孔子是几千年来中国思想界最大的权威,其思想是封建社会的正统思想,因与皇权相结合而政治化。针对袁世凯复辟及当时社会上的尊孔逆流,新文化运动的倡导者们撰文给予猛烈的抨击。李大钊指出:"孔子者,历代帝王专制之护符也。宪法者,现代国民自由之证券也。专制不能容于自由,即孔子不当存于宪法。"③陈独秀也强调说,封建的道德、礼教与民主政治不可两立,民主共和国重在平等精神,孔教重在尊卑阶级,"若一方面既然承认共和国体,一方面又要保存孔教,理论上实在是不通,事实上实在是做不到"④。他还指出,尊孔就是为了复辟帝制。吴虞抨击封建礼教是"吃人"的礼教,"什么'文节公'呀,'忠烈公'呀,都是那些吃人的人设的圈套来诳骗我们的!我们如今应该明白了!吃人的就是讲礼教的,讲礼教的就是吃人的呀!"⑤他还提出了"打倒孔家店"的口号。虽然新文化运动的倡导者们提倡的是资产阶级的新道德,但在当时对于冲破封建纲常名教,激励人们反封建具有积极意义。

再次,提倡新文学、反对旧文学,提倡白话文、反对文言文,主张"文学革命"。1917年,胡适发表《文学改良刍议》,主张文学改良八事:须言之有物、不模仿古人、须讲求文法、不做无病之呻吟、务去滥调套语、不用典、不讲对仗、不避俗字俗语。之后,陈独秀发表《文学革命论》,进一步提出"文学革命"的口号:"推倒雕琢的阿谀的贵族文学,建设平易的抒情的国民文学";"推倒陈腐的铺张的古典文学,建设新鲜的立诚的写实文

---

① 陈独秀:《敬告青年》,《新青年》第1卷第1号,1915年9月15日。
② 陈独秀:《旧思想与国体问题》,《新青年》第3卷第3号,1917年5月1日。
③ 李大钊:《孔子与宪法》,《李大钊文集》第1卷,人民出版社1999年版,第245页。
④ 陈独秀:《旧思想与国体问题》,《新青年》第3卷第3号,1917年5月1日。
⑤ 吴虞:《吃人与礼教》,《新青年》第6卷第6号,1919年11月1日。

学";"推倒迂晦的艰涩的山林文学,建设明了的通俗的社会文学"。① 陈独秀还提出要在文学形式上、内容上都进行一次革命。《新青年》1918年1月起改用白话文,采用新式标点符号。鲁迅的《狂人日记》《孔乙己》《药》等作品都是革命内容与白话文形式相结合的优秀代表作。

（三）新文化运动的意义和局限

文化是一个国家、一个民族的灵魂。文化兴,则国运兴;文化强,则民族强。五四前的新文化运动在中国历史上首次提出中国文化必须现代化的重大课题,反映了中国人民向西方学习开始由器物和制度层面楔入思想文化层面。该运动也是资产阶级新文化反对封建阶级旧文化的一次激烈的斗争,对于资产阶级民主主义的提倡,有振聋发聩的作用。同时,该运动也使人们敢于冲破封建思想的牢笼,去进行独立思考,在社会上掀起了一股思想解放的潮流,为马克思主义在中国的传播创造了有利的条件,中国首先接受和传播马克思主义思想的就是新文化运动中的左翼知识分子。

五四前新文化运动的局限性表现在以下几个方面:

一方面,运动的倡导者们将新文化运动局限在知识分子范围内,忽视和脱离人民群众。仅仅依靠少数人的呐喊,依靠有限的宣传手段,想要根本改造国民性,显然是一种天真的、不切实际的幻想。

另一方面,有对西方文化过度肯定、对中国传统文化过分否定的形式主义倾向,对一些本来不应怀疑、不该否定的内容也加以怀疑或否定。例如,钱玄同反孔,主张"唯有将中国书籍一概束之高阁一法",才能避免"中毒",甚至要"废灭汉文",采用世界语等,这样容易造成民族虚无主义。

二、五四运动

（一）五四运动的爆发

1919年5月爆发的五四运动,是中国近代史上一个划时代的事件,这个运动是在新的社会历史条件下发生的。

首先,新的社会力量的成长、壮大。1914—1918年第一次世界大战期间,中国的资本主义经济得到了相当迅速的发展,被称为中国资本主义发展的"黄金时期",中国资产阶级和工人阶级的力量也进一步成长起来。五四运动前夕,中国产业工人已经达到200余万人,为五四运动的发生奠定了广泛的群众基础。

其次,新文化运动的思想启蒙作用。新文化运动在政治、思想、文化上沉重地打击了封建专制主义,在思想界掀起了思想解放的潮流,激发了人们追求真理的热情,唤起了广大人民尤其是爱国青年知识分子的民主主义意识,为五四运动准备了最初的群众队伍和骨干力量。

---

① 陈独秀:《文学革命论》,《新青年》第2卷第6号,1917年2月1日。

再次,俄国十月革命对中国的影响。在当时,陈独秀就说,十月革命以后,"中国人也接受了两个教训:一是无论南北,凡军阀都不应当存在;一是人民有直接行动的希望。五四运动遂应运而生"。毛泽东也说,俄罗斯以民众大联合打倒贵族、驱逐富人的事实,使"全世界为之震动"。革命浪潮风起云涌,"异军突起,更有中华长城渤海之间,发生了'五四'运动"。十月革命为中国人民指明了解放的道路,五四运动是在十月革命的影响下发生的。

五四运动的直接导火线是巴黎和会上中国外交的失败。1919年1月,在第一次世界大战中获胜的列强在巴黎凡尔赛召开有27国参加的"和平会议",实质上是一个帝国主义分赃会议,目的是重新划定势力范围。中国作为协约国成员之一,派出陆徵祥、顾维钧、施肇基、魏宸组、王正廷五名代表出席会议,提出取消列强在华的势力范围、撤退外国军队、撤销领事裁判权、关税自主等七项条件和取消"二十一条"等正当要求,遭到由美、英、法操纵的和会最高会议的拒绝。列强将德国在中国山东的权益转让给日本。巴黎和会彻底撕下了英、美的伪善面具。中国外交失败的消息传到国内,激起了各阶层人民的强烈愤慨。

1919年5月4日下午,北京13所学校的3 000余名爱国学生于天安门前集会,高呼"外争国权,内惩国贼""取消'二十一条'""还我青岛"等口号,强烈要求惩办曹汝霖、陆宗舆、章宗祥三个亲日派卖国贼和拒绝在和约上签字。示威群众不顾反动军警的阻挠,愤怒冲进曹汝霖住宅,"痛打章宗祥,火烧赵家楼"。学生的爱国行动遭到了北洋政府的严厉镇压,当日即有32名学生被逮捕。

五四运动的发展经历了两个阶段。从5月4日到6月3日为第一个阶段。这个阶段运动的中心在北京,主力是学生,主要斗争形式是学生罢课。5月4日晚,北京各校学生代表开会,讨论营救被捕学生和继续斗争问题。5日,各校代表议决自即日起一律罢课。学生被捕的消息传出后,全国各地各阶层群众纷纷发表通电,声援北京学生。6日,北京中等以上学校学生联合会宣告成立,北京2.5万余名学生举行了总罢课,要求北洋政府释放被捕学生。5月19日,北京学生再次举行总罢课,并组织"十人团"上街演讲。自6月3日起,北洋政府出动军警镇压,两天内逮捕了千余名学生,学生斗争一度转入低潮。其后,以6月5日上海举行"三罢"斗争为标志,五四运动进入第二个阶段,运动的中心由北京转到了上海,主力由学生变为工人,斗争形式是"三罢"斗争。六三大逮捕引起了全国各界的极大震动,从6月5日起,上海工人自发举行声援学生的罢工,罢工工人约7万人。上海商界也举行罢市,学生罢课。随后,北京、唐山、汉口、南京、长沙、济南等地工人也相继举行罢工,运动迅速扩展到20多个省的150余个城市。这一阶段的特点是中国工人阶级以独立的姿态登上政治舞台,并在斗争中起了决定性作用。整个运动由原来仅限于知识分子的范围,发展成为有工人阶级、小资产阶级和民族资产阶级参加的全国范围的爱国运动。迫于人民群众的压力,北洋政府不得不于6月10日释放被捕学生,并宣布罢免亲日派曹汝霖、章宗祥、陆宗舆的职务。6月28日,中国政府代表也没有出席巴黎和约的签字仪式。五四运动的直接斗争目标都得到了实现，运动取得了胜利。

（二）五四运动的历史意义

五四运动在中国近代史上具有极其伟大的意义。

第一，五四运动表现了反帝反封建的彻底性。五四运动取得的内惩国贼、外争国权的胜利反映了中国人民不达目的誓不罢休的彻底的革命精神。正如毛泽东所说："五四运动的杰出历史意义，在于它带着为辛亥革命还不曾有的姿态，这就是彻底地不妥协地反帝国主义和彻底地不妥协地反封建主义。"

第二，工人阶级作为独立的政治力量登上了历史舞台。五四运动是中国近代历史上第一次由青年学生、工人阶级和其他阶级联合起来的反帝反封建的爱国运动，不仅有青年学生充当运动的急先锋，而且工人阶级在运动中以崭新的姿态登上历史舞台，"万众一心，罢工救国"，为五四运动的彻底胜利发挥了决定性的作用。

第三，五四运动促进了马克思主义与中国工人运动的结合。五四运动教育了中国先进的知识分子，使他们认识到工人阶级中蕴藏的巨大力量，"劳工神圣"成为五四时期的响亮口号，越来越多的先进的知识分子开始走向工人，向工人阶级传播马克思主义，启发工人觉悟，组织工人运动，从而开始把马克思主义与中国工人运动相结合，为中国共产党的成立做了思想上和干部上的准备。

第四，五四运动形成了爱国、进步、民主、科学的五四精神，拉开了中国新民主主义革命的序幕，促进了马克思主义在中国的传播，推动了中国共产党的建立。五四运动以来，在中国共产党领导下，一代又一代有志青年"以青春之我，创建青春之家庭，青春之国家，青春之民族，青春之人类，青春之地球，青春之宇宙"，在救亡图存、振兴中华的历史洪流中谱写了一曲曲感天动地的青春乐章。

第二节　中国共产党的诞生

一、中国共产党成立的历史条件

（一）中国工人阶级的成长壮大和工人运动的发展为中国共产党的成立奠定了阶级基础

工人阶级是近代中国社会最进步的阶级。中国最早的一批产业工人，产生于19世纪40、50年代鸦片战争后列强在中国沿海城市开办的企业中。可见，中国工人阶级比中国资产阶级产生早、资格老。19世纪60年代，伴随着洋务运动的兴起，在洋务派开办的近代工矿企业中，产生了中国第二批产业工人。19世纪70年代初，随着中国民族资本的出现，产生了中国第三批产业工人。中国的无产阶级与世界上其他国家的无产阶级一样,是与最先进的生产方式相联系、富有组织性和纪律性的阶级。除此之外,中国无产阶级还有其特殊的优点,即深受帝国主义、封建主义、资本主义的三重压迫,革命性较强;分布比较集中,多分布在东南沿海经济和交通比较发达的地区及铁路、矿山、造船、纺织等企业,便于组织和动员,以形成强大的政治力量;和农民有着天然的联系,在反帝反封建的斗争中易于结成工农联盟。中国工人阶级自产生以后,就开始了反抗帝国主义和封建主义的英勇斗争。据统计,1912—1915年,全国发生罢工100多次,这表明中国工人阶级已经成为一支重要的社会力量。但是,当时的工人阶级还处在自发的、分散的状态。罢工的目的基本上是为了增加工资,工人阶级在政治上仍然是一个"自在的"阶级,即没有认识到本阶级的地位和使命,没有摆脱资产阶级追随者的地位,没有形成一支独立的政治力量。随着工人阶级的成长壮大,他们的觉悟在斗争中也不断提高,工人运动开始带有政治目的,工人阶级开始由"自在的"阶级向"自为的"阶级转变,如1915年反对卖国的"二十一条"和抵制日货大罢工,1916年反对法国强占天津老西开的大罢工,特别是在1919年五四运动中,工人阶级第一次作为一支独立的政治力量登上了历史舞台,成为推动这场运动胜利发展的主力军,为中国共产党的诞生奠定了阶级基础。

(二)马克思主义在中国的广泛传播为中国共产党的成立奠定了思想基础

1917年的俄国十月革命,开辟了世界无产阶级社会主义革命的新时代,它对中国革命产生了重大的影响。十月革命后,马克思主义开始在中国传播,正如毛泽东所说:"十月革命一声炮响,给我们送来了马克思列宁主义。十月革命帮助了全世界的也帮助了中国的先进分子,用无产阶级的宇宙观作为观察国家命运的工具,重新考虑自己的问题。走俄国人的路——这就是结论。"[①]中国先进分子从马克思列宁主义的科学真理中看到了解决中国问题的出路。马克思主义学说自19世纪40年代创立以后,其影响主要限于欧洲。中国第一次出现马克思的名字是在1899年4月《万国公报》上登载的李提摩太节译的《大同书》一文中,后来朱执信对马克思、恩格斯及其学说有较为详细的介绍,其在《德意志革命家小传》中介绍了马克思、恩格斯生平,评述了《共产党宣言》及《资本论》。孙中山在1912年曾赞"麦氏(按即马克思)之资本公有,其学说得社会主义之真髓"。但是,他们都没有把马克思主义作为解决中国问题的思想武器。

十月革命的胜利震惊了世界,它不仅是无产阶级及其政党通过暴力革命建立无产阶级专政国家的首次成功尝试,而且是人类历史上第一次将科学社会主义由理论形态变为现实的伟大实践。

十月革命的炮声惊醒了正在寻求出路的中国先进知识分子,他们从十月革命的胜利看到了中国的新出路。特别是新生的苏维埃政权表示放弃在中国的一切特权,废除以前沙皇俄国时期与中国签订的不平等条约,这对中国的先进分子来讲无疑是一巨大

---

① 中共中央文献编辑委员会修订:《毛泽东选集》第4卷,人民出版社1991年版,第1 471页。

鼓舞。而且马克思主义理论本身所包含的唯物史观和阶级斗争学说,对饱经忧患的中国人来说极具吸引力。于是中国的先进分子由向西方学习转向研究和宣传十月革命与马克思列宁主义,开始用马克思主义的眼光来重新思考中国问题。

中国最早的马克思主义者是李大钊。他于1918年7月发表《法俄革命的比较观》,同年发表《庶民的胜利》《布尔什维主义的胜利》,指出:"试看将来的环球,必是赤旗的世界。"尤其是1919年他发表了《我的马克思主义观》,对马克思的唯物史观、剩余价值学说和阶级斗争理论做了比较系统的介绍,这是他成为马克思主义者的标志。1919年4月,陈独秀发表《二十世纪俄罗斯革命》一文,认为十月革命是人类社会变动和进化的关键。在李大钊、陈独秀等的影响下,中国出现了一批具有初步共产主义思想的知识分子。

五四运动后,马克思主义在中国得到广泛传播。具有初步共产主义思想的知识分子通过组织研究马克思主义的社团,出版宣传马克思主义的刊物、翻译马克思主义的经典著作来宣传马克思主义。五四运动后一年内,新出现的进步社团有三四百个,其中著名的有北京大学的学生邓中夏在李大钊指导下成立的马克思主义学说研究会、周恩来等人在天津组织的觉悟社、董必武等人在武汉组织的利群书社。新出版的进步刊物也有400多种,除原有的《新青年》外,还有毛泽东主编的《湘江评论》、周恩来主编的《觉悟》、董必武出版的《武汉星期评论》等。1920年4月,由陈望道翻译的《共产党宣言》第一个中文全译本出版。

五四运动时期,传入中国的社会思潮,除了马克思主义的科学社会主义外,还有各种各样的非马克思主义的社会主义流派,在当时社会上有一定影响。马克思主义者与非马克思主义者通过论战,澄清了对马克思主义的一些错误认识。当时大的论战主要有三次,即关于"问题与主义"之争、关于社会主义的论战及关于同无政府主义的论战。中国的先进分子经过反复比较鉴别之后,认清马克思主义是科学的真理,最终确立了对马克思主义的信念,促进了马克思主义在中国的广泛传播,为中国共产党的成立奠定了思想基础。

(三)五四运动促进了马克思主义与中国工人运动相结合,为中国共产党的成立做了思想上和干部上的准备

一个无产阶级政党的产生,不仅需要有马克思主义的传播,需要工人运动的发展,而且需要将两者结合起来,五四运动促进了这两者的结合。越来越多的具有初步共产主义思想的知识分子开始认识到工人阶级的力量,投身到工人群众中去宣传马克思主义。正如吴玉章所说:"以往搞革命的人,眼睛总是看着上层的军官、政客、议员,以为这些人掌握着权力,千方百计运动这些人来赞助革命。如今在五四群众运动的对比下,上层的社会力量显得何等的微不足道。在人民群众中所蕴藏的力量一旦得到解放,那

才真正是惊天动地、无坚不摧的。特别是一向被人轻视的工人群众也发出了怒吼。"①1920年5月1日,上海、北京、广州等地举行了由具有初步共产主义思想的知识分子组织的我国第一次群众性"五一"国际劳动节纪念活动,《新青年》出版了《劳动节纪念号》。这一天,陈独秀还在工人集会上发表演说,强调"只有做工的人最有用最贵重",只有做工的人是社会的台柱子,"因为有他们的力量才把社会撑住"②。这次五一庆祝活动是马克思主义与工人运动相结合的重要标志。

1920年年初,李大钊、陈独秀开始酝酿建党问题。2月,陈独秀、李大钊分别在上海、北京进行建党的准备工作。4月,共产国际批准维经斯基(吴廷康)来华,他先后在北京、上海会见李大钊、陈独秀等,介绍苏俄和俄共的情况,并说中国可以组织共产党,这对中国共产党的创建起了一定的促进作用。

1920年8月,中国第一个共产党组织在上海成立,陈独秀为书记,11月创办《共产党》(月刊)。这个组织实际上是中国共产党的发起组,是各地共产主义者进行建党活动的联络中心。

1920年秋至1921年春,李大钊、张国焘等在北京,董必武、陈潭秋、包惠僧等在武汉,毛泽东、何叔衡等在长沙,王尽美、邓恩铭等在济南,谭平山、谭植棠等在广州先后成立共产党早期组织。与此同时,在日本、法国留学的中国先进分子也建立了党的早期组织。

各地共产党早期组织成立后,通过理论宣传和行动指导来实现马克思主义与中国工人运动相结合。他们通过创办劳动补习学校、成立工人俱乐部、建立工会等领导工人开展斗争。还出版各种适合工人阅读的通俗刊物,如上海的《劳动界》、北京的《劳动音》、广州的《劳动者》等,向工人进行马克思主义宣传,启发工人群众的阶级意识。

1920年11月,在共产党早期组织的领导下,俞秀松等人在上海组建社会主义青年团。同月,北京社会主义青年团第一次会议在北京沙滩红楼北京大学学生会办公室举行。此后,天津、武汉、长沙等地也成立了团组织。各地团组织通过引导青年学习马克思主义,参加实际斗争,为共产党造就了一批后备力量。

共产党早期组织成立后进行的这些活动,进一步促进了马克思列宁主义在中国的传播及其与中国工人运动的结合,为成立中国共产党准备了条件。

二、中国共产党第一次代表大会的召开

随着马克思主义与工人运动的日益结合,成立全国性的统一政党的条件成熟了。1921年7月23日,中国共产党第一次全国代表大会在上海法租界望志路106号举行。参加大会的有国内外7个共产主义组织的代表,代表50多名党员。他们是:李达、李汉

---

① 中共四川省委党史工作委员会编:《吴玉章文集》(下册),重庆出版社1987年版,第1 065页。
② 陈独秀:《劳动者底觉悟》,《新青年》第7卷第6号,1920年5月1日。

俊(上海),张国焘、刘仁静(北京),毛泽东、何叔衡(长沙),董必武、陈潭秋(武汉),王尽美、邓恩铭(济南),陈公博(广州),周佛海(日本东京)。包惠僧受陈独秀派遣,作为陈独秀的特派代表出席了会议。出席会议的还有共产国际代表马林和尼科尔斯基。其间由于会场受到暗探注意和法租界巡捕房搜查,最后一天的会议转移到浙江嘉兴南湖的一艘游船上举行。

大会听取了各地共产党组织活动的报告,起草并讨论党的纲领和工作计划。

大会通过了中国共产党的第一个纲领。纲领确定党的名称叫中国共产党。规定党的奋斗目标是:以无产阶级革命军队推翻资产阶级,采用无产阶级专政以达到阶级斗争的目的——消灭阶级,废除资本私有制,联合第三国际等。

大会通过了中国共产党的第一个决议。决定中国共产党成立后的中心任务是组织工人阶级,领导工人运动。

大会选举了中国共产党的第一个领导机构。由陈独秀、张国焘、李达组成的党的中央局,以陈独秀为书记,张国焘负责组织,李达负责宣传。党的一大正式宣告了中国共产党的成立。

中国共产党是在近代以后中国社会的剧烈运动中,在中国人民反抗封建统治和外来侵略的激烈斗争中,在马克思列宁主义同中国工人运动的结合过程中应运而生的。

"中国产生了共产党,这是开天辟地的大事变。"这一开天辟地的大事变,深刻改变了近代以后中华民族发展的方向和进程,深刻改变了中国人民和中华民族的前途与命运,深刻改变了世界发展的趋势和格局。从此中国诞生了完全新式的、以共产主义为奋斗目标、以马克思主义为行动指南的、统一的工人阶级的政党。中国共产党的成立,给灾难深重的中国人民带来了光明和希望,也使中国人民的革命斗争有了科学的指导思想。中国共产党人的初心和使命,就是为中国人民谋幸福,为中华民族谋复兴。这个初心和使命是激励中国共产党人不断前进的根本动力。自从有了中国共产党,中国的历史从此翻开了新的一页,中国人民谋求民族独立、人民解放和国家富强、人民幸福的斗争就有了主心骨,中国人民就从精神上由被动转为主动,中国革命的面貌就焕然一新了。

第三节 中国革命的新面貌

一、制定革命纲领,发动工农运动

自从有了中国共产党,中国革命的局面就发生了根本的变化。

(一)制定反帝反封建的民主革命纲领

中国共产党一经成立,就把实现共产主义作为党的最高理想和最终目标,义无反顾地肩负起实现中华民族伟大复兴的历史使命。在中国共产党第一次代表大会上,确定了党的奋斗目标,但并没有根据中国的实际情况制定出现阶段革命的纲领,这一任务是中国共产党在考察了中国政治形势的发展、变化,通过领导中国工人运动的实践,逐渐对国情有了比较深刻的认识后,在1922年召开的中共二大上完成的。

1922年7月16日到23日,中共在上海召开了第二次代表大会。中共二大对中国社会的状况进行了科学的分析,科学地阐明了中国社会的半殖民地半封建性质,明确提出了党的最高纲领是实现社会主义、共产主义;当前阶段的纲领是:"消除内乱,打倒军阀,建设国内和平","推翻国际帝国主义的压迫,达到中华民族的完全独立","统一中国本部(包括东三省)为真正民主共和国"。① 这是在当时的社会条件下,走向社会主义、共产主义不可逾越的一个阶段。中国共产党首次提出了彻底的反帝反封建的民主革命纲领,为中国革命指明了斗争方向。

为了实现党的纲领,中共二大提出必须"联合全国革新党派,组织民主的联合战线,以扫清封建军阀,推翻帝国主义的压迫,建设真正民主政治的独立国家为职志"②。

中共二大还指出,以往中国革命斗争失败的一个重要原因在于未能充分发动群众,因此今后中国共产党要采取群众路线的革命方法,"我们既然是为无产群众奋斗的政党,我们便要'到群众中去',要组成一个大的'群众党'","党的一切运动都必须深入到广大的群众里面去"③。

(二)发动工农群众开展革命斗争

中国共产党成立后,就立即集中力量,发动群众开展革命斗争。

1921年8月,在上海成立了专门领导工人运动的机关——中国劳动组合书记部,随后又在北京、武汉、长沙、广州、济南设立分部。在党的领导下,以1922年1月香港海员罢工为起点,1923年2月4日爆发的京汉铁路三万名工人大罢工为顶点,掀起了中国工人运动的第一个高潮。在这次工人运动高潮中,全国举行大小罢工100余次,参加人数在30万以上。这充分显示了中国工人阶级的坚定的革命性和强大的战斗力,扩大了中国共产党在全国的政治影响,为党建立与其他革命力量的合作奠定了基础。

在集中力量领导工人运动的同时,中国共产党也开始从事发动农民的工作。1921年9月,经过共产党人的努力,沈玄庐在浙江萧山县(今杭州市萧山区)衙前村成立了中国第一个农民协会,领导农民进行抗租抗税各种斗争。1922年7月,彭湃在其家乡广东海丰县成立了赤山农会。次年1月,又召开海丰全县农民代表大会,成立海丰总农会,全县范围的农民运动轰轰烈烈地开展起来。这种新式的农民运动,在中国共产党成

---

① 中央档案馆编:《中共中央文件选集(1921—1925)》,中共中央党校出版社1992年版,第62页。
② 中央档案馆编:《中共中央文件选集(1921—1925)》,中共中央党校出版社1992年版,第66页。
③ 中央档案馆编:《中共中央文件选集(1921—1925)》,中共中央党校出版社1992年版,第90页。

立之前是没有的。彭湃被毛泽东称为"中国农民运动大王"。1923年4月,毛泽东领导的中共湘区委员会派人到衡山岳北白果地区开展农民运动,9月,成立岳北农工会,有上万人参加。此外,在湖北、江西地区也出现了共产党人领导的农民运动。

这一时期,在中国共产党的领导下,中国的工人、农民运动都发展到一个新的历史阶段。

二、实行国共合作,掀起大革命高潮

(一)国共合作的形成

20世纪20年代的中国,外有帝国主义侵略,内有军阀压迫,中国共产党如何才能领导中国尽快取得反帝反封建革命的胜利,成为当时革命发展中的一个迫切问题。二七惨案的血的教训使中国共产党认识到,无产阶级虽是中国最先进、最有觉悟、最有战斗力的阶级,但是如果单凭自己一个阶级的力量孤军奋战是不能取得革命胜利的。必须团结一切可以团结的革命阶级和阶层,组织革命的统一战线。而在当时的中国,只有国民党是比较革命的党,于是中国共产党决定采取积极的态度与孙中山领导的国民党进行合作。

此时孙中山领导的国民党,大体是代表民族资产阶级和城市小资产阶级的政党。这个党成分复杂,严重脱离群众,最重要的是历经了二次革命、护国运动、两次护法运动失败以后,资产阶级领导的旧民主主义革命走入了死胡同。孙中山痛苦地认识到,利用军阀根本不可能实现他的政治理想,必须寻找一条新的革命道路。在这样的情况下,共产国际、苏联、中国共产党都向他伸出了援助之手,并建议实行国共合作。孙中山以满腔的热情开始了他一生最伟大的转变。

关于合作的方式,1923年6月中共在广州召开的三大正式决定以"党内合作"的方式实现国共合作,即共产党员、青年团员以个人身份加入国民党,但同时明确规定,在共产党员加入国民党时,党必须在政治上、思想上、组织上保持自己的独立性,从而把国民党改组成为革命阶级的联盟。

中共三大以后,国共合作的步伐大大加快。1923年10月初,应孙中山的邀请,苏联代表鲍罗廷到达广州,不久被聘为政治顾问,国民党的改组很快进入实行阶段。

1924年1月,中国国民党第一次全国代表大会在孙中山的主持下于广州举行。到会代表165人,其中共产党员就有20多人,李大钊还参加了五人主席团。大会通过的宣言对"三民主义"做出了新的解释:在民族主义中突出了反帝的内容,强调"中国民族自求解放",同时主张国内各民族一律平等;在民权主义中强调了民主权利应"为一般平民所共有,非少数人所得而私";把民生主义概括为"平均地权"和"节制资本"两大原则(后来又提出了"耕者有其田"的主张),并提出要改善工农的生活状况。孙中山重新解释的"三民主义",其内容与中国共产党反帝反封建的民主革命纲领基本一致,成为国共合作的政治基础。大会实际上确定了联俄、联共、扶助农工三大革命政策。国民党一大标志着第一次国共合作正式形成。

在大会选出的第一届中央执行委员会的24名成员中,共产党员有9人。在设置的八部一处中,由共产党人主持的有组织部(谭平山)、农民部(林伯渠)、工人部(冯菊坡)、青年部(张善铭)和宣传部(毛泽东)。

改组后的国民党已经由资产阶级政党转变为工人、农民、城市小资产阶级和民族资产阶级四个阶级的联盟。

(二) 大革命的兴起与失败

国共合作的建立成为中国革命形势高涨的起点。从1924年1月国共合作的建立到1927年四一二、七一五反革命政变之前,中国出现了反帝反军阀的人民革命高潮。这场革命以"国民革命"为口号,又称为国民革命运动。这次革命斗争规模之大,参加群众之广泛,社会震动之深刻,都是近代中国革命运动史上前所未有的,所以又被称为大革命。

第一次国共合作实现后,以广州为中心,汇集全国的革命力量,很快开创出反帝反封建革命的新局面。

1924年5月,国共合作在广州黄埔创办了"中国国民党陆军军官学校",即黄埔军校。军校仿效苏联的军事建制,由孙中山兼任总理,蒋介石任校长,廖仲恺任党代表,周恩来任政治部主任。从1924年5月至1927年7月,招收了6期学生,共2万多人。黄埔军校为国共两党培养了一批著名的军事将领和军事人才。

国共合作统一战线的建立,为工农运动的发展创造了有利条件。1924年7月,中国共产党领导了广州沙面工人罢工并取得胜利,工人运动在经历了低潮后开始复兴。同时,农民运动也有了初步的发展,为培养农民运动的骨干,国民党中央农民部还从1924年7月起,先后由共产党人彭湃、阮啸仙、毛泽东等在广州连续举办了六届农民运动讲习所,有力地推动了各地农民运动的发展。

1925年5月15日,上海日本纱厂资本家枪杀工人代表共产党员顾正红,5月30日,上海学生、工人在街头游行示威,租界的英巡捕突然开枪,打死十多人,造成震惊中外的"五卅惨案"。中共中央立即号召举行工人罢工、学生罢课、商人罢市的斗争。上海的斗争得到全国人民的支援,其中广州和香港工人举行的省港大罢工,影响最深、规模最大、时间最长,前后坚持了1年零4个月,为世界工人运动史所罕见。

以五卅运动为起点,掀起了全国范围的大革命高潮。在此基础上,国共联合征讨并打败地方军阀陈炯明、邓本殷,统一并巩固了广东革命根据地。1925年7月1日,国民政府在广州建立。

在全国革命形势大发展、广东革命根据地日益巩固的情况下,国共合作领导了以推翻北洋军阀统治为目的的反帝反封建的革命战争——北伐战争。1926年5月,由共产党员叶挺率领的先遣队——北伐军独立团从广东出发向湖南挺进,北伐战争就此揭开序幕。

北伐战争的直接打击目标是帝国主义支持的北洋军阀：吴佩孚、孙传芳、张作霖。直系军阀吴佩孚控制着湖南、湖北、河南三省和直隶（河北）保定一带，约有兵力20万人；由直系分立出来的孙传芳盘踞在江苏、浙江、安徽、江西、福建五省，约有兵力20万人；奉系军阀张作霖控制着东北三省、热河、察哈尔、京津地区和山东，约有兵力30万人。三大军阀分别受帝国主义支持，总兵力达70万人，但他们之间矛盾重重。1926年7月9日，国民革命军7个军，10万人，由蒋介石任总司令，正式出师北伐。北伐军进军沿途得到了人民群众的大力支持，一路势如破竹：两湖战场全歼吴佩孚部主力；江西战场初步歼灭孙传芳主力；张作霖势力受损。冯玉祥将军的国民军也控制了西北地区。北伐胜利大局已定。

北伐战争的顺利推进与工农运动的支持是分不开的，在北伐战争过程中，工农运动也蓬勃发展。

1927年1月，在共产党的领导下，汉口、九江的几十万工人分别举行反帝示威和罢工斗争，先后收回汉口英租界和九江英租界，配合了北伐军的胜利进军。特别是上海工人为配合北伐军，先后举行三次武装起义，解放了上海。这也是中国工人阶级武装夺取政权的一个尝试，表现了中国共产党领导下的中国工人阶级的伟大革命力量，在中国工人运动史上写下了光辉的一页。在工人运动蓬勃发展的同时，中国共产党领导的农民运动也迅猛发展。尤其是湖南、湖北两省，在北伐战争胜利的影响下，农民们纷纷起来，参加农民协会，打土豪、分田地，在农村向反动的封建势力开展各种斗争，极大地动摇了帝国主义、封建军阀的统治基础。工农运动的发展，有力地推动了北伐战争胜利形势的发展。

在这场革命中，中国共产党起着独特的、不可代替的作用。没有中国共产党，就不会有这场大革命。

北伐战争的胜利进军和工农运动的迅猛发展，沉重地打击了帝国主义和北洋军阀的统治。为了维护反动统治，他们加紧了对革命的破坏。他们一方面采用直接的军事武装干涉，制造炮轰中国军民的"万县惨案""南京惨案"，企图阻挡北伐军前进的步伐；另一方面在政治上进行分化瓦解，在统一战线中寻找新的代理人，并把目标锁定在担任国民革命军总司令的蒋介石身上，对其进行拉拢，破坏统一战线。国民党由于阶级立场的原因，害怕共产党实力的壮大会影响其在全国的统治，最后与共产党分道扬镳。蒋介石集团迅速转变立场，并于1927年4月12日发动了四一二反革命政变，大肆捕杀共产党员和革命群众。7月15日，汪精卫在武汉也发动了反革命政变。第一次国共合作就此全面破裂，轰轰烈烈的大革命失败。

大革命失败的原因，从客观上讲，是由于反革命力量的强大，一方面有帝国主义在干涉中国革命，另一方面革命阵营内部发生分化，蒋介石集团、汪精卫集团先后叛变革命，使敌强我弱的局面更加严重。从主观上讲，由于中国共产党还处于幼年时期，对中国革命的规律懂得不多，不善于将马克思列宁主义的基本原理和中国革命的具体实践结合起来。特别是在北伐战争的后期，以陈独秀为代表的右倾错误占据了党中央统治地位，放弃了对革命的领导权，在反革命势力向革命势力发动突然袭击时，中国共产党无法组织有效的抵抗，致使大革命失败。此外，共产国际由于并不真正了解中国的具体情况，它的一些错误决定对处于幼年期的中国共产党产生了负面影响。

（三）大革命的历史意义与教训

大革命虽然失败了，它的历史意义仍然是不可磨灭的。因为正是在这个时期，中国共产党人进行了轰轰烈烈的革命工作，领导了全国反帝反封建的伟大斗争，在中国革命史上写下了光辉的一页，同时开始探索马克思主义中国化的途径，初步提出了无产阶级领导的、人民大众的、反帝反封建的新民主主义革命的基本思想。通过这场大革命，党经历了前所未有的锻炼和严峻的考验，初步积累了正、反两个方面的经验。这场革命还锻炼了广大人民群众，千百万工农群众开始在党的领导下组织起来，党的组织得到很大发展，中国共产党提出的反帝反封建的主张成为广大人民的共同呼声，党在群众中的政治影响迅速扩大。党还开始掌握一部分军队。所有这一切，为党领导民众把革命斗争推向新的阶段准备了条件。

轰轰烈烈的大革命虽然失败了，但它给中国人民和中国共产党人留下了深刻教训。它告诉我们，阻碍中国革命的帝国主义和封建主义的力量是异常强大的，要完成反帝反封建的大业，仅建立革命统一战线还不行，还必须牢牢掌握革命领导权；中国人口中农民占绝大多数，农民问题是中国革命的中心问题，要掌握领导权，必须解决农民的土地问题，实现耕者有其田，才能充分发动农民参加革命，扩大革命的力量，使工农联盟成为统一战线的坚实基础；要掌握领导权，还必须自己掌握枪杆子，建立一支革命的武装，当全副武装的反革命扑向自己时，能用革命的武装对其实施迎头痛击。

中国共产党从大革命的失败中汲取了宝贵的经验教训，开始逐渐懂得进行土地革命和掌握革命武装的重要性，为以后领导中国革命取得彻底胜利奠定了基础。

第五章

中国革命的新道路

第一节 国民党对全国的统治

一、国民党政权在全国统治的建立

1927年4月18日,以蒋介石为代表的国民党新军阀在屠杀中国共产党人与革命群众的血泊之中宣告南京国民政府成立。这样,中国出现了京、汉、宁三个政权对峙的局面。经过几番周折,宁、汉合流。1928年2月,南京国民政府改组,武汉国民政府不复存在。在国民党内暂时实现统一的基础上,国民党政府的军队继续北伐,于6月进驻北京、天津一带。奉系首领张作霖见大势已去,决定退出北京。张作霖在退回关外途中被日本人炸死于皇姑屯。张作霖之子张学良就任东北保安司令。1928年12月29日,张学良通电全国,宣布"遵守三民主义,服从国民政府,改易旗帜"。从此,北洋军阀不再作为独立的政治力量继续存在。国民党在全国范围内建立了自己的统治,实现了形式上的统一。

二、国民党统治下的中国社会经济

国民党政府是在帝国主义的支持下建立的。蒋介石集团上台后即宣称"要联合各国共同对付第三国际",公开站到了国际帝国主义阵线一边。虽然南京政府要求与列强"重订新约",列强也一度做出过一两项表面上的让步,但并没有使中国摆脱帝国主义的压迫,而是为外国侵略势力深入中国进一步敞开了大门。从1927年国民党政府成立到1937年卢沟桥事变发生之前的十年间,帝国主义的经济势力在中国得到进一步扩展,并且牢牢地掌握了中国的经济命脉。在1937年全民族抗战前,外国资本控制了中国煤产量的55.2%,新法采煤量的77.4%,冶铁工业的95%,石油工业的99%,发电量的77.1%。在中国的现代工业和运输业中,外国资本占到了71.6%。外国银行资产也比华商银行多三分之一。外国资本不仅垄断了中国的重工业、交通运输业,而且控制了中国的财政、金融以及若干主要的轻工业。

南京国民政府成立后,中国并没有走上独立发展资本主义的道路,在中国社会经济生活中占优势地位的,仍然是封建经济。大部分的土地为地主及旧式富农所占有,他们将土地出租给农民,向农民收取苛重的地租。据1934年的统计,全国22个省区的实物地租占农业产值的比重一般为45%左右,有的地区高达5成、6成,甚至7成以上。地主还发放高利贷,有的还兼营商业,而商人、高利贷者也往往在获利后去购买土地,使自己成为地主。地主、商人、高利贷者的三位一体,把农民的血汗差不多压榨干了。政府当局在维护封建剥削制度的同时,还通过征收苛重的赋税等直接对农民进行掠夺,主要是田赋和盐税,还有各种杂税。1929—1933年,全国农村共有188种不同名目的捐税,到1937年杂税名目多达1 756种。在残酷的封建压迫和剥削下,中国农村的经济日益陷入绝境。占全国总人口80%以上的农民过着极端贫困的生活,农业无法为工业的发展提供必要的条件,严重阻碍了中国工业的发展。

南京国民政府成立后,官僚买办资本急剧地膨胀起来。官僚资本是依靠帝国主义、勾结封建势力、利用国家政权,压迫民族资本主义,掠夺工人阶级、农民阶级以及其他小生产者而形成的。官僚资本的垄断活动,首先和主要的是在金融业方面开始的。通过控制银行、发行"法币"和内债等手段,官僚资本得到了迅速的扩张。官僚资本还利用政治特权,依靠雄厚的金融力量,从事大规模的商业投机活动,对工业实行垄断性的掠夺。总之,官僚资本不是在正常的生产发展的基础上积累起来的,是社会生产力发展的严重障碍。

三、国民党政权的性质

国民党代表的是地主阶级、买办性的大资产阶级的利益,实行的是一党专政和军事独裁统治。1928年10月,国民党中央常务委员会通过《训政纲领》,规定"由中国国民党全国代表大会代表国民大会,领导国民行使政权";指导监督国民政府重大国务之施行,由中国国民党中央"政治会议行之"。

国民党政府是怎样实行一党专政的军事独裁统治的呢?

首先,为了镇压人民和消灭异己力量,国民党建立了庞大的军队。据1929年3月的官方材料,"全国军额达二百万",实际兵员数远不止此。国民党还大力加强地方反动武装,各县民团统称保安队。

其次,为了镇压人民和消灭异己力量,国民党还建立了庞大的特务系统。如隶属于国民党中央组织部的调查统计局("中统")和隶属于国民党军事委员会的调查统计局("军统"),其主要任务就是反对共产党,破坏革命运动,绑架或暗杀革命者和异己分子。

再次,为了控制人民,禁止革命活动,国民党还大力推行保甲制度。规定十户为甲,十甲为保,分设甲长、保长。保甲内各户要互相监视、互相告发;国民党政府的征税、摊派等,也通过保甲来实施。自 1934 年 11 月起,保甲制度在全国普遍推行。

最后,为了控制舆论,剥夺人民的言论和出版自由,厉行文化专制主义。大批进步书刊被查禁,许多进步作家被监视、拘捕乃至枪杀。

国民党政府主要就是通过这些方法,来维护帝国主义、封建主义、官僚资本主义的利益,巩固自身统治的。正因为如此,中国人民要争得民族独立和自身解放,就必须同这个反动政权做坚决的斗争。

第二节 对中国革命新道路的艰辛探索

一、大革命失败后的艰难环境

大革命失败后,白色恐怖笼罩着全国城乡。中国革命转入低潮,中国共产党遇到了前所未有的困难。

（一）革命势力遭到了极大的摧残

南京国民政府成立后,对内发布的第一号命令就是"清党"。1928 年 2 月,国民党二届四中全会通过了《制止共党阴谋案》,规定凡属共产党的理论、机关、运动"均应积极铲除或预为防范"。国民党新军阀对共产党人实行血腥的大逮捕、大屠杀,共产党的各级组织遭到严重破坏。大批优秀的领导骨干和工农运动领袖,如李大钊、萧楚女、陈延年、赵世炎、张太雷、向警予、彭湃、蔡和森、邓中夏、恽代英等先后慷慨就义、英勇牺牲。据记载,1927 年 3 月到 1928 年上半年,被屠杀的共产党员、革命群众达 31 万多人。在严酷的白色恐怖下,革命高潮时期加入共产党组织的一些不坚定分子,有的悲观失望,有的消极动摇,更有的自首叛变,堕落为革命的敌人。共产党员由原来的近 6 万人骤减到 1 万多人。

（二）工农运动走向了低落

国民党新军阀极端仇视工农群众运动,下令封锁或解散工会、农会、妇女协会和学生联合会等革命民众团体,取缔、镇压工人罢工和农民抗租斗争。在城市,大革命高潮时期 280 万名工会会员减少到 7 万多名,工人斗争被迫转入防御,全国罢工斗争次数明显减少,而且取得胜利的很少。在农村,大革命时期被打倒的豪绅地主疯狂地进行反攻倒算,农会领袖和活动分子惨遭杀害。工农运动低落,正如毛泽东在《井冈山的斗争》一文中所指出的:"我们一年来转战各地,深感全国革命潮流的低落","红军每到一地,群众冷冷清清"。

（三）阶级关系发生了变化

大革命时期曾经是工人、农民、城市小资产阶级、民族资产阶级四个阶级革命联盟的国民党蜕变为大地主大资产阶级的政党。民族资产阶级退出了革命营垒,暂时附和国民党蒋介石的反动统治;上层小资产阶级发生动摇、脱离了革命。革命力量大大削弱。只有工人、农民和小资产阶级分子坚持斗争。人民革命力量处于明显的劣势地位。

敢不敢坚持革命?怎样坚持革命?这是中国共产党人和革命群众必须回答的两个根本性的问题。在严峻的考验面前,中国共产党人表现了坚定的革命立场和大无畏的英雄气概。他们并没有被吓倒、被征服、被杀绝。他们从地上爬起来,揩干净身上的血迹,掩埋好同伴的尸首,又继续投入了战斗。但是,怎样坚持革命,即坚持革命应当走一条什么样的道路?为了回答这个问题,中国共产党人开始了艰辛的探索。

二、中国革命新道路的实践

(一)开展武装反抗反革命的斗争

在革命的危急关头,1927年7月中旬,中共中央临时政治局决定了三件大事:将党所掌握和影响的部队向南昌集中,准备起义;组织湘、鄂、赣、粤四省的农民,在秋收季节举行暴动;召集中央会议,讨论和决定新时期的方针与政策。

同年8月7日,中共中央在汉口秘密召开紧急会议(即八七会议),彻底清算了大革命后期的陈独秀右倾机会主义错误,确定了土地革命和武装反抗国民党反动统治的总方针,并选出了以瞿秋白为书记的中央临时政治局。毛泽东在会上着重阐述了党必须依靠农民和掌握枪杆子的思想,强调党"以后要非常注意军事,须知政权是由枪杆子中取得的"。会议还提出了"整顿改编自己的队伍,纠正过去严重的错误,而找着新的道路"的任务。八七会议给正处在思想混乱和组织涣散的中国共产党指明了出路,使中国共产党在政治上大大前进了一步,开始了从大革命失败到土地革命战争兴起的转折。

1927年8月1日,以周恩来为书记的前敌委员会及贺龙、叶挺、朱德、刘伯承等人,率领共产党掌握或影响下的北伐军2万多人在南昌举行起义,打响了武装反抗国民党反动统治的第一枪。这是中国共产党独立领导革命战争、创建人民军队和武装夺取政权的开端。9月9日,毛泽东等领导的湘赣边界秋收起义爆发。起义军公开打出了"工农革命军"的旗帜。12月11日,中共广东省委书记张太雷和叶挺、叶剑英等领导了广州起义,对国民党的屠杀政策发动了又一次英勇的反击。

从1927年大革命失败到1928年年初,中国共产党还先后在海陆丰、琼崖、鄂豫边、赣西南、赣东北、湘南、湘鄂西、闽西、陕西等地区领导了近百次武装起义。但是,所有以夺取并守住大城市为目的的起义都以失败而告终,革命力量遭到损失。

革命力量怎样才能生存下来并得到发展?中国革命怎样才能取得胜利?

(二)武装斗争必须以农村为中心

在马克思、列宁的著作中,革命的重点总是放在城市;近代的资产阶级民主革命和无产阶级革命也都发生在城市。但大革命失败后,中国共产党在城市中进行的斗争都失败了,这证明了在半殖民地半封建的中国,企图在城市进行武装斗争来夺取革命胜利,是行不通的。

为了坚持中国革命,在当时的条件下,必须进行武装斗争。但是,中国共产党领导的武装斗争的主攻方向究竟是应当指向城市,还是指向农村呢?这个问题,只有遵循马克思列宁主义与中国实际相结合的原则,依靠实践经验的积累,才能加以回答。

　　八七会议后的中共中央,依据"找着新的道路"的要求,在领导各地武装起义的过程中,也初步提出了相机占领某个或几个县,建立革命政权,实行武装割据的思想。瞿秋白、周恩来等领导人都不同程度地提出过到农村进行斗争的思想,但对找到新道路贡献最大的无疑是毛泽东。"革命失败后,他是成功地把党的工作重心由城市转入农村,在农村保存、恢复和发展革命力量的主要代表。"

　　毛泽东在领导湖南秋收起义时,在攻打长沙的计划遭遇严重挫折后,他正确地分析了当时敌强我弱的形势,果断放弃原定计划,转变进军方向,起义部队向敌人统治力量薄弱的农村区域转移,并于10月7日抵达江西省宁冈县(今并入井冈山市)茅坪,开始了创建井冈山农村革命根据地的斗争。这一转折,点燃了"工农武装割据"的星星之火,为中国共产党领导的其他各地的武装起义树立了榜样,从实践上开辟了一条深入农村保存和发展革命力量的正确道路。

三、中国革命新道路的理论

　　毛泽东不仅在实践中首先把革命的进攻方向指向了农村,而且从理论上阐明了武装斗争的极端重要性和农村应当成为党的工作中心的思想。早在1928年10月和11月,毛泽东就写了《中国的红色政权为什么能够存在?》和《井冈山的斗争》两篇文章,明确提出了"工农武装割据"的思想。1930年1月,毛泽东在《星星之火,可以燎原》一文中指出:红军、游击队和红色区域的建立与发展,是半殖民地中国在无产阶级领导之下的农民斗争的最高形式和半殖民地农民斗争发展的必然结果,并且无疑义的是促进全国革命高潮的最重要因素。以毛泽东为书记的红四军前敌委员会还明确提出"'农村工作是第一步,城市工作是第二步'的理论"。这在实际上否认了"城市中心论",提出了以乡村为中心的思想,初步形成了农村包围城市、武装夺取政权的理论。

　　1930年5月,毛泽东在《反对本本主义》一文中,阐明了坚持辩证唯物主义的思想路线,即坚持理论与实际相结合的原则的极端重要性,提出了"没有调查,就没有发言权"和"中国革命斗争的胜利要靠中国同志了解中国情况"的重要思想,表现了毛泽东开辟新道路、创造新理论的革命首创精神。农村包围城市、武装夺取政权理论的提出,标志着中国化的马克思主义,即毛泽东思想的初步形成。这是马克思主义在中国创造性的运用和发展。

　　中国革命新道路就是:在中国共产党的领导下,以武装斗争为主要形式,以土地革命为中心内容,以革命根据地为战略阵地,三者密切结合,走农村包围城市、武装夺取政权的道路。毛泽东从中国半殖民地半封建的国情出发,对中国革命新道路理论进行了深刻的阐述。

（一）中国革命新道路的必要性

第一，从中国社会的性质看，中国革命只能以长期的武装斗争为主要形式。

毛泽东指出，由于中国"不是一个独立的民主的国家，而是一个半殖民地半封建的国家；在内部没有民主制度，而受封建压迫；在外部没有民族独立，而受帝国主义压迫"。因此，中国的无产阶级没有任何进行合法斗争的可能性。这就决定了"中国无产阶级政党的主要的和差不多开始就面对着的任务，是联合尽可能多的同盟军，组织武装斗争，依照情况，反对内部的或外部的武装的反革命，为争取民族的和社会的解放而斗争"。

第二，从中国革命的性质看，土地革命是中国民主革命的基本任务和主要内容。

在中国，社会经济生活中占优势地位的是封建经济。封建剥削制度是以地主阶级土地所有制为前提的，这种剥削制度使中国生产力低下，人民生活极度贫困。不进行土地革命，不改变地主阶级的土地所有制，便没有彻底的反封建可言。中国的农民占全国人口的绝大多数，农民不仅是无产阶级最可靠的同盟军，而且是中国革命的主力军。因此，无产阶级要领导革命取得胜利，只有实行土地革命，才有可能把农民发动起来，摧毁帝国主义和封建地主阶级反动统治的基础。

第三，从敌我力量对比与分布来看，中国的革命斗争必须以乡村为中心。

中国革命的敌人是异常强大的，他们长期占据着中心城市，而广大的乡村则是他们统治的薄弱环节。因此，无产阶级要积蓄和锻炼革命力量，并避免在力量不够的时候与强大的敌人决战，就必须把工作重心放到农村，把落后的农村改造成先进的巩固的根据地，造成军事上、政治上、经济上和文化上的伟大革命阵地，借以反对凶恶的敌人，并在长期的斗争中逐步地争取全国革命的胜利。

（二）红色政权存在和发展的原因与条件

第一，中国是一个由几个帝国主义国家间接统治的、政治经济发展不平衡的半殖民地半封建的大国。这是近代中国的基本国情，也是红色政权能够存在和发展的根本原因。第二，国民革命的影响。第三，全国革命形势的继续向前发展。这是红色政权能够存在和发展的两个客观条件。第四，相当力量的正式红军的存在。第五，共产党组织的有力量和它的政策的不错误。这是红色政权能够存在和发展的两个主观条件。

实践证明，中国革命新道路是中国革命能够取胜的唯一正确的道路，是一条具有中国特色的民主革命道路。中国革命新道路理论的形成，是以毛泽东为代表的中国共产党人，创造性地把马克思列宁主义关于武装夺取政权的原理同中国革命具体实践相结合的光辉典范，为马克思列宁主义的理论宝库增添了独创性的新经验、新结论，在毛泽东思想形成和发展史上具有极为重要的意义。中国革命新道路，是以毛泽东为代表的中国共产党人坚持实事求是原则，一切从实际出发，从中国革命的具体实践中得来的，带有强烈的求实、创新的精神，对于当今我们进行现代化建设具有重要的启迪意义。

四、反"围剿"作战与土地革命

在工农武装割据思想和井冈山等根据地斗争经验的影响、推动下，各地红军充分利用军阀混战的有利时机，主动出击，扩大红色区域，发展工农武装，开展土地革命斗争，建立苏维埃政权。红军和根据地得到相当大的发展。中国革命的星星之火，开始形成燎原之势。到1930年上半年，全国正式红军已发展到13个军，约10万人，开辟了赣南、闽西、湘鄂西、鄂豫皖、左右江、湘赣、湘鄂赣、闽浙赣、陕甘、陕北、海陆丰、琼崖等大小15块根据地。

红军和根据地的存在与发展，使国民党当局感到震惊和恐慌。从1930年10月起，蒋介石集中重兵，向南方各根据地的红军发动大规模的"围剿"。从1930年10月到1931年7月，红一方面军在毛泽东、朱德等指挥下，贯彻积极防御的方针，采用"诱敌深入""避敌主力，打其虚弱"等一整套行之有效的战术，连续粉碎了国民党军队的三次"围剿"。1932年年底，又取得了第四次反"围剿"战争的胜利。鄂豫皖、湘鄂西等根据地的反"围剿"战争也取得了重大胜利。红军和根据地在反"围剿"斗争中得到了很大的发展。

红军反"围剿"战争的胜利，革命根据地的发展，是同土地革命的开展密切相关的。开展土地革命，就是要消灭封建地主的土地私有制，实行农民的土地私有制，使广大农民在政治上得到翻身，农村生产力得到解放和发展。

1928年12月，毛泽东在井冈山主持制定了中国共产党历史上第一个土地法，以立法的形式，首次肯定了广大农民以革命的手段获得土地的权利。由于缺乏经验，这个土地法关于没收一切土地归苏维埃政府所有、禁止土地买卖等方面的规定，并不适合中国农村的实际。1929年4月，毛泽东在兴国主持制定了第二个土地法，将"没收一切土地"改为"没收一切公共土地及地主阶级的土地"。这是一个原则性的改正，保护了中农的利益，使之不受侵犯。毛泽东还和邓子恢等一起制定了土地革命中的阶级路线与土地分配方法：坚定地依靠贫农、雇农，联合中农，限制富农，保护中小工商业者，消灭地主阶级；以乡为单位，按人口平分土地，在原耕地的基础上，实行抽多补少、抽肥补瘦。至此，中国共产党就在中国历史上第一个制定了可以付诸实施的比较完整的土地革命纲领和路线。

在根据地军民进行军事上反"围剿"作战的同时，国民党统治区的共产党人和进步文化界人士还在文化战线上开展了反"围剿"斗争，形成了声势浩大的左翼文化运动。左翼文化工作者的一大批优秀的文学艺术作品（包括小说、戏剧、电影、音乐等）和社会科学论著及译作，对于传播进步思想、推动抗日救亡运动起到了重要作用。鲁迅的杂文，瞿秋白的评论，茅盾的小说《子夜》，聂耳作曲、田汉作词的歌曲《义勇军进行曲》，邹韬奋主办的《生活周刊》，等等，都在群众中产生了广泛而深刻的影响。而鲁迅，正如毛泽东所说，在斗争中"成了这个文化新军的最伟大和最英勇的旗手"，"成了中国文化革命的伟人"。

第三节 中国革命在探索中曲折前进

一、土地革命战争的严重挫折

在以毛泽东为代表的中国共产党人的领导下，农村革命根据地不断扩大。但是，中国革命的发展并不是一帆风顺的。大革命失败后，在纠正陈独秀右倾错误的同时，由于对中国情况的复杂性和中国革命的长期性缺乏正确的认识，中国共产党党内开始滋长"左"的急躁情绪。从1927年7月大革命失败到1935年1月遵义会议召开之前，中共中央先后出现三次"左"倾错误，中国革命遭到了严重挫折。

第一次是1927年11月至1928年4月的"左"倾盲动错误。1927年11月，在瞿秋白主持下，中共中央召开临时政治局扩大会议，认为革命形势在不断高涨，盲目要求"创造总暴动的局面"。

第二次是1930年6月至9月以李立三为代表的"左"倾冒险主义，错误地认为中国革命乃至世界革命进入高潮，盲目要求举行全国暴动和集中红军力量攻打武汉等中心城市。

第三次是1931年1月至1935年1月以王明为代表的"左"倾教条主义。其主要错误是：在革命性质和统一战线问题上，混淆民主革命与社会主义革命的界限，将反帝反封建与反资产阶级并列，将民族资产阶级视为中国革命最危险的敌人，一味排斥和打击中间势力。在革命道路问题上，继续坚持以城市为中心，将准备城市工人的总同盟罢工和武装起义作为党最主要的任务；指令根据地的红军采取"积极进攻的策略"，配合攻打中心城市。在土地革命问题上，提出坚决打击富农和"地主不分田，富农分坏田"的主张。在军事斗争问题上，实行进攻中的冒险主义、防御中的保守主义、退却中的逃跑主义。在党内斗争和组织问题上，推行宗派主义和"残酷斗争，无情打击"的方针。

在20世纪30年代前期、中期，中国共产党党内屡次出现严重的"左"倾错误，其原因是多方面的。除了八七会议以后党内一直存在着的浓厚的"左"倾情绪始终没有得到认真的清理，共产国际对中国共产党内部事务的错误干预和瞎指挥以外，全党的马克思主义理论准备不足，理论素养不高，实践经验也很缺乏，对于中国的历史状况和社会状况、中国革命的特点、中国革命的规律不了解，对于马克思列宁主义的理论和中国革命的实践没有统一的理解。一句话，不善于把马克思列宁主义与中国实际全面地、正确地结合起来。王明等人虽然读了不少关于马克思主义的书，但是不懂得中国的实际。他们颠倒实践和认识的关系，以为只要照抄照搬马克思主义书本上的词句和共产国际的决议、指示，就可以指挥中国革命。王明甚至提出过"对共产国际百分之百的忠诚，是中国革命走向胜利的唯一保证"这样的口号。按照这种主观主义的思想路线办事，就不能不在实践中碰壁。

对于王明等人的"左"倾错误,毛泽东等人进行过坚决的抵制和斗争。但"左"倾错误者,尤其是王明不仅控制着中共中央,而且得到共产国际的支持,这几次"左"倾错误,尤其是以王明为代表的"左"倾教条主义错误,使中国革命遭受严重挫折。其最大的恶果,就是使红军在第五次反"围剿"作战中遭到失败,不得不退出南方根据地实行战略转移——长征。这次错误使红军和根据地损失了90%,国民党统治区共产党的力量几乎损失了100%,其教训是极其惨痛而又深刻的。

中央红军主力开始长征后,项英、陈毅等率领中央根据地留下的部分红军在南方坚持进行艰苦的游击战争。

二、中国革命的历史性转折

(一)遵义会议的召开

1934年10月中旬,中共中央机关和中央红军(又称红一方面军)8.6万人撤离根据地,向西突围转移,开始长征。长征初期,中共中央领导人博古依靠共产国际派驻中国的军事顾问德国人李德,犯了退却中的逃跑主义错误。在强渡湘江之后,红军和中央机关人员锐减到3万多人。严酷的事实教育了广大的共产党员和红军指战员,他们开始产生对错误领导的怀疑、不满。一些支持过"左"倾错误的中央领导人,如张闻天、王稼祥等,也改变态度,转而支持毛泽东的正确主张。这样,当中央红军根据毛泽东的提议,改向敌人力量薄弱的贵州挺进,并在占领黔北重镇遵义之后,中共中央政治局于1935年1月15日至17日在这里召开了扩大会议,史称"遵义会议"。

遵义会议集中解决了当时具有决定意义的军事问题和组织问题。经过激烈的争论,多数人同意以毛泽东为代表的正确意见,批评了博古、李德在第五次反"围剿"中的错误。会议增选毛泽东为中央政治局常务委员,并委托张闻天起草《中央关于反对敌人五次"围剿"的总结的决议》(即《遵义会议决议》)。会后不久,中共中央政治局常务委员分工,根据毛泽东的提议,决定由张闻天代替博古负总的责任;博古任红军总政治部代理主任;并成立了由周恩来、毛泽东、王稼祥组成的新的三人团,全权负责红军的军事行动。

遵义会议开始确立了以毛泽东为代表的马克思主义的正确路线在中共中央的领导地位,从而在极其危急的情况下挽救了中国共产党、挽救了中国工农红军、挽救了中国革命,成为中国共产党历史上一个生死攸关的转折点,标志着中国共产党在政治上走向成熟。

(二)红军长征的胜利

遵义会议后,在毛泽东等的领导下,中央红军采取灵活机动的战略战术,四渡赤水河,巧渡金沙江,抢渡大渡河,翻越人迹罕至的夹金山,摆脱了数十万国民党军队的围追堵截,赢得了战争的主动权。1935年6月中央红军抵达四川懋功(今小金)地区,同5

月初离开川陕根据地实行转移到达那里的红四方面军会师。之后,中共中央又同红四方面军领导人张国焘分裂中央、分裂红军的严重错误进行了坚决的斗争。为了贯彻北上方针,红军穿过茫茫草地,历经艰险。随后中共中央决定将北上红军改称陕甘支队,先行北上,于10月19日到达陕北吴起镇,同红十五军团会合,中国共产党所领导的革命力量有了新的落脚点和战略基地。至此,中央红军行程二万五千里、纵横十一个省的长征胜利结束。

1936年10月,红二、红四方面军先后同红一方面军在甘肃会宁、静宁将台堡(今属宁夏回族自治区)会师。三大主力红军的长征胜利结束。

长征是中国共产党及其领导的中国工农红军谱写的一部气壮山河的英雄史诗。红军长征的胜利,意义是多方面的。

首先,它宣告了国民党围追堵截红军的破产,宣传了中国共产党和红军的主张,并在沿途播下了革命的种子,鼓舞了广大革命人民。毛泽东曾形象地说:"长征是历史纪录上的第一次,长征是宣言书,长征是宣传队,长征是播种机。"长征是一篇宣言书,它以铁的事实向全世界宣告,红军不愧是英雄好汉,而国民党数十万大军的围追堵截彻底破产。长征又是宣传队,是一次最广泛、最有效的宣传。通过长征,中国共产党和红军的影响扩大到了广大的西南、西北地区。红军长征的英雄事迹还传到了国民党统治的其他地区,鼓舞了这些地方广大人民群众的斗志。长征还是播种机,在沿途播下了革命的种子。红军在所经过的许多地区,帮助各民族群众建立了革命政权,组织了革命武装,而且留下许多红军干部和战士,与他们一起战斗。

其次,红军长征的胜利,保留了红军的骨干,锻炼和造就了大批人才,集中了各路红军的经验和特长,使红军成为一支更加坚强的部队。在长征的过程中,红军的力量遭受了巨大的损失。但是,各路红军的骨干保留下来了,而且经过长征的千锤百炼,保留下来的这些红军骨干大大地增长了才干。就连长征出发前才参军或长征路上才参军的许多新战士,经过艰难的万里转战,也都成了坚强的红军战士,甚至成了优秀的红军指挥员。三大主力红军集中到一起以后,在中共中央的集中领导下,互相配合,统一行动,对于打开革命斗争的新局面、夺取即将到来的抗日战争的新胜利,也具有重要的意义。

再次,红军长征的胜利,巩固和发展了陕甘革命根据地,使全国革命的重心移到了靠近抗日前线的西北,为革命新高潮的掀起、抗日战争时期的大发展和全国革命的胜利,奠定了重要的基础。日本帝国主义发动九一八事变后,一步步向华北进逼,亡国灭种的危险摆在全国人民的面前。但由于中国共产党和红军的主要力量在南方,无法奔赴抗日前线。在中日民族矛盾成为中国社会主要矛盾的情况下,哪种政治力量能成为抗日的中坚,哪种政治力量就能得到全国人民的拥护,就能获得迅速的发展。因此,革命重心的北移,既是抗日斗争的需要,也是摆脱困境、发展革命力量的需要。红军长征的胜利,使陕甘宁革命根据地进一步得到巩固,从而形成了位于西北的全国革命的大本营,使各路红军集中到了离抗日前线较近的西北地区,迅速打开了中国革命的新局面,在抗日战争中发挥出了重要的作用,同时,红军的力量也获得迅速的发展。

长征一结束,中国革命的新局面就开始了。中共中央等在为庆祝红一、红二、红四方面军大会合的通电中即指出:"我们即刻就要进入一个新阶段了,这就是抗日民族革命战争的阶段。"

第六章

全民族的抗日战争

第一节 日本发动全面侵华战争

一、日本侵略者对中国的局部进攻

日本军国主义者灭亡中国的计划由来已久,是其征服亚洲和称霸世界步骤中的重要一环。日本是通过明治维新走上资本主义道路的,因此,在资本主义获得快速发展的同时,还保留着浓厚的军事封建主义色彩。作为后起的资本主义国家,土狭民众、资源匮乏的日本,自从走上资本主义发展道路时起,就一直极富向外征服的强烈欲望,以掠夺海外资源、拓展国外市场和生存空间。还是在明治维新期间,日本政府就确立了对外扩张的"大陆政策",提出要以武力"开拓万里波涛""布国威于四方"。一旦遇到合适的国内外条件,日本军国主义者就会将其侵略欲望变为实际行动,给近邻各国乃至亚洲和世界人民带来无尽的灾难。1894年,日本发动"国运相赌"的甲午中日战争,打败腐败无能的清政府,并于1895年3月在日本马关强迫清政府的全权和议代表李鸿章签订了丧权辱国的《马关条约》,从中国获得了巨额赔款并且霸占了中国的宝岛台湾及其所属各岛与澎湖列岛。此举进一步刺激了日本军国主义者的侵略野心和征服欲望,开始加紧实施全面灭亡中国的罪恶计划。

第一次世界大战期间及战后初期,日本军国主义者利用西方列强暂时放松对中国侵略的有利时机,进一步加快了对中国的侵略扩张步伐,不仅大肆向中国倾销商品,还在中国开矿设厂,雇用廉价劳动力,使用廉价的原材料,获取巨额利润,进一步增强其向外侵略扩张的实力,同时还以战胜国的资格,获得德国原先在中国山东所享有的一切权益。

然而,侵略者的欲壑总是难以填满的。1927年6、7月间,上任不久的日本首相田中义一主持召开"东方会议",制定了含有八条内容的《对华政策纲要》,提出:唯欲征服支那,必先征服满蒙;如欲征服世界,必先征服支那,决心以武力方式把"满蒙"从中国分裂出去。这就是臭名昭著的"田中奏折"。此后,日本侵略中国、征服世界的计划基本以此为据。

1929年,资本主义世界爆发了席卷全球的严重经济危机。为转嫁国内的统治危机,日本政府决定将蓄谋已久的侵略计划付诸实施。

1931年9月18日夜,惯于嫁祸于人、擅长突然袭击的日本侵略军自行炸毁南满铁路沈阳北部柳条湖附近的一段路轨,然后贼喊捉贼地反诬中国军队有意破坏,并以此为借口,不宣而战,对东北军驻地北大营和沈阳城发动进攻,制造了震惊中外的九一八事变。中国军民进入14年艰苦卓绝的抗日战争时期。9月19日,日军侵占沈阳,随后在不到一个星期的时间内,接连攻下本溪、长春等二三十座城市,辽宁(除辽西)、吉林两省相继沦陷。11月,日军侵占黑龙江省会齐齐哈尔。1932年1、2月间,又侵占锦州、哈尔滨。至此,日本侵略者仅用4个多月时间,就侵占了中国东北全境,吞下了3倍于其本土的中国领土,东北近100万平方千米的富饶土地沦为日本的殖民地,3 000万中国同胞成为亡国奴。

在日本侵占东北的过程中,张学良控制的东北军按照蒋介石"攘外必先安内"的既定政策,坚持"不予抵抗,力避冲突"的消极立场,坐视大好河山沦陷。东北沦陷后,蒋介石将东北问题的解决寄托在国际联盟的干涉和裁决上。然而,由英、法等操纵的国际联盟为了将日本的祸水引向苏联,对日本的侵略采取"绥靖"态度,不但不予谴责,反而袒护日本的侵略行径。

1932年1月28日夜,惯于偷袭的日本侵略者又向上海闸北的中国十九路军驻地发动进攻,是为一·二八事变。中日双方通过谈判,于5月5日签订《淞沪停战协定》。规定上海至苏州、昆山地区,中国军队不能驻扎,由中国警察接管,日军却可以在上述地区驻扎。

日本侵略者在发动一·二八事变的同时,还在东北紧锣密鼓地组建傀儡政权。1932年3月,清朝废帝溥仪在日本侵略者的扶持下,在长春宣誓就任伪"满洲国""执政"。这一在日本侵略者卵翼下生存的傀儡政权,完全成了日本侵略者对东北实行殖民统治的帮凶。

对东北的殖民统治渐趋稳定后,日本侵略者又把侵略矛头指向了中国的其他地区。1932年7月,日军开始筹划侵犯热河。1933年2月下旬,日军由朝阳、凌源和平泉向热河省会承德进攻;由通辽、开鲁向赤峰进攻;由林西向多伦进攻。至3月初,承德、赤峰相继沦陷,山海关以北义院口、冷口、喜峰口、古北口长城全线告急。至5月中下旬,日军突破长城一线,开滦、密云、通县相继失守。5月31日,中日签订《塘沽协定》,规定中国军队退至延庆、昌平、高丽营、顺义、通州、香河、宝坻、林亭口、宁河、芦台一线以西、以南地区,日军退至长城一线。中国军队退出地区的治安,由中国警察负责,日军可用飞机监视中国军队的撤退。1934年4月17日,日本外务省情报部长天羽发表声明,狂妄表示日本与中国有特殊关系,试图排斥英、美在华势力,实现独占中国的目的。1935年1

月，日本外相广田弘毅发表演说，提出"日中亲善，经济提携"的对华方针，得到蒋介石、汪精卫等的赞许。

但日本政府并没有因为中国方面的妥协、退让而放慢侵华步伐。1935年夏，日本侵略者在华北制造一系列事端。6月29日，察哈尔省代主席秦德纯与日方代表土肥原贤二达成"秦土协定"，中方同意从察哈尔撤出军队，解散抗日机关和团体，招聘日本人为军事和政治顾问，日本人有在察省来往的自由。7月6日，北平军分会代理委员长何应钦致函日本华北方面驻屯军司令梅津美治郎，达成"何梅协定"，表示中国方面全部满足日本方面于6月9日提出的如下要求：取消河北省和北平、天津两市的国民党党部，撤退驻河北省的中国军队，撤换河北省主席和北平、天津两市市长，撤销北平军分会政训处，禁止全国的一切抗日、排日活动。接着，日本侵略者积极策动河北、察哈尔、绥远、山西和山东5省开展"防共自治运动"。11月，扶植汉奸殷汝耕在河北通县成立"冀东防共自治政府"。12月，国民政府为适应日本华北政权特殊化的要求，指派宋哲元和日本方面推荐的汉奸王揖唐、王克敏等组成"冀察政务委员会"，管辖河北、察哈尔和北平、天津两市。冀察政务委员会被日本侵略者视为使华北向第二个"满洲国"过渡的机构。

二、日本侵华战争的全面爆发

华北事变后，日本政府加快了发动全面侵华战争的准备工作。1936年2月，日本陆军发动军事政变，建立了法西斯统治体制，为对外发动大规模侵略战争铺平了道路。8月，在首相、外相、陆相、海相和藏相参加的"五相会议"上，通过了接受军部全部要求的《国策大纲》，主张对内加强法西斯统治，大力扩军备战；对外加紧侵略扩张，先侵略中国，继进攻苏联，待机南进，及至发动太平洋战争，从而把"田中奏折"的侵略方针向前推进了一大步。

按照这个国策，日本军国主义加紧了全面侵华战争的准备。军事上，大力发展军事工业，1937年的军事工业投资达22.3亿日元，比上年增加2.2倍；发展航空和海运事业，加快输入国内极度缺乏的战争物资，统制电力。1937年度日本政府预算总额为30多亿日元，其中直接军费支出占40%以上。中日全面开战前，日本陆军已发展到17个常备师团，达38万人。此外，还有预备役和后备役军人160多万，飞机2 700架，海军舰艇有180万吨。思想上，颁布《危险文件临时取缔法》《思想犯保护监视法》等法律，加强思想控制，强化对日本人民特别是青少年进行军国主义教育，向日本人民强制灌输为侵略战争献身的"武士道"精神。外交上，加紧与德、意法西斯的勾结。1936年11月，与德国签订了《反共产国际协定》。世界上东西两个战争策源地遥相呼应、互相配合。

日本陆军参谋本部加紧进行侵华战争的军事部署。1936年8月，出台《昭和十二年度对华作战计划》，提出对中国的战争不只是局部的，要有全面战争的准备。为此，日本决定将原天津驻屯军升格为中国驻屯军，其司令官升格与关东军平级，由天皇直接任命。9月,日军完成了对北平东、南、北三面包围的态势,并准备随时占领北平与外界的唯一通道的西南方向的卢沟桥。为此,日军经常在卢沟桥附近以演习为名进行挑衅。1937年7月3日,关东军参谋长向刚上台的近卫内阁提出立即对中国发动军事进攻的意见。日本全面侵华战争一触即发。

1937年7月7日夜,经过周密策划、精心准备的日本侵略者以演习中一名士兵失踪为借口,要求进卢沟桥所在的宛平城内搜查,遭拒绝后,随即炮轰宛平城和卢沟桥,史称卢沟桥事变,日本侵华战争全面爆发。中国军队虽奉命进行了抵抗,但因实力相差悬殊,到7月底,北平、天津相继陷落。8月13日,日军又大举进攻上海,夺取南京,迫使中国政府投降。中国军队被迫进行还击。14日,国民政府发表《自卫抗战声明》。15日,又下达了总动员令。从此,中国进入了艰苦卓绝的、全民族广泛参与的伟大的抗日战争时期。

第二节 抗日民族统一战线的形成

一、中国人民的局部抗战,国内和平的初步实现

在日本军国主义局部侵华战争阶段,国民政府判断失误,消极应对,心存侥幸,认为日本侵华仅是局部事件,幻想依靠国际力量出面调停;对内发动剿共战争,平息各种反对蒋介石专制统治的势力。但以中国共产党为代表的广大爱国力量,积极开展抗日救亡运动,并推动国民党逐步转变立场,导致国内和平局面初步实现。

九一八事变发生后,中共中央于9月20日与日共中央联合发表宣言,反对日本帝国主义对中国的侵略。11月27日,刚刚成立的中华苏维埃共和国临时中央政府发表对外宣言,号召全国人民武装起来,反对日本的侵略。中国共产党领导的东北抗日武装不断发动对日本侵略者的武装袭击。一·二八事变后,中共中央又发表宣言,号召人民组织义勇军、游击队,直接参战。华北事变期间,中国共产党驻共产国际代表团于1935年8月1日草拟了《为抗日救国告全体同胞书》,在同年10月1日以中华苏维埃中央政府和中共中央的名义公开发表。该宣言以共产国际第七次代表大会关于建立反法西斯人民统一战线的精神,呼吁全国各党派、各界同胞、各军队捐弃前嫌,停止内战,一致抗日;提出组织国防政府和抗日联军总司令部的建议,并表示苏维埃政府和中国共产党愿作为成立国防政府的发起人,红军首先加入抗日联军。1935年12月,中共中央在陕北瓦窑堡召开中央政治局会议,通过《中央关于目前政治形势与党的任务决议》,确定了抗日民族统一战线的策略总路线。随后,毛泽东在党的活动分子会议上做了《论反对日本帝国主义的策略》的报告,阐述了会议的精神,指出中日民族矛盾已上升为主要矛盾,这就迫使一切不愿当汉奸、亡国奴的中国人起来参加抗日民族战争。瓦窑堡会议从

理论和政策上解决了建立抗日民族统一战线的问题。

与此同时,全国各界人民也掀起了形式多样的反抗日本帝国主义侵略中国的爱国民主运动。九一八事变后,上海3.5万名码头工人于9月24日举行反日大罢工。10月初,上海80万工人组织抗日救国联合会,要求政府立即出兵抗日。不久,北平各界抗日救国联合会也宣告成立,并通过了从速组织义勇军,积极募集爱国捐款等决议。9月下旬,南京各界10万多人召开抗日救亡大会,呼吁团结一致,平息内争,抗日救国。天津、广州、汉口、青岛、重庆、太原等城市也都开展多种形式的抗日救国运动。青年学生在抗日爱国运动中发挥了先锋、桥梁作用。北平、上海学生先后成立抗日救国联合会。9月下旬起到1931年年底,全国各地爱国学生不断奔赴南京,与当地学生一道多次前往国民政府和中央党部游行请愿,要求对日宣战。华北危机发生后,1935年12月9日,北平各大中学校的数千名学生举行了大规模的抗日救国示威游行,是为一二·九运动。爱国学生高呼"打倒日本帝国主义""反对华北自治运动""停止内战,一致对外"等口号。游行队伍虽遭到国民党军警的镇压,但青年学生毫不畏惧,充分体现了他们的爱国热忱和牺牲精神。北平学生的英勇斗争得到全国各地学生和各界民众的热烈响应与广泛同情。从12月11日起,南京、上海、天津、武汉、广州、西安、重庆等30多座大中城市的青年学生先后举行规模不等的游行示威活动。

民族资产阶级的爱国热情也逐步高涨。九一八事变后,民族资产阶级的代表人物一再要求国民政府抵抗日本,实行民主,罗隆基、王造时等提出组织容纳全国人才、一致对外的"国防政府"的主张。1931年12月,熊希龄、马相伯、章太炎、沈钧儒、左舜生、黄炎培等60多人组成中华民国国难救济会,发表宣言、通电,批评国民党的对日妥协政策。民族工商业者还发起禁止买卖日货、对日经济绝交运动,有力地抵制了日本军国主义者对中国的军事侵略。以宋庆龄为代表的国民党左派,坚决反对蒋介石对日本侵略的不抵抗政策。1932年12月,她和蔡元培、杨杏佛等在上海成立中国民权保障同盟,要求国民党政府保障人民的抗日民主权利。1933年3月,中国民权保障同盟和上海的其他20多个进步团体酝酿成立国民御侮自救会。在5月下旬举行的自救会筹备会上,宋庆龄发表演说,要求国民党政府立即抵抗日本侵略,停止实力内耗的剿共战争。同年11月,因不满蒋介石对日妥协、削弱异己做法的十九路军将领蔡廷锴、蒋光鼐联合国民党内主张抗日的陈铭枢、李济深、陈友仁以及第三党的黄琪翔等,发动福建事变,宣布成立以李济深为主席的"中华共和国人民革命政府"。华北事变后,上海文化界救国会于1935年12月17日宣告成立。接着,北平文化界救国会、上海妇女界救国会、上海职业界救国会等相继成立。在此基础上,全国各界救国联合会于1936年5月在上海宣告成立,选举宋庆龄等40多人为执行委员,推举沈钧儒、邹韬奋等15人为常务委员。7月,沈钧儒等联名发表《团结御侮的基本条件与最低要求》,表示赞同中国共产党的抗日民族统一战线主张,要求国民党停止内战,国共再次合作。救国会的活动和主张遭到国民党的反对。1936年11月,沈钧儒、章乃器、邹韬奋、李公朴、沙千里、王造时、史良等7

人在上海被捕,是为著名的爱国"七君子事件"。此外,1936年7月,李济深、陈铭枢、蔡廷锴、蒋光鼐等在香港成立中华民族革命同盟。11月,中国国民党临时行动委员会在黄琪翔等主持下,改组为中华民族解放行动委员会,为抗日救亡奔走呼号。

在中国共产党的一再感召和各界人民爱国民主运动的大力推动下,国民党的对日态度也在逐渐发生变化。地方实力派率先发起了对日本侵略的抵抗运动。九一八事变后,东北军中的部分爱国官兵相继组织抗日义勇军,给日本侵略军以重大打击,其中影响较大的有马占山领导的嫩江桥抗战,李杜、冯占海组织的吉林自卫军的抗战和苏炳文等在海拉尔组织的抗日活动等。一·二八事变发生后,十九路军爱国将领蔡廷锴、蒋光鼐等违反国民政府的命令,率所部奋起抵抗。不久,张治中又率第五军前来支援,前后坚持了一个多月,迫使日军三易主帅,粉碎了日军"四个小时结束战斗"的狂想。日军进攻长城一线时,原属冯玉祥部的西北军、张学良部的东北军以及部分蒋介石的嫡系部队都进行了不同程度的抵抗。1933年5月,冯玉祥在张家口宣布成立察哈尔民众抗日同盟军,自任总司令。6月,同盟军在北路前敌总指挥吉鸿昌、总司令方振武率领下,收复察北重镇多伦,一度把日伪军全部赶出察哈尔省。

华北事变后,由于日本侵略者的军事进攻日益危及国民党统治的中心地区,同时也由于中共领导的红军在第五次反"围剿"失利后,力量损失很大,且主力被迫转移到西北地区,一时难以对国民党的统治构成实质的威胁,再加上国内各界爱国势力纷纷要求蒋介石政府及时调整内外政策,在这种情况下,蒋介石开始调整对日政策。在对外政策上,一方面改善同苏联的关系,借重苏联的力量牵制日本对中国的侵略;另一方面积极争取英、美等国的支援,以遏制日本的侵略活动。对内,在坚持武力剿共的同时,开始试探"政治解决"的途径。从1935年冬开始,国共两党通过国内、国外两条途径,分别在南京、上海和莫斯科进行了多次秘密接触。此外,国民党还着手进行整军备战工作,以应付随时都有可能到来的日本侵略者发动的全面军事进攻。1936年6月,为了以政治方式解决广东陈济棠、广西李宗仁、白崇禧宣布"北上抗日"的"两广事变",国民党召开五届二中全会,蒋介石在会上表示,"对于外交所抱的最低限度,就是保持领土主权的完整","假如有人强迫我们签订承认伪(满洲)国等损害领土主权的时候,就是我们不能容忍的时候,就是我们最后牺牲的时候"。在此前后,蒋介石还对国民政府进行改组,一批亲日派要员被排除出权力核心。国民党的政策转变,对抗日民族统一战线的最后形成和抗日战争的全面展开,有着重要意义。①

蒋介石内外政策的转变,促使中共进一步转变对蒋的态度。此前,由于蒋介石始终坚持武力剿共、对日妥协的顽固政策,因此中共也一直坚持抗日必须反蒋的主张。1936年4、5月间,中共中央开始放弃反蒋口号,而逐步代之以"逼蒋抗日""联蒋抗日"等口号。8月25日,中共中央向国民党中央提交《中国共产党致中国国民党书》,呼吁国共

---

① 胡绳主编:《中国共产党的七十年》,中共党史出版社1991年版,第143页。

双方"结成一个坚固的革命的统一战线",表示中共愿在任何时候和任何地方与国民党开始"具体实际的谈判,以期迅速订立抗日救国的具体协定"。26日,毛泽东在致潘汉年的电报中,明确提出:"我们政策重心在联蒋抗日。"30日,张闻天、毛泽东、周恩来等在致朱德等的电报中又提出,中央的基本方针是:"迫蒋抗日,造成各种条件使国民党及蒋军不能不与我们妥协,以达到两党两军联合反对日本的目的。"9月1日,中共中央书记发出指示:"我们的总方针应是逼蒋抗日。"①至此,中国共产党对国民党的方针政策已调整到位,这为西安事变的和平解决以及抗日民族统一战线的正式形成提供了必要的政治前提。

正当国共两党相继调整内外政策、进一步加强接触的时候,由于两党长期对立所造成的互不信任,使得蒋介石对中共的政策始终处于摇摆之中,特别是当他得知张学良、杨虎城和阎锡山已开始与中共进行局部停战、合作抗日的消息后,更是产生猜疑和不满。蒋介石多次逼迫张学良、杨虎城率部剿共。1936年12月4日,蒋亲临西安,迫令张、杨执行剿共命令,否则就将两支部队调往福建和安徽。张、杨虽多次慷慨陈词,但蒋终不为所动。12月9日,西安学生1万多人举行纪念一二·九运动的示威游行,要求停止内战、一致抗日。蒋介石严令张学良加以制止,并对不听者"格杀勿论"。张为学生的爱国激情所感动,拒绝蒋的命令,并向学生表示将有所行动。12月10日、11日,张、杨连续两天对蒋进行苦谏,甚至进行"哭谏",不仅遭到蒋的拒绝,蒋还斥责张、杨"犯上作乱"。无计可施的张、杨,为形势所迫,决定实行"兵谏"。12月12日凌晨,张学良派兵包围蒋所在的西安城外的临潼华清池,将蒋扣押。住在西安城内的蒋的随行人员陈诚、卫立煌、朱绍良、蒋百里、邵力子、蒋鼎文等则被十七路军拘捕,是为西安事变。事变发生后,张、杨一面提出含有改组南京政府、停止一切内战、释放全国一切政治犯、开放民主爱国运动、立即召开救国会议等内容在内的8项主张,要求蒋答应;一面又要求中共派人前来协商处理善后。

经过张学良、杨虎城、国民政府内部主和派和中共等各方力量的共同努力,以张、杨和中共为一方与以宋子文和宋美龄为一方在多次商谈后,达成如下协议:① 改组国民党和国民政府,驱逐亲日派,容纳抗日分子;② 释放上海爱国领袖,释放一切政治犯,保障人民的自由权利;③ 停止剿共政策,联合红军抗日;④ 召集各党各派各军的救国会议,决定抗日救亡方针;⑤ 与同情中国抗日的国家建立合作关系。在蒋表示要用人格担保这些协议的履行后,张学良于25日送蒋等人返回南京。至此,西安事变宣告和平解决。西安事变的和平解决,标志着国共10年内战的基本结束,成为时局转换的重要枢纽。

1937年2月,国民党召开五届三中全会。中共中央在致全会的电文中,要求会议确定合作、抗日、改革政治、改善人民生活的基本国策,同时提出四项保证:① 在全国范

---

① 李海文:《西安事变前国共两党接触和谈判的历史过程》,《文献和研究》1984年第8期。

围内停止推翻国民政府的武装暴动方针;② 工农政府改名为中华民国特区政府,红军改名为国民革命军,直接受南京中央政府与军事委员会之指导;③ 在特区政府区域内,实施普选的彻底民主制度;④ 停止没收地主土地之政策,坚决执行抗日民族统一战线之共同纲领。全会通过的《关于根绝赤祸之决议案》,事实上承认了停止内战的原则。这表明,第二次国共合作已经初步建立。

二、国共实现第二次合作,全民抗战局面的形成

日本发动全面侵华战争后,由国内各党各派参加的抗日民族统一战线迅速形成了。

（一）国共再次合作

卢沟桥事变发生后的第二天,中国共产党就发出了《为日军进攻卢沟桥通电》,呼吁全国人民:"平津危急! 华北危急! 中华民族危急! 只有全民族实行抗战,才是我们的出路!"号召"全中国同胞,政府,与军队,团结起来,筑成民族统一战线的坚固长城,抵抗日寇的侵掠!"[①]同一天,毛泽东、朱德等还致电蒋介石,表示红军将士愿意"为国效命,与敌周旋,以达保土卫国之目的"。7月15日,周恩来等代表中共中央将《中共中央为公布国共合作宣言》交给蒋介石,强调"在民族生命危急万状的现在,只有我们民族内部的团结,才能战胜日本帝国主义的侵略"。该宣言提出,发动全民族抗战、实行民主政治和改善人民生活等三项基本要求,重申中共为实现国共合作的四项保证。7月17日,周恩来等在庐山与蒋介石等继续谈判。周恩来等提出,以《中共中央为公布国共合作宣言》为国共合作的政治基础,约定由国民党中央通讯社发表。

1937年7月17日,蒋介石在庐山发表谈话,称:"如果战端一开,就是地无分南北,年无分老幼,无论何人,皆有守土抗战之责任,皆应抱定牺牲一切之决心。"8月,国共双方达成将在陕北的红军主力改编为国民革命军第八路军,同意在国民党统治区若干城市设立八路军办事处和出版《新华日报》等协议。8月22日,国民政府军事委员会发布将红军改编为国民革命军第八路军的命令。8月25日,中共中央军委发布命令,红军改编为八路军,朱德任总指挥,彭德怀任副总指挥,叶剑英任参谋长,任弼时任政治部主任,下辖第一一五师、第一二〇师、第一二九师,林彪、贺龙、刘伯承分别任三个师师长。全军编制4.5万多人。9月,陕甘宁革命根据地改称陕甘宁边区政府。10月,国共两党经过谈判、协商后,决定将活动在南方8省的红军游击队统一整编为国民革命军新编第四军,叶挺任军长,项英任副军长。到1938年1月,全军整编结束,共辖4个支队,1.03万人。军部先设在南昌,后迁至安徽泾县云岭。陈毅所率第一支队在苏南茅山、丹阳、金坛、句容、溧阳一带活动,张鼎丞所率第二支队在当涂、江宁、溧水、高淳一带活动,谭震林所率第三支队在皖南青龙江一带活动,高敬亭所率第四支队在皖中舒城、庐江、合肥一带活动。

[①] 中央档案馆编:《中共中央文件选集(1936—1938)》,中共中央党校出版社1991年版,第274—275页。

在中国共产党的催促下,国民党中央通讯社于9月22日发表了《中共中央为公布国共合作宣言》。9月23日,蒋介石发表实际上承认中国共产党合法地位的谈话。中共中央宣言和蒋介石谈话的发表,标志着国共两党第二次合作的实现以及抗日民族统一战线的形成。

(二)抗日民族统一战线的特点

抗日民族统一战线是在特殊的国内外环境下实现的,因此具有不同于第一次国共合作的历史特点:

首先,广泛的民族性和极端的复杂性。抗日民族统一战线是全民族都参加的统一战线,成分相当广泛和复杂。参加抗日统一战线的不仅有占中国人口绝大部分的工人、农民、小资产阶级和民族资产阶级等,还包括处于统治地位的大地主、大资产阶级中的亲英美派。

其次,没有统一的组织形式。第二次国共合作首先是军事上的合作,双方没有统一的组织形式和形成文字的共同纲领,采取遇事协商、临时约见的办法,具有一定程度的不稳定性。

再次,内部存在关键的矛盾和斗争。第二次同共合作是国共两党经过10年内战后的再次合作,双方都有自己的政权和军队,内部存在尖锐的矛盾和斗争。中国共产党采取巩固和扩大进步力量、团结和争取中间力量、孤立和打击顽固力量的策略方针。

最后,处于有利而复杂的国际环境下。反抗法西斯对世界的征服和奴役是当时国际社会的主要任务与时代主题。在1941年年底太平洋战争爆发以前,英、美虽然也同情、支援中国的抗战,但与日本又有一定程度的妥协,希望日本能成为它们孤立、包围苏联战略中可以利用的力量。太平洋战争爆发后,英、美虽然与苏联携手抗击德、意、日的军事侵略,但双方矛盾并未消除,同时出于意识形态和战后中国乃至远东国际秩序安排等考虑,英、美一方面不希望中国的抗日统一战线公开破裂,另一方面又对国民党破坏统一战线的做法采取妥协和纵容的态度,这也加深了抗日民族统一战线内部的复杂因素。

第三节 国共两党不同的抗日战场

一、国民党领导的正面战场

抗日战争中,国民党主要承担正面战场的作战任务。总的来看,前期较为积极,中期趋向妥协,后期表现消极。

(一)战略防御阶段的正面战场

为了统一筹划抗战大计,国民政府于1937年8月在南京召开国防会议,会议讨论并确定以持久消耗战为对日作战的战略方针。该方针侧重于纵深配备,固守重要战略据点,也就是采取以坚守重要城市和战略要点为主要目标的阵地防御战。会议决定军事委员会为战时最高统帅部,蒋介石为委员长和陆海空军大元帅,何应钦为参谋总长,将全国划为5个战区。

按照上述方针,国民党先后组织进行了忻口、淞沪、南京、徐州、广州和武汉等大会战,由于中日双方军事力量悬殊,加上有些战役在组织、指挥方面存在失误,这些会战均以中国方面的失败而结束,但同时也牵制、消灭了大量日本侵略军的有生力量,并延缓了日本对其他地区的进攻,使其三个月灭亡中国的狂妄计划遭到破产。

未能实现战略目的的日本侵略者,在战场上施展其一贯烧杀抢掠、无恶不作的野蛮、残暴本性,妄图以此来摧残中国人民的抗日意志。日本侵略军所到之处,暴戾恣睢,血雨腥风。1937年9、10月间,日军在山西连续血洗天镇等7座县城,屠杀1.6万多名平民百姓。日军在杭州湾登陆后,一路烧杀,连未设防的苏州、无锡也未能幸免。为了制造细菌武器,日军在哈尔滨等地建立"关东军防疫给水部",这就是臭名昭著的"七三一部队",灭绝人性地用活人做细菌实验。日军还丧心病狂地强征中国妇女充当随军"慰安妇"(即军妓)。日本战机对毫无制空权的中国领土进行狂轰滥炸。在战争爆发后的第一年,日军先后出动飞机16 710架次,对中国16个省的257座城市、18条交通线进行2 472次轰炸,炸死中国军民16 532人,炸伤21 752人,无数房屋财产化为灰烬。

最为惨绝人寰的大屠杀发生在1937年12月到1938年年初的南京地区。在长达6个多星期的连续大屠杀中,共有35万名中国人被日军杀害,其中集体屠杀28起,有19万中国人被杀害,仅草鞋峡的一次集中屠杀,就有5.7万名中国人丧身;零星屠杀858起,15万多名中国人被杀;2万人次的中国妇女被奸淫;三分之一的房屋被焚毁,无数商店、住宅被洗劫一空。日本兽兵甚至展开杀人竞赛,而且手段残忍,砍头、劈脑、切腹、挖心、水溺、火烧、活埋等,无所不用其极。繁华的六朝古都,在日本侵略者的疯狂屠杀后,顿成人间地狱,尸体山积,瓦砾遍地,一片破败。

(二)战略相持阶段的正面战场

1938年10月后,随着广州、武汉的相继沦陷,中国抗日战争进入相持阶段。在这一阶段,正面战场仍在继续抵抗日本侵略者的军事进攻,1939年先后组织过南昌会战、随枣会战、昆仑关会战。1940年,中日双方在桂南和鄂北进行厮杀,互有胜负。1941年先后发动上高战役、中条山战役、第二和第三次长沙会战,除中条山战役中方失败外,其他战役中方都表现尚佳。1942年,战场上争夺的重点在浙赣地区,中国军队以防御作战为主,拖住日本侵略军,使其无法全力投入太平洋战场。1943年11月,中日在常德地区发动大规模会战。至12月上旬,日军以伤亡4万多人、撤出常德为代价,结束会战。1944年4月,日军发起豫湘桂战役,以打通中国大陆南北交通,并与南洋相连接。到11月24日,日军侵占南宁,达到作战目的。

国民党军队除了在国内战场上与日本侵略者进行拼杀外,还于1942年3月,应英、美的要求,组织中国远征军,驰援缅甸、印度,配合英军对日作战。

战略相持阶段的正面战场,中日双方尽管互有胜负,但在总体上,国民党军队的表现既不如前一阶段,也和国际反法西斯战争不断走向胜利的大趋势形成鲜明对比。这除了是因为中日双方的实力悬殊和具体战役上的组织、指挥存在失误外,最根本的原因在于"国民党总的政治策略、政治制度和政治实践"①。具体来说,首先,正面战场始终执行片面抗战路线,不敢发动民众,得不到民众的有力支持。其次,国共摩擦不断,国民党把大量军队撤到大后方,一面保存实力,一面加强对中国共产党的包围、封锁,留在前线作战的有些部队则和日伪军相勾结,有的甚至叛变投敌,充当伪军。再次,国民党内部的腐败情况日益严重,军队长官克扣军费司空见惯,四大家族借机巧取豪夺,鲸吞和挪用战争物资,实力极度膨胀,国民党军队的战斗力迅速下降。最后,僵化执行"苦撑待变"策略,消极等待国际形势的变化,把希望过多地寄托在英、美和苏联等国家的身上。

(三) 汪精卫集团叛国投敌

相持阶段中,正面战场最大的问题还不在于国民党阵营内部抗战派的消极抗日,而在于以汪精卫为首的卖国集团的公开叛变投敌。汪精卫自参加资产阶级革命后,就一直动摇不定,时而走极端,时而消沉。在局部抗战阶段,他就是亲日派的典型代表,宣扬中日开战、中国必亡的投降主义谬论。抗战全面爆发后,特别是进入抗战相持阶段后,日本帝国主义开始调整对华政策,宣布今后"不以国民政府为对手",对国民党实行以政治诱降为主、军事进攻为辅的方针。在日本政府的一再引诱下,时任国民党副总裁、中央政治委员会主席、最高国防会议副主席、国民参政会议长的汪精卫于1938年12月19日潜离重庆,到达河内。10天后,他在致国民党总裁蒋介石和中央执监委员的"艳电"中,提出国民政府应接受"近卫三原则"(由日本首相近卫于1938年12月22日在第三次声明中提出的中日坚持"相互善邻友好、共同防共和经济合作"三原则)。1940年3月,在日本侵略者的策划和操纵下,汪精卫与北平、南京、蒙古等汉奸政权的头目王克敏、梁鸿志等在南京宣布成立"中华民国国民政府",汪任"国民政府代理主席"兼"行政院长"。汪伪政权与日本签订《日本国与中华民国基本关系条约》,大肆出卖国家利益。汪伪政权建立和平建国军,伙同华北的治安军、皇协军等汉奸武装,配合日本驻守交通要道和据点,进行反共"清乡",破坏抗战,残酷剥削和奴役沦陷区人民。汪精卫集团是中国历史上最大、危害最为严重的卖国集团。

汪精卫集团的公开叛国投敌,标志着国民党统治集团中亲日派和亲英美派的公开决裂,但留在抗日阵营的亲英美派并未就此终止与日本侵略者的勾结和妥协,一些意志不够坚定的前方将士也时有思叛之心,所有这些都对中国的抗战事业产生严重的消极影响。

---

① 李良玉:《新编中国通史》第4册,福建人民出版社2001年版,第408页。

二、共产党领导的敌后战场

中国共产党在抗日战争中,始终坚持全面抗战路线,积极发动广大民众投身到这场事关国家生存与民族前途的战争中来,逐步由弱变强,成为抗日战争的中流砥柱。

（一）敌后抗日根据地的开辟

全面抗战爆发后,经国共谈判协商后整编的八路军和新四军,相继开赴广大敌后地区。中国共产党领导的武装力量每到一地,立即宣布停止执行土地革命战争时期没收地主土地归农民所有的政策,发动农民开展减租减息斗争,逐步建立有广泛阶层参加抗日民主政权,不断扩大、巩固抗日民主根据地。到1940年年底,中国共产党在华北、华中和华南敌后地区,先后创建了16块抗日根据地,加上陕甘宁边区,已拥有1亿人口；八路军发展到40万人,新四军发展到近10万人。

（二）持久战思想的系统阐述

为了从理论上阐明抗日战争所处的时代特殊性,指明这场战争的发展前途,坚定全民抗战的信念和决心,澄清人们在抗战问题上的模糊认识,毛泽东通过对抗战以来10个月战争实践的总结,于1938年5月发表《论持久战》一文。首先,毛泽东明确指出,日本虽然是个强国,但由于侵略战争是退步的、野蛮的,再加上日本是个小国,资源匮乏,经不起长期战争的消耗,因此中日战争注定是持久的,但最后胜利一定属于中国。其次,毛泽东指出,抗日战争要经过战略防御、相持和反攻三个阶段,其中相持阶段时间最长,遇到的困难也最多,是整个战争转变的枢纽。在这个阶段中,游击战是主要的战争形式,而辅之以运动战。再次,毛泽东指出,兵民是胜利之本,"战争的伟力之最深厚的根源,存在于民众之中",争取抗战胜利的唯一正确道路是充分动员和依靠群众,实行人民战争。《论持久战》是中国共产党指导抗战的纲领性文件。

（三）击退顽固派的反共高潮

在国民党对日作战逐步妥协、反共摩擦不断加剧的情况下,中国共产党一方面对国民党的挑衅行为进行及时的揭露和有效的反击,另一方面逐步承担起抗日救国的重大责任。

1939年1月,国民党召开五届五中全会,提出了"溶共、防共、限共、反共"的反动方针,设立了"防共委员会",通过了《限制异党活动办法》。2月,又秘密颁布《共党问题处置办法》《沦陷区防范共党活动办法》等反共文件。11月,国民党召开的五届六中全会,进一步确定了以军事反共为主、政治反共为辅的方针,随即以陕甘宁和山西为重点,发动了第一次反共高潮。遭到中国共产党的迎头痛击,国民党的反共高潮被击退。

1940年7月,国民党召开五届七中全会,再次讨论反共问题,准备以华中地区为重点,发动第二次反共高潮。10月,国民党要求黄河以南的八路军、新四军在一个月内全部开赴黄河以北集中。中国共产党一面据理加以驳斥,一面答应将皖南的新四军转移到长江以北。但就在皖南新四军9 000余人按照国民党的要求转移北上的途中,国民党却于 1941 年 1 月 6 日在泾县茂林地区发动对新四军的突然袭击。新四军官兵虽经英勇回击，终因寡不敌众，除约有 2 000 人成功突围外，大部分人被俘、失散或牺牲，军长叶挺在前去和国民党谈判中被扣押，政治部主任袁国平牺牲，副军长项英、参谋长周子昆在突围后被叛徒杀害，酿成了震惊中外的皖南事变。国民党随即宣布取消新四军番号。面对这一严峻形势，中国共产党进行了有针对性的回击，宣布在苏北盐城重建新四军军部，任命陈毅为代理军长，刘少奇为政治委员，张云逸为副军长，全军下辖 7 个师 1 个独立旅，并随时做好反击国民党军队进攻的准备。同时，中共中央适时公布大量事实，揭露国民党的阴谋，并提出解决皖南事变的 12 条办法，表明共产党绝不改变抗战、团结、进步的方针；周恩来在重庆也通过召开座谈会、个别谈话、散发传单等方式，对皖南事变的真相进行揭露。中国共产党还积极争取美、英、苏等国的支持。

通过针锋相对的斗争，中国共产党挫败了国民党发动的第二次反共高潮，并且遏制了国民党内反共顽固势力的蔓延和发展。此后，尽管国民党于 1943 年又酝酿发动第三次反共高潮，但未及充分发展，就被共产党击破。

（四）振奋人心的百团大战

为了制止国民党的对日妥协、投降逆流，振奋全国抗战信心，八路军总部于 1940 年 8 月主动发起向华北敌占区交通线和据点的大规模进攻，先后投入的总兵力达 100 多个团，故称"百团大战"。经过 3 个多月的作战，共发动大小战斗 1 824 次，毙伤日伪军 2.5 万余人，俘虏日军 280 多人、伪军 1.8 万人，缴获一大批枪炮和军用物资。百团大战给日军企图分割各抗日根据地军民的"囚笼政策"以沉重打击，钳制了大量日本兵力，打击了日军的侵略气焰；锻炼了共产党领导的人民军队，提高了共产党和八路军的威望，振奋了全国人心，驳斥了国民党顽固派关于八路军"游而不击"的谬论。

（五）新民主主义理论的系统阐述

随着抗日战争的不断发展，中国共产党对中国革命道路理论的认识进一步深入和系统化。1939 年年底、1940 年年初，毛泽东先后撰写了《〈共产党人〉发刊词》《中国革命和中国共产党》《新民主主义论》等一批重要理论著作，系统阐明了中国革命的性质、动力、前途，形成了完整的新民主主义理论。首先，论述了近代中国的社会性质和历史特点，揭示了中国革命的发展规律。毛泽东指出，近代中国是半殖民地半封建社会，帝国主义和中华民族的矛盾、封建主义和人民大众的矛盾是社会的主要矛盾。这就决定了中国革命必须分两步走，第一步是进行反帝反封建的资产阶级民主革命，第二步是进行社会主义革命，两个阶段是紧密相连的，前者是后者的必要准备，后者是前者的必然结果，既不能搞"二次革命"，也不能将两个阶段"毕其功于一役"。其次，制定了新民主主义的政治、经济、文化纲领。新民主主义的政治纲领，就是建立一个无产阶级领导的、工农联盟为基础的、一切反帝反封建的人们联合专政的新民主主义共和国，它的基本政治制度是人民代表大会制度，民主集中制是它的组织原则。新民主主义的经济纲领，就是没收操纵国计民生的大银行、大工业、大商业归新民主主义的国家所有；允许民族资本主义的存在和发展,不没收其私有财产;没收地主的土地,分配给无地或少地的农民所有,在耕者有其田的基础上发展合作经济;容许富农经济的存在。新民主主义的文化纲领,就是建立民族的科学的大众的文化,即人民大众的反帝反封建的文化。再次,总结和阐述了新民主主义革命的三大法宝。毛泽东指出,统一战线、武装斗争、党的建设是中国革命克敌制胜的三大法宝。

毛泽东关于新民主主义革命理论的完整阐述,回答了中国革命向何处去的问题,是中国共产党把马克思主义基本原理同中国革命具体实际相结合过程中的第一次历史性飞跃,标志着毛泽东思想得到系统总结和多方面的展开而达到成熟。

(六) 中国共产党的自身建设

进入抗日战争相持阶段后,中国的抗战形势相对稳定,同时也是为了清除各种非无产阶级思想对中国共产党的影响,提高全党的马列主义理论水平,中国共产党决定通过整风运动的办法来加强自身建设。整风运动是从1942年春开始的,其主要任务是:反对主观主义以整顿学风,反对宗派主义以整顿党风,反对党八股以整顿文风,重点是反对主观主义。整风运动的方针是:"惩前毖后,治病救人。"方法是认真阅读整风文件,联系个人思想、工作、历史以及自己所在地区、部门的工作进行检查,其中弄清党的历史又特别重要。开展批评和自我批评,重点是进行自我批评,弄清犯错误的环境、性质和原因,逐步取得思想认识上的一致,提出今后努力的方向。但整风运动的后期也曾出现过"抢救失足者运动"、大搞"逼供信"的过火斗争等错误。

整风运动的开展,提高了全党的马列主义理论水平,共产党人学会了以马列主义的立场、观点来观察、分析、解决中国革命实际问题的能力,使全党在马列主义的基础上实现了空前的团结和统一,推进了马列主义中国化的历史进程。

(七) 抗日根据地的建设

抗战进入相持阶段后,国民党的对日作战逐渐消极,这使得日本侵略者得以把大部分力量用于对付不断发展、壮大的中国共产党领导的抗日武装及其所开展的抗日活动,再加上长期战争的影响和破坏,从1940年开始,各抗日根据地都出现了程度不同的经济困难局面。

为了渡过普遍出现的困难时期,为持久抗战提供有力支撑,首先,中国共产党大力加强各抗日根据地的政权建设,在政权机关工作人员的名额分配上实行"三三制"原则,共产党员、非党的左派进步分子以及中间派各占三分之一,这就把一切赞成抗日的各阶级、阶层中的爱国民主人士尽可能地团结起来,为共赴国难而献策献力。同时,实行"精兵简政",大幅度精简机关工作人员的数量,以减轻民众的赋税负担。其次,各抗日根据地普遍开展"自己动手、丰衣足食"的大生产运动,加强经济建设。大生产运动的开展,不仅克服了经济困难,解决了部队的粮饷,提高了根据地人民的生活水平,从而支撑长期战争,更重要的是为中国共产党培养了一批从事经济管理和建设的必要人才,积累了经济管理和建设的有益经验。

第四节　抗日民族战争的胜利和意义

一、抗日战争的伟大胜利及其基本经验

进入1945年后,国际反法西斯战争的形势发生了根本性的转变。2月,美、英、苏三国首脑举行雅尔塔会议,讨论了彻底打败德国后的苏联对日参战问题。4月,意大利人民举行起义,法西斯政权被推翻,墨索里尼被处死。同月,苏联红军突破德国尼斯河防线,与英美联军会师于易北河岸,柏林陷入盟军重围。4月30日,希特勒在绝望中自杀。5月2日,柏林德军放下武器。8日,德国正式签署无条件投降书。日本侵略者的最终投降已为时不远。

为了迎接即将到来的全面抗战胜利,中国共产党于1945年4月23日至6月11日召开了第七次全国代表大会。毛泽东在大会上做了《论联合政府》的政治报告,刘少奇做了《关于修改党的章程的报告》,朱德做了《论解放区战场》的军事报告,周恩来做了《论统一战线》的重要讲话。大会的主要贡献有三个方面:首先,总结了中国共产党领导民主革命,特别是抗战八年来的历史经验,制定了打败日本侵略者、建立新中国的正确的纲领和策略。大会提出,在抗日战争即将胜利的情况下,党的主要任务是:放手发动群众,壮大人民力量,打败日本侵略者,解放全国人民,建立一个独立、自由、民主、统一、富强的新民主主义中国。为此,大会提出"废止国民党一党专政,建立民主的联合政府"的口号,并做好警惕内战、准备应战的工作。其次,批评了党内的错误思想,系统阐明党的优良传统与作风,使全党的认识在马列主义、毛泽东思想的基础上统一起来。大会指出,经过长期奋斗,中国共产党已形成了理论和实践相结合、密切联系人民群众以及批评和自我批评三大优良传统与作风。大会通过的新党章规定:全党以马列主义的理论与中国革命的实践之统一的思想——毛泽东思想,作为自己一切工作的指针,反对任何教条主义的或经验主义的偏向。再次,选举产生了以毛泽东为首的中央领导集体,使全党在组织上实现了空前的团结和统一。中共七大为全党迎接全面抗战胜利做了思想和理论上的准备。

1945年7月17日至8月2日,美、英、苏三国首脑在波茨坦召开会议。7月26日,三国首脑发表"波茨坦公告",敦促日本投降。此时,日本侵略军在各条战线均连遭败绩。在太平洋战场,到1945年6月,美军已完全击败日本海军,正计划对日本本土实施打击。在中国战场,中国共产党率领的八路军和新四军利用日本侵略者发动豫湘桂战役、后方兵力空虚的有利时机,从1944年下半年起即已在部分战场上主动发起对日本侵略者的军事进攻。1945年,八路军先后在华北和山东地区发起春季与夏季攻势,收复了数十座中小城市。

但是日本国内的一小撮法西斯死硬分子,并不甘心承认失败,他们叫嚣宁愿"一亿玉碎"(1亿日本国民全部战死)也要将侵略战争进行下去。7月28日,日本政府正式拒绝"波茨坦公告"。8月6日、9日,美国先后在日本广岛、长崎投下两颗原子弹。8月8日,苏联对日宣战。8月9日,裕仁天皇主持御前会议,决定接受"波茨坦公告",无条件投降。8月15日,裕仁正式播发停战诏书。9月2日,日本外相重光葵、参谋总长梅津美治郎在投降书上签字。9月3日,是中国抗日战争胜利纪念日。9月9日,中国战区日本投降签字仪式在南京举行,冈村宁次在投降书上签字。

至此,中国人民历经14年的抗日战争取得了伟大胜利。

中国抗日战争的胜利,积累了丰富的历史经验。

第一,全国各族人民的大团结是中国人民战胜一切艰难困苦、实现奋斗目标的力量源泉。在整个抗日战争中,中国抗战阵营内部,特别是国共之间虽然也存在矛盾和冲突,但经过各方面的努力,双方最终都以抗战大业为重,抗日民族统一战线始终没有破裂,表现了中华民族在大敌当前的情况下的高度成熟和理智,最终取得了抗战的胜利。

第二,以爱国主义为核心的中华民族精神是全国人民团结奋进的精神动力,同时,抗战又大大丰富和升华了以爱国主义为核心的中华民族精神。这是抗日战争取得胜利的重要思想保证。

第三,中国人民历来爱好和平,与人为善,以邻为伴,反对侵略战争,同时也不惧怕战争,当侵略战争强加到自己头上的时候,既敢于又善于进行反侵略战争,以捍卫中华民族生存和发展的权利。

第四,在统一战线中,坚持进步,反对倒退;坚持团结,反对分裂;坚持抗战,反对妥协和投降,同时又斗而不破,有理、有利、有节,也是抗日战争取得胜利的重要原因和经验。

第五,坚持广泛发动群众的全面抗战路线,是抗战能够长期坚持并最终取得胜利的重要因素。历史唯物主义认为,人民群众既是世界历史的创造者,又是推动世界历史发展的真正动力。抗日战争的胜利再次证明了历史唯物主义的这一基本观点。

二、抗日战争在世界反法西斯战争中的地位

抗日战争的胜利,不仅是近百年来中国人民反侵略战争的首次彻底的胜利,同时在世界反法西斯战争中也占有重要的地位。

首先,抗日战争的胜利,彻底打败了日本侵略者,捍卫了中国的国家主权和领土完整,使中华民族避免了遭受日本侵略者殖民奴役的悲惨命运。抗日战争的胜利,不仅使中国收复了自九一八事变后被日本侵略者侵占的东北三省,而且还收复了甲午中日战争后被日本侵略者霸占的台湾及其附属岛屿、澎湖列岛。

其次,抗日战争的胜利促进了中华民族的觉醒,使中国人民在精神上、组织上的进步达到了前所未有的程度。以国共合作为基础的抗日民族统一战线,凝聚了中华民族

所有的爱国力量,万众一心,团结御侮,共同抗击日本帝国主义的侵略行径,取得了抗战的胜利。

再次,抗日战争的胜利,锻炼和增强了中国共产党领导的人民革命力量,为中国革命的最终胜利积蓄了必要的物质基础和宝贵的领导经验。经过14年抗战,中国共产党领导的人民军队发展到120万人、民兵220万人。

最后,中国人民以巨大民族牺牲支撑起了世界反法西斯战争的东方主战场,为世界反法西斯战争胜利做出了重大贡献。中国的抗日战争是世界反法西斯战争中历史最长、贡献最大的一场战争。在历时14年之久的抗日战争中,中国人民付出了伤亡3 500多万人口、财产损失达5 000多亿元的惨重代价,中国战场年平均拖住了日本陆军的74%以上,最高年份达90%,总共歼灭了150多万日本侵略者。中国人民主要通过自己的努力不仅抗击了日本侵略者的野蛮进攻,光复了所有沦陷的大好河山,而且还派出军队到东南亚地区协助英军的对日作战,为世界范围内的反法西斯战争做出了特殊的贡献,树立了一个以弱胜强的光辉范例,大大提高了中国的国际地位。战后,中国以五大国之一的身份积极活跃在国际事务中,成为维护世界和平的重要力量。

第七章

中华人民共和国的诞生

第一节 从争取和平民主到进行自卫战争

一、抗战胜利后的时局

抗日战争胜利后,国内外形势发生了重大变化。总体上而言,抗战胜利后的政治形势,是有利于中国人民实现建设新中国的目标的。

国际方面,帝国主义的力量遭到严重削弱,以苏联为首的社会主义的力量得到大大加强。

在主要的帝国主义国家中,德国、意大利、日本这三个法西斯国家被彻底打败了;战胜国英国、法国因大量的军事开支和战争的破坏也遭到了严重的削弱;只有美国大发了一笔战争横财,成了这场战争中的"暴发户",成为资本主义世界中最强的国家。

社会主义力量得到增强。苏联经过反法西斯战争的严峻考验得到了巩固,成为世界一流强国。在欧洲的东部、中南部和亚洲的东部、东南部,出现了一系列由无产阶级及其政党领导的人民民主国家。社会主义冲破一国的范围在更广大的地区赢得了胜利。

战后,美、苏由战时盟友变为冷战对手,以美国为首的资本主义阵营和以苏联为首的社会主义阵营之间的相互对峙成为战后世界的基本格局。以美国为首的西方国家以"反对共产主义威胁"为借口,支持各国的反动派对抗民族民主运动。在亚洲,美国首先把侵略矛头指向中国,妄图变中国为它的附庸国和称霸世界的战略基地。

控制中国是战后美国全球战略的一个重要组成部分。正如美国国家安全委员会的报告中所说:"美国在中国基本的长期目标是,促进在一个独立、统一,对美国友好的,并且能够有效地阻止苏联在远东可能的侵略的中国建立一个稳定的、代议制政府。不过,由于中国的混乱状况,短期内能够实现的最重要的目标是阻止共产党完全控制中国。"①战后,美国对华政策大体有三种选择:一是放弃对中国的侵略;二是实行大规模的军事干涉,帮助国民党消灭共产党;三是通过国共和谈,达成协议,确立国民党在中国的领导地位。显然,第三种选择对美国最为有利。1945 年 12 月 15 日,美国总统杜鲁门委派美国五星上将马歇尔为特使访问中国,力图说服以蒋介石为首的中国政府,召开一个由主要党派的代表参加的全国会议,以实现中国统一,避免内战爆发。12 月 27 日,美、苏、英三国外长在莫斯科会议上发表公报,也希望中国能够保持国内和平与统一。

出于对本国战略利益的考虑,苏联政府不希望中国出现内战局面,害怕卷入中国内战而引发第三次世界大战,进而影响其全球战略。1945 年 8 月 14 日,苏联同国民政府签订《中苏友好同盟条约》和几个协定。国民政府为了换取苏联的支持,承认了苏联在中国的特殊权益。苏联表示支持蒋介石统一中国,要求中国共产党交出自己的军队并参加蒋介石的政府,并危言耸听地说:"如果打内战,中华民族有毁灭的危险。"

美、苏两国从各自的战略利益出发制定对华政策,严重影响着中国政局的发展。

国内方面,抗日战争胜利以后,当时国内存在着三种主要的政治力量,他们分别提出了三种政治主张和建国方案:

以国民党统治集团为代表的大地主和买办性的大资产阶级,主张继续实行地主买办资产阶级的军事独裁统治,坚持走半殖民地半封建社会的道路。国民党的建国方案得到了美国的支持。美国在中国追求的长期的基本的目标,在于推动建立一个统一的亲美政府;其短期目标是"避免共产党完全控制中国"。

以民主党派和中间人士为代表的民族资产阶级,主张建立一个名副其实的资产阶级共和国,以便使资本主义得到自由和充分的发展,使中国成为一个资产阶级专政的国家。

以中国共产党为代表的工人阶级和广大革命人民,主张废除国民党一党专政,成立民主联合政府,建立一个由无产阶级领导的人民大众的新民主主义的国家,并逐步进入社会主义和共产主义。

从国内形势看,总体来说,中国面临着分别以国民党和共产党为代表的两种前途与两种命运的较量,美国对国民党政府的支持加剧了问题的复杂性,中国人民要实现和平民主,建设新中国,依然面临着严重的困难。

二、中国共产党争取和平民主的斗争

(一)中国共产党争取和平民主的方针

中国共产党真诚希望通过和平的途径来实现中国的进步与发展。因为,中国人民

---

① 资中筠:《美国对华政策的缘起和发展(1945—1950)》,重庆出版社 1987 年版,第 435 页。

长期饱经战乱之苦,有强烈的和平愿望。同时,由于人民力量日益强大,加上蒋介石的内战部署一时难以完成,中国共产党估计,造成国共两党合作(加上民主同盟等)、和平发展的新阶段的可能性是存在的,因此,中共提出:"在和平、民主、团结的基础上,实现全国的统一,建立独立自由与富强的新中国。"①

但以武力消灭共产党及其领导的人民军队和解放区政权,是蒋介石集团的既定方针。1945年5月,蒋介石在国民党六大上就声称:"今天的中心工作,在于消灭共产党!日本是我们国外的敌人,中共是我们国内的敌人。只有消灭中共,才能达成我们的任务。"②但蒋介石在积极准备内战的同时,又表示愿意与中共进行和平谈判。其目的,一是以此敷衍国内外舆论,掩盖其正在进行的内战准备;二是诱使中共交出人民军队和解放区政权,以期不战而控制全中国;三是如果谈判不成,即放手发动内战,并把战争责任转嫁给中共。

对于蒋介石发动内战的阴谋,毛泽东明确指出:"我党所采取的方针是明确的和一贯的,这就是坚决反对内战,不赞成内战,要阻止内战。今后我们还要以极大的努力和耐心领导着人民来制止内战。但是,必须清醒地看到,内战危险是十分严重的,因为蒋介石的方针已经定了。"③因此,中共要有应付各种复杂局面的准备,一方面尽力争取和平民主,反对内战;另一方面准备在国民党一旦发动反革命的内战时,能够以革命战争反对反革命战争。

为此,1945年8月25日,中共中央在对时局的宣言中明确提出"和平、民主、团结"的口号。

(二) 重庆谈判和政治协商会议

蒋介石在"假和平、真内战"的策略下,于1945年8月14日、20日、23日接连三次电邀毛泽东去重庆谈判。1945年8月28日,毛泽东不顾个人安危偕周恩来、王若飞在美国驻华大使赫尔利及国民党代表张治中的陪同下,赴重庆与国民党当局进行谈判。经过40多天的艰苦谈判,10月10日,双方签署《政府与中共会谈纪要》,即《双十协定》,确认和平建国的基本方针,同意"长期合作,坚决避免内战"。

1946年1月10日,国共双方下达停战命令。同一天,政治协商会议在重庆开幕,出席会议的有国民党、共产党、民主同盟、青年党和无党派人士的代表38人。政协会议达成政府组织案、国民大会案、和平建国纲领、军事问题案、宪法草案案五项协议。关于国家的政治体制,政协会议上达成的协议规定,改组国民党一党政府,成立政府委员会为最高国务机关,委员的一半由国民党以外的人士充任。改组后的政府为结束国民党的"训政"到实施宪政的过渡时期的政府,负有召集国民大会以制定宪法的任务。会议

---

① 中央档案馆编:《中共中央文件选集(1945)》,中共中央党校出版社1991年版,第247页。
② 程思远:《政坛回忆》,广西人民出版社1992年版,第158页。
③ 中共中央文献编辑委员会修订:《毛泽东选集》第4卷,人民出版社1991年版,第1154页。

通过的宪法草案规定,立法院为相当于议会的最高国家立法机关,其成员由选民直接选举产生;行政院为最高行政机关,并对立法院负责;立法院对行政院全体不信任时,行政院或辞职或提请总统解散立法院。中央政权的这种体制相当于英国、法国的议会制和内阁制。宪法草案又规定,中央同地方分权,省为地方自治的最高单位,省长民选,省可以制定省宪,等等。这为解放区民主政权的存在也提供了一种可能的保障。政协会议上达成的协议还规定,实行军党分立、军民分治的整军原则和以政治军的办法。

政协会议上达成的上述协议及其他协议,在一个时期内形成了和平的局面,推迟了全面内战爆发的时间。是否忠实履行政协会议上达成的协议,成了当时人们衡量政治是非的重要尺度。谁能坚持政协路线,谁就得人心;谁要是破坏政协路线,谁就与人民对立。中国共产党是决心严格履行政协会议上达成的协议的。在政协召开时,毛泽东指出,"中国和平民主新阶段,即将从此开始",全党应为"巩固国内和平,实现民主改革,建立独立、自由和富强的新中国而奋斗"。①

正如后来担任美国国务卿的艾奇逊所言:"追求统一和民主的中国,意味着他们将丧失一切。"②由于政协会议上达成的协议是对国民党独裁统治的限制甚至否定,因此,最终不能被国民党政府所接受和执行。

中国共产党争取和平民主的努力,尽管最终未能阻止全面内战的爆发,但在政治上取得了主动。中共代表团在返回延安时,代表团成员李维汉在当天的日记中写道:"国共谈判破裂了,但我党满载人心归去。"

三、国民党发动内战和解放区军民的自卫战争

(一)国民党发动全面内战

为了消灭人民革命力量,维护自己的独裁统治,1946年6月26日,郑州绥靖公署主任刘峙、武汉行营主任程潜率22万国民党军队,向中原解放区发起进攻,发动了蓄谋已久的全国性的内战。同年10月11日,国民党军占领华北解放区重镇张家口,并于当天下令于11月12日召开由它一手包办的"国民大会"。1947年3月,国民党当局限期令中共驻南京、上海、重庆三地代表及工作人员全部撤退。至此,国共关系彻底破裂,中国又陷入战争的深渊。

全面内战爆发时,国共两党力量对比悬殊,中国共产党面临的形势是极为严峻的,国民党在军事和经济力量上都占有优势。当时,国民党军的总兵力为430万人,它占有3.39亿以上人口、730万平方千米面积的地区,控制着几乎所有的大城市和绝大部分铁路交通线,获得美国政府在军事上和财政上的巨大援助。人民解放军的总兵力为127万人,装备基本上是缴获来的日、伪军的步兵武器;解放区的人口为1.36亿,面积约

---

① 中央档案馆编:《中共中央文件选集(1946—1947)》,中共中央党校出版社1992年版,第15页。
② 《艾奇逊回忆录》,上海译文出版社1978年版,第26页。

230万平方千米,而且是被分割包围在十几块根据地里,在物质上得不到任何外援。正因为两者力量相差很大,蒋介石叫嚣,这场战争"一定能速战速决,把奸匪消灭"。

中国共产党清醒地估计了国内外形势,决定以革命战争反对反革命战争,认为:我们必须打败蒋介石,而且能够打败他。因为决定战争胜败的是人民,而不是一两件新式武器。我们革命战争所具有的正义性,必然会获得全国人民的拥护。

(二)粉碎国民党的军事进攻

为了打退国民党对解放区的军事进攻,中共中央指出,在政治上,团结一切可以团结的力量,"必须和人民群众亲密合作,必须争取一切可能争取的人"①。在军事上,必须采取集中优势兵力、各个歼灭敌人的作战原则,实行积极防御的方针,以歼灭敌人的有生力量为主要目标。

在1946年6月至1947年6月一年的时间里,人民解放军处于战略防御阶段。战争主要在解放区进行。

从1946年6月至10月,国民党军侵占解放区城市153座;人民解放军则收复城市48座、歼敌29.8万人。10月以后,国民党军队用于一线作战的兵力逐渐减少,进攻的势头开始减弱。

从1946年11月至1947年2月,国民党军侵占解放区城市87座;人民解放军则收复和解放城市87座、歼敌41万人。国民党的军事进攻进一步受挫,丧失对解放区全面进攻的能力,而改为对陕北、山东两个解放区的重点进攻。

从1947年3月至6月,人民解放军经过4个月的内线作战,打退了国民党军的重点进攻,并在东北、热河、冀东、豫南等地开始局部反攻。

从1946年7月起至1947年6月止,人民解放军在一年内歼敌达112万人,从根本上粉碎了国民党速战速决的计划,并使国民党陷入了人民战争的汪洋大海之中。正如毛泽东所说:"一年作战,敌军士气已衰,厌战情绪高涨,民心尤为厌战,蒋政权在人民中已陷孤立。"②

第二节 国民党政府处于全民包围之中

一、全国解放战争的胜利发展

(一)人民解放军转入战略进攻

经过一年的内线作战,战争形势发生重大变化。1947年7月,国民党军的总兵力

---

① 中共中央文献编辑委员会修订:《毛泽东选集》第4卷,人民出版社1991年版,第1 187页。
② 中央文献研究室编:《毛泽东文集》第4卷,人民出版社1996年版,第261页。

由 430 万人下降为 373 万人,其中正规军由 200 万人下降为 150 万人;人民解放军的总兵力则由 127 万人增加至 195 万人,其中正规军近 100 万人。虽然人民解放军在数量上暂时还处于劣势,但机动作战兵力比国民党军多,军队的装备也得到改善,开始掌握了战争的主动权。

中共中央根据战争形势的变化,制定了 1948 年的作战任务,"举行全国性的反攻,即以主力打到外线去,将战争引向国民党区域,在外线大量歼敌,彻底破坏国民党将战争继续引向解放区、进一步破坏和消耗解放区的人力物力、使我不能持久的反革命战略方针"。

为实现这一作战任务,中共中央将大别山区作为战略进攻的主要突击方向,并做了三军配合、两翼牵制的战略部署。

三军配合:1947 年 6 月 30 日,以刘伯承、邓小平指挥的晋冀鲁豫野战军主力为中路,实施中央突破,直奔大别山,揭开了战略进攻的序幕;以陈毅、粟裕指挥的华东野战军主力为东路,挺进苏鲁豫皖地区;以陈赓、谢富治指挥的晋冀鲁豫野战军一部为西路,挺进豫西。三路大军,相互策应,机动歼敌。

两翼牵制:以西北野战军出击榆林,吸引进攻陕北之敌北调;以华东野战军山东兵团在胶东展开攻势,将进攻山东之敌牵向海边。

在此前后,东北、华北、西北各个战场上,人民解放军纷纷发起强大的攻势,与中原作战相配合,构成了人民解放军全国规模的战略进攻的总态势。

1947 年 10 月 10 日,中国人民解放军总部适时发表宣言,提出"打倒蒋介石,解放全中国"的口号。同年 12 月,中共中央在陕北米脂县杨家沟召开会议,制定了夺取全国胜利的行动纲领。

(二)人民解放军进入战略决战

1948 年秋,敌我双方军事力量的对比发生了新的重大变化。人民解放军已由战争开始时的 127 万人发展到 280 万人,基本形成了野战军、地方军、游击队相结合的完整武装力量体系。解放区面积达 235.5 万平方千米,拥有 1.68 亿人口,并且在解放区基本完成土地制度改革,广大农民的革命和生产积极性空前高涨,解放军的后方进一步巩固。与此相反,国民党军队则由 430 万人下降为 365 万人,其中可用于第一线的兵力仅 174 万人,虽然其绝对数量仍占优势,但士气低落,战斗力不强。国共双方力量对比的变化和实际战场的态势表明,人民解放军同国民党军队进行战略决战的时机已经成熟。

1948 年 9 月,陈毅、粟裕指挥华东野战军举行济南战役,攻克济南,歼灭国民党军 11 万人。济南战役揭开了国共双方战略决战的序幕。中共中央又审时度势,适时发起三大战役,开始了与国民党军队的大决战。

1948 年 9 月 12 日至 11 月 2 日,林彪、罗荣桓指挥东北野战军发动辽沈战役。人民解放军先后攻克锦州,解放长春、沈阳等,整个东北完全解放。人民解放军以伤亡 6.9 万多人的代价,歼灭国民党军 47.2 万余人。此战之后,人民解放军在数量上第一次超过了国民党军。毛泽东高兴地说:"再有一年左右的时间,就可能将国民党反动政府从根本上打倒了。"

1948年11月6日至1949年1月10日,刘伯承、陈毅、邓小平、粟裕和谭震林指挥华东野战军和中原野战军发动淮海战役。人民解放军解放了以徐州为中心的广大淮海地区,以伤亡13.4万多人的代价,歼灭国民党军55.5万余人。南京、上海和武汉等大城市对于人民解放军而言,均已指日可待。

1948年11月29日至1949年1月31日,林彪、罗荣桓、聂荣臻指挥东北野战军和华北野战军发动平津战役。人民解放军先后解放了天津、北平等华北广大地区,以伤亡3.9万多人的代价,歼灭和改编国民党军52万余人。

三大战役使国民党的精锐部队几乎消灭殆尽,为中国革命在全国的顺利奠定了基础。

在内部和外部压力下,1949年元旦,蒋介石发表"求和"声明,表示愿意在保持法统、宪法、军队的前提下与共产党谈判,企图借"和平谈判"之机争取喘息时间,以便卷土重来。

谈判从4月1日开始,由于国民党政府拒绝在《国内和平协定》上签字,1949年4月21日,毛泽东、朱德发布《向全国进军的命令》。人民解放军举行渡江战役,百万雄师过长江。4月23日,人民解放军占领南京,国民党在大陆22年的反动统治覆灭。随后,人民解放军各路大军继续向中南、西北、西南各省举行胜利大进军,解放广大国土。国民党蒋介石集团被人民赶出中国大陆,中国新民主主义革命赢得了基本的胜利。

二、土地改革与农村的群众动员

在解放战争胜利发展的同时,解放区开展了轰轰烈烈的土地改革运动,以进一步激发广大农民的革命热情,从而为解放战争的胜利提供可靠的保证。早在1946年5月4日,中共中央就发出《关于土地问题的指示》(史称《五四指示》),决定将中共在抗日战争时期实行的减租减息政策改变为实现"耕者有其田"的政策。到1947年下半年,解放区即有三分之二的地区基本上实际解决了农民的土地问题。

为进一步巩固和扩大土地改革的成果,更广泛地动员广大人民群众支持革命,1947年7月至9月,中国共产党在河北省平山县西柏坡村召开全国土地工作会议,制定和通过了《中国土地法大纲》,明确规定"废除封建性及半封建性的土地制度,实现耕者有其田的制度"。这是抗日战争胜利后中共中央公开颁布的第一个土地政策,是一部彻底的、比较完备的土地法大纲,在我国土地改革史上具有深远影响。它的公布,有力地推动了各解放区土地改革运动的深入发展。

1948年,毛泽东《在晋绥干部会议上的讲话》中又明确提出了土地改革的总路线和总政策:依靠贫雇农,团结中农,有步骤、有分别地消灭封建剥削制度,发展农业生产。解放区广大农村迅速掀起土地改革的热潮。

经过土地改革运动,到1948年秋,1亿人口的解放区消灭了封建生产关系。广大农民分得土地并在政治上获得翻身以后,其政治觉悟和组织程度空前提高,大批青壮年农民踊跃参加人民军队。解放战争时期,华北解放区有近100万翻身农民参军,东北解放区有160多万人参军,晋冀鲁豫解放区仅1947年就有30万人参军。各地农民还成立运输队、担架队、破路队等随军组织,担负战争勤务。他们还广泛建立和发展民兵组织,配合人民解放军作战。人民解放战争获得了足以保证夺取战争胜利的取之不竭的人力、物力的源泉,为打败蒋介石、建立新中国奠定了深厚的群众基础。正如毛泽东在当时所说:"全党必须明白,土地制度的彻底改革,是现阶段中国革命的一项基本任务。如果我们能够普遍地彻底地解决土地问题,我们就获得了足以战胜一切敌人的最基本的条件。"

三、国统区第二条战线的形成

解放区军民在自卫战争中取得重大胜利,与此同时,在国民党统治区以学生运动为先导的人民民主运动迅速发展起来,形成了配合人民解放战争的第二条战线。

第二条战线的形成,主要是因为国民党政权在军事上遭到严重失败的同时,政治、经济危机日益加剧。

政治上,国民政府在发动全面内战后,为获取美国支持,不惜出卖主权,与美国签订《中美友好通商航海条约》等一系列卖国条约和协定。经济上,国民党官僚资本极度膨胀,疯狂掠夺中国人民的财富。大批民族工商业倒闭,农业经济凋敝,通货膨胀,物价飞涨。1947年7月,物价上涨6万倍;到当年年底,又上涨到14.5万倍。物价指数上涨之快,为世界历史上所罕见。1937年可买2头牛的100元法币,到1947年只能买三分之一盒火柴了。国民党统治区陷入严重的经济危机,广大人民挣扎在饥饿和死亡线上。

1945年年底,昆明学生发动的一二·一运动,是第二条战线斗争的先声。这次运动提出的"反对内战,争取自由"的口号,充分反映了广大人民要求和平民主的热切愿望,表现了他们对国民党蒋介石集团坚持内战、独裁、卖国政策的强烈抗议,推动了国内爱国民主运动的发展。

1946年年底至1947年年初,北平爆发了学生抗议驻华美军暴行的抗暴运动。北平学生高喊"抗议美军暴行""美军退出中国"等口号,举行示威游行。截至1947年1月10日,12天内,抗暴斗争扩展到14个省26个城市,参加罢课、游行等斗争的学生总数达50万人。这次抗暴运动成为第二条战线形成的重要标志,为后来更大规模的爱国民主运动的爆发做了重要的准备。

1947年2月28日,以国民党政府专卖局缉私人员在台北殴打女烟贩并枪杀在场市民1人为导火线,台湾人民举行武装起义,掀起了二二八运动,国民党调动大批军队对起义群众进行血腥镇压,被害者达3万人以上。这场运动对国民党军队起到了一定的牵制作用。

1947年5月20日,南京、北平等地爆发了反饥饿、反内战运动(史称"五二〇运动")。随后,这个运动迅速扩大到上海、杭州、武汉、广州等60多个大、中城市,学生罢课、游行与工人罢工、教员罢教等各阶层人民的斗争会合到了一起。

1947年全年有20多个大、中城市约320万名工人罢工。在农村,多处发生广大农民反抗抓丁、征粮、征税的"民变"。到1947年1月,"民变"地区扩展到300多个县。1947年5月至6月间,"抢米"风潮席卷南京、上海、北平、无锡、芜湖等40多个大小城市。在少数民族聚居地区,革命形势也有新的发展。

国统区第二条战线的斗争,动摇了国民党统治的后方,配合了人民解放军在前线的作战,国民党政府已处于全民包围之中。

第三节 中国共产党与民主党派的合作

一、中国共产党与民主党派的团结合作

中国各民主党派主要是由民族资产阶级、城市小资产阶级及其知识分子,以及其他爱国民主人士组成。在各个历史时期的中国政治生活中,他们都是一支重要力量,是中国共产党领导的爱国统一战线的重要组成部分。

中国民主同盟(简称"民盟")。1941年3月,中国民主政团同盟在重庆诞生。黄炎培被推选为中央常务委员会主席。不久,改由张澜任主席。民盟由6个组织联合组成。他们是:救国会、中华民族解放行动委员会(亦称第三党,后改称中国农工民主党)、中华职业教育社、乡村建设协会以及青年党和国家社会党(后改称民主社会党)。中国民主政团同盟于1944年9月更名为中国民主同盟。

中国国民党革命委员会(简称"民革")。1947年秋,三民主义同志联合会(简称"民联",1945年10月正式成立)、中国国民党民主促进会(简称"民促",1946年3月、4月正式成立)及其他国民党民主派酝酿成立联合组织,宋庆龄表示支持。同年12月,中国国民党民主派第一次联合代表大会在香港召开,中国国民党革命委员会宣告正式成立。民革中央推举宋庆龄为名誉主席,李济深为主席。

此外,还有中国民主建国会(简称"民建")、中国民主促进会(简称"民进")、中国农工民主党(亦称"第三党")、中国致公党、九三学社、台湾民主自治同盟(简称"台盟")等。

各民主党派的政纲与中共的新民主主义革命政纲基本上是一致的,各民主党派从成立的时候起,大多与中共建立了不同程度的合作关系。在抗战时期,民主党派的大多数都是积极要求抗日的,他们对外主张武装抗日,反对妥协投降;对内主张民主政治,反对独裁专制。抗战胜利后,各民主党派利用战后形成的短暂的特殊时期,积极提出他们

的建国方针和政治主张,他们的政治主张与中国共产党的主张虽有差别,但在反对国民党的独裁内战政策、争取和平民主等基本问题上是一致的。如中国民主同盟在1945年8月15日发表了《在抗战胜利中的紧急呼吁》,提出"民主统一,和平建国"的口号及10条具体主张。因此,中国共产党继续加强与民主党派和广大民主人士的团结合作,支持他们的正义行动,并积极寻求民主党派对中国共产党立场的理解和支持。在重庆谈判、政治协商会议和反对国民党包办"国民大会"等问题上,中国共产党与各民主党派相互协调、密切配合,与国民党蒋介石展开了尖锐的斗争,使重庆谈判和政治协商会议朝着有利于和平、民主、团结、统一的方向发展,使蒋介石在召开所谓的"国民大会"后政治上陷入更大的孤立。中共十分注意尊重和维护民主党派应有的政治地位与合理的利益,但当民主党派和无党派人士中某些人一度在一些关键时刻发生动摇,损害了人民的利益时,中共往往善意地提出批评,并采取"动摇到底,我们亦争取到底"的方针。中国共产党与民主党派的亲密合作,推动了中国革命事业的发展。

二、第三条道路幻想的破灭

抗战胜利后的中国该往何处去?在这个问题上,除了国共两党的两种截然相反的答案外,还有第三种答案,这就是某些民主党派的领袖人物和若干无党派民主人士所鼓吹的"中间路线"。他们既不满国民党的一党专政和蒋介石的独裁统治,又不赞同中国共产党的以土地革命为中心内容和以武装斗争为主要形式的新民主主义革命,幻想在大地主、大资产阶级专政或人民民主专政之外,另找所谓第三条道路。这条道路实际上就是英美式的资产阶级专政的道路。在抗日战争胜利以后的一个时期,一些民主人士认为,目前的局势是:国民党既不能用武力消灭共产党,共产党也不能用武力推翻国民党,而国际形势也不许可有一个完全右倾的国民党政权或完全"左"倾的共产党政权。那么,只有把右的拉向偏左一点,把左的拉向偏右一点,才能使各派政治力量都能接受,这就需要走中间道路。

1945年10月,中国民主同盟指出,我们的目的"就在研讨怎样把握住这个千载一时的机会,实现中国的民主,把中国造成一个十足道地的民主国家","在我们所需要为中国树立的民主制度上,我们没有所谓偏左偏右的成见,我们亦没有资本主义民主和社会主义民主这些成见"。[①] 中国民主同盟的主张基本上反映了"中间路线"的政治见解。他们认为,在政治上,实现英美式的民主政治;在经济上,必须发展民族资本主义。

然而,历史的经验和现实的生活都表明,在中国已经没有走"中间路线"的余地。1947年5月,国民党中央通讯社发表了伪造的《中共地下斗争路线纲领》,诬蔑民盟、民建等民主党派"组织已为中共所实际控制,行动亦均系循中共意旨而行",已经成为煽

---

① 中国民主同盟中央文史资料委员会编:《中国民主同盟历史文献(1941—1949)》,文史资料出版社1983年版,第71、76页。

动暴乱的工具,发出了打击民主党派的信号。5月31日,国民党在重庆、成都逮捕了数十名民盟成员。继民盟中央执行委员会委员李公朴、闻一多于1946年7月遭暗杀后,1947年10月7日,民盟中央常务委员兼西北总支部主任委员杜斌丞在西安又遭暗杀。据不完全统计,仅10月这一个月,在上海、西安、广州等地就有2 100多名爱国人士被杀害。10月27日,国民党当局甚至宣布民盟为"非法团体",明令对该组织及其成员的一切活动"严加取缔"。同年11月6日,民盟总部被迫在上海发表公告宣布解散。民盟被非法解散,说明在中国走第三条道路的幻想破灭。针对民盟的被迫解散,1948年1月5日,民盟领导人沈钧儒等在香港召开民盟一届三中全会。会议郑重宣布:"代表本盟全体盟员"一致否认南京反动独裁政府宣布民盟为"非法团体"的"无理而又狂妄的举动";表示民盟10多万盟员"今后将更坚强地站起来,为彻底摧毁南京反动政府,为彻底实现民主、和平、独立、统一的新中国而奋斗到底"!① 同时也明确表示"决不能够在是非曲直之间有中立的态度",指出独立的"中间路线"不符合中国的现实环境,是"行不通"的。民盟还表示今后要与共产党"携手合作"。从此,民盟走上了与中共合作的道路。

其他民主党派,包括中国国民党革命委员会、中国民主建国会、中国民主促进会、中国农工民主党、九三学社、中国致公党、台湾民主自治同盟等,也明确表示承认共产党的领导地位,参加新民主主义革命的立场。

三、中国共产党领导的多党合作、政治协商格局的形成

随着人民解放战争的胜利进行,1948年4月30日,中共中央发布《纪念"五一"劳动节口号》,提出"各民主党派、各人民团体、各社会贤达迅速召开政治协商会议,讨论并实现召集人民代表大会,成立民主联合政府"的号召。② 中国共产党的这一倡议得到各民主党派、各人民团体和无党派民主人士的热烈响应。各民主党派领导人李济深、何香凝、沈钧儒、章伯钧、马叙伦、陈其尤、彭泽民、李章达、蔡廷锴、谭平山、郭沫若等联合通电国内外,并致电毛泽东,拥护召开新的政治协商会议。8月1日,毛泽东复电各民主党派和民主人士,表示对他们的欢迎。自此以后,各界民主人士纷纷进入东北、华北解放区,与中共一起进行新的政治协商会议的筹备工作,开始了中华人民共和国的实际建立过程。

1949年6月15日,由共产党和各民主党派等各方面代表组成的新政治协商会议筹备会第一次会议召开,通过了《新政协筹备会组织条例》《关于参加新政协的单位及其代表名额的规定》,选出以毛泽东为主任,周恩来、李济深、沈钧儒、郭沫若、陈叔通为

---

① 中国民主同盟中央文史委员会编:《中国民主同盟历史文献(1941—1949)》,文史资料出版社1983年版,第363—364页。
② 中共中央文献编辑委员会修订:《毛泽东选集》第4卷,人民出版社1991年版,第1 349页。

副主任,李维汉为秘书长的21人组成的新政协筹备会常务委员会,委员会下设6个小组,分工负责完成参加单位及代表名额的拟定、政协组织法、共同纲领、政府组织法、宣言的起草、国旗国徽国歌方案的拟定等具体任务。

民主党派参加新政协的筹备工作并将在新中国参政,标志着民主党派的地位发生了变化,再也不是旁观者在野党的身份,而是中国人民民主专政的参政者。

中国各民主党派和无党派民主人士也认识到只有接受中国共产党的领导,才能在中国政治生活中有效地发挥积极作用,才有光明的前途。

第四节 中华人民共和国的成立

一、中共七届二中全会的召开与《论人民民主专政》的发表

在人民解放战争即将在全国取得最后胜利之时,中共中央于1949年3月在河北省平山县西柏坡村召开了七届二中全会。毛泽东在大会的报告中提出了促进革命迅速取得全国胜利的各项方针,阐述了在全国胜利的形势下,党的工作重心必须由乡村转移到城市。全会还规定了全国胜利后,党在政治、经济、文化、外交等方面的基本政策;强调夺取全国胜利后只是万里长征走完了第一步,今后的路程更长,工作更伟大、更艰巨,"务必使同志们继续地保持谦虚、谨慎、不骄、不躁的作风,务必使同志们继续地保持艰苦奋斗的作风"。中共七届二中全会是新民主主义革命胜利前夕召开的一次重要会议,为新中国的成立做了政治上和理论上的准备。会议闭幕后,中共中央由西柏坡村迁往北平。

1949年6月30日,毛泽东发表《论人民民主专政》一文,就新中国的性质、各阶级的地位和相互作用,以及外交政策等问题进行了进一步阐述。毛泽东明确指出,我们要建立的新中国是工人阶级领导的人民民主专政国家;人民,在中国现阶段,包括工人阶级、农民阶级、城市小资产阶级和民族资产阶级。人民民主专政的基础是工人阶级、农民阶级和城市小资产阶级的联盟,而主要是工人和农民的联盟。人民民主专政对人民实行民主,对敌人实行专政,民主和专政是相辅相成的两个方面。毛泽东在文中特别强调建立工人阶级领导的人民民主专政的国家是中国的唯一出路,"总结我们的经验,集中到一点,就是工人阶级(经过共产党)领导的以工农联盟为基础的人民民主专政。这个专政必须和国际革命力量团结一致。这就是我们的公式,这就是我们的主要经验,这就是我们的主要纲领"①。《论人民民主专政》成为中共建国准备过程中带有纲领性意义的文献,从理论上指导了建国准备工作。

---

① 中共中央文献编辑委员会修订:《毛泽东选集》第4卷,人民出版社1991年版,第1 480页。

中共七届二中全会的决议和毛泽东的《论人民民主专政》，构成了《中国人民政治协商会议共同纲领》的基础。

二、中国人民政治协商会议的召开与中华人民共和国的成立

经过新政治协商会议筹备委员会3个月的认真筹备，建立新中国的条件完全成熟。1949年9月17日新政协筹备会召开第二次会议，基本上通过了各筹备小组拟定的各项草案，并决定新政协改名为中国人民政治协商会议。

1949年9月21日，中国人民政治协商会议第一届全体会议在北平开幕，毛泽东在开幕词中向全世界豪迈宣告："占人类总数四分之一的中国人从此站立起来了。"

会议通过了《中国人民政治协商会议共同纲领》（以下简称《共同纲领》）。《共同纲领》规定：中华人民共和国实行工人阶级领导的、以工农联盟为基础的人民民主专政。"中华人民共和国的国家政权属于人民。人民行使国家政权的机关为各级人民代表大会和各级人民政府。""各级政权机关一律实行民主集中制。"

《共同纲领》还规定了新中国的经济、文化、外交、民族等政策，在当时是全国人民的大宪章，起着临时宪法的作用。《共同纲领》为新中国勾画了一幅清晰的蓝图，对新中国各方面建设产生了重大影响。

会议还决定中华人民共和国定都于北平，北平即日改名为北京，制定中华人民共和国国旗为五星红旗，确定《义勇军进行曲》为代国歌，决定中华人民共和国的纪年采用世界公元。

9月30日，在最后一次全体会议上，选举了中央人民政府，代表们一致选举毛泽东为中央人民政府主席，朱德、刘少奇、宋庆龄、李济深、张澜、高岗为副主席，陈毅等56人为中央人民政府委员。随后，由中央人民政府委员会任命周恩来为政务院总理兼外交部部长。

10月1日下午2时，中央人民政府在中南海举行第一次委员会，毛泽东主席及各位副主席、委员们宣誓就职。下午3时，举行开国大典，毛泽东在天安门城楼上庄严宣告中华人民共和国中央人民政府成立。

1949年10月1日中华人民共和国的成立，标志着中国新民主主义革命的基本胜利，实现了中国从几千年封建专制政治向人民民主的伟大飞跃。近代以来中国面临的第一大历史任务，即争取民族独立、人民解放的任务基本完成，从而为实现国家繁荣富强和人民的共同富裕创造了前提。中国历史由此开辟了一个新纪元，进入从新民主主义向社会主义过渡的时期。正如毛泽东所说："中国的命运一经操在人民自己的手里，中国就将如太阳升起在东方那样，以自己的辉煌的光焰普照大地，迅速地荡涤反动政府留下来的污泥浊水，治好战争的创伤，建设起一个崭新的强盛的名副其实的人民共和国。"①

---

① 中共中央文献编辑委员会修订：《毛泽东选集》第4卷，人民出版社1991年版，第1 647页。

中华人民共和国的成立,是中国人民的历史性选择。

三、中国革命胜利的原因和基本经验

（一）中国革命胜利的原因

首先,中国革命的胜利是由于有了中国共产党的领导。从鸦片战争以来近80年的旧民主主义革命时期中,中国人民反抗外国侵略和本国封建压迫的英勇斗争之所以失败,是由于没有一个如同中国共产党那样的先进的革命政党的坚强领导;从五四运动以来30年的新民主主义革命时期中,由于有了马克思列宁主义的指导和中国共产党的领导,中国人民的革命虽然也经历过曲折,但终于取得了伟大的历史性胜利。"没有共产党,就没有新中国",这是中国人民依据近代以来中国革命的历史经验所得出的一个科学的结论,这是中国人民基于自己的切身体验所确认的一个伟大的真理。中国人民就是在中国共产党的领导下,在中国共产党提出的新民主主义的基本理论、基本纲领、基本路线的指引下,经过长期的艰苦、曲折的斗争,逐步取得胜利的。

其次,中国革命有雄厚的群众基础。中国革命的胜利与工人、农民、城市小资产阶级的广泛参与有着密切联系。工人、农民、城市小资产阶级是中国新民主主义革命的主要力量。民族资产阶级也逐步向共产党靠拢,成为人民的一部分。各民主党派和无党派民主人士、各少数民族、爱国的知识分子和海外华侨等都为中国革命的胜利发挥了积极作用。中国革命若没有中国最广大人民的支持和参与,要想取得胜利是不可能的。

再次,中国革命的胜利与国际无产阶级和世界各国人民的支持密不可分。毛泽东说过:"假如没有苏联的存在,假如没有反法西斯的第二次世界大战的胜利,假如没有打倒日本帝国主义,假如没有各人民民主国家的出现,假如没有东方各被压迫民族正在起来斗争,假如没有美国、英国、法国、德国、意大利、日本等等资本主义国家内部的人民大众和统治他们的反动派之间的斗争,假如没有这一切的综合,那末,堆在我们头上的国际反动势力必定比现在不知要大多少倍。在这种情形下,我们能够胜利吗？显然是不能的。胜利了,要巩固,也不可能。这件事,中国人民的经验是太多了。孙中山临终时讲的那句必须联合国际革命力量的话,早已反映了这一种经验。"①

（二）中国革命胜利的基本经验

中国革命的胜利,为我们提供了许多宝贵的经验。

首先,要取得革命胜利,必须建立广泛的统一战线,这是坚持和发展革命的政治基础。"中国革命的敌人是异常强大的。中国革命的敌人不但有强大的帝国主义,而且有强大的封建势力,而且在一定时期内还有勾结帝国主义和封建势力以与人民为敌的资产阶级反动派。"②面对强大的敌人,无产阶级领导的新民主主义革命必须最大限度

---

① 中共中央文献编辑委员会修订:《毛泽东选集》第4卷,人民出版社1991年版,第1 474页。
② 中共中央文献编辑委员会修订:《毛泽东选集》第2卷,人民出版社1991年版,第634页。

地争取和团结一切可能团结的力量,组成最广泛的统一战线,只有这样,才能战胜强大的敌人。

中国的工人、农民和城市小资产阶级是中国新民主主义革命的基本力量,是民族统一战线的基础。民族资产阶级在一定时期中和一定程度上,"是能够参加反帝国主义和反封建军阀斗争的"。而"中国的带买办性的大资产阶级的各个集团是以不同的帝国主义为背景的,在各个帝国主义间的矛盾尖锐化的时候,在革命的锋芒主要地是反对某一个帝国主义的时候,属于别的帝国主义系统的大资产阶级集团也可能在一定程度上和一定时期内参加反对某一个帝国主义的斗争"①。因此,无产阶级在这个一定时期内与之建立统一战线也是完全必要的。广泛的统一战线的建立,是坚持和发展革命的政治基础。

其次,要取得革命胜利,必须坚持革命的武装斗争。中国是一个半殖民地半封建社会,内部没有民主制度,受封建制度的压迫;外部没有民族独立,受帝国主义的压迫。因此,中国不可能像西方有些国家那样通过走议会斗争的道路取得政权,武装斗争是中国革命的主要形式。离开了武装斗争,就没有共产党的地位,就不能完成任何革命任务。中国的武装斗争实质上是工人阶级领导的农民战争。中国共产党必须深入农村,发动和武装农民,把落后的农村改造成巩固的革命根据地,走农村包围城市、武装夺取政权的道路,才能最后取得革命的胜利。

再次,要取得革命胜利,必须加强共产党自身的建设。"既要革命,就要有一个革命党。没有一个革命的党,没有一个按照马克思列宁主义的革命理论和革命风格建立起来的革命党,就不可能领导工人阶级和广大人民群众战胜帝国主义及其走狗。"②在工人阶级较少,农民和其他小资产阶级占人口大多数的中国,建设一个工人阶级的政党,其任务是极其艰巨的。因为"中国是一个小资产阶级成分极其广大的国家,我们党是处在这个广大阶级的包围中,我们又有很大数量的党员是出身于这个阶级的,他们都不免或长或短地拖着一条小资产阶级的尾巴进党来"③。因此,各种非无产阶级思想经常侵蚀到党内来,中共强调党的思想建设,要求党员用工人阶级思想克服资产阶级、小资产阶级思想,解决思想上入党的问题。中国共产党在长期的斗争实践中,把自己锻炼成了一个有纪律的、有马克思列宁主义理论武装的党,实行理论与实际相结合、密切联系群众和批评与自我批评的作风,成为掌握统一战线和武装斗争这两个武器敢于对敌冲锋陷阵的英勇战士,成了全国各族人民拥戴的领导核心。

总之,"统一战线,武装斗争,党的建设,是中国共产党在中国革命中战胜敌人的三个法宝,三个主要的法宝"④。这是中国人民夺取新民主主义革命胜利的基本武器。

---

① 中共中央文献编辑委员会修订:《毛泽东选集》第2卷,人民出版社1991年版,第606—607页。
② 中共中央文献编辑委员会修订:《毛泽东选集》第4卷,人民出版社1991年版,第1357页。
③ 中共中央文献编辑委员会修订:《毛泽东选集》第3卷,人民出版社1991年版,第833页。
④ 中共中央文献编辑委员会修订:《毛泽东选集》第2卷,人民出版社1991年版,第606页。

第八章

确立社会主义基本制度

第一节 巩固新生政权 恢复国民经济

一、新生政权的巩固

（一）全国大陆的解放

1949年中华人民共和国的成立,为中国社会的进步与发展创造了最重要的政治前提。但新生的中国也面临诸多严峻的考验。为了完成祖国统一大业,巩固新生的人民政权,中央人民政府下令将人民解放战争进行到底,命令人民解放军对国民党残余势力发起了猛烈的攻势。

在西北战场,1949年5月,人民解放军第一野战军在彭德怀统率下向盘踞在西北地区的国民党军残余势力（陕西的胡宗南部队、青海的马步芳部队、宁夏的马鸿逵部队等）发起猛烈进攻。5月20日,一举解放西安。接着向西安以西的国民党部队发动攻击,7月12日在扶风、眉县地区歼灭胡宗南部4个师,迫使胡部退守秦岭以南。7月14日,占领宝鸡。随后向甘肃境内挺进。经过激战,于8月26日攻占西北地区的重要枢纽——兰州,将马步芳的精锐部队全部歼灭。兰州解放后,解放军分西、东、中三路分别向青海、宁夏及甘肃西部进攻,先后解放了西宁、银川及甘肃西部走廊地区。驻守新疆的国民党军陶峙岳部队于9月25日率部起义,接受中共和平改编,新疆和平解放。10月20日,解放军进驻新疆省会迪化（今乌鲁木齐）。至此,西北各省宣告全部解放。

在中南、华南战场,1949年9月中旬,人民解放军第四野战军和第二野战军第四兵团分东、西、中三路向华南进军,即西路军由程子华指挥,经湖南西部南下广西,断国民党部队向云南、贵州的逃路；东路军由陈赓统一指挥,自江西进军广东,在占领广州后,一部分兵力再向桂南挺进,成为合围白崇禧部的南路军；中路军由萧劲光指挥,先消灭宝庆之敌,迫使白崇禧部向桂林撤退,然后尾追国民党部队南下直趋广西北部,会同其他两路军,歼灭白崇禧集团于广西境内。9月13日,第四野战军发起了衡宝战役,历时一个多月,共歼灭白崇禧精锐部队4个师4.7万余人,解放了湘南、湘西地区。白崇禧部大部分逃入广西。10月2日至11月4日,又发动了广东战役,歼敌余汉谋等部6.2万余人,解放了广东大部分地区,这为歼灭白崇禧集团于广西创造了有利条件,也使得由南京迁到广州不到半年的国民政府迁往重庆。随着湖南、广东的相继解放,第四野战军主力于11月6日至12月14日又发动了广西战役,共歼敌17.3万人,白崇禧部除两万余残军逃入越南外,其余均被歼灭。这次战役解放了广西全境,实现了中央军委、毛泽东在广西境内歼灭白崇禧集团的作战计划。广西战役结束后,第四野战军集结10万余兵力于雷州半岛,组成渡海作战兵团,强渡琼州海峡以歼灭残敌。渡海作战兵团在琼崖人民和琼崖纵队的积极支持下,克服种种困难于5月初解放了海南岛全境,共歼敌3.3万余人,残余国民党部队登舰逃往台湾地区。海南岛的解放,拔除了国民党残余势力在南海的主要基地,对捍卫祖国领土、保卫边疆、保障祖国建设具有重要的意义。

在华东战场,1949年9月,国民党汤恩伯兵团有4.5万兵力退守在厦门、金门两岛,兵力相对集中,又有海峡天险作为屏障,防御能力较强。人民解放军第三野战军第十兵团于9月19日发起了漳厦战役,解放了漳州、厦门和福建全省,歼敌4万余人。10月24日,解放军又发起了金门战役。但由于厦门解放后,第十兵团领导的精力主要集中于城市接管上,对金门的国民党军估计不足,在战役指挥上又轻敌急躁,致使这次战斗失利,解放军损失了3个团9 000余人。1950年5月,第三野战军第七兵团解放了舟山群岛。从此,国民党对长江的封锁即被打破,为保卫海防安全创造了条件。

在西南战场,1949年11月1日起,在第二野战军刘伯承、邓小平和西南军区司令员贺龙的指挥下,第二野战军及一野、四野各一部向西南进军。盘踞在西南地区的国民党残余势力组成了所谓的"西南防线",妄图同解放军"持久作战",以争取时间调整兵力实施反攻。整个西南地区包括四川、贵州、云南、西康、西藏5个省、区,除四川盆地外,其余几乎都是山地和连绵的丘陵,山陡路窄,交通不便,地形易守难攻。根据西南的地理情况和国民党军的企图,中央军委和毛泽东早在1949年5月23日就指示:"欲消灭胡宗南军及川康诸敌,非从南面进军断其退路不可。"并于10月19日致电刘伯承、邓小平等,指出进军西南的方针是:"取大迂回动作,插至敌后,先完成包围,然后再回打之方针。"在中央军委的正确指导下,到11月底,贵阳、遵义、重庆先后解放,蒋介石及由广州迁到重庆不足50天的"国民政府"逃往成都。在中共政策感召下,12月9日,国民党云南省主席龙云、西康省主席刘文辉及西南军政长官公署副长官邓锡侯、潘文华等率部起义。云南、西康和平解放。12月10日,蒋介石本人连同其"国民政府"要员乘飞机逃往台湾地区。接着,解放军又向成都进军,把胡宗南集团及四川境内的其他国民党部队数十万人包围在成都地区,使其欲逃无路,成为瓮中之鳖。12月27日,成都解放。至此,蒋介石在大陆上的最后一支主力胡宗南集团全部覆灭。1950年1月上旬,人民解放军又继续向滇南、西昌地区进军。到这时,除昌都一隅外,云、贵、川、康4省均告解放。第二野战军在一野、四野各一部的配合下,在这次进军西南的作战中,先后歼灭国民党正规军和地方保安团队70余万人,连同游杂武装共90万人。国民党反动集团割据西南、待机反攻的迷梦彻底破灭,同时也为解放西藏奠定了基础。

1951年1月上旬,中共中央决定:以西南局和第二野战军为主,在西北局和第一野战军的配合下,于4月开始组织向西藏进军,以完成统一祖国大陆的伟大事业。

中共中央和中央人民政府在积极准备向西藏进军的同时,又争取和平解放西藏。1950年6月,向西藏当局提出了驱逐英美帝国主义势力,西藏回到中华人民共和国大家庭来,实行区域自治,西藏现行各种政治制度及达赖喇嘛的地位、职权不变,实行宗教自由,人民解放军进驻西藏等10项内容的政策作为同西藏当局谈判的基本条件。当时西藏爱国人士、西南军政委员会委员、西康省人民政府副主席格达活佛主动要求前往拉萨联络。但西藏地方当局拒绝谈判,并在帝国主义分子策划下,在昌都杀害了格达活佛。为了打击西藏地方政府中的顽固势力,争取和平解决西藏问题,西南军区指挥进藏部队6个团的兵力,于10月6日至24日进行了昌都战役,歼灭藏军主力5 700余人,解放了昌都地区(今昌都市)。从而打开了进藏的大门,粉碎了帝国主义及西藏反动势力以军事力量阻止解放军解放西藏的企图,促进了西藏爱国力量的发展和西藏的和平解放。

1951年4月29日,西藏地方政府派出以阿沛·阿旺晋美为首的西藏地方政府代表团前往北京,同以李维汉为首的中央人民政府代表团谈判。5月23日,双方签署了《中央人民政府和西藏地方政府关于和平解放西藏办法的协议》,协议主要包括:西藏回到祖国大家庭来;藏军逐步改编为人民解放军;驱逐帝国主义势力出西藏;西藏现行政治制度和达赖喇嘛的固有地位和职权不变;尊重西藏人民的宗教信仰和风俗习惯;实行民族区域自治等17项内容。协议的签订,标志着西藏的和平解放。

至此,除台湾省和沿海一些岛屿及香港地区、澳门地区外,全国大陆都得到解放,实现了全国各地区各民族空前未有的大统一和大团结。

(二) 剿匪反霸,清除旧社会遗毒

中华人民共和国成立初期,土匪猖獗、恶霸横行、吸毒贩毒、卖淫嫖娼、买卖婚姻等旧社会的丑恶现象依然存在。它们严重地威胁到新生人民政权的巩固和社会安宁,并影响了人民群众的日常生活。

土匪本来是旧中国固有的一种祸害。国民党当局逃往台湾地区时,有计划地在大陆潜留大批特务和党、政、军骨干分子,妄图建立"大陆游击根据地",同人民解放军进行长期对抗。与此同时,国民党军队的大批残兵散卒、形形色色的地主武装、地痞流氓也相继聚集为匪,为非作歹。这些新老土匪互相勾结,形成了一股股猖獗的反动势力。他们经常举行暴动,袭击解放军的小分队,大肆破坏交通运输和通信设施,搞暗杀恐怖活动,烧毁房屋,抢掠财产,无恶不作。

针对这种情况,中共中央和中央军委及时做出剿匪决策。人民解放军渡江后,毛泽东明确指出:剿匪是肃清反动力量的一个重要部分,又是保障实施各种政治、经济、文化、国防建设的先决条件。1949年10月1日,朱德在新中国开国大典上发布的解放军总部命令中,要求全体指战员肃清土匪和其他一切反革命匪徒,镇压他们的一切反抗和捣乱活动。

1950年1月至1953年,中共中央和中央军委先后抽调了6个兵团、41个军、140个师、2个旅又20个团和海军空军各一部,共150余万的兵力,在各新解放区分步骤地展开了大规模的剿匪作战。首先,以重兵在匪患最严重的地区,实行重点进剿,以消灭大股土匪;其次,实施分区驻剿,用分片包干的办法,消灭小股土匪;最后,结合农村土改,消除隐藏漏网分子,根除匪患。在剿匪中,各剿匪部队在当地党委统一领导和当地群众协助下,贯彻军事进剿、政治瓦解与发动群众相结合的方针,采取镇压与宽大相结合的政策,从而保证了剿匪工作的顺利进行。到1953年,历时4年的剿匪斗争胜利结束,共歼灭武装匪特240余万人。

恶霸是旧社会直接压在人民群众头上的恶势力之一,其分布比土匪更广泛,在农村有土豪劣霸,城市有包工头、把头、帮头之类的恶霸分子。他们作威作福,残酷剥削和压榨广大农民与工人的血汗。反霸斗争在农村是结合土改或作为土改的准备步骤进行的。在城市则是通过国营企业的民主改革和镇压反革命,对封建包工把头制度加以废除和对恶霸分子加以打击而进行的。通过在农村和城市的这些改革,恶霸势力基本被扫清。

近代以来,我国深受鸦片烟毒的危害,尤其是日本帝国主义在侵略中国时期,更是有计划地实行毒化中国的政策,把大片农田变成鸦片种植地。据统计,中华人民共和国建立初期,全国吸毒者约有2 000万人,占当时总人口的4.4%,其中西南地区就有600余万人。众多烟民不事生产,为吸毒不惜倾家荡产,进而沦为土匪娼妓。与此同时,贩毒制毒活动也相当猖獗,几乎遍及全国。武汉是旧中国的三大烟毒运销中心之一。当时全国有毒贩近4 000人,有些地方烟馆林立,"生意"兴隆,仅昆明一市就有1 100多家。烟毒的蔓延也诱导了新中国政府一些工作人员腐化变质。吉林省蛟河县委书记就与一名毒贩合伙贩毒牟利,致使该县主要领导干部成为一个贪污集团。

针对这种情况,中央人民政府决定在全国开展一场大规模的禁毒运动,彻底根除烟患。1950年2月24日,政务院向全国下达《严禁鸦片烟毒的通令》,规定:"各地人民政府应广泛宣传毒品的危害,在烟毒较盛的地区,当地人民政府应提出限期禁绝办法;设立禁毒委员会,督促进行;未解放地区,军事一经结束,立即禁绝种烟;从禁令颁布之日起,在全国范围内禁止贩运、制造及销售烟土毒品,违者严惩,存有毒品者,限期交出;烟毒较盛的城市,设戒烟所等。"1952年4月15日,中共中央发出《关于肃清毒品流行的指示》,要求各地广泛发动群众,同制毒、贩毒、吸毒行为进行坚决斗争,根除这种旧社会遗毒,把禁毒斗争推向了高潮。在禁毒运动中,党和政府采取"严查宽办,惩治与教育相结合,以争取改造大多数"的方针,重点打击制毒贩毒行为,同时通过广泛的宣传教育,使吸毒者自觉戒毒。据统计,在禁毒运动中,共登记制毒贩毒的罪犯36万人,关押3.5万人,处决大毒贩880人。到1952年年底,基本禁绝了在中国肆虐百余年的烟毒。

据考证,中国早在商朝就出现了娼妓,其后一直延续不绝,到民国时期更加泛滥。上海新中国建立前夕登记在册的妓院就有800多家,妓女9 000余人,而实际数目远不止此,其他城市娼妓之多亦非常惊人。妓院历来是藏污纳垢的场所,不少罪犯隐藏其中,烟毒也以妓院最烈。中华人民共和国成立后,人民政府决定彻底铲除旧社会遗留下来的这个脓包,使成千上万的妇女不再受这种罪恶制度的摧残和凌辱。

1949年11月21日,北京市第二届各界人民代表会议正式通过封闭妓院的决定,指出:妓院乃旧统治者和剥削者摧残妇女精神与肉体、侮辱妇女人格的兽性的野蛮制度的残余,传染梅毒淋病,危害国民健康极大,而妓院老板、领家和高利贷者乃极端野蛮狠毒的封建余孽,根据人民的意志决定,立即封闭一切妓院,集中所有妓院老板、领家、鸨母等加以审查和处理,并集中妓女加以训练,改造其思想,医治其性病,有家可归者送其回家,有结婚对象者助其结婚,无家可归、无偶可配者,组织学艺,从事生产,并没收妓院财产,作为救济妓女之用。据此,北京市政府立即行动,出动大批干部和军警,一夜之间将200余家妓院全部封闭,妓院老板、领家400余人全部集中,听候审查处理。罪大恶极者交给人民法院依法惩处,罪轻且愿改悔者从轻发落。将1 300余名妓女从火坑中救出,集中在妇女生产教养院,帮助她们开始新的生活,或结婚,或回家,或参加工作,过上正常人的生活。

继北京之后,上海、天津等全国大中小城市都采取同样措施,在很短时间内,娼妓这种在旧社会延续几千年的丑恶现象迅速绝迹。人们在欢庆成千上万妇女获得新生之时感叹道:"旧社会把人变成鬼,新社会把鬼变成人。"

旧中国的妇女一直受着"三纲五常"封建伦理道德的束缚,婚姻不能自主,包办买卖和一夫多妻的封建婚姻制度,使妇女成为男人的附庸和私人财产,任人宰割。中华人民共和国成立后,广大妇女要求摆脱封建婚姻制度和封建习俗的束缚,建立新型的婚姻家庭关系。

根据《共同纲领》中关于"中华人民共和国废除束缚妇女的封建制度,妇女在政治、经济、文化教育、社会生活各方面,均有与男子平等的权利,实行男女婚姻自由"的规定,1950年4月13日,中央人民政府委员会第七次会议通过了《中华人民共和国婚姻法》,并规定该法于同年5月1日起公布施行,这是新中国第一部婚姻法。该法规定:"废除包办强迫、男尊女卑、漠视子女利益的封建主义婚姻制度。实行男女婚姻自由、一夫一妻、男女权利平等、保护妇女和子女合法利益的新民主主义婚姻制度。""禁止重婚、纳妾,禁止童养媳,禁止干涉寡妇婚姻自由,禁止任何人借婚姻关系问题索取财物。"婚姻法还对结婚年龄、结婚条件、结婚程序、夫妻间的权利与义务及离婚问题做了具体规定。它的实行是几千年来中国社会家庭生活的一个伟大变革,也是反封建斗争在一个方面的深入。这使得广大人民特别是妇女开始有婚姻自由的权利,有力地推动了我国妇女的解放。1951年冬,开展了执行婚姻法的情况大检查,封建的婚姻制度初步被革除。

(三) 土地改革运动

中华人民共和国成立时,新解放区的土地改革尚未进行,广大农民群众仍然受着封建土地制度的束缚和地主阶级的残酷剥削与压榨,严重地阻碍了农村生产力的发展。根据《共同纲领》关于"中华人民共和国必须有步骤地将封建半封建的土地所有制改变为农民的土地所有制"的规定,1950年6月召开的中共七届三中全会上决定把土地改革的完成作为实现国家财政经济状况根本好转的三个基本条件之一。

为了胜利完成土改运动,人民政府做了充分准备。1950年6月28日,中央人民政府委员会第八次会议通过了《中华人民共和国土地改革法》,并于6月30日由毛泽东发布命令在全国施行。为了正确地实施土地改革法,政务院于7、8月间先后颁布了《农民协会组织通则》《人民法庭组织通则》《关于划分农村阶级成分的决定》。这些文件在总结历史经验的基础上,根据中华人民共和国建立后的新形势,对土改的有关问题做了明确而详细的规定,为土改的顺利进行提供了必要的法律和政策依据。

这次土改的总路线和总政策是:依靠贫雇农,团结中农,中立富农,有步骤有分别地消灭封建剥削的土地制度,实行农民的土地制度,借以解放农村生产力,发展农业生产,为新中国的工业化开辟道路。由于这次土改是在革命战争已经取得全国胜利,统一的人民民主政权已经建立的条件下进行的,国家此时面临的首要任务是恢复和发展国民经济。所以,中共中央在总结老解放区土改经验的基础上,根据中华人民共和国建立后的新情况,对新解放区的土改政策做了一些新的规定:

第一,将过去征收富农多余的土地财产改为保存富农经济。

《土地改革法》规定:保护富农的所有自耕和雇人耕种的土地及其他财产;富农出租的小量土地保留不动;半地主式的富农出租大量土地超过其自耕和雇人耕种的土地数量,征收其出租的土地。这样,可以更好地保护中农,缩小土改的打击面,有利于争取富农在土改中保持中立,更好地孤立和打击地主阶级,也有利于稳定和团结民族资产阶级。归根到底,是为了有利于生产的恢复和发展。

第二,由没收地主的一切财产改为"没收地主的土地、耕畜、农具、多余的粮食及其在农村中多余的房屋,但地主的其他财产不予没收","地主兼营的工商业及其直接用于经营工商业的土地和财产,不得没收"。

这样做,一方面可以减弱地主对土改运动的抵制;另一方面,地主可以依靠这些财产维持生活,也可以把它投入农业生产和经营工商业中去,对安定社会秩序、恢复和发展社会经济都是有好处的。

第三,组成最广泛的城乡反封建统一战线。

农村土改是一场深刻的社会变革,牵扯到社会上各个阶级和阶层的利益,可能会遇到各种阻力。为了动员和争取一切进步力量站到农民一边,拥护和支持土改,彻底孤立地主阶级,党和政府十分注意建立广泛的反封建统一战线。在农村,建立以贫雇农为核心的、包括中农在内的、占农村人口90%以上的广泛的反封建统一战线,并把团结中农作为建立统一战线的中心环节。《土地改革法》规定:"保护中农(包括富裕中农在内)的土地及其他财产,不得侵犯。"并吸收中农参加农民协会。同时,还采取保护小土地出租者和中立富农的政策,从而最大限度地孤立地主阶级,保证土改运动的顺利进行。在城市,吸收许多民主党派人士和知识分子包括大学教授参加土改工作团,同时,还欢迎和组织民主人士到各地区参加、视察土改工作。到1952年春,仅北京、天津两市就有各界民主人士7 000多人参观或参加了各地的土改工作。各界人士参观或参加土改,壮大了反封建统一战线的阵容和声势,也使他们在实际斗争中受到教育和锻炼,逐步提高了他们的政治觉悟。城乡反封建统一战线的建立是土改运动顺利开展的重要保证。

第四,认真贯彻群众路线,充分发动群众,并防止"和平土改"的偏向。

土地改革是一场激烈的阶级斗争,地主阶级是不可能自动放弃封建剥削和封建特权的,必然会千方百计地进行反抗和破坏,而且这次土改是在全国胜利、中华人民共和国建立的条件下进行的,很容易出现不发动群众,单纯依靠政府发布命令,把土地"恩赐"给农民的"和平土改"的偏向。在这种情况下,党和政府经过认真考虑,强调必须贯彻群众路线,充分发动和依靠农民群众同地主阶级进行面对面的斗争,打倒地主阶级,取得土地。为了加强领导,党和政府还训练了大批干部,每年组织30万个土改工作团下乡具体领导土改,深入农村发动群众,搞好土改运动。

第五,强调土改必须有领导、有计划、有秩序地分期分批进行。

这次土改运动是我国历史上规模最大的一次,在广大新解放区,国民党潜伏下来的反革命分子和分散在广大农村地区的政治武装土匪、地主恶霸的反革命破坏活动仍然十分猖獗,社会秩序极不稳定,立即进行大规模土改的条件还不具备。所以,新区的土改,在正式开始前都经过了一个酝酿和准备阶段。首先发动群众进行清匪反霸、减租减息、生产救灾、建立农会和改造旧的乡政权,在社会秩序安定、农民觉悟提高、干部条件成熟后再进行土改。在大规模土改前,各地还进行了农村社会调查和土改的试点,试点地区土改完成后的情况是"贫雇农得地开心、中农有利放心、富农不动安心、地主劳动回心"。各地的土改都经历了发动群众、划分阶级、没收和分配土地、复查总结等阶段,大体分三批完成,即第一批1950年冬到1951年春,在1.2亿多农业人口地区进行;第二批1951年冬到1952年春,在1.1亿农业人口地区进行;第三批1952年冬到1953年春,在3 000多万农业人口地区进行。

到1953年春,除新疆、西藏等少数民族地区外,全国大陆的土改基本完成。经过土地改革,全国有3亿多无地少地的农民(包括老解放区农民在内)无偿分得了4 660多万公顷的土地和大量生产资料,每年免收地租达350亿千克粮食。

通过土改,彻底消灭了几千年来封建剥削的土地制度,打倒了地主阶级。从此,广大劳动人民翻身做了主人,正如他们所说:"过去头顶的是地主的天,脚踏地主的地,现在都是我们的了。"从而极大地提高了广大农民的政治觉悟,加强了工农联盟,巩固了人民民主政权,有力地支援了抗美援朝战争。同时,解放了农村生产力,极大地激发了农民的生产积极性,为国民经济的恢复和发展及国家工业化与农业的社会主义改造创造了有利条件。这次土改是我国历史上规模最大的一次,也是历次土改中进行得最顺利、搞得最好的一次。

(四)镇压反革命

中华人民共和国成立初期,人民政府通过剿匪反霸斗争,取缔了一些反动会道门和反革命组织,杀、关、管了一批特务土匪,对反动党团骨干分子进行登记,初步打击了反革命势力。但是,反革命分子也不甘心自己的失败和人民革命的胜利,继续坚持与人民为敌,从事各种破坏和捣乱活动,特别是美帝国主义发动朝鲜战争以后,他们以为"第三次世界大战"即将爆发,美、蒋"反攻大陆"的时机已到,因而反革命气焰更为嚣张。他们破坏工厂、铁路,烧毁仓库、民房,抢劫粮食、财物,散布谣言,还组织反革命团体,袭击围攻基层人民政府,残杀革命干部和群众积极分子。据统计,在1950年春季到秋季半年多的时间内,广大新解放区就有近4万名干部和群众被杀害。更令人震惊的是,美国间谍分子还秘密绘制天安门地形图,阴谋在1950年国庆节时炮击天安门,谋害党和国家领导人。他们的破坏活动严重地威胁着人民民主政权的巩固和人民生命财产的安全,也使国民经济恢复的工作、土地改革、抗美援朝战争无法顺利进行。因此,人民政府决定开展一次全国性的镇压反革命运动。

1950年10月10日,中共中央发出《关于镇压反革命运动的指示》,指出:为了打击帝国主义的阴谋破坏和彻底消灭蒋介石残余匪帮,保证土地改革和经济建设的顺利进行,巩固与发展中国人民的胜利,必须镇压一切反革命活动,严厉惩罚一切勾结帝国主义、背叛祖国、反对人民民主事业的国民党反革命战争罪犯和其他怙恶不悛的反革命首要分子,必须对一切"继续进行反革命活动"的分子予以坚决制裁,坚决肃清一切危害人民的土匪、特务、恶霸及其他反革命分子。要求各级党委坚决纠正对反革命分子"宽大无边"的"严重的右的偏向",全面贯彻镇压与宽大相结合的政策,严厉镇压那些首要的怙恶不悛的中华人民共和国建立后仍继续作恶的反革命分子。在各地党委和人民政府的领导下,从1950年12月开始,镇压反革命运动在全国范围大张旗鼓地开展起来。镇反运动大体经历了四个阶段,即发动阶段(1950年10月至1951年2月),大张旗鼓的镇压阶段(1951年2月至5月),清理积案阶段(1951年6月至10月),扫尾和建设阶段(1951年11月至1953年秋),到1953年秋基本结束。

镇反运动打击的重点是土匪(匪首、惯匪)、特务、恶霸、反动会道门头子和反动党团骨干分子。运动采取群众路线的方法,在党委领导下,实行全党动员、群众动员,使公安司法机关同广大群众相结合,并吸收各民主党派和民主人士参加,通过广泛的宣传教育,发动群众自觉地起来检举和揭发反革命分子。据统计,在运动开始后的半年时间内,东北地区就收到群众检举材料16万件,上海收到3.3万件,检举反革命分子2.9万人,河北群众帮助政府逮捕反革命分子1394人,川南区有些群众还自动集资,组织"远征队""飞虎队"协助政府追捕逃亡的反革命分子1500多名,浙江省有二三十万名男女民兵站岗放哨,使反革命分子陷入人民群众的汪洋大海中。声势浩大的群众性的镇反运动,形成了天罗地网,使反革命分子无处藏身,许多人被迫向人民政府投案自首,成批成股的土匪缴械投降。

通过镇反运动,基本上肃清了国民党反动派遗留在大陆的残余势力,我国的社会秩序实现了空前的稳定,巩固和加强了人民民主政权,提高了共产党的威望,密切了党与人民群众的联系,保障了人民的生命财产安全;同时也有力地支持、配合了土地改革和抗美援朝战争,为国民经济恢复工作的顺利进行以及大规模经济建设工作的开展创造了安定的社会环境。

(五)"三反""五反"运动

"三反"运动是1951年年底在党和国家机关内部开展的反贪污、反浪费、反官僚主义的群众性运动。这是中国共产党执政后自觉抵制和克服资产阶级腐蚀、保持廉政为民的一次成功实践。

为了支援抗美援朝战争,保证国民经济恢复工作和重点建设的进行,1951年10月,中共中央召开政治局扩大会议,决定在全国各条战线开展一场精兵简政、增产节约的运动。同月,毛泽东在政协一届三次会议开幕词中向全国人民提出:"增加生产,厉行节约,以支援中国人民志愿军,这是中国人民今天的中心任务。"号召全国人民立即开展一场爱国增产节约运动,用实际行动支持抗美援朝战争和国内的经济建设。

随着增产节约运动的深入发展,各地都发现了大量惊人的贪污、浪费和官僚主义问题。11月,东北局报告沈阳市部分单位揭发出3 629人有程度不同的贪污行为,东北贸易部发现贪污案件400起,金额达5亿元(旧币,1万元折合新币1元),更令人吃惊的是原中共天津地委书记刘青山、地区行署专员张子善的特大贪污案,这向中国共产党和人民政府敲响了警钟。11月30日,毛泽东在中共中央起草的一个指示中强调:"必须严重地注意干部被资产阶级腐蚀发生严重贪污行为这一事实。""我们需要来一次全党的大清理,彻底揭露一切大中小贪污事件,而着重打击大贪污犯,对中小贪污犯则采取教育改造不使重犯的方针,才能停止很多党员被资产阶级所腐蚀的极大危险现象。"①12月1日,中共中央做出了《关于精兵简政、增产节约,反对贪污、反对浪费和反对官僚主义的决定》,指出,现在是切实执行中共七届二中全会提出的防止和克服资产阶级思想的腐蚀方针的紧要时机了,否则就会犯大错误。要求把反对贪污、反对浪费和反对官僚主义作为贯彻精兵简政、增产节约这一中心任务的重大措施与重要内容,采取自上而下和自下而上相结合的方法,检查贪污浪费现象。为了加强对运动的领导,中共中央还成立了中央人民政府节约检查委员会(薄一波为主任)和各级节约检查委员会,具体负责"三反"运动的领导、督促和检查工作。随后,又发出指示,要求把"三反"斗争"看作如同镇压反革命的斗争一样的重要,一样的发动广大群众包括民主党派及社会各界人

---

① 毛泽东:《关于"三反""五反"的斗争》(1951年11月—1952年3月),中共中央文献编辑委员会修订:《毛泽东选集》第5卷,人民出版社1977年版,第53页。

士去进行,一样的大张旗鼓去进行,一样的首长负责,亲自动手,号召坦白和检举,轻者批评教育,重者撤职,惩办,判处徒刑(劳动改造),直至枪毙一批最严重的贪污犯,才能解决问题"①。从此,"三反"运动在全国展开。

1952年1月,毛泽东在中央人民政府元旦团拜会上的祝词中号召:全国人民和人民政府的工作人员一致起来,大张旗鼓地、雷厉风行地开展一场大规模的反贪污、反浪费、反官僚主义的斗争,把这些旧社会遗留下来的污毒洗干净!"三反"运动大体经历了四个阶段,即全面发动、集中"打虎"、定案处理、思想组织建设阶段。

1952年1月至2月,是运动的清查和打击严重贪污分子阶段,即集中"打虎"阶段②。毛泽东对这一阶段的领导非常关注,多次做出指示,制定政策,使"打虎"斗争收到明显成效。各地组织"打虎队",通过清查账目,查出一批巨大贪污分子,如天津的刘青山、张子善,北京的薛昆山、宋德贵等"大老虎",他们均被判处死刑,在社会上引起极大震动。其他大贪污犯、大贪污集团也纷纷落网。3月,运动进入定案处理阶段。随着大量贪污浪费案件被揭发出来,审理这些案件就成了一个必须及时解决的问题。为了慎重而严肃地处理,中共中央先后发出了《关于处理贪污浪费问题的若干规定》《关于"三反"运动中成立人民法庭的规定》《关于追缴贪污分子赃款赃物的规定》《中华人民共和国惩治贪污条例》等。这些文件规定,对于贪污分子的处理,采取严肃与宽大相结合、惩治与改造相结合的方针,对少数情节严重恶劣而又拒不坦白者,予以严惩;而对大多数情节较轻或彻底坦白、立功赎罪者,则从宽处理。对浪费现象,则分别情况,适当解决,并着重于建立和健全制度,教育干部、团结群众、防止再犯。对官僚主义问题则由各单位首长带头进行检查,群众开展批评和讨论,以提高认识,纠正错误,只对少数官僚主义严重者予以处理,并采取积极措施,密切群众关系,改进机关的民主生活和作风。这些文件的颁布和实施,使"三反"运动中的追赃、定案处理工作有了可靠的法律依据,有力地保障了"三反"运动的健康运行。6月,定案处理工作基本结束。随后,运动进入了思想组织建设阶段。中共中央指示:"三反"运动必须经过建设阶段,才能完满结束。建设的主要工作包括:交代与资产阶级的关系;划清资产阶级与工人阶级的界限;整顿各种组织,做好整编工作,建立必要的工作学习制度;改进"三反"运动中发现的工作上的各种缺点,以便从思想上、组织上、制度上巩固"三反"运动的成果。同时,适当把"三反"运动与整党工作相结合,要求在"三反"运动的基础上,按照党员标准对党员进行登记、审查和处理,并对所属干部做一次深刻的考察和了解。10月,"三反"运动胜利结束。

据不完全统计,全国参加"三反"运动的人数有385万人(不包括军队),共查处贪

---

① 毛泽东:《关于"三反""五反"的斗争》(1951年11月—1952年3月),中共中央文献编辑委员会修订:《毛泽东选集》第5卷,人民出版社1977年版,第54页。
② 因为当时人们称贪污犯为"老虎",贪污旧币1亿元以上的为"大老虎"。

污分子和犯有贪污错误的人约120万,其中贪污1 000万元以上的有10.5万余人,贪污总额达6万亿元。对有严重贪污行为的罪犯,判处有期徒刑9 942人,判处无期徒刑67人,判处死刑42人。

"三反"运动的成功开展,清除了党和国家干部队伍中的贪污腐化分子,挽救了一批犯错误的同志,教育了大多数干部。它是中国共产党领导的一次成功的反腐败斗争和移风易俗的社会改革运动,对提高党的执政能力,巩固党的执政地位,保持共产党人和国家干部廉洁为民有着重要的意义,为共产党积累了宝贵的执政经验。

随着"三反"斗争的深入,揭发和清查出党政机关内部许多贪污分子的违法行为大多和社会上不法资本家的违法活动有着密切的关系。中华人民共和国建立初期,人民政府保护和扶持私营工商业的合法经营和适当发展,在这种政策下,部分资本家获得了国民党统治时期从未有过的高额利润。但他们中的一些不法分子并不满足于通过正常方式获得一般利润,唯利是图的本性和强烈要求发展资本主义的愿望使他们试图通过向国家干部行贿等非法手段来获得超额利润。他们的违法活动主要表现为:行贿、偷税漏税、偷工减料、盗骗国家财产、盗窃国家经济情报,简称"五毒"。这不仅腐蚀了一批国家干部,还严重地破坏了国家的经济建设。因此,为了把"三反"斗争进行到底,有效地制止干部被腐蚀的危险,保卫国家经济建设,就必须打击资产阶级的"五毒"行为。

1952年1月26日,中共中央发出《关于在城市中限期展开大规模的坚决彻底的"五反"斗争的指示》,要求在全国一切城市,首先在大城市和中等城市中,依靠工人阶级,团结守法的资产阶级及其他市民,向违法的资产阶级开展一个大规模的坚决的彻底的反行贿、反偷税漏税、反偷工减料、反盗骗国家财产、反盗窃国家经济情报的"五反"斗争,以配合党政军内部的"三反"斗争,这是极为必要和及时的。在斗争中,必须注意利用矛盾,实行分化、团结多数、孤立少数的策略,迅速形成"五反"统一战线,以便彻底揭露和孤立少数严重的违法分子。到2月上旬,"五反"运动首先在各大城市展开,随后迅速扩展到各中小城市,并在全国范围内形成了一个反对不法资本家"五毒"行为的高潮。

"五反"运动大体经历两个阶段,即检举揭发、坦白交代和定案处理阶段。10月,运动宣告结束。

据统计,在"五反"运动中,全国共有99.97万户工商业者参加,约有3%属严重违法户或完全违法户,其中大多数退回了其违法所得并受到一定的罚款,受到刑事处分者1 509人,只占参加运动总数的0.15%,其中判处有期徒刑者1 470人,判处无期徒刑者20人,判处死刑者19人(其中死缓5人)。

通过"五反"运动,打击了不法资本家的违法行为,在工商业者中普遍进行了一次守法经营的教育,推动了在私营企业中建立工人监督和实行民主改革,在对资产阶级的限制和反限制斗争中取得了又一个回合的胜利。"五反"运动的胜利,促进了新民主主义社会经济结构的重组,巩固了工人阶级和国营经济的领导地位,加强了国家对私营经济的调控,也为资本主义工商业的社会主义改造及大规模经济建设奠定了经济基础。

总之,"三反""五反"运动的开展,为人民政权提供了宝贵的经验和有益的启示。但在运动中也存在一定程度的局限性,在斗争性质上都被当作是一场阶级斗争,在斗争形式上都采取群众运动的方式,因而都出现了一些过火的行为和斗争扩大化的毛病,如"三反"运动中的"打虎"阶段,很多单位存在程度不同的"逼、供、信"现象,甚至有诱供、假供现象,错误地伤害了一些同志,破坏了同志间的信任关系;"五反"运动中界限不严,打击面过宽,不过这些错误在最后的定案处理过程中基本上都得到了纠正。

二、国民经济的恢复

(一) 没收官僚资本,建立社会主义国营经济

没收官僚资本,建立社会主义国营经济,是彻底摧毁半殖民地半封建制度,建立新民主主义制度,迅速恢复国民经济和巩固新生人民民主政权的根本保证。

官僚资本是中国资本主义经济的垄断部分,是半殖民地半封建社会最腐朽最反动的生产关系之一。它是伴随着帝国主义的侵略和国民党政权的建立而形成与发展起来的。在国民党统治时期,官僚资本迅速膨胀,并垄断了国家的经济命脉。据统计,中华人民共和国建立前夕,官僚资本拥有全国工矿和交通运输业固定资产的80%,垄断了全国钢铁产量的90%、煤炭产量的33%、发电量的67%、水泥产量的45%,以及全部石油和有色金属的生产。官僚资本不仅控制了重工业生产,而且控制了轻工业生产。1947年,仅中国纺织建设公司拥有的纱锭就占全国纱锭总数的38%,拥有的织布机就占全国机械化织布机总数的60%。同时,官僚资本还控制着全国的金融机构和铁路、公路、航空运输以及44%的轮船吨位,还有十几个垄断性贸易公司。这种官僚资本是国民党赖以统治的经济基础,具有极大的买办性和封建性,它对外依附帝国主义,对内勾结封建势力,不但残酷剥削压迫广大劳动人民,而且压抑、排挤、吞并民族资本,是中国社会经济发展的最大障碍。因此,没收官僚资本就成为彻底完成民主革命任务的一项重要经济措施。

1947年10月,毛泽东在《中国人民解放军宣言》中正式提出了"没收官僚资本"的口号。同年12月,他在《目前形势和我们的任务》的报告中,进一步把"没收蒋介石、宋子文、孔祥熙、陈立夫为首的垄断资本归新民主主义的国家所有"[1]列为新民主主义革命的三大经济纲领之一。为了保证对官僚资本企业接收的顺利进行,中共中央在不断总结经验的基础上,于1948年和1949年上半年,先后颁发了《关于没收官僚资本企业的指示》《关于接管平津企业经验介绍》《关于接管江南城市给华东局的指示》等一系列文件,详尽地规定了有关接收官僚资本企业的方针政策。

---

[1] 毛泽东:《目前形势和我们的任务》(1947年12月25日),中共中央文献编辑委员会修订:《毛泽东选集》第4卷,人民出版社1991年版,第1 253页。

在中共中央的指导下,接收官僚资本工作进行得十分顺利和成功。许多工厂很快就恢复了生产,如天津原中国纺织建设公司所属7个纺织厂,90%的职工在接管的第二天就报到上班,开工生产。北京市的20多家官僚资本企业,在中华人民共和国建立时大部分处于停工状态,并且破坏惨重,但经过不到半年的时间,这些企业就先后恢复了生产,有的还创造了历史最高纪录,如石景山钢铁厂到1949年12月,铁产量超过中华人民共和国建立前最高产量的73%,燕京造纸厂的产量比新中国建立前增加了263%。

1951年年初,中共中央先后发布了《企业中公股公产清理办法》和《关于没收战犯、汉奸、官僚资本家及反革命分子财产的指示》,对隐藏在民族资本企业中的官僚资本又做了彻底清理,并将其收归人民所有。至此,没收官僚资本的工作最后完成。

据统计,到1950年年初,全国没收的官僚资本,在金融方面,有国民党的"四行二局一库"①和省市、地方银行系统的银行2 400多家以及在其他银行中的官僚资本股份;在交通运输方面,有国民政府交通部、招商局等所属的全部交通运输业,包括铁路2.18万千米,机车4 000多台,客车4 000多辆,货车47 000辆,车辆船舶修造厂30多个,船舶20万吨;在工矿企业方面,有国民政府资源委员会、中国纺织建设公司、兵工及军工后勤系统和其他官僚资本系统所属的工矿企业2 858个;在商业方面,有中国石油公司、中国盐业公司等十几家垄断性的商业贸易公司。这些被没收的官僚资本的企业和财产,是新中国建立初期国营经济最重要的组成部分。

在没收国民政府官僚资本的同时,还需面对如何处理在华外资企业问题。在旧中国,帝国主义列强通过不平等条约控制了中国的海关和对外贸易,享有在华经济特权。其凭借特权在我国开矿设厂,开设银行,形成了庞大的帝国主义在华资本。到中华人民共和国建立前夕,在华外资企业有1 192家,拥有职工12.6万人,资产达12.1亿元。其中包括煤矿、石油、机械制造、发电、造船等重工业,卷烟、纺织、食品等轻工业,以及银行、进出口贸易、房地产等企业,主要隶属英、美两国。

中华人民共和国成立后,对在华外资企业,《共同纲领》规定:凡依靠不平等条约所取得的一切特权必须取消;有关国家经济命脉和足以操纵国计民生的事业必须由国家统一经营;一般企业在服从人民政府法令的条件下允许其存在,但必须接受我国政府有关部门的管理和监督。

随着帝国主义在华一切特权的废除,它们的企业也失去了以往的优势。抗美援朝战争爆发后,美国对新中国经济实行"封锁禁运",管制中国在美国境内的公私财产。对此,人民政府采取了相应的政策,1950年12月28日,政务院发布了《关于管制美国财产冻结美国存款的命令》,命令发布后,各地立即行动起来,华东军事管制委员会首先管制了美国在上海的115家企业,随后北京、天津、广州等地也对美国在该地区的企业实行了管制。此后,英国追随美国,几次劫夺了中国在香港的船只、飞机,我国政府也

---

① 即中央银行、中国银行、交通银行、农民银行、中央信托局、邮政储金汇业局、中央合作金库。

征用了英国在华部分企业和财产。到1952年年底,中国政府通过管制、征用、代管、转让等方式,凡有关国计民生和带有垄断性的外资企业,如煤矿、石油、机械制造、发电、造船等重工业全部转归国有,内河航运设备也全部收回。轻工业中处于重要地位的卷烟、肥皂等企业也转归国有。对外资占70%以上的贸易、金融、运输等带掠夺性的企业,均让其停产清理。据统计,到这时在华外资企业减至563家,所属职工减至2.3万人,资产减至4.5亿元。到1954年年初,在华外资企业已所剩无几。经过处理的在华外资企业转归人民政府所有,转变为社会主义性质的国营企业,壮大了国营经济的力量。

我国社会主义国营经济主要是在发展解放区的公营经济、没收官僚资本以及处理在华外资企业的基础上建立起来的。其中没收改造的官僚资本是中华人民共和国建立初期社会主义国营经济最主要的来源,它使国营经济在国民经济中占据了主导地位。据统计,到1949年年底,全国工业固定资产中,国营工业占80.7%,全国大型工业产值中,国营工业占41.3%,全国生产资料生产(包括手工业)中,国营工业占48%,全国主要工业产品产量中,国营工业占有发电量的58%,原煤产量的68%,生铁产量的92%,钢产量的97%,机器及零部件产量的48%,水泥产量的68%,棉纱产量的49%。此外,国营经济还掌握了全国的铁路和其他大部分现代交通运输业,以及绝大部分银行和对外贸易。社会主义国营经济的建立和壮大,为新生的人民民主政权奠定了经济基础,也决定了新中国经济发展的社会主义方向,同时也为国民经济的恢复和发展进而进行大规模的经济建设和对整个国民经济进行社会主义改造创造了有利条件。

(二)稳定物价的斗争

中华人民共和国建立初期,人民政府面临着严峻的经济形势,市场不稳,物价猛涨,严重地影响着社会秩序的稳定和人民民主专政的巩固。从1949年4月到1950年2月不到一年时间就出现了四次全国性的涨价风潮。导致物价如此飞涨的原因主要有以下几个方面:

第一,中华人民共和国建立初期,国家财政困难,货币发行过多,是造成物价上涨的主要原因。

当时全国尚未完全解放,解放战争仍在继续进行,军费开支浩大,1949年军费开支高达财政收入的一半。同时,人民政府还对国民政府遗留人员采取全部"包下来"的政策。这样,连同自己的军政人员,到1950年年初有900余万人,这些人全部由国家财政负担。另外,被破坏的交通、工矿、水利设施急待恢复,众多失业人口和灾民需要救济,所有这一切都需要巨大的财政开支,而财政收入由于一切尚未走上正轨并没有相应的增加。这样,国家财政收支严重脱节。为了弥补巨额财政赤字,国家不得不增发货币,人民币的发行额如果以1948年为基数,到1950年2月猛增270倍。这样做虽然一时满足了财政支出的需要,却不可避免地带来币值大跌、物价上涨的恶果。1949年11月到1950年1月,人民币发行额由20 000亿元增至41 000亿元,增长一倍,结果引起同期物价上涨40%,上海的粮价上涨80%。

第二,投机商乘国家困难之机,囤积居奇,投机倒把,哄抬物价,加剧了市场的混乱和物价的上涨,这是导致物价上涨的直接原因。

国民政府长期实行通货膨胀政策造成庞大的商业投机资本。中华人民共和国建立后,上海的投机分子以"证券大楼"为指挥部,同各地分支据点联络,操纵银圆价格。在他们的操纵下,银圆价格在短短10天左右时间内,就上涨近2倍,银圆价格上涨带动了整个物价的上涨。此外,长期战争使工农业生产遭到极大破坏,物资短缺,也是引起物价上涨的一个原因。

市场不稳,物价飞涨,严重地破坏了社会生产和流通的正常秩序,威胁着各阶层人民的生活,加重了恢复和发展国民经济的困难,并直接关系到人民政权能否巩固。这样,中国共产党与投机资本家间的一场较量就势所难免了。

为了打击投机资本,稳定物价,人民政府在中华人民共和国建立初期同投机资本进行了两次较大的斗争,即"银圆之战"和"米棉之战"。

1948年12月1日,人民政府成立中国人民银行,统一发行人民币作为全国唯一的合法货币。为了让人民币迅速占领市场,政府采取了一系列严厉措施,除了限期收兑国民政府的金圆券外,还严禁金银计价流通,并不准私自买卖。同时,对金融业中的投机倒把活动进行了严厉打击,各地政府都组织了对投机活动的缉拿和惩处,但投机商对政府法令置若罔闻,金银投机有增无减。其中上海的投机之风最盛,资本家宣称:解放军进得了上海,人民币进不了上海。他们公然在大街上兜售银圆,拒用人民币,加剧了物价的波动局势。从5月28日上海解放到6月9日的13天中,黄金价格上涨了2.11倍①,银圆价格上涨了1.9倍,市场物价也随之上涨了2.7倍①,严重地冲击了金融市场,危害了正当的工商业,影响了市民的生活。人民政府开始时采取以银圆制服银圆的办法来解决银圆投机问题。6月5日,人民政府向上海市场集中抛售银圆10万枚,但立即被吞没,银圆价格仍继续上涨。为此,人民政府转而采取政治打击的办法。1949年6月10日,上海市人民政府动用军警查封了金银投机的大本营——位于上海市汉口路422号的上海证券交易所大楼,逮捕主要投机分子238名。同一时期,武汉市人民政府也逮捕了银圆投机分子200余人,查封了两个专门从事金融投机的大钱庄;南京市处理了非法金银买卖案件83起;广州市取缔了从事投机的地下钱庄87家,捣毁金融市场的"剃刀门楣"(街头兑换店)377家。此外,人民政府还加强对一般金融机构的管理和监督,取缔非法信用机构,把私人行庄业务置于人民银行管理之下。在经济手段、行政手段联合并用的情况下,市场价格下跌,人民币迅速占领市场。

银圆投机被制止后,投机商们并不甘心,又把目标转向人民生活所必需的"两白一黑"即粮食、纱布和煤炭。在他们的哄抬下,全国物价一日三涨,这次涨价风也是中华人民共和国建立前后四次涨价风潮中最严重的一次。1949年10月上旬至11月下旬,

---

① 孙健:《中华人民共和国经济史(1949—90年代初)》,中国人民大学出版社1992年版,第60页。

上海米价上涨了3倍,纱价上涨了3.8倍,布价上涨了3.5倍,煤油火柴价上涨了2倍。国民党特务叫嚣:"只要控制了'两白一黑',就能置上海于死地。"面对投机商们的猖獗活动,中央财经委员会进行了紧张部署:一方面,依靠强大的国营经济,大规模调集粮、棉等主要物资,适时集中抛售;另一方面,紧缩通货,暂停贷款并按约收回到期贷款,工矿投资(除中央财经委员会认可者外)一律暂停,地方经费推迟发放。11月20日,中央财经委员会发出指示,北京、天津从东北调集粮食3 000万千克,准备布35万匹,棉纱5 000件;上海准备布110万匹,棉纱2.8万件;汉口准备布30万匹,棉纱8 000件;西安准备布40万匹。待一切准备妥当后,各地国营商业开始逐步抬高物价,渐与黑市持平。当11月25日物价上涨最猛时,全国各地国营商业按照中央统一部署,一齐以低价集中抛售米、棉等物资,但此时投机商利令智昏,认为价格会继续上涨,而大量吞进上市的主要物资,有的商人甚至不惜借高利贷抢购囤积,但他们错误地估计了形势,国营商业在大量抛出货物的同时,上海各公私银行还提高了贷款利息。在连续集中抛售10天后,米、棉等主要物资价格猛跌30%~40%。于是,投机商们慌了手脚,转而竞相抛售存货,但市场已经饱和,越抛越贱,越贱越卖不出去,只好举新债还旧债,结果许多投机商人因此而宣告破产。人民政府依靠经济手段,仅用10天左右的时间就把这场历史上最大的物价风潮平息下去了。此后,投机商人再也无力与人民政府争夺对市场的控制权。

此外,为了制止和打击投机商人的违法活动,人民政府还依靠行政力量,加强对市场的管理,普遍实行工商业登记办法,未经核准,不得擅自开业,建立市场交易所,交易场所一律使用现金交易,防止买空卖空和场内转账。对市场价格实行核价议价制度,禁止哄抬物价,对大宗采购实行管理,无论公私均须登记。这些做法对打击不法商人的投机活动、稳定物价起到了一定的积极作用。

稳定物价斗争的胜利,结束了国民党统治下自抗战以来连续多年的通货膨胀和物价高涨的局面,为安定人民生活、恢复和发展生产创造了有利的条件。毛泽东曾给予高度评价,认为其意义"不下于淮海战役"。

(三)"不要四面出击"方针的确立

中华人民共和国建立后,人民民主统一战线得到了空前的发展和壮大,全国各民族、各民主党派、各人民团体、各界民主人士及其他爱国分子、广大华侨都参加到统一战线中来,在共产党的领导下,共同为中国的独立、民主、和平、统一和富强而奋斗。但是,中华人民共和国建立初期,统一战线内部诸多问题逐渐暴露出来,由于社会经济改组和战争带来的工商业的某些破坏,各阶层人民在生活上都遇到一些困难,尤其是民族资产阶级,他们惶惶不可终日,把困难的原因归结为人民政府的税收、公债,甚至怀疑人民政府的政策变了,要提前消灭资本主义,实现社会主义。他们形容自己的心情和处境为:"望红旗五星(心)不定,扭秧歌进退两难。"他们还说:"早归公,晚归公,早晚要归公,不如早归公。"有的要求献厂、献店;有的解散职工,消极经营;甚至还有人逃往香港地区。失业知识分子和工人以及一批小手工业者对人民政府也不满意。在广大农村,由于还没有实行土改,又要征收公粮,所以农民对政府也有意见。与此同时,共产党内一些干部由于革命的胜利滋长了一种"左"的情绪,他们主张乘胜挤垮资产阶级,早日实现社会主义。有人还提出,今天斗争的对象主要是资产阶级,国营经济要无限制地发展,对私营经济不必扶持,甚至禁止。有人还说:革命胜利了,民主党派"任务已尽",甚至认为"民主党派是包袱",是"可有可无"的。对知识分子采取过"左"的做法,如不让教授上课,不让旧艺人演戏,企图用粗暴的方法进行文化教育部门的改革。在民族关系上,出现了不尊重少数民族的风俗习惯,不顾客观条件急于改革的偏向。这些"左"的思想和行为加剧了统一战线内部关系的紧张,极大地妨碍了团结全国人民共同为争取国家财政经济状况基本好转工作的开展。

为了纠正党员干部中存在的"左"的思想和行为,协调统一战线内部的关系,集中力量一致对敌,保证争取国家财政经济状况基本好转任务的胜利完成,毛泽东在中共七届三中全会上做了《为争取国家财政经济状况基本好转而斗争》的报告和《不要四面出击》的讲话,对党为争取国家财政经济状况基本好转在政治方面所应采取的战略策略方针做了分析。他指出,今年秋季,我们要在3亿多人口的新解放区进行土地改革,推翻整个地主阶级。我们的敌人主要有:帝国主义、台湾西藏的反动派、国民党残余特务土匪、地主阶级、帝国主义在华教会学校和宗教界中的反动势力以及接收过来的国民党的文化教育机构中的反动势力。所以,我们当前的任务是要孤立和打击这些敌人,这就需要想办法把人民中间不满意我们的人变成拥护我们的人,具体办法有:第一,合理调整工商业,调整税收,改善同民族资产阶级的关系,使工厂开工,解决失业问题,并且拿出粮食解决失业工人的吃饭问题,同时,也要给小手工业者找出路,维持他们的生活,使他们拥护我们;第二,实行减租减息、剿匪反霸、土地改革,使广大农民拥护我们;第三,通过办各种训练班、军政大学、革命大学,使用知识分子,同时对他们进行教育和改造;第四,团结少数民族,帮助少数民族训练他们自己的干部,少数民族风俗习惯的改革须由他们自己解决。毛泽东还强调,"四面出击",全国紧张,很不好,我们绝不可树敌太多,必须在一个方面有所让步、有所缓和,以集中力量向另一方面进攻。周恩来在全会上也对"不要四面出击"的方针做了说明,他强调在新的时期,对三个敌人(即帝国主义、封建主义、官僚资本主义)和四个朋友(即无产阶级、农民阶级、小资产阶级、民族资产阶级)的界限必须划清。他还说,今天的中心问题不是推翻资产阶级,而是如何同他们合作。对资产阶级是既团结又斗争,但要以团结为主,斗争是为了团结。当前我们的方针是节制资本,而不是挤走资本;是改组经济,而不是挤垮经济。节制资本是不要使他们获得非法的超额利润,是去掉投机倒把,而不是挤走他们。"公私兼顾,劳资两利"的政策,对工人阶级很有好处,可以繁荣经济,发展生产,改善人民的生活,并维持部分人的就业。

"不要四面出击"的方针,主要是解决无产阶级和资产阶级的关系,纠正急于消灭资产阶级的"左"的思想,在"公私兼顾,劳资两利"的方针和统筹兼顾原则的指导下,团结资产阶级共同为争取国家财政经济状况基本好转而奋斗。这个方针的确立,在中华人民共和国建立初期有着十分重要的意义。它从战略高度划清了敌友关系,明确了打击的对象和团结依靠的力量,孤立了少数敌人,有力地促进了国家财政经济状况的基本好转。

(四)工商业的合理调整

中共七届三中全会后,调整工商业工作在政务院财经委员会的直接领导下全面展开。调整工商业涉及的范围,主要有以下三个方面:

第一,调整公私关系,就是调整公私工商业的关系及其负担。这是调整工商业的中心。

调整公私工商业的关系包括两个方面:一是要确立国营经济的领导地位;二是在国营经济与私人资本主义经济之间进行合理分工,国家要从经营范围、原料供应、产品销售、价格管理等方面给私人资本主义经济以应有的照顾和扶持,使其在国营经济领导下有所发展,发挥其有益于国计民生的作用。为此,政府采取了扩大加工订货和收购包销以及适当收缩国营商业的经营范围等措施,这样做不但解决了私营工业原料收购和成品销售方面的问题,而且也把它们的生产纳入国家计划的轨道。

调整负担就是在保证国家财政需要的前提下,从税收方面适当减轻私营工商业的负担,帮助它们渡过面临的困难。调整税收负担主要是通过两条途径来实现的,在间接方面,通过减轻农业税负,提高农民购买力来为城市工业品打开销路,促进商业的活跃;在直接方面,修正工商业税法,调整工商业税,降低食盐、棉纱及棉毛织品的税率,裁并税种和税目,如工商业税税种由 17 种减为 14 种,货物税税目由 1 136 个减为 358 个,还提高了所得税的起征点,简化纳税手续,并停止发行第二期人民胜利折实公债以及酌情减免或缓征确有困难的欠税户的税款。

第二,调整劳资关系,就是正确处理工人和资本家之间的关系。

尽管工人阶级已经是国家的领导阶级,但在私营企业中仍处于被剥削的地位,有些资本家还不承认工人的民主权利,仍像过去一样进行管理。因此,必须调整劳资关系。调整劳资关系遵循三个基本原则:必须确保工人在私营企业中的民主权利;必须首先从有利于发展生产出发;劳资问题由劳资双方协商解决。为此,中央人民政府劳动部颁布了《关于在私营企业中设立劳资协商会议的指示》,指示发出后,各地的私营企业,尤其是大中企业纷纷建立了劳资协商会议。为了更好地协调劳资关系,私营企业中还广泛订立劳资集体合同,明确规定劳资双方各自应尽的职责和义务,要求双方共同遵守。针对工人中提出的一些过高福利的要求,周恩来在中共七届三中全会上要求全党注意做好工人的工作,对他们进行"公私兼顾,劳资两利"的教育。

第三,调整产销关系,就是在国营经济的领导下,贯彻统筹兼顾的方针,通过行业内部及行业之间的协调,逐步克服资本主义工商业在生产和经营中的无政府状态,按行业实行有计划的生产,达到产销平衡。

1950年6月至9月,中央各财经部门先后召开了粮食加工、食盐运销、百货产销等一系列全国性的专业会议,公私方代表在一起根据以销定产的原则,协商制订各行业的产销计划,合理分配生产任务。中央财经委员会还颁布了适当限制某些已经过剩或已达饱和状态的生产的公告。12月29日,政务院颁布了《私营企业暂行条例》,要求私营企业遵照执行政府制订的产销计划,在一定程度上减少了私营企业生产的盲目性。

为了进一步协调产销关系,巩固工农联盟的经济基础,人民政府于1950年和1951年上半年在全国范围内开展了城乡内外的物资交流工作,改变了多年来因战争和通货膨胀而造成的城乡物资隔滞的现象,活跃了农村经济,扩大了工业品的销路,也促进了城市工业的恢复和发展。

在人民政府的统筹领导下,加上工人群众的大力协助和私营工商业者的积极配合,调整工商业工作迅速取得明显成效。私营工商业生产能力迅速恢复,各地市场日益活跃,成交额增加,由此带动了金融业的发展,增加了国家的税收。据统计,1950年下半年,上海新开业的工商户达32 674家,歇业户仅有7 451家,开业户比歇业户多25 223家。上海、北京、天津、武汉、青岛五大城市的大米、面粉、棉布、棉纱的销售量,10月同4月相比,分别增加了298%、54%、233%、180%。1951年同1950年相比,全国私营工商业户数增加了11.9%,职工人数增长了11.4%,生产总值增长了39%,零售额增长了36.6%,批发额增长了35.9%。这一年资本家获得的利润超过了其在国民党统治下22年中的任何一年。

调整工商业是国家对旧的经济结构进行重新改组的一个组成部分,也是一场深刻的社会变革,它不仅帮助私营工商业渡过了难关,也促使其逐渐实现了从半殖民地半封建旧轨道向新民主主义新轨道的转变。它的胜利完成,不仅促进了整个国民经济的恢复和发展,加强了国营经济的领导地位,而且通过加工订货、统购包销等形式,初步把资本主义工商业纳入国家资本主义的轨道,为进一步对资本主义工商业实行社会主义改造奠定了基础。

(五)国民经济恢复任务的完成

从1949年到1952年年底,在中国共产党和人民政府的领导下,经过全国各族人民的艰苦奋斗和共同努力,胜利完成了争取国家财政经济状况根本好转的任务,圆满地完成了三年国民经济恢复任务。中国人民只用了短短三年时间,就奇迹般地医治好了旧中国的百孔千疮,不但渡过了中华人民共和国建立初期一段最艰难的岁月,而且为有计划的经济建设创造了条件。

国民经济恢复任务的胜利完成,主要表现在以下几个方面:

第一,农业生产的恢复和发展。

三年恢复时期,由于土地改革的胜利完成,大规模农田水利建设的进行,农业生产技术的改进,优良品种的推广,等等,极大地促进了农业生产的恢复和发展,并超过了历史最高水平。首先,农业总产值得到大幅度提高,1952年的农业总产值为484亿元,比

1949年增长48.5%,平均年递增率为14.1%。其次,主要农产品产量显著增加,1952年的粮食产量达16 392万吨,比1949年增加44.8%,比历史最高水平增加9.3%;棉花产量达130.4万吨,比1949年增加193.7%,比历史最高水平增加53.6%;大牲畜头数达7 646万头,比1949年增加27%,比历史最高水平增加6.9%;生猪存栏数达8 977万头,比1949年增加55.2%,比历史最高水平增加14.3%。再次,农业生产率和耕地面积都得到很大提高,1952年与1949年相比,粮食平均亩产提高15%,棉花平均亩产提高41%,油菜籽平均亩产提高3%,耕地面积1952年达161 878万亩,比1949年增加15 056万亩。

第二,工业生产的恢复和发展。

首先,表现在工业总产值的迅速增长,1952年达343亿元,比1949年增长145%,平均年递增率为34.8%。其次,主要产品的产量大大超过历史最高水平,其中钢、生铁、金属切削机床、化肥等增长最快,1952年与1949年相比,钢增长了7.5倍多,生铁增长6.6倍多,金属切削机床增长7.6倍多,化肥增长5.7倍。再次,工业装备水平和技术水平也得到明显提高。机械化采煤在采煤总量中所占比重,由1951年的49%提高到1952年的77.6%;机械化运煤在运煤总量中所占比重由1951年的51.6%提高到1952年的69.6%;发电设备利用率提高63%。许多过去我国不能生产的产品,如某些优质钢材、钢板、无缝钢管、成套纺织机械、千瓦电动机等已经能够制造,拖拉机和汽车也试制成功,长达500千米的成渝铁路全部采用国产钢轨,新建的几个大型棉纺织厂安装的也是国产新式纺织机械。整个工业生产出现了生机勃勃的好势头。

第三,交通运输业和国内外贸易的恢复和发展。

中华人民共和国建立初期,由于多年战争的破坏,我国的交通运输几乎处于瘫痪状态,全国没有一条铁路可以全线通车,严重影响了城乡、地区间的物资交流,以及工农业生产的发展和人民的生活。因此,中华人民共和国建立以后,人民政府把交通运输,尤其是铁路交通的恢复工作作为重点来抓。到1950年,共修复铁路8 718千米,全国原有铁路基本修复通车。到1952年年底,还新建了来睦(广西来宾到睦南关)、成渝(成都到重庆)、天兰(甘肃天水到兰州)3条铁路,共1 267千米,大大促进了西南和西北地区经济的恢复与发展。全国铁路通车里程达2.29万千米,比1949年增加11.5%。除铁路外,公路、航运也都得到很大发展,1952年全国公路通车达12.67万千米,比1949年增加56%;内河航运达9.5万千米,比1949年增加29%;民用航空线由中华人民共和国建立时的0增长到1.31万千米,其中国际航线5 100千米。邮电业也有所发展,全国邮电所由1949年的2.6万处增加到近5万处。

中华人民共和国成立后,政务院设置了贸易部,统一领导国内和对外贸易。到1952年年底,在全国范围内形成了一个以国营商业为领导、以合作社商业为助手的新贸易网,给城乡物资交流、扩大商品流转提供了组织基础。全国有国营商店3.3万个,农村供销社和城市消费合作社3.5万多个。商业零售额逐年增长,1952年比1950年增长了62.3%。对外贸易也得到快速发展,扭转了长期大量入超的局面,出现了出超,和苏联等几十个国家建立了贸易关系。

第四,国民经济结构发生重大变化和国家财政状况获得根本好转。

中华人民共和国建立初期,通过没收官僚资本、处理帝国主义在华企业、投资兴建新的国营企业,国营经济迅速壮大并确立了对国民经济的领导地位。经济恢复时期,国营经济得到进一步发展、壮大,也进一步巩固了其在国民经济中的领导地位。此外,工业在国民经济中的比重有明显增加,现代工业、重工业在工业中的比重显著增长。1952年,工业总产值在全国工农业总产值中的比重由1949年的30%上升为41.5%。在工业总产值中,现代工业产值的比重占62.4%,重工业产值的比重由1949年的26.4%上升为35.5%。国民经济结构的重大变化初步改变了旧中国遗留下来的极不合理的国民经济结构,促进了我国从农业国向工业国的转变。

国家财政状况获得了根本好转,1950年国家财政总收入为65.2亿元,总支出为68.1亿元,出现严重的财政赤字,但到1952年,国家财政总收入达183.7亿元,总支出为176亿元,出现结余,这标志着我国财政已渡过了最困难的时期,发生了根本性的变化,这在中国财政史上具有重大的意义。此外,财政收支构成也发生了重大变化,收入主要来自国营企业和税收,支出主要用于经济建设,而用于国防经费和行政管理费的比重则呈下降趋势。

第五,人民生活水平和文教卫生事业得到很大发展。

随着工农业生产的恢复和发展、物价的稳定,人民生活水平有了显著改善和提高。在城市,就业人数增加,职工生活水平提高。1952年,全国职工人数达1 603万人,是1949年全国职工人数809万人的198.1%。全国各地区职工的平均工资比1949年增加了60%~120%,工人的工资收入一般已达到或超过抗日战争前的水平。除工资提高外,职工劳动保险、集体福利事业也陆续建立起来。从1951年起,在全国职工人数为100名以上的企业里普遍实行了劳动保险制度,在全国公教人员中普遍实行了公费医疗制度。据统计,到1952年,全国享受劳动保险的职工已达330万人,劳动保险福利费用为9.5亿元。在农村,土地改革的胜利完成,使广大农民彻底摆脱了封建土地制度的束缚和剥削,获得了土地,加上国家兴修水利、帮助农民改进耕作技术、提高农产品价格等措施,农民的生活水平也得到很大改善,农民的收入和购买力有了很大提高,农村普遍出现中农化趋势。

在物质生活水平提高的同时,文教卫生事业也得到相应发展。文教方面,各级学校教育有了快速发展,学生人数显著增加。1952年,小学生在校生人数比1949年增加109.5%,中等学校在校生人数比1949年增加148%,高等学校在校生人数比1949年增加63.2%。同时,国家还大力发展少数民族教育事业,在全国创办了5所民族学院,学生达8 800人,少数民族地区中学生1952年比1951年增加27%,小学生1952年比1951年增加11%。全国各地普遍开展群众性扫盲活动,1952年城镇职工业余学校人学人数达 302 万人,农民业余学校入学人数达 5 000 万人。此外,政府还增设了文化馆、图书馆、电影院、艺术表演团体、博物馆等机构,出版发行大量图书、报纸、杂志等。卫生方面,1952 年,全国卫生机构达 3.9 万个,其中医院有 3 450 家,分别比 1949 年增加 8.6 倍和 36.2%,卫生技术人员也由 54.1 万人增加到 81.9 万人。在党和人民政府的领导下,全国还大力开展群众性爱国卫生运动,人民卫生条件大为改善,多年来严重威胁百姓健康的天花、霍乱、鼠疫、黑热病等传染病基本上得到控制。

国民经济恢复任务的胜利完成,是中华人民共和国发展史上一个重要的里程碑,有着深远的历史意义。它粉碎了帝国主义和国民党反动派妄图通过经济上封锁禁运,使新中国归于失败的阴谋,有力地巩固了人民民主专政;为我国政治独立,在平等基础上同世界各国建立外交关系,发展贸易往来奠定了基础;使得以社会主义国营经济为领导的,包括合作社经济、国家资本主义经济、私人资本主义经济、个体经济在内的新民主主义经济制度在全国范围内得以确立,为开始有计划的经济建设创造了条件。从 1953 年起,我国进入了发展国民经济的第一个五年计划建设的新时期。

在国民经济恢复时期,党和人民政府的工作是非常成功的,留下了许多有益的启示:首先,正确地处理政治与经济的关系,牢牢地把恢复国民经济、争取国家财政经济状况的根本好转作为全党和全国人民的中心工作,使其他一切工作服从和服务于这个中心。其次,从中国的国情,特别是中华人民共和国建立初期的具体情况出发,制定正确的方针政策。经济上,正确处理五种经济成分之间的关系,在坚持和巩固国营经济领导地位的前提下,充分利用和发挥其他经济成分有益于国计民生的积极作用,并且重视发挥国家的经济职能,在尊重客观经济规律的基础上,充分利用和发挥经济杠杆,促进社会生产力的迅速恢复和发展;政治上,重视巩固和扩大人民民主统一战线工作,制定"不要四面出击"的方针,争取和团结一切可能团结的力量,调动一切积极因素,保证国民经济恢复工作的胜利完成,巩固人民民主专政。再次,中国共产党十分注意自身建设,及时开展整风整党运动,保持和发扬革命时期的优良传统和作风,不断加强和改善对国民经济恢复工作的领导。

第二节 建设和改造并举的过渡时期

一、国家过渡时期总路线的提出

(一)国民经济恢复后的新情况、新问题

经过三年努力,国民经济得到迅速恢复和发展,但无论是农村还是城市都出现了一些新情况、新问题。

农村的情况主要表现在以下几个方面:

第一,出现中农化趋势。

土地改革以后,随着农业生产的恢复和发展,贫农数量逐渐缩减,中农数量逐渐增加。据中共山西省委1950年在老解放区武乡县6个村的典型调查,中农户已占总农户的86%,人口占88.7%,牲畜占84.6%,产量占86%。东北地区在1949年年底,农民生活水平上升的比例,吉林省占67%,黑龙江省占54%。到1951年8月,东北地区农民经济生活水平上升的占总农户数的95%,其中上升到战前中农水平的约有三分之二,在上升户中,约有20%已成为富裕中农。东北、华北老解放区经济生活上升到中农的个体农民,开始向"三马一犁""三十亩地一头牛"的目标前进。如何正确对待中农,特别是富裕中农,是农村地区出现的一个新问题。

第二,出现土地买卖的现象,产生两极分化。

据1950年调查,吉林舒兰地区,农民一年共出卖土地约220亩。另据山西省忻县地委1952年对143个村的调查,从1949年以后,有8 253户农民共出卖土地3.99万亩。从时间上看,出卖土地有逐年增加的趋势。

一些贫困农民由于出卖土地、借高利贷等原因,开始出现两极分化的苗头。据山西省静乐县对五区19个村的统计,共计5 758户中,有880户卖房、卖地,其中有167户老中农因出卖土地下降为贫农,471户土地改革中分到土地的新中农因出卖土地而又恢复到贫农的地位,两项共计638户,占卖地户的72.5%,占农村总户数的11.05%。由于买地引起成分上升的,据该省对102个村4 923户买地户调查,上升为新富农的占买地户的1.28%,占农村总户数的0.18%。据1954年4月14日中央农村工作部关于对待富农政策的具体策略步骤向中央的报告反映,在老解放区,富农户数占总农户的比重约为1%,富农所拥有的土地及其他生产资料占总农户所拥有总量的2%;在新解放区,富农户数占总农户的2%~4%,富农所拥有的土地及其他生产资料占总农户所拥有总量的5%~8%。如何对待农村已出现的新富农,是党在农村面临的一个新问题。

第三,不少农业互助组出现涣散现象。

在中华人民共和国建立前已经进行土地改革的老解放区,农业互助组织有了一定发展。但在东北农民群众中,少数经济上升比较快的农户要求买马拴车,其中许多人要求退组"单干"。他们对"单干"、对旧式富农感兴趣,对组织起来感到苦恼,认为把他们编在互助组里,是为了"拉帮"穷人,是因为他们发展快了要"等一等"。那些经济上虽上升,但因车马不够拴一副犁杖的农民,虽对换工插犋违反自愿两利原则有意见,但他们仍愿意参加变工,因为不参加就种不上地,但有些人希望通过变工①把自己发展起来,将来买马拴车,实行"单干"。其中经济条件较差的,仍有农业社会主义平均思想。有的人欠了别人粮食还说:我虽欠你粮食,但过不了几年,还不是一同和你走入"共产

---

① 变工是老解放区和20世纪50年代初期曾经施行过的农业劳动互助的简单形式,是农民相互调剂劳动力的方法,有人工换人工、牛工换牛工、人工换牛工等类型。

主义"？有的人看到别人买马就说：将来走入社会主义，你还不是一样没有马？① 总之，在农业互助组内出现了要求"单干"和要求"平均"的两种倾向。

面对农村出现的新情况、新问题，不少人担心农民走资本主义道路。1951 年 4 月 17 日，中共山西省委提出了《把老区互助组织提高一步》的报告。报告指出：山西老区的互助组织，基础较大，历史较长，由于农村经济的恢复和发展，战争时期的劳力、畜力困难，已不再是严重的问题，一部分农民已经达到富裕中农的程度，加以战争转向和平，就使某些互助组织中发生了涣散的情形。……实践证明：随着农村经济的恢复与发展，农民自发力量是发展了，它不是向着我们所要求的现代化和集体化的方向发展，而是向着富农的方向发展。这就是互助组发生涣散现象的最根本原因。② 1952 年 7 月，中共河北省邯郸地委指出："农村资本主义倾向的严重滋长，已经是当前进一步发展农业生产的主要障碍。"③对于党内一部分人害怕农村资本主义的发展，企图用平均主义去战胜资本主义的错误想法，刘少奇指出："在土地改革以后的农村中，在经济发展中，农民的自发势力和阶级分化已开始表现出来了。党内已经有一些同志对这种自发势力和阶级分化表示害怕，并且企图去加以阻止或避免。他们幻想用劳动互助组和供销合作社的办法去达到阻止或避免此种趋势的目的。已有人提出了这样的意见：应该逐步地动摇、削弱直至否定私有基础，把农业生产互助组织提高到农业生产合作社，以此作为新因素，去'战胜农民的自发因素'。这是一种错误的、危险的、空想的农业社会主义思想。"④然而，刘少奇的主张没有得到毛泽东的支持。

城市的情况是："五反"运动中揭发出的不法资本家为牟取暴利进行的种种非法活动，使人们对资产阶级消极的一面有了更为严重的认识。毛泽东据此提出："在打倒地主阶级和官僚资产阶级以后，中国内部的主要矛盾即是工人阶级与民族资产阶级的矛盾，故不应再将民族资产阶级称为中间阶级。"⑤

于是，中共七届二中全会提出的"在革命胜利以后一个相当长的时间内还需要尽可能地利用城乡资本主义的积极性，以利于国民经济的向前发展"，《共同纲领》中强调的"凡有利于国计民生的私营经济事业，人民政府应鼓励其经营的积极性，并扶助其发展"的方针和与之相应的政策，被旨在尽快建立社会主义制度的国家过渡时期总路线所代替。

---

① 《东北局 1950 年 1 月份向中央的综合报告（节录）》（1950 年 1 月），中华人民共和国国家农业委员会办公厅编：《农业集体化重要文件汇编（1949—1957）》上册，中共中央党校出版社 1981 年版，第 8—9 页。
② 中共山西省委：《把老区互助组织提高一步》（1951 年 4 月 17 日），中华人民共和国农业委员会办公厅编：《农业集体化重要文件汇编（1949—1957）》上册，中共中央党校出版社 1981 年版，第 35 页。
③ 史敬棠等编：《中国农业合作化运动史料》下册，三联书店 1959 年版，第 260 页。
④ 《刘少奇同志对山西省委〈把老区互助组织提高一步〉的批语》（1951 年 7 月 3 日），中华人民共和国农业委员会办公厅编：《农业集体化重要文件汇编（1949—1957）》上册，中共中央党校出版社 1981 年版，第 33 页。
⑤ 毛泽东：《现阶段国内的主要矛盾》（1952 年 6 月 6 日），中共中央文献研究室编：《毛泽东文集》第 6 卷，人民出版社 1999 年版，第 231 页。

（二）国家过渡时期总路线的提出

在国民经济恢复任务完成以后，从 1953 年起，我国进入了对生产资料私有制实行社会主义改造和有计划地进行社会主义建设的时期。为此，党提出了过渡时期总路线：在一个相当长的时期内，逐步实现国家的社会主义工业化，并逐步实现国家对农业、手工业和资本主义工商业的社会主义改造。

过渡时期总路线的形成，有一个历史过程。在中共七届二中全会上，毛泽东指出，要使中国由新民主主义国家转变为社会主义国家，使中国稳步地由农业国转变为工业国，把中国建设成为一个伟大的社会主义国家。在夺取政权后，不能马上就搞社会主义，要有一个相当长的新民主主义建设时期，使工业和国民经济在迅速恢复的基础上得以发展，一俟条件成熟，即向社会主义转变。

中华人民共和国成立后，中国共产党领导全国人民经过三年艰苦奋斗，国民经济得到基本恢复。根据国民经济恢复工作的实践，毛泽东修正了原来的想法。1952 年 9 月 24 日，他在中共中央书记处会议上第一次讲到了向社会主义过渡的问题，提出现在就要开始用 10 年到 15 年的时间基本上完成到社会主义的过渡，而不是 10 年或者以后才开始过渡。①

1953 年 2 月 27 日，毛泽东讲了他在湖北视察时同孝感地委负责同志谈话的内容，说："什么叫过渡时期？过渡时期的步骤是走向社会主义。我给他们用扳指头的办法解释，类似过桥，走一步算是过渡一年，两步两年，三步三年，10 年到 15 年走完。我让他们把这话传到县委书记、县长。在 10 年到 15 年或更多一点时间内，基本上完成国家工业化及对农业、手工业、资本主义工商业的社会主义改造。要水到渠成，防止急躁情绪。"②

但是，直到 1953 年 6 月以前，向社会主义过渡的问题还处于酝酿阶段。6 月，毛泽东在给中央统战部部长李维汉的调查报告《关于利用、限制和改造资本主义工商业的若干问题》的批语中，明确提出了过渡时期总路线的基本内容。6 月 15 日，他在中央政治局会议上，对过渡时期总路线和总任务第一次进行了比较完整的阐述："党在过渡时期的总路线和总任务，是要在十年到十五年或者更多一些时间内，基本上完成国家工业化和对农业、手工业、资本主义工商业的社会主义改造。这条总路线是照耀我们各项工作的灯塔。不要脱离这条总路线，脱离了就要发生'左'倾或右倾的错误。"③ 9 月 24 日，中共中央在发布庆祝国庆四周年的口号中，公布了这条总路线。

12 月，中共中央批准中央宣传部拟定的《为动员一切力量把我国建设成为一个伟大的社会主义国家而斗争——关于党在过渡时期总路线的学习和宣传提纲》，对总路

---

① 薄一波：《若干重大决策与事件的回顾》上卷，中共中央党校出版社 1991 年版，第 213 页。
② 薄一波：《若干重大决策与事件的回顾》上卷，中共中央党校出版社 1991 年版，第 215 页。
③ 毛泽东：《批判离开总路线的右倾观点》（1953 年 6 月 15 日），中共中央文献研究室编：《毛泽东选集》第 5 卷，人民出版社 1977 年版，第 81 页。

线的内容做了更为完整的阐述:"从中华人民共和国成立,到社会主义改造基本完成,这是一个过渡时期。党在这个过渡时期的总路线和总任务,是要在一个相当长的时期内,逐步实现国家的社会主义工业化,并逐步实现国家对农业、对手工业和对资本主义工商业的社会主义改造。这条总路线是照耀我们各项工作的灯塔,各项工作离开它,就要犯右倾或'左'倾的错误。"[①]1954年2月,中共七届四中全会正式批准了这条总路线。9月,第一届全国人民代表大会把过渡时期总路线写入了《中华人民共和国宪法》。

在过渡时期总路线中,"一化"即逐步实现国家的社会主义工业化,这是总路线的主体;"三改",即逐步实现国家对农业、对手工业和对资本主义工商业的社会主义改造,这是总路线的两翼。这两个方面是互相联系、互相促进、互相制约的。社会主义工业化为社会主义改造提供物质技术基础,社会主义改造为社会主义工业化创造了前提条件。两者都涉及发展和扩大公有制的问题,所以总路线的实质是:使生产资料的社会主义所有制即全民所有制和集体所有制,成为我们国家和社会的经济基础,从而促进生产力的发展。总路线的目的是使我国从新民主主义向社会主义过渡,把我国建设成为伟大的社会主义国家。总路线体现了发展生产力与变革生产关系的有机统一,是一条社会主义建设和社会主义改造同时并举的路线。

但是由于当时对什么是社会主义认识上的局限和受苏联模式的影响,中央在没有充分认识我国国情的基础上,总想在不太长的时间内把生产资料私有制全部转变为单一的社会主义公有制,这就孕育着"求纯"的倾向,不利于生产力的发展。

过渡时期总路线的提出,不是偶然的,而是有其历史的必然性。

第一,国家的社会主义工业化是国家独立和富强的当然要求和必要条件,是全国各族人民的中心任务。

国民经济恢复期结束时,我国的工农业生产已经达到或超过中华人民共和国建立前的最高水平。但是,整个国民经济还相当落后,生产力水平仍然很低,特别是工业基础十分薄弱。我国在1952年的工业水平,不仅落后于苏联1928年的水平,也落后于东欧各民主主义共和国第一个五年计划的水平。现代工业在工农业总产值中的比重:中国1952年是26.7%,苏联1928年是45.2%,波兰1949年是65.5%,捷克斯洛伐克1948年是75%。按人口平均的工业产品产量,我国远远落后于苏联和发达资本主义国家。例如钢产量,中国2.37千克,苏联164.1千克,美国538.3千克;发电量,中国2.76度,苏联553.5度,美国2 949度;棉布产量,中国5.4米,苏联23.6米,美国55.4米。因此,要在中国建设社会主义,就必须改变经济落后的现状,而改变经济落后状况的正确途径,就是逐步实现社会主义工业化,建立一个独立完整的工业体系,使现代工业在

[①] 中共中央宣传部:《为动员一切力量把我国建设成一个伟大的社会主义国家而斗争——关于党在过渡时期总路线的学习和宣传提纲》(1953年12月),中共中央文献研究室编:《建国以来重要文献选编》第4册,中央文献出版社1993年版,第700—701页。

工农业总产值中占绝对优势，使中国在经济上由落后、贫穷的农业国转变为富强的社会主义工业国。所以，实现社会主义工业化成为全党和全国人民在过渡时期所面临的一项中心任务。

第二，对农业、手工业实行社会主义改造的必然性。

我国农村地区在土地改革后，由于消灭了封建剥削制度，农业生产有了一定的发展，但个体农民劳动工具简陋，生产力低下，远远不能适应大规模社会主义建设的需要。为了发展生产，兴修水利，抵御自然灾害，采用农业机械和其他新技术，确有走互助合作道路的要求。同时，随着工业化的发展，一方面对农业产品的需要日益增大，另一方面对农业技术改造的支援日益增强，这也是促进个体农业向合作化方向发展、进行社会主义改造的一个动力。

手工业是国民经济的重要组成部分。广大手工业者既是劳动者又是私有者，他们具有很大的盲目性和保守性。如果不进行社会主义改造，个体手工业者就不能进行现代技术的改革和提高生产力，不能纳入国家计划的轨道。因此，个体手工业者也有进行社会主义改造的要求。

第三，国家对资本主义工商业的社会主义改造，是由过渡时期的主要矛盾决定的，也具有历史的必然性。

新民主主义革命胜利和土地制度改革完成以后，国内的主要矛盾已经转为工人阶级和资产阶级之间、社会主义道路和资本主义道路之间的矛盾。为了恢复和发展国民经济，国家需要有利于国计民生的资本主义工商业有一定的发展，但资本主义工商业的发展又必然出现不利于国计民生的一面，这就不能不发生限制和反限制的斗争，主要表现为资本主义企业和国家的各项经济政策之间、与社会主义国营经济之间、与本企业职工及全国人民之间的利益冲突越来越明显。不解决这个矛盾，我国的社会主义制度就无法建立起来。因此，必须把资本主义工商业逐步引上社会主义改造的道路。

过渡时期总路线提出以后，在全党和全国人民中掀起了广泛深入的学习和宣传热潮，迅速统一了全党和全国人民的认识，成为团结和动员全国人民为建设一个伟大的社会主义中国而奋斗的行动纲领。

二、生产资料私有制社会主义改造的基本完成

（一）资本主义工商业社会主义改造的完成

中华人民共和国建立后，中国共产党对民族资本主义工商业采取了利用、限制和改造的政策，使得有利于国计民生的资本主义工商业有了一定的发展。但是，资本主义的生产关系与经营思想同新民主主义的国家制度和方针政策也一直存在着矛盾。为了解决这些矛盾，必须实行对资本主义工商业的社会主义改造。

中国对资本主义工商业的社会主义改造采取了和平改造的方针，即通过各种形式的国家资本主义，采取赎买的方式，把资本家私有制逐步改造为社会主义的全民所有

制。国家资本主义根据其中社会主义因素的多少等情况,又可分为初级和高级两种形式。初级形式是国家对私营工商业实行委托加工、计划订货、统购包销、经销代销等;高级形式是个别企业公私合营、全行业公私合营。在企业改造的同时,对资本家坚持耐心的思想教育工作,并给以适当的工作安排,逐步把他们从剥削者改造成为自食其力的劳动者,把对企业的改造和对人的改造结合起来,这是中国社会主义改造的一个重要创举。

对资本主义工商业的社会主义改造可分为三个阶段。

第一阶段,在1954年以前,主要是初级形式的国家资本主义阶段。

对资本主义工商业的社会主义改造,在国民经济恢复时期就已经开始。当时是在利用、限制的基础上采取初级形式的国家资本主义。国家通过打击投机资本,稳定市场物价,合理调整工商业,组织私营工商业为国家加工产品、经售商品等一系列措施,来帮助私营工商业克服生产经营中的困难,以充分利用其有利于国计民生的积极作用。同时,积极引导私营工商业端正经营方向,限制其不利于国计民生的方面。这种初级形式的国家资本主义,从流通领域入手,控制资本主义企业的原料供应和产品销售,通过订立合同等形式,在一定程度上将私营企业纳入国家资本主义轨道。到1952年年底,各种形式的国家资本主义工业产值占私营工业总产值的56%。

1953年春,中共中央统战部部长李维汉率领调查组到武汉、南京、上海等地调查。在对资本主义工商业实行利用和限制政策的情况和经验进行总结后,他向中央提交了《资本主义工业中的公私关系问题》的调查报告。报告中分析了三年来国家资本主义经济的发展情况,认为国家资本主义"是我们利用和限制工业资本主义的主要形式,是我们将资本主义工业逐步纳入国家计划轨道的主要形式,是我们改造资本主义工业使它逐步过渡到社会主义的主要形式,是我们利用资本主义工业来训练干部、并改造资产阶级分子的主要环节,也是我们同资产阶级进行统一战线工作的主要环节。抓住了这个主要形式和主要环节,在经济和政治上都有利于领导和改造资本主义和资产阶级分子的其他部分"[1]。调查报告受到党中央和毛泽东的高度重视。1953年6月,中共中央政治局扩大会议对调查报告进行了讨论,确定经过国家资本主义改造资本主义工业的方针,和对资本主义工商业实行"利用、限制、改造"的政策。利用和限制资本主义的过程,也就是改造资本主义的过程。9月,毛泽东在同民主党派和工商界部分代表谈话时,指出:"有了三年多的经验,已经可以肯定:经过国家资本主义完成对私营工商业的社会主义改造,是较健全的方针和办法。""国家资本主义是改造资本主义工商业和逐步完成社会主义过渡的必经之路。"[2]10月,李维汉在中华全国工商业联合会会员代表

---

[1] 李维汉:《关于〈资本主义工业中的公私关系问题〉给中央并主席的报告》(1953年5月27日),《李维汉选集》编辑组编:《李维汉选集》,人民出版社1987年版,第266—267页。

[2] 毛泽东:《改造资本主义工商业的必经之路》(1953年9月7日),中共中央文献编辑委员会修订:《毛泽东选集》第5卷,人民出版社1977年版,第98页。

大会上做报告,对共产党在过渡时期的总路线和对资本主义工商业改造的方针、政策、步骤等做了详细的阐述。

中共中央确定了对资本主义工商业社会主义改造的形式和政策,促进了对私营工商业社会主义改造的进程。在工业方面,1953年下半年开始,国家有计划、有步骤地扩大了加工订货、统购包销的范围。由主要行业发展到一般行业,由大型企业发展到中小型企业,由大城市发展到中小城市,并且收购部分不断缩小,加工订货部分,特别是统购包销部分不断扩大。到1953年年底,加工订货、统购包销等形式的国家资本主义在私营和公私合营的工业总产值中上升到53.6%。在商业方面,1953年下半年,社会主义改造以批购零销的形式开始发展。11月,国家陆续对粮食、食用油料、棉花、棉布等实行统购统销。经营这些商品的私营零售商全部转为经销、代销形式。

初级形式的国家资本主义企业的利润分配,从1953年开始,实行"四马分肥"的方法,即国家税收占34.5%,职工福利占15%,企业公积金占30%,资本家红利占20.5%(大体为四分之一)。资本家获得约四分之一的利润,作为赎买的代价。初级形式的国家资本主义企业仍然属于资本家所有,企业的经营管理基本上仍按资本主义的方式进行。所以,有必要把这种初级形式推进到高级形式,即公私合营。

第二阶段,从1954年到1955年夏天,主要是实行个别企业公私合营。

从1954年起,对资本主义工商业的改造有了较大进展,开始转入重点发展个别企业公私合营这种高级形式的国家资本主义。1954年1月,中共中央批准中央财政经济委员会提出的《关于有步骤地将有十个工人以上的资本主义工业基本上改造成为公私合营企业的意见》,并提出了1954年扩展公私合营工业的计划。9月,政务院通过《公私合营工业企业暂行条例》。条例规定:对资本主义企业实行公私合营,应当根据国家的需要、企业改造的可能和资本家的自愿,采取积极而又稳步的方针。到1954年年底,公私合营企业达1 746户、职工53万多人,产值50多亿元,占全国私营工业(包括已合营的在内)总产值的33%,公私合营工业产值在全部工业产值中的比重已由1952年的5%上升到1954年的12.3%。

公私合营工业的发展是先合营大户(即"吃苹果"的方式),然后逐步推广到中小户。1954年,有905户规模较大的私营工厂转变为793户公私合营企业。从上海、天津两市来看,私营工厂500人以上的企业共有92户,其中有45户实行合营;100人以上的有712户,其中有121户实行合营。但是,一大批大企业合营以后,剩下大量分散落后的小企业便发生了困难。1954年下半年已突出地表现出来了。部分企业停工、停薪、停伙,甚至关门,工人失业。于是,在1954年12月,中央提出统筹兼顾、归口安排、按行业改造的方针。各个行业以大带小,以先进带落后,先对中小企业进行改组、合并,然后实行公私合营。这种方法虽然解决了一些问题,但进度很慢。1955年4月,中共中央批转陈毅《关于扩展公私合营工业计划会议和关于召开私营工商业问题座谈会的报告》。报告指出,在扩展合营的方式上,采取个别合营与按行业改造相结合的方法,以适应我国资本主义工业分散落后的特点,即由个别企业的公私合营改为一连串企业以至全行业实行合营("吃苹果"改为"吃葡萄"的方式)。到1955年年底,全国共有公私合营户3 193户,职工78万多人,产值70多亿元,占总产值的49.6%。

企业合营后,由于国家派遣干部加强领导,进行投资新建、扩建,又整顿企业的经营管理,也使工人群众在这些企业中的地位有所改变,由为资本家生产改变而为国家生产。这提高了工人的劳动积极性,合营企业的生产迅速发展,利润增加。平均每人劳动生产率,以1950年为100,公私合营工业1955年为314,即增长两倍多;而同期私营工业为158,仅增长半倍多,充分显示出公私合营的优越性,从而促使更多资本家要求实行公私合营,形成对资本主义工商业社会主义改造的有利形势。

商业方面的社会主义改造也有所发展。1954年7月13日,中共中央发布《关于加强市场管理和改造私营商业的指示》。指示规定:对私营商业的社会主义改造,采取"一面前进、一面安排,前进一行、安排一行"的办法,把现存的私营小批发商和零售商逐步改造成为各种形式的国家资本主义。到1955年8月底,全国有440户私营零售商实行了公私合营,其资本额占公私零售业资本总额的2.3%。商业的改造一律按行业进行。1955年下半年,北京市对棉布商业进行全行业公私合营。到1955年年底,全国已有1 200多家商店按行业实行了公私合营。

在利润分配方面,虽然还是按照"四马分肥"的原则进行,但其中属于股息和红利的部分,已经不再由资本家独得,而是按公私股份比例进行分配,资本家所得相应减少。因此,这种国家资本主义主要不是为了资本家的利润而存在,而是为了供应人民和国家的需要而存在,是带有很大的社会主义性质的。

第三阶段,从1955年秋到1956年,是实行全行业公私合营阶段。

1955年秋,全国不少地方出现了全行业合营的新情况,整个行业几十家、几百家工厂一起实行公私合营。如上海市有棉纺、毛纺、麻纺、面粉、碾米、造纸、卷烟、搪瓷等8个行业实行全行业合营。北京市的面粉厂和机电厂也都实行了全行业合营。面对新情况,10月29日,毛泽东邀请中华全国工商联执委会的委员们,就私营工商业的社会主义改造问题举行座谈。他指出,资本主义工商业的社会主义改造即将走上一个新的阶段,希望工商界人士认清社会发展规律,掌握自己的命运,把自己的前途和国家的前途结合起来,积极接受社会主义改造,下决心把自己彻底改造成为光荣的自食其力的劳动者。随后,全国工商联学习了毛泽东的讲话,发表了《告全国工商界书》,号召全国工商业者,为实现资本主义工商业的社会主义改造而贡献力量。

11月16日至24日,中共中央政治局召开了有各省、市、自治区党委代表参加的关于资本主义工商业改造的会议。会议通过了《中央关于资本主义工商业改造问题的决议(草案)》。该决议指出,对于资产阶级,第一是用赎买和国家资本主义的方法,有偿地而不是无偿地、逐步地而不是突然地改变资产阶级的所有制;第二是在改造他们的同时,给予他们以必要的工作安排;第三是不剥夺资产阶级的选举权,并且对于他们中间积极拥护社会主义改造且在改造中有所贡献的代表人物给以恰当的政治安排。并且决定,把对资本主义工商业的改造工作推进到一个新的阶段,即从原来在私营企业中所实行的由国家加工订货、为国家经销代销和个别地实行公私合营的阶段,推进到在一切重要的行业中分别在各地区实行全部或大部公私合营的阶段,从原来主要的是国家资本主义的初级形式推进到主要的是国家资本主义的高级形式。该决议要求用两年时间分期分批实现全行业公私合营。

在各级政府的大力推动下,全国迅速掀起了以全行业公私合营为中心的改造资本主义工商业的高潮。1956年1月1日,北京市的资本主义工商业者首先提出了实行全行业公私合营的申请。到1月10日,仅用10天时间,就实现了全行业的公私合营,北京成为我国第一个完成社会主义改造的城市。1月底,全国已有118个大中城市和193个县城,先后实现了全行业的公私合营。3月底,除西藏等少数民族地区外,全国基本上实现了全行业公私合营。到1956年年底,私营工业户数的99%、产值的99.6%,私营商业户数的82.2%、资金的93.3%,基本实现了公私合营。全行业公私合营的实现,标志着我国资本主义工商业的社会主义改造已经基本完成。

资本主义工商业的社会主义改造进入全行业公私合营阶段以后,资本家所得股息红利就由"四马分肥"改为"定息"制度,即在公私合营时期,企业无论盈亏,都由国家根据核定的私股股额,按期发给私股股东固定息率(一般为年息5%)的股息。定息期自1956年1月1日算起,原定7年,后改为10年。这使得资本家的生产资料归国家所有,由国家统一使用、管理和分配,资本家失去了对企业的财产所有权、经营管理权和人事调配权。因此,这种企业基本上是属于社会主义性质的。

"我国资本主义工商业社会主义改造的胜利完成,是我国和世界社会主义历史上最光辉的胜利之一。"①它的胜利标志着我国已经基本上消灭了资本主义剥削制度和资产阶级,为生产力的发展开辟了道路;实现了马克思、恩格斯和列宁提出但没有做到的对资产阶级的和平赎买政策,丰富和发展了马列主义关于国家资本主义的学说;是国际共产主义运动史上的一个创举,也是毛泽东思想在社会主义时期的一个重要发展。

但在资本主义工商业社会主义改造的过程中也出现一些失误。如公私合营的面过宽,改组过多,对许多原工商业者的使用和处理不够恰当,特别是在全行业公私合营的高潮中,改造速度过快,完成比较急促,以致遗留了一些问题。

(二) 农业社会主义改造的完成

国家对农业的社会主义改造是通过合作化道路进行的,即根据自愿互利、典型示范和国家帮助的原则,采取由农业生产互助组,发展到半社会主义性质的初级农业生产合作社,再发展到社会主义性质的高级农业生产合作社的过渡形式,逐步地把个体农业经

---

① 邓小平:《新时期的统一战线和人民政协的任务》(1979年6月15日),中共中央文献编辑委员会编:《邓小平文选》第2卷,人民出版社1994年版,第186页。

济改造成为社会主义集体经济。这是继土地改革之后中国农村社会生产关系方面进行的第二次广泛而深刻的社会变革。对农业的社会主义改造可分为三个阶段。

第一阶段,在1954年以前,主要是组织农业互助组和试办初级农业生产合作社。

1949年,在解放较早、已经实行土地改革的东北、华北等老解放区,农业生产互助组已有较大的发展。如黑龙江省有互助组约24.6万个,参加农户约为108万户,约占全省农户总数的65%。1950年,全国已有互助组约272万个,参加农户约1 100万户,约占全国农户总数的11%。同时,初级农业生产合作社也开始试办。到1951年年底,农业生产合作社已发展到300多个。

农业互助组比单干农民有优势。它可以起到相互帮助、调节劳动力的作用,尤其在农忙季节,互助组的作用更为显著,但是由于它是建立在私有制基础上的、以各家分散经营为主要形式的农村组织,所以很难巩固。加之,对于劳动互助组织的性质和前途,党内存在不同的看法。在这个基础上,1951年9月,中共中央召开第一次农业互助合作会议。会议总结了历史上开展互助合作的经验,制定了《关于农业生产互助合作的决议(草案)》。这是中华人民共和国建立后中共中央领导农业合作化运动的第一个纲领性文件,于当年12月15日发到各县委和区委组织试行。该决议指出,要发挥农民互助合作的积极性,采取逐步过渡的办法,引导农民走集体化道路。该决议提出了"两种积极性"的思想,即个体经济的积极性和劳动互助的积极性,既不能挫伤农民发展个体经济的积极性,又要大力提倡和鼓励劳动互助。该决议要求,根据生产发展的需要和可能,按照积极发展、稳步前进的方针和自愿互利的原则,采取典型示范和逐步推广的方法,大量地发展劳动互助组,有重点地发展农业生产合作社。到1952年年底,全国互助组发展到830多万个,农业生产合作社发展到3 600多个,加入农业互助合作组织的农户已占全国总农户的40%左右,形式主要是临时互助组和常年互助组。

该决议草案经过一年多的试行,于1953年3月,作为中共中央的正式决议向全国公布,进一步推进了农业合作化运动的发展。到1953年4月,农业生产合作社猛增到1.3万多个。一些地区发生了急躁冒进倾向:有的侵犯中农的利益;有的强迫命令,违反自愿互利原则。1953年4月,中共中央农村工作部召开第一次全国农村工作会议。农村工作部部长邓子恢批评了急躁冒进倾向,强调互助合作运动必须采取稳步前进的方针。会后,各地对农业生产合作社进行了整顿,使冒进倾向基本上得到纠正。到1953年11月,加入互助合作组织的农户有4 790多万户,占全国总农户的43%,农业合作社发展到1.4万多个。

第二阶段,从1954年到1955年上半年,主要是兴办初级农业生产合作社。

1953年10月,中共中央根据当时全国粮食产量情况,正式颁发了《关于实行粮食的计划收购与计划供应的决议》,即在农村向余粮户实行粮食计划收购,对城市居民和农村缺粮户实行粮食计划供应,由国家控制粮食市场,严禁私商自己经营粮食购销等。粮食统购统销政策的实行,初步切断了在粮食市场方面农民与资产阶级之间的联系,促进了农业合作化运动的发展。

1953年10月26日至11月5日,中共中央农村工作部召开第三次互助合作会议。会议总结了中华人民共和国建立以来互助合作运动的经验,提出了《关于发展农业生产合作社的决议(草案)》,12月16日经中共中央通过。这是有关农业合作化问题的第二个历史性文件。该决议阐述了农业社会主义改造的必要性和可能性;阐明了农业社会主义改造的正确道路;说明了农业合作化的方针、方法和步骤;指明了初级社的地位和作用,认为它是引导农民过渡到更高级的完全社会主义的农业生产合作社的适当形式,日益成为党领导互助合作运动继续前进的重要环节。该决议还对初级社发展的数量做了规划,要求从1953年冬至1954年秋,由1.4万多个发展到3.85万个,即增加1.75倍;到1957年发展到60万个,入社农户占农户总数的20%。此后,初级农业生产合作社从试办阶段开始进入发展阶段。全国农村普遍出现兴办初级社的热潮。1954年春,全国初级社发展到10万个,超过1953年12月通过的决议所规定的到1954年秋发展指标的1.6倍。

1954年4月,中共中央召开了第二次农村工作会议。同年10月,召开了全国第四次互助合作会议。这两次会议总结了合作化经验,修订了发展指标,规划到1955年春耕前,全国初级社由10万个发展到60万个,到1957年前后,基本上完成初级合作化。会后,全国初级社发展迅速,从1954年秋到1955年春,猛增到67万个。

一些地区再次出现急躁冒进倾向,强迫命令,甚至威胁恐吓农民的情况屡屡发生。加之在1954年粮食统购过程中政府向农民多购了35亿千克过头粮,不少地区出现党和农民关系紧张的局面,有些省出现了非正常的宰杀牲畜、砍伐林木、生产遭到破坏这类应当引起严重注意的现象。为此,中共中央于1955年1月发出《关于整顿和巩固农业生产合作社的通知》。通知指出,合作化运动应基本转入控制发展、着重巩固阶段,并根据不同地区的情况,或者暂时停止发展,全力巩固,或者适当收缩,或者在巩固中继续发展。3月,中共中央又发出紧急指示,决定对粮食实行定产、定购、定销,以缓和农村紧张情况,同时放慢农业合作化步骤。毛泽东找邓子恢等人谈话,提出"停、缩、发"的三字方针。4月,中共中央召开全国第三次农村工作会议。邓子恢根据中央指示,提出今后的总方针是:停止发展、适当收缩、全力巩固。会后,各地遵照中央的指示精神,对合作社进行整顿。经过初步整顿,全国农业合作社缩减了2万个,初步巩固了65万个,并贯彻了自愿互利的原则,使合作社出现了保持发展、巩固、再发展、再巩固的稳步前进势头。

第三阶段,从1955年下半年到1956年年底,掀起农业合作化高潮和兴办高级农业生产合作社。

1955年5月17日,中共中央召开了十五省、市委书记会议。毛泽东在会上虽然重申了"停、缩、发"方针,但特别强调要"发"。据此,中央农村工作部决定一年内,农业合作社从经过整顿后保留的65万个发展到100万个。但毛泽东认为发展太慢。他提出,要将农业生产合作社在现有的65万个的基础上翻一番,即达到130万个。邓子恢认为,从1954年秋的10万个社发展到1955年春的65万个社,已经很快,发生了冒进问题,需要做大量的工作才能巩固。他坚持发展到100万个,即翻半番的主张。但毛泽东认为,合作化大发展的形势已经到来,坚决主张加快发展速度和扩大发展规模。他还认为,邓子恢和中央农村工作部的思想"右"了,对合作化不积极,合作化运动所要解决的问题,不是纠"左",而是反"右"。因此,毛泽东决定在党内发动一场反对"右倾机会主义"的斗争,批判邓子恢等人的右倾思想。

1955年7月31日,中共中央召开省、市、自治区党委书记会议。毛泽东同志在会上做了《关于农业合作化问题》的报告。报告系统总结了我国农业合作化运动的历史经验,阐明了农业社会主义改造的理论、道路和方法;提出必须先合作化后机械化的原理;要求对运动实行全面规划,加强领导的方针。报告严厉批评邓子恢等人的右倾,指出:"在全国农村中,新的社会主义群众运动的高潮就要到来。我们的某些同志却像一个小脚女人,东摇西摆地在那里走路,老是埋怨旁人说:走快了,走快了。过多的评头品足,不适当的埋怨,无穷的忧虑,数不尽的清规和戒律,以为这是指导农村中社会主义群众运动的正确方针。否,这不是正确的方针,这是错误的方针。"①他还把党内关于合作化发展速度的正常争论,扩大为两条路线的分歧。

同年10月,中共七届六中全会在北京举行。会议通过了《关于农业合作化问题的决议》。这是中国共产党关于农业社会主义改造的第三个重要历史文件。该决议分析了农业合作化的形势,提出了农业合作化的具体规划,促进了全国农业社会主义改造高潮的到来。毛泽东在会议结束时,做了题为《农业合作化的一场辩论和当前的阶级斗争》的结论。结论认为,这场辩论的中心是合作社"是大发展好还是小发展好的问题"②。会议对邓子恢等人的批判进一步升级,不仅损害了党内民主讨论和实事求是的作风,而且直接否定了党中央原定的关于农业合作化的正确方针,助长了党内"左"倾错误的产生和滋长。会后,全国迅速掀起了农业合作化高潮。在几个月时间内就有5 000多万户农民加入合作社。在这一时期,全国除广东、云南两省外,还试办了一批高级农业生产合作社。1955年10月以后,农业合作化运动的速度明显加快。到12月底,农业生产合作社的社数从6月底的63万多个增加到190万个,入社农户占总农户的比重从14.2%增加到63.3%,其中高级社发展到1.7万个,入社户占总农户的4%。

初级农业生产合作社的快速发展,使初级社向高级社过渡的问题摆上了议事日程。1955年12月,毛泽东主编了《中国农村的社会主义高潮》一书,不仅亲自为之写序,还给其中的104篇加了按语,介绍、推广办社经验。他大力宣传高级社的优越性,提出办

---

① 毛泽东:《关于农业合作化问题》(1955年7月31日),中共中央文献编辑委员会修订:《毛泽东选集》第5卷,人民出版社1977年版,第168页。
② 毛泽东:《农业合作化的一场辩论和当前的阶级斗争》(1955年10月11日),中共中央文献编辑委员会修订:《毛泽东选集》第5卷,人民出版社1977年版,第200页。

高级社并不难,甚至可以直接从互助组进入高级社。1956年1月,中共中央政治局通过了《1956年到1957年全国农业发展纲要(草案)》,提出各省、市、自治区在1956年基本上达到85%左右的农户加入初级农业生产合作社;要求合作化基础较好的地区,在1957年基本上完成高级形式的农业合作化。可见,中共中央打算把1956年、1957年作为有重点地试办高级社阶段。但在实际上,从1956年1月开始,高级社就进入了大力发展阶段,并迅速在当年基本上完成了全国的高级合作化。高级农业生产合作社从1956年1月到12月,社数和参加社的户数是逐月上升的。1月底共有13.6万个社,参加社的农户达3 651.9万户,占总农户的30.7%;到12月底,已发展到54万个社,参加社的农户达10 742.2万户,占总农户的87.8%。加入高级社的农户已达到全国农户总数的96.3%。这表明,原计划用15年左右的时间完成的农业社会主义改造,在短短四年内就基本上完成了。

　　总的来说,我国的农业社会主义改造取得了巨大胜利。农业合作化把个体小农经济改造成为社会主义集体经济,实现了土地公有,使5亿多农民走上了社会主义道路;农业合作化促进了农业生产力的发展,合作化后兴修了一些水利工程,进行了大规模的农田基本建设,增强了抵御自然灾害的能力,推动了农业生产的发展;农业合作化的完成,为开展大规模的工业建设所需粮食、资金等资源的聚集,提供了保障,从而为国家工业化的起步做出了贡献。

　　但中国的农业合作化,在目标模式上明显受到20世纪30年代苏联农业集体化运动的影响。这一目标模式即使在苏联也是不成功的。同时,在农业合作化运动的过程中出现了要求过急、改变过快等缺点和失误,以致在长时期内遗留了一些问题。

　　(三)手工业社会主义改造的完成

　　我国的手工业历史悠久,行业齐全,遍布城乡,在整个国民经济中占有重要地位。中华人民共和国建立初期,全国个体手工业从业人数约2 000万人,其中独立手工业者800万人,农民兼手工业者1 200万人。农民所需生产资料和生活资料的60%～70%来自手工业。据1952年统计,手工业产值在工农业总产值中约占13%,加上农民的手工业副业产值,占工农业总产值的20%。手工制造业和修理业担负着为工业与农业服务、满足城乡居民生活需要、培养熟练工人、解决人员就业等多方面任务。特种工艺制造业还是发展对外经济文化交流、赚取外汇的重要方面。但是,个体手工业是一种十分落后的生产形式,它们分散经营、规模狭小、技术落后、劳动生产率低。同时,手工业个体经济是一种小商品经济,任其自由发展会产生资本主义。所以,必须对个体手工业进行社会主义改造,引导他们走合作化道路。

　　手工业社会主义改造也是通过合作化道路实现的。其的方针是积极引导、稳步前进。组织形式是由手工业生产合作小组、手工业供销合作社到手工业生产合作社。步骤是从供销入手,由小到大,由低到高,逐步实行社会主义改造和生产改造。

　　对手工业进行社会主义改造分为三个阶段。

第一阶段,在 1953 年以前,是手工业合作化的重点试办、典型示范阶段。

中华人民共和国建立后,中共中央多次发出指示,强调手工业在国民经济中的重要作用。同时指出,在保护和扶持手工业生产的同时,也必须通过说服教育、典型示范,在自愿的基础上引导个体手工业者逐步组织起来,通过互助合作,克服困难,扩大和发展生产。1951 年 6 月,召开了第一次手工业生产合作会议,明确了手工业合作社的性质、目的和任务,讨论和通过了手工业合作社的社章。1952 年 8 月至 9 月,召开了第二次手工业生产合作会议,根据前几年试办手工业生产合作社的经验,对手工业生产合作社的组织对象做了明确规定,制订了手工业生产合作社的发展计划。

在此期间,对与国计民生关系较大的棉织、针织、铁木工具等行业,重点试办手工业合作社,数量不多。对于一般行业,则从供销入手,通过供给原料、收购成品,组织生产合作小组。经过三年的发展,到 1952 年年底,全国已有 22 万个个体手工业者参加了手工业生产合作社,共组织了 1 000 多个手工业生产合作社,产值为 2.55 亿元,占手工业总产值的 3.5%。

第二阶段,从 1953 年至 1955 年年底,是手工业合作化的普遍发展阶段。

1953 年 4 月,中共中央颁发《关于应当重视手工业的指示》,指出,个体手工业者和个体农民一样,既是小私有者又是劳动者,只能通过说服教育,引导他们在自愿的基础上联合起来,积极开展互助合作,由个体所有制改变为集体所有制,逐步将他们纳入国家计划经济的轨道。同年 11 月 20 日至 12 月 17 日,中华全国合作社联合总社召开了第三次全国手工业生产合作会议。会议总结了中华人民共和国建立四年来手工业合作社的发展情况和经验,提出了手工业合作化的方针、步骤和组织形式。

1954 年 6 月,中共中央颁发了《加强手工业工作的领导》的指示,要求各地党委和人民政府应加强对手工业的社会主义改造工作。为此,国务院专门建立了中央手工业管理局,接着又成立了中华全国手工业生产合作社联合总社,加强了对手工业工作的领导。全国手工业合作化迅速发展。到 1954 年年底,全国手工业合作社员增加到 113 万人,比 1953 年增加 2.7 倍。全国手工业合作组织达 4.1 万个,比 1953 年增加 8 倍多。在手工业各行业中,组织起来比较多的行业是:金属制造业,木器业,棉针织业,麻、毛、丝纺织业,各种手工艺品业,采煤、采矿业,缝纫业,竹、柳、棕、藤、草编织业,等等。手工业生产合作组织的总产值 1954 年为 11.6 亿元,比 1953 年约增加 1.1 倍。

与此同时,也出现了产、供、销不协调的问题。为了解决这一矛盾,1954 年 12 月,召开了第四次全国手工业生产合作会议。朱德代表党中央做了《要把手工业生产合作社办好》的讲话。会议总结了一年来手工业合作化的经验,根据新情况,确定了手工业社会主义改造的新方针为统筹兼顾,全面安排,积极引导,稳步前进。会议确定了 1955 年手工业社会主义改造的中心任务是继续摸清主要行业的基本情况,整顿、巩固、提高现有合作组织,在此基础上,从供销入手适当发展新社。1955 年上半年,在手工业合作社内开展了整社运动,提高了手工业合作组的素质。到 1955 年年底,全国手工业合作组织已发展到 6.8 万多个,社员 220 万人,约占全国手工业从业人员的 29%,产值 13.01 亿元,占全国手工业总产值的 12.9%。

第三阶段,1956 年,是手工业合作社发展的高潮阶段。

1955 年下半年,在批判"小脚女人走路"的冲击下,手工业社会主义改造的步伐也急剧加快。1955 年 12 月 21 日至 28 日,中共中央召开第五次全国手工业生产合作会议,制定了加速进行手工业社会主义改造的全面发展规划,要求在 1956—1957 年两年内基本上完成手工业合作化的任务。1956 年 1 月,中央批转了《关于第五次全国手工业合作会议报告》,指示各地加快手工业合作化的步伐,手工业合作化的高潮就此兴起。首先是北京市,采取全市按行业一次批准合作化的方法,在 1 月 11 日、12 日两天之内,就有 53 800 多名手工业者参加了各种形式的手工业合作社,加上原来已入社的 3 600 多人,全市手工业者基本上实现了合作化。接着,天津、上海、武汉、南京等大城市也都在几天之内先后全面实行手工业合作化。至 2 月 20 日,全国已有 143 个大中城市(约占当时全国大中城市的 88%)和 691 个县的手工业全部或基本上实行了手工业合作化。到 1956 年 6 月,全国除少数边远地区外,基本上实现了手工业合作化。由于速度过快、要求过急,带来了质量下降、收入减少等问题。从 1956 年夏开始,各级政府对手工业合作社进行整顿,手工业合作社得到巩固。到 1956 年年底,参加合作社的手工业人数占手工业者总数的比重从 1955 年的 26.9% 上升到 91.7%;产值占手工业总产值的比重从 1955 年的 19.9% 上升到 92.9%。

此外,由于三大改造几乎同时进入高潮,因此一部分分散的农村个体手工业者以及约 1 000 万户农村兼营手工业者也实现了合作化;一部分同资本主义工商业关系密切的手工业则参加了资本主义工商业的改造,到 1956 年年底,共计 48 000 多户个体手工业者实现了公私合营。至此,基本上完成了手工业社会主义改造的任务。

我国对手工业的社会主义改造基本上是成功的,但在合作化后期,出现了发展过快、工作过粗、合并过多等不利于手工业发展的问题,这是应吸取的教训。

社会主义改造的胜利,使我国的社会经济结构发生了根本变化。在 1956 年的国民收入中,国营经济占 32.2%,合作社经济占 53.4%,公私合营经济占 7.3%。表明社会主义公有制经济已占 92.9%。在工业总产值中,社会主义工业占 67.5%,国家资本主义工业占 32.5%,资本主义工业接近于零,这表明社会主义经济已成为我国的主体经济成分,社会主义制度在我国建立起来,我国进入了社会主义初级阶段。在三大改造中,中国共产党创造性地把马克思列宁主义的普遍真理同中国革命和建设的具体实践相结合,领导全国人民开辟了一条适合中国国情的社会主义改造道路,具有伟大的历史意义。尽管存在一些问题和失误,"但整个来说,在一个几亿人口的大国中比较顺利地实现了如此复杂、困难和深刻的社会变革,促进了工农业和整个国民经济的发展,这的确是伟大的历史性胜利"①。这场伟大的社会变革,为加速我国社会主义建设、发展社会生产力开辟了广阔的前景。

(四)高度集中统一的计划经济体制的建立

三大改造完成以后,我国以生产资料公有制为基础,逐步建立了以大计划、小自由,大统一、小分散为原则的社会主义计划经济管理体制。这种高度集中统一的计划经济体制主要表现在以下几个方面:

第一,在计划体制上,以指令性计划为主。1952年11月,中央人民政府决定设立国家计划委员会。随后,中共中央要求县以上各级人民政府均建立计划委员会。这样,就逐步形成由国家计委、中央各部计划司、各省市自治区和县级计委、地方各级计划处(科)、企业单位计划科(股)所组成的自上而下的计划机构体系。各级计委在业务上同时受上级计划机关及国家计委的指导。国家实行直接计划(指令性计划)与间接计划(指导性计划)相结合的管理体制。对国营和公私合营企业实行直接计划,由国家下达指令性指示;对合作社和私营企业实行间接计划,通过经济合同、经济政策和经济立法等,把它们的经济活动纳入国家计划。随着社会主义改造的基本完成,指令性计划的范围扩大,成为计划管理体制的主要形式。

第二,在财政体制上,以中央集权为主。1950年3月,政务院颁布《关于统一国家财政经济工作的决定》,奠定了中央集权型财政体制的基础。当时规定绝大部分财政归中央,实行"统收统支"。一年后,改为"划分收支,分级管理",即中央、大行政区、省(市、自治区)三级财政。大区撤销后,改为中央、省(市、自治区)、县(市)三级财政。由中央统一领导,分级管理,层层负责,但绝大部分资金集中在中央。这种财政体制侧重于集中统一,又保持一定的分散性和灵活性,从而能够使中央的财政收入得到保证。

第三,在工业管理体制上,以中央直接管理为主。1954年前,除华东地区外,基本由各大行政区管理。大区撤销后,主要工业企业陆续收归中央各部直接管理,形成以"条条"为主的企业管理体制。到1957年,中央各部直接管理的工业企业,从1953年的2 800多个增加到9 300多个,其产值占中央和地方管理工业的49%。与这种企业管理体制相适应,实行由中央统一分配生产资料的物资管理体制。从1950年起,国家对煤炭、钢材、木材、水泥、机床等8种主要物资实行计划供应。从1953年起,在全国范围内实行计划分配制度,对关系国计民生的通用物资由国家计委统一分配,专用物资则由主管部门平衡分配。1953年,计划分配的物资是227种,1957年已增长到532种。

第四,在商业流通体制上,以计划流通为主。中华人民共和国建立以后,首先从上到下建立起国营和供销合作社的商业体系。国营商业实行高度集中的管理制度,各专

---

① 《中国共产党中央委员会关于建国以来党的若干历史问题的决议》(1981年6月27日中国共产党第十一届中央委员会第六次全体会议一致通过),中共中央文献研究室编:《三中全会以来重要文献选编》(下),人民出版社1982年版,第750页。

业公司对设在各地的分支机构统一管理、统一经营,实行物资大调拨和资金大回笼。1953年改行统一领导、分级管理的制度,即对国营商业企业核定资产,实行经济核算制;按经济区域设置三级批发机构,分级管理,组织商品流通;下方管理权,由专业系统与当地商业行政部门双重领导。从1953年起,根据不同商品在国民经济中所占的地位,分别采取了统购统销、派购、议购等不同购销形式。在对外贸易上始终实行国家统制政策,进出口业务均由国家所设外贸公司负责。

第五,在劳动体制上,以统包统配为主。1953年11月24日,中共中央通过了《关于统一调配干部,团结、改造原有技术人员及大量培养、训练干部的决定》。该决定提出了对干部统一调配、重点配备、大胆提拔的原则。随着经济建设发展的需要,国家逐步扩大了统一分配的范围,从大专、中专、技校毕业生,到干部、复员退伍军人和工人,都陆续实行统一分配。全行业公私合营时,对原私营企业的职工也采取包下来的方针,由国家统一安排。这样一来,自行就业、自谋出路完全被统一分配所代替。1957年1月,国家规定各单位对多余的正式职工、学徒不得裁减。这就形成了统包统配和能进不能出的"铁饭碗"的劳动体制。

第六,在工资体制上,以等级工资制为主。中华人民共和国建立初期没有统一的工资制度。1954年后,着手实行全国工资制度的统一。1956年国务院颁布了工资改革方案。其主要内容是:取消工资分制度和物价津贴制度,统一实行直接用货币规定工资标准的制度;分别按产业规定工人的工资等级数目和工资等级系数,统一制定或修改技术等级标准,实行等级工资制;对企业领导人员、工程技术人员和职员,实行职务或职称的等级工资制;职工工资标准,职工定级、升级制度均由全国统一规定,地方、企业无权决定。集中统一的计划经济管理体制,在物资缺乏、经济基础薄弱的条件下,对集中全国的人力、物力和财力,保证重点项目的建设起到了积极作用。但是,由于国家管得过多、统得过死,因此不利于地方和企业积极性的发挥,不利于商品经济的发展。

三、第一个五年计划的编制与实施

(一)第一个五年计划的编制

从1953年起,我国开始执行发展国民经济的第一个五年计划。它是根据过渡时期总路线,依据我国革命和建设的具体情况,并参照苏联的建设经验,经过反复讨论,多次修改,历时四年,五易其稿而成的。第一个五年计划的编制工作从1951年开始。当年春天,由中央财政经济委员会着手试编,提出了五年计划的初步设想。1952年初,根据周恩来的提议,中共中央决定成立由周恩来、陈云、薄一波、李富春等组成的领导小组,组织领导"一五"计划的编制工作。7月,试编出《五年计划轮廓草案》。8月,该领导小组提出了《关于编制五年计划(1953—1957年)轮廓的方针》和《五年建设的任务》,对"一五"计划的方针政策、奋斗目标和建设内容等方面,都有比较明确的规定。同月,以周恩来为团长的政府代表团赴苏,征询苏联政府对我国"一五"计划的意见,并争取苏联的援助。1952年年底,中共中央对《五年计划轮廓草案》进行讨论,并发出《关于编制1953年计划及五年建设计划纲要的指示》。1953年年初,陈云根据苏联提出的意见,组织中央财经委员会和国家计划委员会对"一五"计划进行修改。6月,国家计委根据中央指示精神,按照计划指标应当留有余地的原则,再次对计划草案进行了修改。

1954年4月19日,中央决定调整编制第一个五年计划工作的班子,由陈云全面负责"一五"计划的编制工作。同月,《五年计划纲要(初稿)》经过反复讨论和修改后形成了。1955年3月中旬,第一个五年计划草案正式编出。同月召开的中国共产党全国代表会议,通过了陈云代表中央委员会做的《关于发展国民经济的第一个五年计划的报告》。6月,中共中央对第一个五年计划草案再次做了修改,建议由国务院通过并提请全国人大审议、批准。7月,在第一届全国人民代表大会第二次会议上正式审议通过了《发展国民经济的第一个五年计划(1953—1957)》。"一五"计划是全国人民为实现过渡时期总任务而奋斗的带有决定意义的纲领,是和平的经济建设和文化建设的计划。"一五"计划的指导方针和基本任务是:集中主要力量发展重工业,建立国家工业化和国防现代化的初步基础;相应地发展交通运输业、轻工业、农业和商业;相应地培养建设人才;有步骤地促进农业、手工业的合作化;继续进行对资本主义工商业的改造,保证国民经济中社会主义成分的比重稳步增长,同时正确地发挥个体农业、手工业和资本主义工商业的作用;保证在发展生产的基础上,逐步提高人民物质生活和文化生活的水平。

"一五"计划确立优先发展重工业的指导方针,一方面是受到苏联建设经验的影响,另一方面是由于我国的工业基础,尤其是重工业基础十分薄弱。1952年,现代工业在我国工农业总产值中的比重只有26.7%,重工业在工业总产值中的比重只有35.5%。按人口平均的工业产品产量,我国远远落后于苏联和发达资本主义国家。工业水平的落后还表现在,我国没有汽车、飞机、重型的和精密的机器制造业,也没有现代化的国防工业。1954年6月,毛泽东指出:"现在我们能造什么?能造桌子椅子,能造茶碗茶壶,能种粮食,还能磨成面粉,还能造纸,但是,一辆汽车、一架飞机、一辆坦克、一辆拖拉机都不能造。"[1]这种落后的经济状况只能通过优先发展重工业才能改变。同时,当时正处于帝国主义对中国武装威胁的紧张国际局势中,我们需要建立强大的军事工业,以增强国防力量。可见,优先发展重工业是非常必要的。正如周恩来所说:"第一个五年计划所以要集中主要力量发展重工业,即冶金工业、燃料工业、动力工业、机械制造业和化学工业,是因为只有依靠重工业,才能保证整个工业的发展,才能保证现代化农业和现代化交通运输业的发展,才能保证现代化国防力量的发展,并且归根结底,也只有依靠重工业,才能保证人民的物质生活和文化生活的不断提高。"[2]

---

[1] 毛泽东:《关于中华人民共和国宪法草案》(1954年6月14日),中共中央文献研究室编:《毛泽东文集》第6卷,人民出版社1999年版,第329页。

[2] 周恩来:《把我国建设成为强大的社会主义的现代化的工业国家》(1954年9月23日),中共中央文献研究室编辑委员会编:《周恩来选集》下卷,人民出版社1984年版,第133页。

"一五"计划的建设规模是宏大的。计划规定,在五年内,各项支出总数为766.4亿元,折合黄金7亿两以上。用这样大量的资金来进行国家建设,这在中国历史上还是第一次。在投资中,用于基本建设的投资是427.4亿元,占支出总数的55.8%,其中用于工业的投资是248.5亿元,占基本建设投资的58.2%,而其中又把88.8%用于重工业的建设,体现了国家优先发展重工业的指导方针。在优先发展重工业的前提下,强调统筹兼顾、全面安排,保持国民经济各部门之间的综合平衡,同时相应地发展农业、轻工业、运输邮电业、商业以及文化教育事业。在基础投资总额中,用于农林水利事业占7.6%,运输邮电事业占19.2%,银行贸易事业占3%,文教事业占7.2%,城市公用事业占3.7%。这样,使国民经济能够有计划按比例地协调发展。"一五"计划规定,在五年内,既要新建一批规模巨大的、技术先进的新工业部门,又要用现代先进技术扩大和改造原有的工业部门;既要合理利用和改建东北、上海等沿海地区城市已有的工业基础,又要在内地新建一批新工业基地,以改善我国不合理的工业布局。"一五"计划规定集中主要力量进行以苏联帮助我国设计的156个建设项目为中心的,由694个大中型建设项目组成的工业建设,这是"一五"计划工业建设的中心,奠定了我国工业化的初步基础。

"一五"计划的建设速度是较高的,但它是遵循实事求是的原则而提出的。中共中央在制订计划时,正确估计了经济增长的可能性,认真分析了资金、机器设备、技术人才及国际环境等制约因素,坚持实事求是、量力而行。计划规定,在五年内,工农业总产值由1952年的827.1亿元,增加到1957年的1 249.9亿元,增长51.1%,平均每年递增8.6%。工业总产值由1952年的270.1亿元,增加到1957年的535.6亿元,增长98.3%,平均每年递增14.7%。其中生产资料的生产平均每年增长17.8%;消费资料的生产平均每年递增12.4%。到1957年主要工业产品的指标达到:钢412万吨,煤11 298.5万吨,发电量159亿度(千瓦小时)。五年内,农业及副业总产值增长23.3%,平均每年递增4.3%;粮食、棉花每年增长速度为3.3%和4.6%,到1957年粮食产量达1 928.1亿千克,棉花达16.35亿千克。到1957年全国社会商品零售总额达498亿元,比1952年增长80%左右;进出口贸易总额达107.5亿元,比1952年增长66.5%。五年内铁路货物周转量增长101%,公路汽车货物周转量增长373.5%;邮路总长度增长45.2%。五年内计划新建60所高等学校。高等学校计划招生54.3万人,中等专业学校计划招生100.6万人,普通中学招生712万人,小学招生5 326万人。

"一五"计划要求在经济建设中正确处理积累和消费的关系,把发展生产和改善人民生活恰当地结合起来。这两者在根本上是一致的,因为社会主义建设的根本目的,就是为了逐步满足人民日益增长的物质文化的需要,改善人民生活。但是也存在着长远利益和眼前利益、整体利益和局部利益之间的矛盾。因为发展社会主义建设事业,必须积累建设资金,这就需要人民艰苦奋斗、勤俭建国,所以"一五"计划规定在扩大积累的同时,也要适当改善人民生活。五年内,计划全国职工的平均工资增长33%,国家拨款建筑的职工住宅 4 600 万平方米,用于劳动保险、医药费、福利费等支出约 50 亿元。农民的生活也将得到进一步改善,农村人民的购买力 1957 年比 1952 年提高近 1 倍。总之,"一五"计划在处理积累和消费的关系上,既保证国家建设,又注意逐步提高人民的生活水平。

(二) 社会主义工业化建设的起步与主要成就

在中国共产党和人民政府的领导下,经过全国人民的共同努力,再加上苏联和其他友好国家的援助,第一个五年计划得以提前和超额完成。"一五"期间经济的发展,是我国历史上的空前壮举,所取得的举世瞩目的成就,为我国基本实现社会主义工业化奠定了基础。

基本建设方面。五年内,全国完成的基本建设投资总额达 550 亿元,其中国家对经济和文教卫生部门的基本建设投资总额达 493 亿元,超过原定计划 427.4 亿元的 15.4%。五年内,在实际完成的国家投资总额中,工业部门占 56%,农林水利部门占 8.2%,运输邮电部门占 18.7%。由于进行基本建设而新增的固定资产达 460 亿元,其中新增工业固定资产达 200 亿元。工业建设是第一个五年计划的中心。在工业建设中,重工业是经济建设的中心,在工业基本建设投资总额中,重工业占 85%,轻工业占 15%。

"一五"计划期间,施工的工矿建设单位在万个以上,其中限额以上的 921 个,比计划规定的单位数增加 227 个。到 1957 年年底,全部投入生产的 428 个,部分投入生产的 109 个。苏联援助我国建设的 156 个重大建设项目,有 135 个已经施工建设,有 68 个全部建成和部分建成投入生产。德意志民主共和国、捷克斯洛伐克、波兰、匈牙利、罗马尼亚、保加利亚等国家帮助我们建设的 68 个工程项目,到 1957 年年底有 64 个已经施工建设,有 27 个已经建成投入生产。这 921 个限额以上的项目是我国现代化工业的骨干,其中许多是过去没有的新工业,包括飞机制造业、汽车制造业、发电设备制造业、新式机床制造业、重要有色金属冶炼业等。这些新工业的建立,改变了我国工业残缺不全的状况,为实现我国社会主义工业化打下了初步基础。

工业建设规模的扩大,使工业总产值的比重大大提高。1952 年在工农业总产值中,工业占 43.1%,农业占 56.9%;到 1957 年,工业占 56.7%,农业占 43.3%。工业总产值超过了农业总产值而居于主导地位,这是初步实现国家工业化的重要标志。

工业生产方面。"一五"期间,我国的工业生产成就显著,主要表现在以下几个方面。

第一,工业发展迅速。

1957 年,全国工业总产值达 783.9 亿元,比 1952 年增长 128.3%,平均每年增长 18%。其中,生产资料的生产比 1952 年增长 210%,平均每年增长 25.4%;消费资料的生产比 1952 年增长 83%,平均每年增长 12.9%。重工业在工业总产值中的比重,由 1952 年的 35.5% 提高到 1957 年的 45%。"一五"计划规定的 46 种主要产品中,钢、生铁、钢材、棉纱、水泥等27种产品的产量都提前一年完成了计划。

"一五"期间,工业的发展速度远远超过了主要资本主义国家。如1957年钢产量达535万吨,比1952年增长296%,为中华人民共和国建立前最高年产量的5.8倍。中国用四年时间所达到的发展速度,差不多相当于当时美国10年、英国20年、法国25年的发展程度。原煤产量达1.3亿吨,比1952年增长96%,为中华人民共和国建立前的最高年产量的2.1倍。发电量达193.4亿度,比1952年增长166%,为中华人民共和国建立前最高年发电量的3.2倍。

第二,工业技术水平有所提高。

"一五"计划大规模从苏联、东欧引进技术设备,对我国工业生产技术的提高和工业生产的发展起了很大作用。"一五"期间,我国建成了一些新型的、现代化的设备和生产出了许多我国从未生产过的新型工业产品。如钢铁方面有高级合金结构钢、特殊仪表用钢、锅炉用无缝钢管、50千克的重轨等重要钢材。1952年,我国只能生产180多种钢和400多种规格的钢材,1957年已能生产370多种钢和4 000多种规格的钢材。工业技术力量也有了很大的增长。1957年,全国工业工程技术人员达17.5万人,比1952年增长2倍;工业和基本建设部门的职工达1 019万人,比1952年增长66%。工业的机械化程度有所提高。煤炭工业中采煤纯机械化程度由1952年的17.9%提高到1956年的38.03%,其中运煤机械化程度由1952年的69.62%提高到1956年的92.32%。钢铁工业中的机械化高炉产量占全国生铁产量的比重由1952年的43.8%提高到1955年的59.1%。此外,有色金属加工工业、金属加工工业、森林工业、纺织工业等部门的机械化程度都不断提高。"一五"期间工业产值的增长,其中有59.3%的因素是靠提高劳动生产率而实现的。

第三,工业部门结构发生重大变化。

在工业总产值中,1956年重工业的总产值达320亿元,比1952年增长162.3%。重工业产值在整个工业总产值中所占的比重由1952年的35.5%上升到45.5%,轻工业产值的比重由1952年的64.5%下降到54.5%。1957年,工业中的生产资料生产比1952年增长2.1倍,平均每年递增25.4%;生产资料生产在工业总产值中的比重由1952年的35.6%提高到48.3%。机器制造工业在工业总产值中的比重由1952年的5.2%提高到1957年的9.5%。旧中国重工业极端落后的状况开始转变。"一五"期间,工业总产值中轻工业与重工业比例关系的变化,标志着中国工业结构已经发生明显变化,一个门类齐全的工业体系已经初步形成。

第四,工业布局开始趋向合理化。

在旧中国,工业地区分布极不合理,偏重于沿海地区,内地工业很少。为了改变这种不合理的状况,"一五"期间,国家在工业布局方面提出了以沿海地区工业为出发点,大力发展内地工业的方针,这使我国工业布局开始发生变化。首先,沿海地区新建企业适当减少,内地新建企业适当增多。从"一五"计划前三年国民经济各部门的投资合计来看,沿海地区占 44.5%,内地占 55.5%。其中工业投资沿海地区占 44.7%,内地占 55.3%。由于内地投资比重的增大,经济增长速度也随之加快,从而逐步改变了国民经济地区分布的不平衡性。其次,主要工业部门投资的地区分配,尽量和原料、燃料产地相适应。棉纺织工业的投资分配,主要在产棉区。1953—1955年,河南、河北、山西、陕西等主要产棉区的棉花产量接近全国半数,而原有棉纺织企业(包括北京、天津)只占全国的六分之一。我国原有的煤炭、电力工业绝大部分分布在东北、华北地区。1954年和1955年,这两个地区的煤炭、电力工业产值占全国的比重分别为84.4%和66%。1953—1955年,这两个地区全部工业投资的比重占全国的70%,煤炭、电力工业的投资也分别占83.7%和59%。再次,在工业建设地区分布方面,还适当照顾到少数民族地区工业的发展,主要集中于内蒙古、新疆、西藏等地。"一五"期间,随着156项工程的建设和694项限额以上项目的投产,先后形成了以京、津、唐为中心的华北工业区;以沈阳、鞍山为中心的东北工业区;以西安为中心的陕西工业区;以兰州为中心的甘肃工业区;以太原为中心的山西工业区;以郑州为中心的郑洛汴工业区;以武汉为中心的湖北工业区;以重庆为中心的川南工业区;等等。这样,中国的工业布局开始发生变化,趋向合理化。

总之,"一五"期间工业生产所取得的成就远远超过了旧中国的一百年。

"一五"计划的制订和实施,得到了苏联政府和人民的大力帮助。在苏联援建项目中,从技术设计到建筑安装,从提供贷款到资源勘探,从厂址选择到人员培训,苏联都给予了具体的指导和帮助。苏联派来的技术专家就达3 000多人,我国派往苏联的留学生和实习生达12 000多人。这在中苏人民的友谊史上留下了光辉的一页。

"一五"计划反映了全国人民迫切要求改变我国贫穷落后的面貌、建设繁荣昌盛的社会主义新中国的共同愿望。在"一五"计划的鼓舞下,全国城乡迅速形成参加和支援国家工业化建设的高潮。工人阶级作为领导阶级和工业化战线上的主力军,以积极生产的实际行动投身于国家建设。1953年8月,中共中央发出《关于增加生产、增加收入、厉行节约、紧缩开支、平衡国家预算的紧急通知》。全国总工会积极响应,号召工人阶级在全国掀起一个群众性的增产节约运动高潮。鞍钢机械总厂青年工人王崇伦创造了"万能工具胎",大大提高了生产效率。广大农民用努力增加生产、积极缴纳农业税和交售粮棉的实际行动支援工业建设。在工业建设中,特别是在矿区建设上,大批青年农民被吸收到工人阶级队伍中来,成为工业建设中的生力军。知识分子、工程技术人员和科学工作者为实现国家工业化大显身手。大批高等学校和各类专业技术学校的毕业生,无条件服从国家统一分配,奔赴工业建设的最前线。

第一个五年计划的贯彻也不是一帆风顺的。1955年下半年,反右倾促成了农业合作化高潮的到来,也波及社会主义建设方面,滋长了"提前实现工业化"的急躁冒进情绪。从1955年年底开始出现了不顾国力、忽视综合平衡、层层盲目抬高数量指标的势头。基本建设项目不断追加、农业生产贪多求快、各项事业齐头并进,生产资料、消费资料供不应求,财政压力过大,造成国民经济相当紧张的局面。在党中央的正确决策下,采取了一系列积极稳妥的措施,坚持既反保守又反冒进,在综合平衡中稳步前进的经济建设方针,保证了国民经济的稳定持续发展。

第一个五年计划是我国由新民主主义向社会主义过渡,实现过渡时期总路线和总任务的重大步骤。"实践证明,'一五'计划编制得是好的,执行结果是人民满意的。"① 它的制订和实施,对于做好经济工作,保证社会主义经济的健康发展,具有重要意义。

社会主义工业化建设的长足发展,带动了国民经济其他部门的发展和人民生活水平的提高。

农业生产方面。"一五"期间,国家对农林水利的投资额达61亿元。为了支援农民发展生产,五年内国家在供应大量农业生产资料的同时,还发放农业贷款78亿元。对农业生产的发展起了很大的作用。1957年,农业生产总值达604亿元,完成原订计划的101%,比1952年增长2.5%,平均每年递增4.5%。其中粮食产量达19 505万吨,比1952年增长19.8%,平均每年递增3.7%;棉花产量达164万吨,比1952年增长26%,平均每年增长4.7%。其他农作物也有相当大的增产。全国扩大耕地面积391万公顷,1957年全国耕地面积达11 183万公顷,完成原计划的101%。在林业建设方面,五年内造林面积达1 406.8万公顷。在水利建设方面,国家共投资26.7亿元,平均每年5亿元以上。除了对全国绝大部分河流的堤防进行了培修以外,还集中力量对水患严重的各大水系开始进行治理,建成大型水库13座。

商业贸易方面。1957年,全国商业收入139亿元,比1952年增加51亿元。社会商品零售总额从1952年的276.8亿元,增至1957年的474.2亿元,增长71.3%。对外贸易有了很大的发展。1957年进出口总额比1952年增长62%。在进口贸易额构成上,生产资料所占比重从1952年的89.4%上升到1957年的92%,消费资料所占比重从1952年的10.6%下降到1957年的8%。这表明,我国在充分利用对外贸易进口经济建设所需要的生产资料,以加快经济的发展。在出口贸易额构成上,随着我国工业生产水平的提高,工矿产品的比重从1952年的17.9%上升到1957年的28.4%。

交通运输邮电事业方面。"一五"期间,用于运输和邮电建设的投资达90.1亿元。到1957年,全国铁路通车里程达29 862千米,比1952年增长21.8%。新建铁路33条,恢复铁路3条,新建、修复铁路干线、复线、支线和企业专用线共约1万千米。主要铁路干线宝(鸡)成(都)、鹰(潭)厦(门)、黎(塘)湛(江)、集(宁)二(连浩特)等铁路都先后建成通车。公路方面,到1957年年底,通车里程达25.46万千米,比1952年增加1倍。水路运输方面,1957年全国内河航运里程已达14.41万千米,比1952年增加51.6%。1957年航空线路长度比1952年增加1倍,并增辟了国际航线。邮电方面,1957年邮电业务总量为2.94亿元,比1952年增长了72.9%。1952年,全国大约只有

---

① 薄一波:《若干重大决策与事件的回顾》上卷,中共中央党校出版社1991年版,第301页。

59%的乡镇通达邮路,到1957年年底通邮的乡已达99%。

文化教育和科学卫生事业方面。"一五"期间,文化教育事业有了很大的发展。高等学校经过调整后,1957年已发展到229所,比1953年的181所增长了26.5%。各种学校的在校生人数都有显著增长。1957年的在校生人数和1952年相比,小学增长25.8%,普通中学增长152.2%,中等专业学校增长22.4%,高等学校增长130.8%。从1949年到1957年,我国平均每万人口中的小学生从450人增加到994人,增长了120.9%;中学生从23人增加到110人,增长了378%;大学生从2.2人增加到6.8人,增长了209%。群众办学、业余学校以及扫盲工作等,都有所发展。此外,出版、广播、电影、戏剧等文化艺术事业也有很大发展。

"一五"期间,科学卫生事业有很大的发展。1957年,全国科研机构共有580个,研究人员2.8万人,比1952年增长2倍以上。文化馆、公共图书馆和博物馆的数目不断增长。城乡居民的医疗卫生条件有很大改善。1957年,医院、疗养院的床位为36.4万张,而1952年只有18万张。1957年已达到县有医院,大量的乡有诊所。卫生技术人员大量增加,1957年有190.8万人,比1952年的104万人增加了83.5%。

人民生活水平方面。"一五"期间,在生产发展的基础上,广大人民的生活水平逐步提高。就业人数大幅度增加,1957年,全国职工人数已达2 450.6万人,比1952年增加55.1%,尤其是广大妇女广泛就业,1957年比1952年增加77.8%,从而改善了城镇人民的家庭生活,促进了国民经济的发展。五年来,人民收入水平不断提高。全国职工的平均工资提高了42.8%。1957年全国居民平均消费水平达102元,比1952年的76元提高了三分之一还多。其中职工平均消费水平由148元提高到205元,提高38.5%,农民由62元提高到79元,提高了27.4%。"一五"期间,国家对职工的生活福利给予了极大的关怀。1957年享受劳动保险的职工人数达1 150万人,比1952年增长了近3.5倍。

"一五"计划的超额完成,奠定了社会主义工业化的初步基础。我国在工业化的道路上迈出了坚实的第一步,为以后更大规模的全面社会主义经济建设提供了良好的物质基础。实现中华民族伟大复兴,必须建立符合我国实际的先进的社会制度。中国共产党团结带领人民完成社会主义革命,确立社会主义基本制度,推进社会主义建设,完成了中华民族有史以来最为广泛而深刻的社会变革,为当代中国的一切发展进步奠定了根本的政治前提和制度基础,实现了中华民族由近代不断衰落到根本扭转命运、持续走向繁荣富强的伟大飞跃。

第九章
社会主义建设在曲折中发展

第一节 中国式社会主义建设道路探索的良好开端

一、《论十大关系》的发表

1956年,我国基本完成了对生产资料所有制的社会主义改造,实现了新民主主义向社会主义的伟大转变,社会主义制度基本建立,中华人民共和国开始进入全面建设社会主义社会的新时期。

从1953年执行第一个五年计划起到1956年,我国的社会主义建设已有三年多的实践经验,取得了巨大的成绩。然而在取得成绩的同时,由于照搬苏联模式,也存在一些缺点和错误,如基本建设规模过大、职工增加过多、信贷增长过快、物资短缺等。毛泽东及中共中央开始注意这些问题。1955年年底,毛泽东提出"以苏为鉴"的思想,1956年年初,他又着重强调调查研究。

此时,国际形势也发生了重大变化。1956年2月,苏共二十大召开,赫鲁晓夫做秘密报告,公开否定斯大林和斯大林模式。苏联在建设上的弊端逐渐暴露出来,如高度集中的政治经济体制、大肃反等。这些问题引起中共领导人的高度重视,也使得"以苏联为鉴"的思想更加明确。

1955年12月,刘少奇分批召集工业、交通部门和国家经济委员会负责人座谈,提出要处理好轻工业与重工业、沿海与内地、战时与平时等方面的关系。1956年2月,毛泽东用一个多月的时间听取了工业、运输业、商业、农业、财政等34个部门的工作汇报,经政治局几次讨论,4月25日,在中央政治局扩大会议上,他做了题为《论十大关系》的报告,5月2日,在最高国务会议上,又对十大关系做了进一步阐述。他指出:"提出这十个问题,都是围绕着一个基本方针,就是要把国内外一切积极因素调动起来,为社会主义事业服务。"他精辟地论述了我国社会主义建设中必须正确处理的十大矛盾:

① 在重工业和轻工业、农业的关系问题上,不要像苏联和一些东欧国家那样过分

重视重工业，要用多发展一些农业、轻工业的办法来发展重工业。毛泽东指出，我们"还要适当地调整重工业和农业、轻工业的投资比例，更多地发展农业、轻工业"。从长远观点来看，多发展一些农业、轻工业，"会使重工业发展得多些或快些，而且由于保障了人民生活的需要，会使它发展的基础更加稳固"。

② 在沿海工业和内地工业的关系问题上，要充分利用和发展沿海的工业基地，以便更有力量来发展和支持内地工业。他强调，全国轻工业和重工业约有70%在沿海，只有30%在内地，这种格局是不合理的，沿海的工业基地必须充分利用，但是为了平衡工业发展布局，必须大力发展内地工业。

③ 在经济建设和国防建设的关系问题上，在强调加强国防建设的重要性时，提出把军政费用降到一个适当的比例，增加经济建设费用。只有把经济建设发展得更快了，国防建设才能有更大的进步。

④ 在国家、生产单位和生产者个人的关系问题上，三者的利益必须兼顾，不能只顾一头，既要提倡艰苦奋斗，又要关心群众生活。"苏联的办法把农民挖得很苦。他们采取所谓义务交售制等项办法，把农民生产的东西拿走太多，给的代价又极低。他们这样来积累资金，使农民的生产积极性受到极大的损害。""鉴于苏联在这个问题上犯了严重错误，我们必须更多地注意处理好国家同农民的关系。"

⑤ 在中央和地方的关系问题上，要在巩固中央统一领导的前提下，扩大地方的权力，让地方办更多的事情，发挥中央和地方两个积极性。有两个积极性，比只有一个积极性好得多。我们不像苏联那样，把什么都集中到中央，把地方卡得死死的，一点机动权也没有。

⑥ 在汉族与少数民族的关系问题上，要着重反对大汉族主义，也要反对地方民族主义，要诚心诚意地积极帮助少数民族开展经济建设和文化建设。我们必须搞好汉族和少数民族的关系，巩固各民族团结，共同建设伟大的社会主义祖国。

⑦ 在党和非党的关系问题上，共产党和民主党派要长期共存、互相监督。究竟是一个党好，还是几个党好，现在看来，恐怕是几个党好。毛泽东提出，团结各民主党派的友好民主人士，对党、人民和社会主义比较有利。

⑧ 在革命和反革命的关系问题上，必须分清敌我，化消极因素为积极因素，社会上的镇反，要少捉少杀，机关肃反要一个不杀，大部分不捉。对一切反革命分子，都应给以出路，使他们有自新的机会。

⑨ 在是非关系问题上，对犯错误的同志要实行"惩前毖后，治病救人"的方针，要允许人家犯错误，允许并帮助他们改正错误。

⑩ 在中国和外国的关系问题上，要学习一切民族、一切国家的长处，包括资本主义国家先进的科学技术和科学管理方法，要反对不加分析地一概排斥或一概照搬。毛泽东指出，"我们的方针是，一切民族、一切国家的长处都要学，政治、经济、科学、技术、文学、艺术的一切真正好的东西都要学。但是，必须有分析有批判地学，不能盲目地学，不

能一切照抄、机械搬用"①。

《论十大关系》根据对立统一规律,总结了我国社会主义建设的基本经验,为中共八大的召开做了重要准备。它提出的许多正确方针,对于社会主义建设事业的发展具有深远的指导意义。

二、中国共产党第八次全国代表大会的召开

到1956年9月,社会主义革命取得了决定性的胜利,中国共产党发展成为拥有1 000多万名党员的大党,"一五"计划取得了许多成绩。但国内的经济建设、党的建设仍存在着不少问题;在社会主义阵营里,苏联公开否定斯大林,波兰发生了"波兹南事件",资本主义国家因苏伊士运河危机而矛盾重重。在这种形势下,为了推进社会主义建设事业的发展,1956年9月15日至27日,中共第八次全国代表大会在北京举行。出席大会的代表1 026人、候补代表107人,代表着全党1 073万名党员。有59个国家的兄弟党应邀派代表参加大会,我国各民主党派和无党派人士的代表也应邀列席大会。

会议前夕,毛泽东做了《增强党的团结,继承党的传统》的讲话,阐述了大会的目的和宗旨:总结中共七大以来的经验,团结全党和国内外一切可以团结的力量,为建设伟大的社会主义中国而奋斗。

9月15日,毛泽东致大会《开幕词》。他指出,在中共七大以来的11年中,我们在一个地广人多、情况复杂的大国内,彻底地完成了资产阶级民主革命,又取得了社会主义革命的决定性胜利。在两个革命的实践中,证明了从七次大会到现在,党中央的路线是正确的,我们的党是一个政治上成熟的伟大的马克思列宁主义的政党。我们的党现在比过去任何时候都更加团结、更加巩固了。我们的党已经成了团结全国人民进行社会主义建设的核心力量。他还说,现在比起整风运动以前,我们的马克思列宁主义的思想水平已经提高了一些。但是我们还有严重的缺点。在我们的许多同志中间,仍然存在违反马克思列宁主义的观点和作风,这就是:思想上的主观主义、工作上的官僚主义和组织上的宗派主义。这些观点和作风都是脱离群众、脱离实际的,是不利于党内和党外的团结的,是阻碍我们事业进步、阻碍我们同志进步的。必须用加强党内思想教育的方法,大力克服我们队伍中的这些严重的缺点。他勉励全党:虚心使人进步,骄傲使人落后,我们应当永远记住这个真理。②

刘少奇代表中央委员会做政治报告,邓小平做《关于修改党的章程的报告》,周恩来同志做《关于发展国民经济的第二个五年计划建议的报告》,朱德、陈云、董必武等做了重要发言。各兄弟党代表团致了祝词,各民主党派和无党派人士都推举代表向大会致辞。

---

① 中央文献研究室编:《毛泽东文集》第7卷,人民出版社1999年版,第41页。
② 中央文献研究室编:《毛泽东文集》第7卷,人民出版社1999年版,第117页。

经过代表们的充分讨论,大会一致通过了《关于政治报告的决议》,通过了新的《中国共产党章程》,通过了《关于发展国民经济第二个五年计划(1958—1962年)的建议》,大会选出97位中央委员和73位候补中央委员,组成新的中央委员会。

9月28日,中国共产党第八届中央委员会举行第一次全体会议,选举毛泽东为中央委员会主席,刘少奇、周恩来、朱德、陈云等为中央委员会副主席,邓小平为总书记。

大会对中共七大以来的工作,特别是对中华人民共和国建立以来在社会主义改造和社会主义建设中的丰富经验,做了系统总结,在充分肯定中共七大以来党的路线、方针、政策以及所取得的成绩的基础上,提出了新时期党和国家建设的目标和任务。中共八大的主要内容可以归纳为五个方面:

第一,正确地分析了新时期阶级关系和国内主要矛盾的变化,明确了党和国家的工作重点与主要任务。

大会在分析当时的阶级状况时指出,官僚买办资产阶级和封建地主阶级已在中国大陆上消灭了;原来的地主富农分子正在被改造为自食其力的劳动者;民族资产阶级,作为阶级整体已基本上被消灭,民族资产阶级分子正处在由剥削者变为劳动者的转变过程中;广大农民和其他个体劳动者,已经变为社会主义的集体劳动者;知识分子也改变了原来的面貌,组成了一支为社会主义服务的队伍;工人阶级领导地位空前巩固,它的队伍扩大了,它的觉悟程度有了很大提高,国内各民族已组成一个团结友好的大家庭;以共产党为领导的人民民主统一战线,更加扩大和巩固了。

在做出上述分析后,大会指出,我国工人阶级同资产阶级的主要矛盾已经基本解决,社会主义制度在我国已经基本建立起来。我国社会的主要矛盾已经是人民对于建立先进的工业国的要求同落后的农业国的现实之间的矛盾,是人民对经济文化迅速发展的需要同当前经济文化不能满足人民需要的状况之间的矛盾。中国共产党和全国人民今后的主要任务是集中力量发展社会生产力,实现国家的社会主义工业化,逐步满足人民日益增长的物质文化生活的需要。因此,党的工作重点已不再是阶级斗争,而是领导社会主义建设。此外,"我国人民还必须为解放台湾而斗争,还必须为彻底完成社会主义改造、最后消灭剥削制度而斗争,还必须为继续肃清反革命残余势力而斗争。不坚决进行这些斗争,是决不许可的"。因此,还要加强人民民主专政,但根本任务已经是在新的生产关系下保护和发展生产力。中共八大的这一分析完全切合当时的实际情况。

第二,确立了全面进行社会主义建设的正确方针,并对社会主义经济体制改革进行了初步探索。

会议提出了既反保守又反冒进、在综合平衡中稳步前进的经济建设方针。强调在农业和工业相互配合发展的基础上,使国民经济各部门、各个方面综合平衡,按比例地协调发展。周恩来在报告中总结了保证国民经济按比例发展的四条经验:① 根据需要和可能合理地安排国民经济发展的速度,把计划放在既积极又稳妥可靠的基础上,保证国民经济比较均衡地发展;②重点建设同全面安排相结合,使国民经济各部门按比例发展;③适当增加后备力量,保证国民经济计划的顺利执行,并且应付可能遇到的意外困难;④正确处理经济和财政的关系,规定积累和消费的正确比例。

关于社会主义经济体制问题,根据社会主义改造基本完成后,公有制已成为我国社会的主要经济基础这一基本国情,陈云在发言中提出了"三个主体,三个补充"的重要思想:

首先,在工商业生产和经营方面,建立以国营和集体经营的工商业为主体,附有一定的个体经济的体制,个体经济是社会主义国营和集体经济的必要补充。容许那些为社会所需要或者经营合理的小型工业企业独立经营,以适应人民生活多方面的需要;允许在城市居民区和广大农村保存适当的小商小贩,以活跃城市市场、沟通物资交流;允许城乡手工业者独立经营和分散经营,以丰富和发展社会产品;在以农业合作社集体经济为主的条件下,农村地区应适当地给社员必要的自由支配劳动的时间,允许农民经营各种农业和副业,以改善生活,进一步发挥社员的生产积极性,促进农副业生产全面发展;农业生产合作社应以小型为主,反对盲目并大社,以免造成经营管理和生产组织上的困难。

其次,在生产计划方面,以计划生产为主,自由生产作为补充。全国工农业产品的主要部分是按计划生产的;同时,有一大部分日用产品是按照市场变化而在国家计划许可范围内自由生产的,以满足人民对日用消费品需要的不断增长和花色品种不断变化革新的要求,并走向国际市场,赚取必需的外汇。

再次,在社会主义的统一市场里,国家市场是它的主体,但附以一定范围内国家领导的自由市场,作为国家市场的必要补充。在国营企业中,在完成国家计划任务外,可以对一部分产品实行自产自销。国营商业对这部分产品将实行按质分等论价的选购办法,以促进企业主动地改善经营,提高产品质量。

陈云提出的这些关于经济体制的意见和方案,突破了传统的僵化的社会主义经济体制模式,为创建适合我国国情的社会主义经济体制提供了重要的理论基础。

第三,提出要进一步扩大民主生活,健全社会主义法制。

中共八大根据巩固人民民主专政和促进社会主义建设的需要,提出了民主法制建设问题。由于高度集权的经济体制和政治体制以及两千多年传统封建专制制度的影响,家长制、等级观念、特权思想和官僚主义等封建传统影响还普遍地存在着,苏联等国过分强调集中,大搞个人崇拜,这些不能不在我国政治生活和一些具体的政治制度中有所反映。中共八大在总结国际国内经验教训的基础上,提出了扩大社会主义民主和健全社会主义法制建设的任务。大会认识到在我国的许多国家机关中,存在着高高在上、不了解下级和群众意见、对下级和群众意见加以压制、对群众生活漠不关心的官僚主义现象,严重地妨碍着国家民主生活的开展,妨碍着广大群众积极性的发挥,妨碍着社会主义事业的前进。为了扩大国家的民主生活,反对官僚主义,大会指出,必须认真地、有系统地改善国家机关,精简组织机构,明确每个人的工作责任,提倡深入下层,了解情况,调查研究;加强中国共产党对国家机关的领导和监督,加强各级人民代表大会对各级政府机关的监督,加强各级政府机关由上而下和自下而上的监督,充分发挥国家监察机关的作用,加强人民群众和机关中下级工作人员对国家机关的监督;适当地调整中央和地方的行政管理职权,改变过去中央集权过多、照顾地方特点不够的缺点,发挥中央和地方的两个积极性;正确处理少数民族问题,充分保障民族平等和区域自治权利,加强同一切民主党派和民主的爱国人士以及海内外爱国华侨的团结,扩大人民民主统一战线。

  刘少奇特别指出,革命的暴风雨时期已经过去,新的生产关系已经建立起来,斗争的任务已经变为保护社会生产力的顺利发展,因此,斗争的方法也必须跟着改变,完备的法制就是完全必要的。在社会主义建设时期,必须保障人民正常的生活和生产秩序,保持稳定的社会政治局面,充实和发展人民民主权利,保证所有公民的权利充分地受到国家法律的保护,充分地发挥人民群众的积极性,推动社会主义建设事业的顺利发展。对于反革命残余势力和人民中的犯罪分子,应采用法律的手段,依法予以制裁。

  第四,提出了加强党的建设的正确路线和方针。

  中共八大召开时,中国共产党组织空前壮大,其成员已有1 073万人,并且分布于全国城乡和各个民族地区。在全部党员中,农民党员占69.1%,知识分子党员占11.7%,工人党员占14%。大多数党员都经受过革命斗争的锻炼,就是占60%以上的1949年以后入党的新党员,基本上也都是过去几年在群众革命斗争和社会主义劳动中涌现出来的积极分子。但是执政党的地位使中共面临着许多新的考验,党内出现了官僚主义习气和骄傲自满情绪等问题。对此,中共八大强调了坚持理论联系实际、实事求是的思想路线,反对官僚主义;坚持党的民主集中制和集体领导的原则,反对个人专断和个人崇拜;维护党的团结和统一,反对宗派主义。

  为加强党的建设,邓小平特别强调加强集体领导和反对个人崇拜的方针,他指出,列宁主义要求党在一切重大的问题上,由适当的集体而不是个人做出决定。个人决定重大问题,是同共产主义政党的建党原则相违背的,是必然要犯错误的,只有联系群众的集体领导,才符合党的民主集中制原则,才便于尽量减少犯错误的机会。他还强调,要继续坚决地执行中央反对突出个人、反对个人歌功颂德的方针,真正巩固领导者同群众的联系,使党的民主原则和群众路线在一切方面都得到贯彻执行。

  第五,制定了发展科学和文化艺术的正确方针。

  科学文化建设是社会主义事业的重要组成部分。中共八大对"双百方针"做了进一步阐述,强调科学上的真理是愈辩愈明的,艺术上的风格是必须兼容并包的。党对于学术性质和艺术性质的问题,不应当依靠行政命令来实现自己的领导,而要提倡自由讨论与自由竞赛来推动科学和艺术的发展。用行政的方法对科学和艺术实行强制与专断,是错误的。

中共八大的路线是正确的,但由于实践的时间很短,理论上和思想上还不成熟,许多新的观念和方针不可能牢固地确立并在全党取得共识。其中有许多新的设想和方针后来并未实行,有的还发生了反复。但是,中共八大对中国自己建设社会主义道路的探索,毕竟取得了初步成果,历史证明这些成果对于党的事业的发展有着长远的指导意义。

三、《关于正确处理人民内部矛盾的问题》的发表

社会主义改造基本完成后,中共中央认识到国内的主要矛盾已经发生了变化,从无产阶级和资产阶级之间的矛盾转向人民对于经济文化迅速增长的需要同经济文化不能满足人民需要之间的矛盾。因而,调动全国各族人民的社会主义建设积极性,正确处理人民内部矛盾,促进各项建设事业的全面发展,就成为一项紧迫任务。

1956年,对于社会主义事业来说,是极不平常的一年。在国际上,2月,苏共举行第二十次代表大会,赫鲁晓夫做秘密报告,揭露了斯大林的严重错误,下半年又接连发生了"波兹南事件"和"匈牙利事件",给国际共产主义运动带来巨大冲击,也使社会主义社会的各种矛盾比较充分地暴露出来。在国内,阶级关系的急剧变革,经济建设中的冒进错误,使社会经济和政治生活呈现某些紧张状态。从1956年9月到1957年3月间,全国发生数十起共一万多工人罢工、请愿事件,多达几十个城市发生学生罢课事件。农村中也发生一些农民闹退社、闹缺粮的风波。对时局变化最为敏感的知识分子,在"百花齐放,百家争鸣"方针的引导下,思想日趋活跃,批评教条主义,发表不同意见。有些人对共产党和政府工作中的缺点与错误以及干部作风公开提出批评,其中有些意见比较尖锐。

面对纷繁复杂的国际、国内矛盾,毛泽东紧扣如何正确认识和处理社会主义的矛盾这个重大课题,反复进行思考和研究。在1956年11月召开的中共八届二中全会上,他提出要从苏共、波匈事件中吸取教训,着重指出:"世界充满着矛盾……现在,在所有制方面同民族资本主义和小生产的矛盾基本上解决了,别的方面的矛盾又突出出来了,新的矛盾又发生了。""以后凡是人民内部的事情,党内的事情,都要用整风的方法,用批评和自我批评的方法来解决,而不是用武力来解决。"①

1957年2月27日,毛泽东在最高国务会议第十一次扩大会议上,做了题为《如何处理人民内部的矛盾》的讲话,在总结我国社会主义革命和建设经验的基础上,全面分析了社会主义社会的矛盾。经过多次修改和补充,6月19日,以《关于正确处理人民内部矛盾的问题》为题正式公开发表。其主要内容如下:

第一,关于社会主义社会的基本矛盾。

毛泽东同志首先指出,"在社会主义社会中,基本的矛盾仍然是生产关系和生产力

---

① 中共中央文献编辑委员会修订:《毛泽东选集》第5卷,人民出版社1977年版,第328页。

之间的矛盾,上层建筑和经济基础之间的矛盾"①。社会主义社会的这些矛盾,同旧社会的生产关系和生产力的矛盾、上层建筑和经济基础的矛盾,具有根本不同的性质和情况。资本主义社会的矛盾表现为剧烈的对抗和冲突,表现为剧烈的阶级斗争,不可能由资本主义制度本身来解决,而只有社会主义革命才能加以解决。社会主义社会的矛盾是另一回事,它不是对抗性的矛盾,可以经过社会主义制度本身不断完善而得到解决。我们必须按照具体情况解决各种矛盾,当然,在解决这些矛盾以后,又会出现新的问题、新的矛盾,又需要人们去解决。矛盾不断出现,又不断解决,就是事物发展的辩证规律。

第二,关于两类不同性质的矛盾。

毛泽东指出,我国存在着两类不同性质的社会矛盾。这就是敌我之间的矛盾和人民内部的矛盾,这是性质完全不同的两类矛盾。"敌我之间的矛盾是对抗性的矛盾。人民内部的矛盾,在劳动人民之间说来,是非对抗性的;在被剥削阶级和剥削阶级之间说来,除了对抗性的一面以外,还有非对抗性的一面。"②他还对什么是人民内部矛盾进行了详细阐述。他指出,一般说来,人民内部矛盾是在人民利益根本一致基础上的矛盾。在我国现在的条件下,所谓人民内部矛盾,包括工人阶级内部的矛盾,农民阶级内部的矛盾,知识分子内部的矛盾,工农两个阶级之间的矛盾,工人、农民同知识分子之间的矛盾,工人阶级和其他劳动人民同民族资产阶级的矛盾,民族资产阶级内部的矛盾等。他还补充说,国家利益、集体利益同个人利益之间的矛盾,民主同集中的矛盾,领导与被领导之间的矛盾,国家机关某些工作人员的官僚主义作风同群众之间的矛盾,也是人民内部矛盾。

第三,关于处理两类不同性质矛盾的原则和方法。

毛泽东针对两种不同性质的社会矛盾,提出了不同的解决方法。对于敌我矛盾要用专政的方法解决,而对于人民内部的矛盾,只能用民主的方法去解决,用讨论的方法、批评的方法、说服教育的方法去解决,而不能用强制的、压服的方法去解决。毛泽东把处理人民内部矛盾的方法,具体化为一个公式:"团结—批评—团结",即从团结的愿望出发,经过批评或者斗争,分清是非,在新的基础上达到新的团结。他还指出,两种不同性质的矛盾在一定条件下可以相互转化。他说,两个阶级的对抗性的矛盾如果处理得当,可以转变为非对抗性的矛盾,可以用和平的方法解决这个矛盾,而对于人民内部矛盾,如果处理不当,也可以转化为对抗性矛盾。

毛泽东把正确处理人民内部矛盾作为国家政治生活的主题,提出了一系列正确的方针政策。在共产党和各民主党派的关系上实行"长期共存,互相监督"的方针;在经济上,提出全国城乡各阶层统筹安排和兼顾国家、集体、个人三者利益等一系列正确方针;在民族关系上,采取各民族平等团结,实行民族区域自治;在科学文化事业上,实行

---

① 中共中央文献研究室编:《毛泽东文集》第7卷,人民出版社1999年版,第214页。
② 中共中央文献研究室编:《毛泽东文集》第7卷,人民出版社1999年版,第205页。

"百花齐放,百家争鸣"的方针。

第四,关于中国特色的工业化道路。

毛泽东用人民内部矛盾理论来分析中国工业化道路中可能出现的矛盾,提出要正确处理这些矛盾,进而为中国的工业化服务。他指出,中国的工业化道路问题,主要是指重工业、轻工业同农业的关系问题,经济建设应在以重工业为中心的同时,充分注意发展农业和轻工业。因此,工业化道路绝不只是工业本身的问题,它也反映了人民内部的矛盾,一方面表现为工人和农民之间的矛盾,另一方面又表现为比较正确地反映客观规律的一些人同比较不正确地反映客观规律的一些人之间的矛盾。要想实现社会主义工业化,必须要正确处理这些矛盾。

毛泽东关于社会主义矛盾的论述,在理论上丰富了马克思主义的矛盾观,为中国特色社会主义理论的形成提供了重要的理论先导。在实践上,将把正确处理人民内部矛盾作为国家政治生活中的主题,不仅对国家政治生活具有重要的指导作用,而且有利于巩固和扩大统一战线,团结各方力量建设社会主义,对中国共产党和社会主义事业的长远发展都产生了重要影响。

第二节 社会主义建设指导方针的失误

一、反右派运动的严重扩大化

1956年11月召开的中共八届二中全会,决定从1957年起开展全党整风。1957年4月27日,中共中央发出《关于整风运动的指示》,全国由此开展了一场以正确处理人民内部矛盾为主题,旨在调动一切积极力量为社会主义建设服务,反对官僚主义、宗派主义和主观主义的整风运动。在整风运动中,针对党员作风等问题,中共中央发动群众向党提出批评和建议。

广大群众、党外人士和普通党员积极响应中共中央的号召,对党和政府的工作以及党员干部的作风提出了许多有益的批评、建议,但也确有极少数人夸大共产党和社会主义建设中出现的缺点和错误。针对这种情况,5月15日,毛泽东撰写了《事情正在起变化》一文,要求认清阶级斗争形势,注意右派的进攻。6月8日,中共中央发出《关于组织力量准备反击右派分子进攻》的指示,要求各省市级机关、高等学校的党委积极反击右派的进攻;同日,《人民日报》发表了《这是为什么?》的社论,要求全党和全国人民用阶级斗争的观点来看待当时出现的右派问题。从此,一场大规模的反右派运动在全国展开了。

反右派斗争从1957年夏季开始,一直延续到1958年夏,全国共划出右派分子50多万人,除极少数是真正的右派外,大多数是错划的。一大批忠贞的中共党员、有才能的知识分子、与中共长期合作的民主党派朋友被错划为右派分子。他们被迫下放劳动改造,或被捕入狱,身心遭受摧残,不能发挥应有的作用,是党和国家的重大损失。

在当时的形势下,对极少数资产阶级右派分子的进攻进行反击是正确的、必要的,这对于分清大是大非、稳定新建立起来的社会主义制度具有重要意义。但是,对右派分子性质的判定,由开始的人民内部矛盾判断为资产阶级右派同人民之间的敌我矛盾,在全国开展了一场大规模的群众性政治运动,致使反右运动严重扩大化,则是非常错误的。

反右派斗争的扩大化,造成了极其严重的后果。它不仅改变了中共八大对国内主要矛盾的正确论断,认为无产阶级和资产阶级的矛盾、社会主义道路和资本主义道路的矛盾仍是我国社会的主要矛盾,从而使党和国家的工作重心发生了转移,而且严重损害了广大知识分子建设社会主义的积极性,损害了社会主义民主,造成了国内政治生活的不正常。因为绝大多数被错划的右派分子,都是同中国共产党有过长期合作的爱国人士、学有专长的知识分子或富有经营管理经验的工商业者,以及许多政治上热情而不成熟的青年人,在被错划为右派分子后,受到长期的委屈和压抑,无法在社会主义建设中发挥应有的作用,这不但是他们个人的损失,也是整个党和国家事业的损失。

二、"大跃进"的失误

(一) 社会主义建设总路线的制定

社会主义建设总路线的制定有一个逐步发展的过程。1955年年底和1956年年初,毛泽东提出了社会主义建设要坚持"多快好省"。1956年1月1日,《人民日报》在《为全面地提早完成和超额完成五年计划而奋斗》的社论中,提出"要又多、又快、又好、又省地发展自己的事业"。

1957年,我国取得了超额完成第一个五年计划的巨大成就,人民群众在生产建设中发挥了高度的社会主义积极性和创造性。在这种形势下,毛泽东认为经济建设应该搞得更快一些,而且也能搞得更快一些。1958年1月1日《人民日报》在《乘风破浪》的社论中指出,不仅要"又多、又快、又好、又省地进行各项建设工作",而且"必须鼓足干劲,力争上游,充分发挥革命的积极性和创造性"。

1958年1月和3月,毛泽东先后在广西南宁和四川成都主持召开有部分中央领导与地方负责人参加的会议,多次对"鼓足干劲,力争上游"的提法给予肯定。在成都会议上,他对1956年的"反冒进"及主张"反冒进"的中央领导人进行了严厉批评,标志着"鼓足干劲,力争上游,多快好省地建设社会主义"的总路线基本形成。

1958年5月5日至23日,中共中央在北京召开八大二次会议,正式通过了根据毛泽东的提议而提出的"鼓足干劲,力争上游,多快好省地建设社会主义"的总路线。其基本点是:调动一切积极因素,正确处理人民内部矛盾;巩固和发展社会主义的全民所有制和集体所有制,巩固无产阶级专政和无产阶级的国际团结;在继续完成经济战线、政治战线和思想战线上的社会主义革命的同时，逐步实现技术革命和"文化革命"；在重工业优先发展的条件下，工业和农业同时并举；在集中领导、全面规划、分工协作的条件下，中央工业和地方工业同时并举，大型工业和中小型工业同时并举；通过这些，尽快地把我国建设成一个具有现代工业、现代农业、现代科学文化的伟大的社会主义国家。

提出社会主义建设总路线，其出发点是正确的。它是为了尽快把经济建设搞上去，反映了广大人民群众迫切要求改变中国经济文化落后状况的普遍愿望，并在实践中发挥了全党和全国人民高度的社会主义积极性与创造性，使我国在社会主义经济建设和科学研究的许多重要领域中开辟了新的局面，取得了新成果。然而，它又是在毛泽东多次错误批判1956年的"反冒进""右倾保守"的形势下逐步形成的，带有浓厚的"左"倾色彩。因此，这条总路线不可避免地存在着忽视客观经济发展规律，否定国民经济计划的综合平衡，夸大主观意志作用的错误，加上在宣传中片面强调总路线的基本精神是"用最高的速度来发展我国的社会生产力"，致使在执行总路线的过程中出现了片面强调多、快，忽视好、省，违反经济发展规律的严重失误。总路线提出后不久，未经过认真的调查和试点，就在全国发动了"大跃进"和农村人民公社化运动。

（二）"大跃进"运动的发动

从中共八届三中全会起，毛泽东对1956年经济工作中的"反冒进"不断进行严厉批评，认为"反冒进"是反马克思主义的，是立场性质的政治错误，"反冒进"离右派距离很近，而"冒进"是马克思主义的，并规定以后不准提"反冒进"，主张用"跃进"来取代"冒进"。11月13日，《人民日报》发表社论，正式提出了"在生产线上来一个大的跃进"的口号。中共八大二次会议制定了建设社会主义总路线，通过了修订后的第二个五年计划，提出了一系列不切实际的"跃进"任务和指标。随后，"大跃进"运动在全国狂热开展起来。

"大跃进"过程中，各地纷纷提出"工业大跃进"和"农业大跃进"的不切实际的目标，片面追求工农业生产和建设的高速度，大幅度地提高和修改计划指标。高指标、瞎指挥、浮夸风、"共产风"十分盛行，下面浮夸虚报，上级轻信胡乱指挥，制定新的高指标，导致国家工农业生产极度紊乱。

在农业上，提出"以粮为纲"，不断宣传"高产卫星""人有多大胆，地有多大产"，粮食亩产量层层拔高，水稻、小麦、玉米、高粱等许多农作物都以惊人的速度向前"跃进"。以水稻为例，全国各地水稻亩产量"破天荒"增长，不断涌现亩产15 000千克以上的高产纪录。

在工业上，中共八大二次会议后不久，提出了"以钢为纲"的口号，钢生产指标不断加大。1958年5月底，中央政治局扩大会议建议把1958年钢指标提高到850万吨。6月，冶金部根据各大区提出的"跃进"计划，提出1959年全国钢产量可以超过3 000万吨，1962年可以达到8 000万吨，甚至9 000万吨。1958年8月17日至30日，中共中央政治局在北戴河召开扩大会议，决定1958年的钢产量总指标在1957年的基础上翻一番,达1 070万吨,而实际上,到1958年8月底,只完成450万吨,这意味着要完成指标,势必要在原先的"跃进"基础上再次"大跃进",把步步升级的"左"倾错误推向极端。北戴河会议之后,工业领域的"大跃进"运动进入高潮,高指标、瞎指挥、浮夸风等错误更加严重。全国几千万人掀起了"全民大炼钢铁运动"。

"大跃进"运动的出发点是好的,但其实践的结果,不仅没有起到加速发展生产的作用,相反却打乱了国民经济秩序,浪费了大量人力、物力和财力,造成了工农业比例的严重失调,给国民经济带来严重困难。可以说,"大跃进"运动在总体上是失败的。"大跃进"运动之所以失败,有其深刻的原因。

首先,毛泽东等中共领导人对社会主义经济建设的客观规律缺乏足够的认识,对社会主义建设的长期性和艰巨性没有充分的思想准备,尤其是对"冒进"思想在建设中产生的危害认识不足,不能虚心听取他人提出的正确意见。加之国家决策层没有真正形成民主决策、集体领导体制,不能及时解决问题,进而酿成失误。

其次,依靠发动群众运动来推动生产力的快速发展是不切合实际的,希望通过发动群众进行大规模粗放式生产来推动经济腾飞是不可能的。

再次,没有遵循客观经济规律,因此不可能实现促进经济的稳步和协调发展。"大跃进"是在不断批判"右倾保守"、批判"反冒进"的情况下发起的,因此一开始就带有浓厚的"左"倾"冒进"色彩。这种超越客观历史阶段和实际可能的做法只能损害社会主义建设事业。

(三)人民公社化运动的兴起

人民公社化运动实质上是一场生产关系的"大跃进",目的是通过人民公社化运动,使中国早日进入共产主义社会。

人民公社化的思想早已有之。1955年12月,毛泽东在《大社的优越性》一文的按语中就指出,小社仍然束缚生产力的发展,不能停留太久,应当逐步合并。有些地方可以一乡为一个社,少数地方可以几乡为一个社,当然会有很多地方一乡有几个社的。不但平原地区可以办大社,山区也可以办大社。1957年冬和1958年春,一些地方大搞农田水利基本建设时进行了超社界、乡界,甚至县界的生产协作。这进一步使毛泽东等领导人坚信,可以通过并社、扩大规模来建设社会主义。1958年3月,在成都召开的政治局扩大会议上,毛泽东正式提出了小社并大社问题。会议通过了《关于把小型的农业合作社适当地合并为大社的意见》。4月,中共中央正式向全国发出这一文件。各地农村开始试办数千户的大社。在5月召开的中共八大二次会议上,陆定一初步描绘了未来共产主义公社的蓝图。7月,《红旗》杂志连续发表陈伯达的《全新的社会,全新的人》《在毛泽东同志的旗帜下》,阐述了毛泽东关于办大社的设想,推动了人民公社化运动的发展。8月,在北戴河召开的中央政治局扩大会议上,通过了《关于建立农村人民公社问题的决议》,指出,在目前形势下,建立农林牧副渔全面发展、工农商学兵互相结合的人民公社,是指导农民加速社会主义建设,提前建成社会主义并逐步过渡到共产主义所必须采取的基本方针。该决议公布后,人民公社化运动很快在全国发动起来。

至9月底,全国已基本实现人民公社化。人民公社化运动从7月开始发展,8月普遍规划、试办,9月进入全面高潮时期,前后仅一个多月。据9月底统计,全国27个省、市、自治区中有12个省、市、自治区100%的农户加入了人民公社;10个省、自治区已有85%以上的农户加入了人民公社;4个省和自治区(浙江、贵州、宁夏、新疆)即将基本实现人民公社化;只有云南一省计划在10月底完成;河南、吉林等13个省,已有94个县,以县为单位,建立了县人民公社或县联社。至10月底,全国共建起人民公社26 576个,参加的农户达1.2亿多户,占总数的99%以上。人民公社最突出的特点是"一大二公",即规模大;公有化程度高,具体指实行供给制与工资制相结合的分配制度,组织军事化、行动战斗化、生活集体化。人民公社的规模比农业生产合作社大,全国平均28.5个合作社合并为一个公社,平均3个多乡合并为一个公社,有的甚至是一个县一个公社。在人民公社内部,从生产资料、分配制度、交换关系乃至社员的生活资料都强调一个"公"字,不顾生产力水平低下的状况,在公社范围内实行平均分配、无偿调拨、义务劳动,以及把生产队以至社员的生产资料和生活资料无偿地收归公社所有,一度盛行吃白饭,实行工资制和供给制。

可见,人民公社化运动旨在生产力很不发达的条件下实现生产关系的巨大变革,尽快向共产主义过渡,只能是一种超越阶段的空想,它不符合社会发展的客观规律,也违背了马克思主义关于向共产主义过渡的理论,对我国社会主义事业的发展造成了极其严重的消极影响。"一大二公"等许多错误做法,完全违反等价交换、按劳分配原则,极大地损害了人民群众的利益,挫伤了社员的积极性,妨碍和破坏了生产力的发展。

总之,人民公社化运动是中国共产党在探索中国建设社会主义道路过程中的又一次严重失误,它不但没有达到预期的目标,反而使社会主义建设事业遭受严重挫折,给国家和人民带来巨大的灾难。

三、对"左"倾错误的纠正与反复

对于"大跃进"和人民公社化运动中出现的许多严重问题,毛泽东和党中央从1958年11月起就曾有所发现和察觉,并采取措施加以纠正,但为1959年庐山会议所打断。会后,又在全国范围内开展了反右倾运动和新的"大跃进",严重干扰了社会主义建设的进程。

庐山会议后,"左"倾错误思想的再次抬头,使得国民经济在1959年至1961年发生严重困难,主要表现为:比例关系全面失调,生产大幅度下降,人民基本生活呈现危机。工农业生产比例,从1957年到1960年由5.7∶4.3变为8∶2;农业生产逐年下降,1959年粮食产量降为1 700亿千克,1960年又降为1 435亿千克,只相当于1951年的水平。不少地区以草根树皮充饥,成千上万人饿死。

国民经济的重重困难使党和政府认识到形势的严峻,进而决定采取果断措施对经济建设方针进行调整。

（一）实事求是思想路线的重新确立，调整方针的提出

1960年7月5日至8月10日，中共中央在北戴河召开了工作会议。会后，国家计委主任李富春向国务院提交《关于1961年国民经济计划控制数字的报告》。该报告提出，1961年要对国民经济进行"整顿、巩固、提高"。8月底，国家计划委员会向国务院汇报时，周恩来表示赞成，建议将"整顿"改为"调整"，并加上"充实"二字，从而形成了"调整、巩固、充实、提高"的"八字方针"。这个方针得到中共中央的批准。

1961年1月14日至18日，中国共产党召开八届九中全会。全会主要听取和讨论了李富春《关于1960年国民经济计划执行情况和1961年国民经济计划主要指标的报告》，正式通过了对国民经济实行"调整、巩固、充实、提高"的"八字方针"。"八字方针"以调整为重点，主要是调整国民经济各方面的比例关系，特别是调整农业、轻工业、重工业的比例关系，使国家建设和人民生活得到统筹兼顾、全面安排，同时还要巩固国民经济发展的已有成果，使其向纵深发展，以少量的投资来充实一些部门的生产能力，使其成龙配套，发挥更大的经济效应，加强管理水平，提高劳动生产率。

为贯彻"八字方针"，中共中央还采取了许多具体措施，如加强对国民经济的集中统一管理，减少城镇人口，压缩城镇粮食销量，恢复农业生产，等等。这些措施的实行很快取得了成效，使农业生产得以恢复、市场供应得以改善、社会购买力与商品可供量之间的差额大大减小，基本上保证了城市居民的最低生活需要。

"八字方针"的确立意义重大，对于后来国民经济的调整起了巨大的作用，改变了"大跃进"以来盲目追求高指标、高速度等许多错误做法。此后，我国国民经济进入了调整阶段。

（二）大兴调查研究之风，各项工作条例的制定

要认真贯彻"八字方针"，实行国民经济调整，就必须认清国家的经济实际，而这就离不开实地调查研究。在1960年12月至1961年1月召开的中央工作会议和中共八届九中全会上，毛泽东着重强调恢复实事求是思想路线和进行调查研究的问题。他提出，1961年要成为调查研究年，搞一个实事求是年。他还说，搞社会主义建设不能那么急，可能要搞半个世纪。今后搞几年慢腾腾，指标不要搞那么高，不要务虚名而招实祸。

中共八届九中全会以后，中共中央领导人带头开展调查研究。毛泽东率领3个调查组赴浙江、湖南、广东农村进行调查。刘少奇、周恩来、朱德、邓小平、陈云等也分别深入湖南、河北、四川、北京、上海等地基层开展调查研究。为进一步推进调查工作，1961年3月15日，中共中央在广州召开工作会议。会议通过《中共中央关于认真进行调查工作给各中央局、各省、市、自治区党委的一封信》，要求县级以上党委领导人把深入基层亲自进行系统的典型调查，作为领导工作的主要任务。很快，中国共产党在全国掀起了一股调查研究热潮，各级领导干部纷纷响应号召，到农村、工厂、连队、学校等基层单位，进行实地调查，了解实际情况。

在广泛深入调查研究的基础上,中共中央反复总结经济建设各个方面的经验教训,先后制定了一系列工作条例。

农业方面,毛泽东于3月间在广州主持起草了《农村人民公社工作条例(草案)》(简称《农业六十条》)。"农业60条"规定:以生产大队的集体所有制为基础的三级集体所有制是现阶段人民公社的根本制度;人民公社各级规模不宜过大,特别是生产大队(原称生产队)的规模不宜过大;公社对生产大队的领导不可管得太多太死,不许瞎指挥,不许无代价地调用劳动力、生产资料和其他物资;生产大队是公社中的独立经营单位,实行独立核算、自负盈亏。1962年2月23日,中共中央根据毛泽东的建议,正式做出了《关于改变农村人民公社基本核算单位问题的指示》,确定以生产队(小队)为人民公社的基本核算单位,至少30年不变,从而使生产单位和分配单位实现了统一,解决了日趋严重的生产队之间的平均主义问题。农村工作条例的制定和实施,有利于进一步克服农村工作中的"左"倾错误,调动广大农民的积极性,从而促进农业生产的恢复和发展。

工业方面,1961年6月17日,邓小平主持中央书记处会议,决定由李富春、薄一波主持制定有关工业的条例。他们率工作小组对许多工矿企业进行调查研究,在此基础上制定了《国营工业企业工作条例(草案)》(即《工业七十条》),9月16日,经中共中央讨论通过并发布试行。该条例规定:国营工业是社会主义全民所有制的经济组织,其根本任务是全面完成国家计划,增加社会产品,扩大社会主义积累;加强经济核算和财务管理,讲求经济效果;发扬民主,实行职工代表大会制度;实行党委领导下的厂长负责制,建立健全责任制。这个条例的制定是从我国当时的实际情况出发的,它总结了新中国建立以来管理工业的主要经验,特别是"大跃进"以来正反两方面的经验。

此外,在商业、科教、医疗等领域,中共中央也先后制定和批转了一系列条例,如《关于改进商业工作的若干规定(试行草案)》(即《商业40条》)、《关于城乡手工业若干问题的规定(试行草案)》(即《手工业35条》)、《关于切实加强银行工作的集中统一、严格控制货币发行的决定》(即《银行6条》)以及《科研14条》《高教60条》《中学教育50条》《小学教育40条》《文艺10条》《医院工作40条》等。

这些条例的颁发,对于纠正"大跃进"运动以来的"左"倾错误,深入贯彻"八字方针",恢复和发展国民经济发挥了重要作用。

(三)七千人大会的召开

经济调整工作到1961年年底已进行了一年多,但由于指导思想尚未完全统一,因此成绩不很明显,尤其是工业方面,收效甚微,整个经济形势依然非常严峻。为了尽快克服困难,恢复发展国民经济,扭转国内国际上极为被动的局面,中共中央于1962年1月11日至2月7日,在北京召开了扩大的中央工作会议。参加会议的有中共中央、各中央局、各省、自治区、市、地、县的主要负责人以及一些重要厂矿企业和部队的负责干部,共7 118人,故又称"七千人大会"。大会分为两个阶段(1月11日至29日为前一阶段,1月29日至2月7日为后一阶段),前一阶段主要讨论和修改刘少奇代表中共中央提出的书面报告(草稿);后一阶段,周恩来、邓小平等中央领导人均做了大会发言。1月27日,刘少奇在会议上讲话,对书面报告草稿做了解释、说明和补充。经过热烈讨论,广泛集中了大家的意见和建议,形成了书面报告的定稿,作为正式文件下发。1月29日下午开始,转入开"出气"会阶段。

七千人大会初步总结了"大跃进"运动以来经济工作中的经验教训。在书面报告和刘少奇的讲话中,列举了几年来社会主义建设的成就,同时也指出国民经济中存在的困难"还是相当严重的"。这种严重困难形势的出现,就全国总的情况来说,"是由于我们工作上和作风上的缺点和错误所引起的"。缺点和成绩的关系恐怕是3个指头和7个指头的关系,在全国的部分地区缺点和错误是主要的。书面报告列举了工作中发生的缺点和错误,主要有:① 工农业生产的计划指标过高,基本建设战线过长,使国民经济各部门的比例关系、消费和积累的比例关系,发生了严重不协调的现象,在一段时间内,农业上犯过高估产、高征购的错误;② 在农村人民公社的实际工作中,曾经混淆集体所有制和全民所有制的界限,曾经对集体所有制的内部关系进行不适当的、许多过急的变动;③ 不适当地要在全国范围内建立许多完整的工业体系,权力下放过多,分散主义的倾向有了严重的滋长;④ 对农业增产的速度估计过高,对建设事业的发展要求过急,因而使城市人口不适当地大量增加,造成了城乡人口的比例和当前农业的生产水平极不适应的状况,加重了城市供应和农业生产的困难。

刘少奇的报告和讲话还分析了产生缺点与错误的原因,指出,一方面是由于我们建设工作中的经验还很不够;另一方面是由于几年来党内不少领导同志不够谦虚谨慎,违反了实事求是和群众路线的传统作风,削弱了民主集中制原则。

书面报告还总结了1958年以来社会主义建设的经验教训,主要有:社会主义建设总路线提出的多、快、好、省这几个方面,是互相促进、互相制约的;以农业为基础来发展国民经济,是我们的根本方针;社会主义的两种所有制,即全民所有制和集体所有制是不能混淆的;社会主义经济要有统一的计划,计划指标必须符合实际,并且适当地留有余地,保持必要的后备力量;文化、教育、科学、卫生事业的发展必须同经济建设的发展相适应,不能要求过多过急;国家计划的统一性和地方的积极性要结合起来;必须充分发展商品交换;社会主义的分配原则是按劳分配,交换原则是等价交换,不是平均主义等。

毛泽东在讲话中特别强调了民主集中制问题,他说:"不论党内党外,都要有充分的民主生活,就是说,都要认真实行民主集中制。""没有高度的民主,不可能有高度的集中,而没有高度的集中,就不可能建立社会主义经济。"在讲话中,毛泽东认识到了对社会主义建设,我们还缺乏经验,还有很大的盲目性。社会主义经济,对于我们来说,还有许多未被认识的必然王国。建设强大的社会主义经济,在中国,50年不行,会要100年,或者更多的时间。

周恩来指出,几年来经济工作中的缺点错误,特别是估产高,指标高,计划变动多,基本建设战线过长,权力下放过多过散,不切实际的过多,过早过急的大办大搞,等等。邓小平就党的作风问题做了发言,客观地分析了几年中党所存在的严重缺点,认为党的优良传统受到了削弱,不大注意调查研究,往往实事求是不够,党内斗争也发生了一些偏差,在几次运动中,伤害了大批干部。

对于1958年以来工作中的缺点和错误的责任问题,会议形成了基本一致的认识。指出:首先要负责任的是中央,其次要负责任的是省、市、自治区一级党委,再次要负责任的是省以下的各级党委。毛泽东在1月30日的讲话中,做了自我批评。他说:"凡是中央犯的错误,直接的归我负责,间接的我也有份,因为我是中央主席。""第一个负责的应当是我。"刘少奇、周恩来、邓小平等也都表示要承担责任。

会议对1962年的生产任务和全面工作进行了具体部署,提出1963年到1972年国民经济发展的十年长远规划。强调:从农业开始对国民经济的调整工作,还要继续进行一段时间,必须踏踏实实地、干劲十足地做好这种调整工作。1962年是对国民经济进行调整工作最关紧要的一年,必须抓紧这一年,争取各方面的工作取得显著成绩。

七千人大会是中华人民共和国建立以来中国共产党召开的一次重要会议。会议发扬民主作风和批评、自我批评精神,以比较实事求是的态度认真总结"大跃进"发动以来各项工作的经验教训,对于进一步清理"左"倾错误,贯彻"八字方针",克服国民经济的严重困难起了积极的作用。但是,这次会议对"三面红旗"仍持肯定态度,在成绩与错误的估计上,党内仍然存在一些分歧,仍有人认为成绩是主要的。在对1958年以来被错定为"右倾机会主义分子"的干部进行甄别平反中,仍对彭德怀坚持原有的错误结论,不予平反。这样也就使得"大跃进"等"左"倾错误不可能从指导思想上被彻底清理,为后来党内斗争的不正常发展埋下了隐患。

(四)调整工作的全面展开

为切实贯彻"八字方针",克服经济建设中的困难,1962年2月21日至23日,中共中央在中南海西楼会议室举行政治局常委扩大会议,也称"西楼会议"。会议由刘少奇主持,中心议题是讨论1962年国家预算和整个经济形势问题,认为当时财政经济困难十分严重,经济正处在一种很不平常的"非常时期",如不采取果断措施,国民经济将进一步恶化。会上,陈云做了题为《目前财政经济的情况和克服困难的若干办法》的讲话。他认为,目前财政经济的困难是相当严重的,其中主要是农业在近几年有很大的减产和基本建设规模过大超过了国家的财力与物力。为此,他提出了克服困难的6条重要办法:① 把10年经济计划分为两个阶段,即恢复阶段和发展阶段,提出从1960年算起,大体要5年的时间作为恢复阶段,在这个阶段采取两个办法:一是要有更多的集中统一,二是一切步骤要稳扎稳打;② 减少城镇人口,精兵简政;③ 采取一切办法制止通货膨胀;④ 尽力保证城市人民的最低生活需要,如增加大豆和有关日用品的供应等;⑤ 把一切可能的力量用于农业增产;⑥ 计划机关的主要注意力,应该从工业、交通方面转移到农业生产和制止通货膨胀方面来,并且要在国家计划里得到体现。这一讲话得到与会者的一致赞同。在征得毛泽东同意后,讲话由中共中央转发各地、各部门,成为经济工作的指导性文件。

西楼会议后,中共中央重新恢复中央财经小组,统管经济工作,由陈云任组长,李富春任副组长。中央财经小组重组后,便担负起研讨国家经济策略、方针的重任。4月上旬,中央财经小组向中共中央提交了《关于讨论1962年调整计划的报告(草案)》,全面、如实地指出了财政经济中存在的严重问题,并提出了解决问题的具体措施。5月7日至11日,中央政治局常委在北京举行扩大会议,讨论并通过了中央财经小组起草的《关于讨论1962年调整计划的报告》。会议正确地分析了财政经济形势,强调必须全面贯彻执行"八字方针",进一步对国民经济进行大幅度调整的重大决策。

此后,中央积极采取果断措施,在全国大范围地开展了国民经济调整工作。

第一,进一步缩小基本建设规模,降低重工业指标。

对基本建设投资从1960年的384多亿元削减至1962年的46亿元,积累率从1960年的39.6%降至1962年的10.4%。对1962年的经济计划指标,再分别下降5%～20%,钢指标从1960年的1 860万吨、1961年的870万吨压到1962年的600万吨。工业战线实行关、停、并、转,降低发展速度,调整内部结构。从1961年起,到1962年10月止,全国县以上工业企业减少了4.45万个。

第二,精减职工,减少城镇人口。

1962年2月至5月间,中共中央先后发出《关于1962年上半年继续减少城镇人口七百万人的决定》和《关于进一步精简职工和减少城镇人口的决定》,要求全国各地积极实行。精简工作成效显著,从1961年年初到1963年6月,全国共精减职工1 900多万人,减少城镇人口约2 600万人。

第三,加强农业战线,发展农业生产。

由于大批劳动力回到了农业生产第一线,到1962年农村劳动力已增加到2.127 8亿人。国家还通过增加农具、农药、化肥的生产和供应,提高农产品收购价格,削减粮食征购量等措施,进一步调动农民的积极性,促进农业生产的恢复和发展。

第四,加强金融管理,抑制通货膨胀。

1962年3月,中共中央决定收回几年来银行下放的一切权力,严格信贷和现金管理。同时,大力压缩财政开支;清仓核资,清理拖欠贷款和扭亏增盈;在稳住人民基本生活必需品价格的前提下,继续对某些商品实行高价政策,以快速回笼货币,抑制通货膨胀。至5月,就收回了上一年度的大量货币,金融管理取得初步胜利。

经过1962年的大调整,国民经济开始脱离险境,经济严重困难的形势得到了缓解,某些经济领域开始出现回升的势头。但国家经济形势并未得到根本好转,经济发展中的许多困难尚未完全克服。在这种形势下,中共中央决定,从1963年起,继续对国民经济实行调整,以争取国民经济的根本好转。为此,1963年9月,中共中央在北京召开工作会议,认真分析了当时的国民经济形势,在肯定国民经济发展有利前景的同时,也客观地指出了仍然存在不少问题,如农业生产尚未恢复到1957年的水平;工业结构不平衡,产品质量、生产效率不高等。会议决定,从1963年起,再用3年时间进行调整,并把1963—1965年作为"二五"计划到"三五"计划的过渡阶段。会议强调,经济工作必须遵循"以农业为基础、以工业为主导"等一系列基本方针。

根据此次会议精神,党和政府又采取了一系列具体策略和措施来恢复与发展国民经济。1963年以后,经济调整工作中,开始突出"巩固、充实、提高",重点整顿企业的经营管理、产品的品种数量、设备更新等,如1963—1964年,国家批准了冶金、精密机械、电子工业等100多个项目到国外考察、询价并相机签约;对经济体制进行了一些探索性的改革,开始试办托拉斯,改革企业管理体制,适当扩大地方权限等;重视国防工业建设,1964年我国还研制并爆炸了原子弹。

(五)国民经济调整的主要成就

国民经济调整工作从1961年开始,经过数年努力,取得了许多重要成就。

1. 工农业生产获得很大发展

1965年,全国工农业总产值达2 235亿元,其中工业总产值1 402亿元,农业总产值833亿元,同1957年相比,工农业总产值(1957年为1 241亿元)增长了80%,其中农业总产值比1957年增长55%,工业总产值比1957年增长99%。

工业方面,首先,生产能力有了显著增长。据统计,1965年全民所有制工业企业固定资产原值达1 064.1亿元,比1957年增长了2倍(1957年为339.6亿元)。1965年全部建成投产的大中型建设项目有289个,工业生产能力有了显著增长。1965年与1957年相比,金属切削机床从年产量2.8万台增加到3.96万台。锻压设备从0.29万台增加到0.75万台,主要工业产品产量大幅度增长,钢由1957年的535万吨,增长到1965年的1 223万吨;原煤由1.31万吨增长到2.32万吨;原油增长更快,由146万吨增长到1 131万吨;农用化肥由15.1万吨增长到172.6万吨;化学农药由6.5万吨增长到19.3万吨;汽车从0.79万辆增长到4.05万辆;布匹由50.5亿米增长到62.8亿米。①

其次,初步建立了独立的、比较完整的工业体系,工业布局有了很大改观。国民经济中涌现出一批新型工业部门,如拖拉机制造、电子工业、石油化工、设备制造、精密机床制造、精密仪器制造、原子能、有机合成等一系列新型工业部门,从无到有地建立起来,填补了空白,我国工业部门门类逐步齐全,具备了较为完整的工业体系。工业布局上,沿海工业基地进一步得到充实和加强,东北地区重工业基地因大庆油田的开发,实力更强,华北地区发展了冶金、钢铁工业,充实了机械、化学工业,使华北建立了重工业基础。在内地也形成了不少工业中心,如山西、河南、内蒙古的煤炭基地,甘肃兰州的石油化工中心,以武汉、包头为中心的钢铁基地,四川成都、重庆的钢铁机械基地,等等。

---

① 国家统计局编:《中国统计年鉴(1983)》,中国统计出版社1983年版,第242—248页。

再次，交通运输、邮电事业获得很大发展。1958—1965年，全国新增铁路里程7 200多千米，除西藏外，各省、自治区都通了火车。邮路总长度增加了57%，通信网络延伸到广大农村。

农业方面，经过几年调整，生产得到恢复和发展。1966年的农业总产值为910亿元，比1956年多出了300亿元，主要农产品产量也获得了很大增长，如粮食产量，1965年为1 945亿千克，比1962年增加了345亿千克，已接近1957年的水平（1957年为1 950亿千克）；1965年棉花产量为4 195万担，大大超过了1957年的3 280万担。[①] 农业生产条件也有了很大改善，1965年国家用于水利基本建设的投资达15.15亿元，比1957年增加1倍多。农业机械动力也有很大提高。1965年农业机械总动力达1 494万匹马力（1957年仅165万匹马力），农用大中型拖拉机72 599混合台（1957年为14 674台）。[②]

2. 国民经济主要比例关系基本恢复正常

第一，工业与农业的比例关系。

经过调整，1965年工业总产值与农业总产值之比由1960年的78.2∶21.8变为62.7∶37.3，农业生产逐步得到重视，农业、工业极不协调的比例关系有了很大改观。

在工业内部，1960年轻工业总产值与重工业总产值之比为33.4∶66.6，1965年则为51.6∶48.4[③]，大体各占一半，改变了原先过分重视重工业的做法，在大力发展重工业的同时，也充分顾及轻工业的发展。此外，采掘工业与加工工业之间的比例大体恢复到1957年的水平，改变了"大跃进"时期加工工业过重的情况。各工业部门内部各环节之间，如采掘工业的剥离与回采、机械工业内部的主机与配套、制造与修理之间的关系，也逐步趋于合理。

第二，积累与消费之间的比例关系渐趋正常。

将国民收入总额按可比价格计算，如以1952年为100，则1957年为153，1962年为130.9，1963年为144.9，1964年为168.8，1965年为197.5，1965年比1957年约增加了29%。国民收入使用额中的积累率，1957年为24.9%，1959年和1960年分别高达43.8%和39.6%，造成积累与消费之间的比例关系严重失调。1961—1963年，为了削减投资、维持消费，三年积累率分别减为19.2%、10.4%、17.5%。[④] 这种积累率显然无法适应扩大再生产的需要。1964年和1965年，积累率分别增至22.2%与27.1%，大体趋于正常。

3. 财政收支平衡，人民生活改善

由于"大跃进"运动的影响，国家财政支出超过收入，财政严重失衡，1958—1961年连续四年出现财政赤字（1958年为21.8亿元，1959年为65.8亿元，1960年为81.8亿

---

① 国家统计局编：《中国统计年鉴（1983）》，中国统计出版社1983年版，第162页。
② 国家统计局编：《中国统计年鉴（1983）》，中国统计出版社1983年版，第186页。
③ 国家统计局编：《中国统计年鉴（1983）》，中国统计出版社1983年版，第23—25页。
④ 国家统计局编：《中国统计年鉴（1983）》，中国统计出版社1983年版，第167页。

元,1961年为10.9亿元)。实行国民经济调整政策后,财政收支不但得到平衡,而且还有了盈余。1962年余额为8.3亿元,1963年为2.7亿元,1964年为0.5亿元,1965年为7亿元。①

在人民生活方面,由于生产的恢复和一定程度的发展,国民收入增加,职工工资也相应增长。1965年职工平均工资比1962年增长10%。1965年全国居民年平均消费水平为125元,比1962年增长8元,比1957年增长23元,其中农民平均消费水平100元,非农业居民平均消费水平237元。市场商品供应增加,社会商品零售总额1965年为670.3亿元,比1957年增加42%。② 各种副食品、日用工业品和人民生活必需品的供应也增加了。虽然1965年全国每人平均粮食、食油、棉布的消费量,仍略低于1957年的水平,但总体上人民已经渡过最困难的时期,生活水平有了很大程度的改善。

(六)"左"倾错误的再度发展

1. 中共八届十中全会的召开

1962年,国民经济全面调整工作取得了许多成效,但经济远未取得根本好转,经济建设的任务还很艰巨。政治上,国内还有一些反革命分子、投机倒把分子等企图进行破坏颠覆活动,台湾问题也牵扯了毛泽东等领导人的大量精力。国际上,以美国为首的一些西方国家仍在干涉中国内政,中苏矛盾日益激化,苏联不断挑起边界争端,并支持印度挑起武装冲突。严峻的国内国际环境给中央领导人以很大的压力。中共八届十中全会就是在这一形势下召开的。

在全会召开之前,中共中央于1962年8月在北戴河召开了为期一个月的工作会议。会议原定讨论农业、财贸、城市等方面的问题,但是,毛泽东却提出要认真讨论"阶级、形势、矛盾"问题,改变了原定议程。他在发言中对阶级斗争形势做了过于严重的估计。

9月24日至27日,中共八届十中全会在北京举行。全会提出了继续调整国民经济的方针,指出,全国人民当前的迫切任务是贯彻执行以农业为基础、以工业为主导的发展国民经济的总方针,把发展农业放在首要地位,坚决把工业部门的工作转移到以农业为基础的轨道上来。全会肯定了自中共八届九中全会以来经济发展的显著成效,决定进一步贯彻"八字方针",讨论通过了《关于进一步巩固人民公社集体经济、发展农业生产的决定》和《农村人民公社工作条例(修正草案)》等文件。

全会讨论了商业问题,通过了《关于商业问题的决定》,提出商业工作的原则是"发展生产,保障供给",方针是为工、农业生产和人民生活服务。该决定还规定了国营商业、合作社商业和集市贸易等三种流通渠道的不同作用。国营商业是商业的主体和领导力量,合作社商业是国营商业的有力助手,集市贸易是国营商业和合作社商业的重要

---

① 国家统计局编:《中国统计年鉴(1983)》,中国统计出版社1983年版,第20—25页。
② 国家统计局编:《中国统计年鉴(1983)》,中国统计出版社1983年版,第484、367页。

补充。

会议号召全国各民族的工人、农民、知识分子、民主党派、一切爱国人士,更加紧密地团结起来,在中共中央和毛泽东的领导下,更高地举起社会主义建设总路线、"大跃进"、人民公社的光辉旗帜,鼓足干劲,努力增产节约,为争取明年农业的丰收,为争取国民经济的新发展,为争取我国社会主义事业的新胜利而奋斗。

全会着重讨论了阶级斗争问题。毛泽东在会上发表了《关于阶级、形势、矛盾和党内团结问题》的讲话,把社会主义社会中仍在一定范围内存在的阶级斗争做了扩大化和绝对化的论述,断言在整个社会主义历史阶段中资产阶级都将存在,并存在资本主义复辟的危险,还提出了"千万不要忘记阶级斗争",阶级斗争必须年年讲、月月讲、天天讲。

全会《公报》根据毛泽东的讲话写道:"在无产阶级革命和无产阶级专政的整个历史时期,在由资本主义过渡到共产主义的整个历史时期(这个时期需要几十年,甚至更多的时间)存在着无产阶级和资产阶级之间的阶级斗争,存在着社会主义和资本主义这两条道路的斗争……这种阶级斗争是错综复杂的、曲折的、时起时伏的,有时甚至是很激烈的。这种阶级斗争不可避免地要反映到党内来。国外帝国主义的压力和国内资产阶级影响的存在,是党内产生修正主义思想的社会根源。在对国内外阶级敌人进行斗争的同时,我们必须及时警惕和坚决反对党内各种机会主义的思想倾向。"

在阶级斗争扩大化理论的影响下,中共八届十中全会错误地批判了所谓"单干风""黑暗风""翻案风"。全会把邓子恢等人所坚持的适应农村生产力发展要求的生产责任制的观点当成"单干风"加以抨击;将充分估计到"大跃进"运动以来严重困难形势的看法作为"黑暗风"加以指责;还把彭德怀按照正常的组织原则向党中央陈述个人意见的做法当成"翻案风"进行批判。全会还批判了李建彤的小说《刘志丹》,认为该小说是替高岗翻案。毛泽东引康生的话说,"利用小说反党,这是一大发明"。全会还做出撤销黄克诚和谭政的中央书记处书记职务的决定,增选陆定一、康生、罗瑞卿为中央书记处书记。

中共八届十中全会一方面继续坚持发展经济的方针,接受了刘少奇等人的建议,提出了"不要因为强调阶级斗争放松了经济工作,要把经济调整工作放在第一位"等,对当时国民经济的恢复和发展起了积极的推动作用;另一方面,毛泽东对国内阶级斗争问题所做的分析和结论,把在一定范围内存在的阶级斗争扩大化和绝对化了,表明"左"倾错误有了更严重的发展,对以后党的工作产生了日益深远的消极影响。

2. 社会主义教育运动的开展

中共八届十中全会后,出于"反修防修"、防止和平演变的考虑,毛泽东提出要在全国进行一场社会主义教育运动。

1962年年底到1963年年初,湖南、河北等地进行了整风整社、社会主义教育活动,毛泽东肯定了这些地区的做法,并对其他省份大多没有开展这一运动表示不满。在

1963年2月11日至28日召开的中央工作会议中,毛泽东督促各地注意城市"五反"运动和农村社会主义教育问题。3月1日,中共中央发出在全国城市逐步开展反贪污盗窃、反投机倒把、反铺张浪费、反分散主义、反官僚主义的"五反"运动的指示。此后,中央一级机关、中南五省文教战线、军队的"五反"教育工作逐步开展起来。

5月2日至12日,毛泽东在杭州召集部分政治局委员和大区书记参加的小型会议,讨论农村社会主义教育问题,制定了《关于目前农村工作中若干问题的决定(草案)》(简称《前十条》)。《前十条》是一个纲领性文件,对社会主义教育运动的任务、政策、方法做了规定。《前十条》颁布后,各地根据中央和毛泽东的指示,开始了"四清"运动的试点工作。① 从江苏、北京、东北的情况看,江苏省共组织了7 000人的工作队,搞了67个公社,占全省公社总数的3.6%;北京市郊区农村试点25个,共266个大队,1 197个生产队;东北三省有26个社、队进行了试点,省、地、县三级派出的工作队有6 200多人,东北局和东三省省委的一些负责同志参加了试点。②

鉴于试点中出现的问题,中央认为有必要进一步明确社会主义教育运动中的具体政策。经多次讨论、修改,11月14日,中央政治局扩大会议通过了《关于农村社会主义教育运动中一些具体政策的规定(草案)》(简称《后十条》)。《后十条》与《前十条》相比有不少进步之处,如强调团结95%以上的干部,依靠基层组织和基层干部;强调团结95%以上的群众;强调点面结合,积极做好面上的社会主义教育工作等,这些对于防止扩大打击面、改进党的作风、促进农业生产都是有必要的。但是,它仍与《前十条》一样强调以阶级斗争为纲,依靠贫下中农大搞群众运动,"左"倾错误仍然严重。此后,中央和地方各级机关分别派出大批工作队,实行点面结合,在全国较大范围内开展了"社会主义教育"运动。

到1964年4月底,"五反""四清"运动已经在全国铺开。全国县以上工、交企业大约有40%的企业、70%的职工参加了"五反"运动。如华北局在22%的企业、55%的职工中铺开"五反"。中南各省开展"五反"职工的人数都在30%以上,其中广西35%,广东约30%,湖南40%,湖北56%,河南40%多。进行"四清"运动的大队共有15.33万多个,占全国大队总数的19.85%,其中华北占12.17%,东北占10.24%,华东占15.6%,中南占21.59%,西南占50.5%,西北占23.34%。江苏省、地、县三级共组织1.9万人的工作队,开展"四清"运动的公社达125个,占全省公社数的6.7%。

1964年,由于指导思想上的"左"倾错误愈加严重,毛泽东等领导人认为修正主义是危险势力,要进行夺权,而在国际上与苏联的冲突也十分激烈。在这种形势下,5月15日至6月17日,中共中央在北京召开工作会议,一方面提出要注意培养革命接班

---

① "四清"即清账目、清仓库、清工分、清财物。它是河北省保定地委在整风整社运动中为解决年终分配问题而创造的经验。毛泽东及中央对"四清"评价很高,在1963年2月的中央工作会议上,经毛泽东推荐,大会正式介绍了保定"四清"经验。在《前十条》中还专列"四清"一条,以向全国推广。此后,"四清"运动逐步开展起来。

② 郭德宏、林小波:《四清运动实录》,浙江人民出版社2005年版,第57页。

人、重视贫下中农、强调生产等正确意见;另一方面,"左"倾思想又有了进一步发展。如有人提出,现在"五反"越搞越看出来,上上下下,里里外外,城乡各界,互相牵连,地富反坏修分子向党进攻相当广泛,所以只搞"五反"不行,必须城乡"五反""四清"联合夹攻。刘少奇指出,"和平演变"已经演变到高级机关中的某些人了,省委、市委都有他们的人。他不再强调依靠基层干部,而是认为有些地方"四不清"干部对工作队的办法是"喂、顶、拖、混",要想办法摆脱他们,并说他们抵抗"四清"就是"反党",破坏就是"反革命",要开除党籍。群众没有充分发动起来以前,不能强调团结95%以上的干部、依靠基层。会议在讨论"社教"运动问题时,对全国基层政治形势的严峻性做了过于严重的估计,提出要放手发动群众彻底革命,追查"四不清"干部在上面的根子,导致运动进一步"左"倾,错误地批判了一大批好的基层干部。

鉴于运动中出现打击面过宽、斗争过火等严重错误,1964年年底,中央政治局召开中央工作会议,讨论通过了《农村社会主义教育运动中目前提出的一些问题》(即《二十三条》)。《二十三条》虽然对前一阶段"四清"运动的一些"左"的做法进行了纠正,出台了有利于运动向好的方向发展的方法和政策,但将"四清"的内容规定为清政治、清经济、清组织、清思想①,强调运动的性质是解决"社会主义和资本主义的矛盾",提出运动的重点是整"党内那些走资本主义道路的当权派"等更加错误的观点。

《二十三条》公布后,"四清"运动便在全国更大范围内开展起来。到1965年7月,国营工交系统3.9%、约1 800多个单位开展了"社教"运动。1966年春,全国三分之一左右的县、社进行了"社教"运动。在江苏,1965年7、8月间,全省有7个县、88个公社、12个县属镇和徐州、南京等市的323个单位结束"四清",接着又继续在14个县(包括上一批未搞完的6个县)、7个市的郊区、251个公社、17个县属镇开展。这些县、市共占全省总县数的23%,11个市同时开展城市"四清"的共850个单位,37万名职工,占全省职工总数的35%。② 到1965年5月底,北京市共有81个公社,约120万人参加;郊区基本搞完,共有278个公社,323万人。1966年5月,"文化大革命"正式爆发。各地"四清"仍在进行,直到12月15日,中共中央发出《关于农村无产阶级文化大革命的指示(草案)》,规定"把四清运动纳入'文化大革命'中去","四清"运动才告结束。

城乡社会主义教育运动是中共发动和领导的一次大规模的群众运动。尽管它在解决干部作风和经济管理以及生产发展等方面起了一定作用,但由于指导思想上的偏差,它把不同性质的问题都认为是阶级斗争或者是阶级斗争在党内的反映,使"左"的错误得到进一步发展,产生了极其恶劣的影响:① 严重扩大了打击面,以致许多基层干部受到不应有的打击,大大挫伤了一部分群众和基层干部的政治热情和生产积极性;② 大规模狂热地开展运动,势必影响农村经济政策的贯彻执行,不利于经济建设的长

---

① 一般将此"四清"称为"大四清",而将原先保定经验称为"小四清"。
② 郭德宏、林小波:《四清运动实录》,浙江人民出版社2005年版,第302—303页。

远发展;③错误地提出了运动的重点是整"党内那些走资本主义道路的当权派"等更"左"的观点,为"文化大革命"的发动做了理论和实践上的准备。

四、"文化大革命"的十年

(一)"文化大革命"的起因

1966年5月至1976年10月的"文化大革命"(俗称"文革"),是一场由国家领导者错误发动,被反革命集团利用,给党、国家和各族人民带来严重灾难的内乱。

1965年11月10日,姚文元的文章《评新编历史剧〈海瑞罢官〉》在《文汇报》上发表,成为"文化大革命"发动的导火线。

新编历史剧《海瑞罢官》是由当时的北京市副市长、历史学家吴晗创作的。毛泽东在1959年上海中央工作会议上提出要找几个历史学家研究海瑞,宣传海瑞敢讲真话、刚直不阿的精神。吴晗响应号召,于1959年6月和9月,先后发表了《海瑞骂皇帝》和《论海瑞》两篇文章,后又应京剧艺术家马连良之邀,写就京剧剧本《海瑞罢官》。姚文元的文章捕风捉影地将剧中有关海瑞"退田""平冤狱"的情节与1962年以来受到批判的所谓"单干风""翻案风"联系起来,说这是资产阶级反对无产阶级专政和社会主义革命的一种表现,是"一株毒草"。

姚文元的文章发表后,中共中央政治局和书记处因事先毫不知情,因此态度谨慎,北京各大报纸也未予以转载。当时在上海的毛泽东对此十分不满,要求立即将姚文元的文章印成小册子向全国发行。而上海新华书店向全国急电征订时,北京新华书店又未及时订购,这就加深了毛泽东对北京市委的不满,认为北京市委是"针插不进,水泼不进"的"独立王国"。1965年12月,毛泽东在杭州对陈伯达等人发表谈话时说:《海瑞罢官》的要害问题是"罢官",嘉靖皇帝罢了海瑞的官,1959年我们罢了彭德怀的官,彭德怀也是海瑞。这番话使对《海瑞罢官》的批判带上了浓重的政治色彩。1966年年初,对《海瑞罢官》的批判发展到史学界、文艺界、哲学界等社会科学领域,开始了所谓全面"揭盖子"的高潮。各地报刊充斥着对《海瑞罢官》的批判文章,对《海瑞罢官》怎样表态几乎成为判断人们是否反党反社会主义的标准。对《海瑞罢官》的批判超出了学术讨论的范围,为"文化大革命"的发动做了舆论上的准备。

面对上述形势,1966年2月3日,中共中央书记处书记彭真召集"文化革命五人小组"(1964年成立,彭真为组长)扩大会议以商讨对策,会议拟定《文化革命五人小组关于当前学术讨论的汇报提纲》(后被称为《二月提纲》),并经中央政治局常委讨论后转发全国。《二月提纲》指出,学术讨论要坚持实事求是,要以理服人,不要像学阀一样武断和以势压人。《二月提纲》试图把已经开展起来的批判运动约束在学术讨论的范围内,却受到毛泽东的指责。

4月10日,由江青主持整理,经毛泽东多次审阅修改的《林彪同志委托江青同志召开的部队文艺工作座谈会纪要》转发全党。该纪要全盘否定新中国建立以来文艺工作的巨大成就,宣称整个文艺界被一条反党反社会主义的黑线专了政,号召:"要坚决进行一场文化战线上的社会主义大革命,彻底搞掉这条黑线。"该纪要的形成是林彪、江青之间互相利用勾结的开始,也反映了毛泽东对文化领域阶级斗争过分严重的估计和发动"文化大革命"的决心。

(二)"文化大革命"的全面发动

经毛泽东提议,1966年5月4日至26日在北京召开了中共中央政治局扩大会议。会议以"反党集团"的罪名对中共北京市委第一书记彭真、解放军总参谋长罗瑞卿、中共中央办公厅主任杨尚昆、中宣部部长陆定一进行了错误的批判,决定撤销他们的一切职务。会议还决定重新设立"文化革命小组"(又称"中央文革小组"),隶属中央政治局常委之下,组长为陈伯达,副组长是江青、张春桥,组员有王力、关锋、戚本禹、姚文元等人,顾问是康生。这个小组掌握了中央很大一部分权力,逐步取代了中央政治局和中央书记处,成了只受毛泽东领导的、"文化大革命"的实际指挥中心。此外,会议还改组了中共北京市委、中宣部等领导机构,从而为发动"文化大革命"做了组织上的准备。

5月16日,会议没有进行认真讨论就通过了《中国共产党中央委员会通知》(简称《五一六通知》)。《五一六通知》从批判《二月提纲》入手,指责它反对以毛泽东为首的党中央的"文化革命"路线,是一个为资产阶级复辟做舆论准备的修正主义纲领。《五一六通知》要求全党"高举无产阶级文化革命的大旗,彻底揭露那批反党反社会主义的所谓'学术权威'的资产阶级反动立场,彻底批判学术界、教育界、新闻界、出版界的资产阶级反动思想,夺取在这些领域中的领导权"。《五一六通知》认为,"要做到这一点,必须同时批判混进党里、政府里、军队里和文化领域各界里的资产阶级代表人物",说这些资产阶级代表人物"是一批反革命的修正主义分子,一旦时机成熟,他们就会要夺取政权,由无产阶级专政变为资产阶级专政。这些人物,有些已被我们识破了,有些则还没被识破,有些正在受到我们信用,被培养为我们的接班人,例如赫鲁晓夫那样的人物,他们现正睡在我们的身旁,各级党委必须充分注意这一点"。这些观点完全背离了我国社会的客观实际。《五一六通知》的下达,使"文化大革命"在全国迅速蔓延,国家的政治及社会生活走向了歧路。

6月1日,由陈伯达率工作组接管后的《人民日报》发表《横扫一切牛鬼蛇神》的社论,号召群众参加"文化大革命"。当天晚上,经毛泽东同意,中央人民广播电台播发了北京大学聂元梓等人攻击北京大学党委和北京市委的大字报。随后,《人民日报》连续发表社论,要求人们以"大鸣、大放、大辩论、大字报"为武器,向"走资本主义道路的当权派"造反。全国各地大中学校由此掀起了一股以学校校长、老师为对象的"斗黑帮"浪潮。他们冲击学校党委,乱揪乱斗,学校基层党组织陷于混乱状态。为了控制日趋严重的局势,中共中央在刘少奇和邓小平的主持下,决定向各大中学校派驻工作组,力图消除混乱现象。工作组进校后,很快与造反的学生发生矛盾,学生与工作组对立的事件时有发生,甚至出现了学生驱赶工作组的现象。

7月18日，毛泽东从外地回京，听取了江青、陈伯达等人关于工作组的片面汇报后，指责工作组阻碍运动，起坏作用。刘少奇、邓小平顾全大局，对此承担了责任。28日，根据毛泽东的指示，中共中央做出撤销工作组的决定。

毛泽东认为，为了进一步清除发动"文化大革命"的阻力，必须再做一次全面的发动。8月1日至12日，中共八届十一中全会召开。出席会议的有中央委员74人、候补中央委员67人，中央文革小组成员等47人列席会议。会议的议程有四项：一是讨论和批准中共八届十中全会以来中央在国际国内问题上的重大措施；二是通过《中共中央关于无产阶级文化大革命的决定》；三是对五月中央政治局扩大会议关于中央人事变动的决定补行批准手续；四是通过全会的公报。

会议在十分紧张的气氛中进行。刘少奇报告了中共八届十中全会以来中央的各项工作，对派工作组一事承担了责任。毛泽东严厉指责派工作组是"镇压学生运动，是路线错误"，并说"牛鬼蛇神，在座的就有"。8月7日，会议印发了毛泽东5日写的《炮打司令部——我的一张大字报》，指责从中央到地方的某些领导同志"站在反动的资产阶级立场上，实行资产阶级专政，将无产阶级轰轰烈烈的文化大革命运动打下去"，并说中央另外有一个"资产阶级司令部"。大字报虽然没点名，但锋芒明显是指向刘少奇和邓小平。

8月8日，全会通过了《中共中央关于无产阶级文化大革命的决定》（简称《十六条》），这是中共中央关于"文化大革命"的第一个正式的系统的文件。《十六条》指出，这场运动的目的"是斗垮走资本主义道路的当权派，批判资产阶级的反动学术'权威'，批判资产阶级和一切剥削阶级的意识形态"。运动的重点是"整党内那些走资本主义道路的当权派"。《十六条》强调，青少年的"革命大方向始终是正确的"，要求各级领导要"敢字当头，放手发动群众"。这个文件与《五一六通知》一样，没有提出区分走资派与革命派，左派、右派、中派的标准，没有对如何实现党的领导做出规定，它实际上带来的是一场盲目的、自发的、大规模的混淆敌我的群众运动。

8月12日，根据毛泽东的建议，全会改组了中央领导机构。选举出的中央政治局常委由原来的7人扩大到11人，林彪名列第二位，成为毛泽东的接班人，而刘少奇的排名由第二位降到了第八位。全会没有重新选举中央副主席，但以后只有林彪被称为中共中央副主席。刘少奇、周恩来、朱德、陈云等副主席职务都不再被提及。会议期间和会后，刘少奇、邓小平等中央领导人相继受到批判。毛泽东"左"倾错误的个人领导实际上取代了中央的集体领导。许多与会者尽管对此感到困惑，但在个人崇拜的狂热气氛中却难有作为。

中央政治局扩大会议和中共八届十一中全会成为"文化大革命"全面发动的标志。"文革"全面发动后，全国很快陷入了全面动乱的局面。

(三) 对"文革"错误的抵制

1. "二月抗争"

面对严重危害国家生产和生活秩序的动乱局面,一批老一辈革命家挺身而出。1967年1月下旬和2月中旬,他们在党和军队的高级会议上,"大闹京西宾馆""大闹怀仁堂",抵制"文化大革命"的错误和林彪、江青等人的倒行逆施。这就是著名的"二月抗争"。

在1967年1月19日、20日的中央军委碰头会上,叶剑英、徐向前、聂荣臻等就陈伯达、江青等提出要在军队内搞大民主的问题展开了激烈争论。叶剑英拍案怒斥江青等人,力陈保持军队稳定的极端重要性,反对在军队内部开展所谓"四大"。2月11日和16日,在周恩来主持的中央政治局碰头会上,谭震林、陈毅、叶剑英、李富春、李先念、徐向前、聂荣臻等对中央文革小组在运动中的种种错误做法表示强烈不满。他们愤怒地指斥江青、康生、陈伯达、张春桥等人诬蔑陷害老干部,乱党、乱军的行为,并围绕着"文化大革命"要不要党的领导、老干部应不应该都打倒、要不要稳定军队等重大原则问题同江青进行了斗争。

谭震林、陈毅、李先念、李富春、徐向前、聂荣臻等中央政治局和中央军委的领导人,在党的会议上发表不同意见,完全是正确的、合乎组织原则的事情。可是,林彪、江青一伙却颠倒是非,大兴问罪之师。张春桥、姚文元、王力在16日夜里私自核对整理了中央碰头会的记录,并在与江青密谋后,由江青安排他们向毛泽东做了汇报。毛泽东听了汇报后,对这些老同志深感不满。18日晚,毛泽东找老干部谈话,对他们进行了严厉指责,并决定让谭震林、徐向前等"请假检讨"。从2月25日至3月18日,中央政治局连续召开七次"政治生活批评会",江青、康生、陈伯达等人以"资产阶级复辟逆流"的罪名,组织对老同志的批判和围攻,指责他们的抗争是"二月逆流",周恩来也被迫做了检讨。随后,中央政治局停止了活动,中央文革小组实际上取代了中央政治局。林彪、江青等人攫取了更大的权力,活动也更加嚣张。这对"文化大革命"的发展,特别是1967年夏天的严重失控局势,产生了直接的影响。

"二月抗争"被压制下去后,在中央文革小组煽动下,各地出现了更大规模的揪斗、打击与迫害党和国家各级领导干部以及冲击党、政、军领导机关的局面,造反派组织间的派性斗争也不断升级。林彪、江青等乘机煽动"打倒一切,全面内战",使形势进一步恶化。

2. 林彪集团的覆灭

当全国各省、市、自治区革委会相继成立后,毛泽东决定召开中共第九次全国代表大会。为了准备中共九大,1968年10月13日至31日,中共召开了扩大的八届十二中全会。毛泽东在会上全面肯定了"文化大革命"。在没有经过核实和认真讨论的情况下,全会通过了《关于叛徒、内奸、工贼刘少奇罪行的审查报告》,宣布将刘少奇"永远开除出党",酿成全国最大的冤案。

1969年4月1日，在狂热的个人崇拜气氛中，中共九大在北京开幕。由于各地党委在所谓"造反"和"夺权"中受到严重冲击而大多瘫痪，正常的党员组织生活还未恢复，因此中共九大代表不是也不可能由选举产生，而是由中央和各级革委会党的核心小组"酝酿协商"产生的。林彪、江青集团利用权力将他们帮派体系的人塞进中共九大，使中共九大成为中共历史上前所未有的组织严重不纯的一次全国代表大会。

　　林彪在大会上做政治报告。他认为，"无产阶级专政下继续革命的理论"是毛泽东思想的最新发展，极力鼓吹"文化大革命"的所谓"丰功伟绩"。修改后的党章全面肯定了"无产阶级专政下继续革命的理论"，取消了党员应有的权利。新党章还违反民主集中制的组织原则，把林彪作为"毛泽东同志的亲密战友和接班人"写进总纲，这在中共历史上乃至国际共产主义运动史上都是前所未有的。

　　4月24日，大会选举了新的领导机构。在当选的279名中央委员和候补中央委员中，原中共八届中央委员和候补中央委员只有53人。中央委员会不正常的换班，致使许多老革命家被排斥，而林彪、江青帮派体系中的一批骨干和亲信被安排进中央委员会。在随后举行的中共九届一中全会上，毛泽东当选为中央委员会主席，林彪为副主席。中央政治局常委会由毛泽东、林彪、周恩来、陈伯达、康生5人组成。在21名政治局委员中，林彪、江青集团的骨干成员占到了半数以上。

　　中共九大使"文化大革命"的错误理论和实践合法化，大大加强了林彪、江青等人在中央的领导地位。这次会议在思想上、政治上、组织上的指导方针都是错误的，没有任何积极意义。

　　1970年3月8日，毛泽东提出召开四届人大和修改宪法的建议，同时提出不再设国家主席的主张。在他看来，设不设国家主席，"那是形式，不要因人设事"。3月17日至20日召开的中共中央工作会议上，毛泽东关于不设国家主席的意见得到大多数人的赞成。但林彪一伙把召开四届人大看成是进行权力再分配的机会，把国家主席一职作为觊觎的目标。经过中共九大，不但林彪取得了"接班人"地位，而且其重要成员黄永胜、吴法宪、叶群、李作鹏、邱会作等也进入了中央政治局。这个集团与后来形成的"四人帮"集团，存在着既互相利用又互相矛盾的微妙关系。这时林彪既担心自己的健康不好，又怕羽翼已丰的江青一伙抢先夺权，因而急于抢班，把国家主席作为一个重要目标。在毛泽东多次明确表示不设国家主席，他不担任国家主席的情况下，一向以紧跟着称的林彪却一反常态，于4月11日仍然提出要设国家主席，他对其党羽一再强调，要设国家主席，不设国家主席，国家没有一个头，名不正言不顺。表面上，他虚伪地建议请毛泽东担任国家主席之职，但被毛泽东断然拒绝。林彪却一意孤行，根本不予理睬，继续筹划。

　　8月23日至9月6日，中共九届二中全会在庐山召开，会议的议题是讨论修改宪法和国民经济计划与战备问题。会议一开始，林彪就抢先发言，继续坚持其设国家主席的主张，并宣称肯定毛泽东伟大领袖、国家元首、最高统帅的地位，是"宪法的灵魂"。他还宣讲陈伯达选编的《恩格斯、列宁、毛主席关于称天才的几段语录》，在会上制造混乱。毛泽东觉察到林彪等人的阴谋，于8月23日下午主持召开政治局常委扩大会议，决定立即停止讨论林彪的讲话，并责令陈伯达检讨。9月6日，中共九届二中全会恢复原定议程，通过了宪法修改草案，决定向人大常委会建议在适当时候召开四届人大；批准国务院关于全国计划会议和1970年国民经济计划的报告；批准中央军委关于加强战备工作的报告；同时宣布对陈伯达进行审查。

中共九届二中全会以及会后，中央和毛泽东采取了一系列措施，削弱林彪集团的权势。林彪眼见自己的接班人地位岌岌可危，决定铤而走险，策划武装政变。早在1969年10月，林彪就指使空军司令员吴法宪任命自己的儿子林立果为空军司令部办公室副主任兼作战部副部长。吴法宪还私自授予林立果指挥、调动空军的权力。1970年10月，林立果利用职权秘密组织武装政变的骨干力量，代号为"联合舰队"。1971年3月，"联合舰队"的主要成员在上海会合，制订了武装政变计划，代号为《571工程纪要》（"571"为"武起义"三个字的谐音，指"武装起义"）。该纪要分为可能性、必要性、基本条件、时机、力量等9个部分，分析了当时的形势，规定了实施要点、口号和策略，提出了要在"军事上先发制人"，妄图夺取全国政权，或制造"割据局面"。

1971年8月中旬，正当"联合舰队"积极准备行动的时候，毛泽东到南方进行巡视，并召集部分地方党、政、军负责人谈话，指名批评林彪和黄、吴、叶、邱等人。林彪、叶群得知毛泽东的南巡及和地方负责人的谈话内容后，陷于极大的恐慌之中。为了挽救自己行将覆灭的命运，他们密谋在毛泽东南巡途中采取谋杀行动。同时，也做好了带领亲信南逃广州、另立中央的准备。

9月3日，毛泽东从南昌到达杭州，准备在此住到9月下旬。但当他了解到一些可疑情况后，立即改变计划，于9月12日提前返回北京，从而使"联合舰队"的谋杀计划破产。在北京的林彪一伙得到阴谋破产的消息后惶惶不可终日，决定南逃广州。但林立果私自调动256号专机到山海关的情况引起周恩来的警觉，周恩来立即下令追查此事并命令将飞机马上飞回北京。林彪、叶群、林立果等人看到南逃阴谋难以得逞，遂于9月13日凌晨强行乘飞机叛逃外国，途经蒙古温都尔汗时坠毁，机上人员全部死亡。"联合舰队"的其他骨干分子或自杀或被捕，一场武装政变阴谋被彻底粉碎。这就是"九一三事件"。

"九一三事件"成为"文化大革命"历史发展的一个转折点，客观上宣告了"文化大革命"理论和实践的失败。

3. 周恩来的纠"左"努力及局部整顿

林彪事件后，周恩来在毛泽东支持下主持中央日常工作。他以清除林彪集团影响为契机，批判极"左"思潮，落实各方面政策，整顿国民经济，使全国局势有了转机。1971年9月18日，中共中央发出《关于林彪叛国的通知》，向全国省、部级以上干部通报了林彪事件。9月24日，针对林彪集团的主要成员黄永胜、吴法宪、李作鹏、邱会作等对抗中央的活动,党中央责令他们停职反省,彻底交代。10月3日,中共中央发出通知:撤销军委办事组,成立军委办公会议。军委办公会议由军委副主席叶剑英主持,负责军委的日常工作,夺回了被林彪集团篡夺的军权。同日,党中央决定成立由周恩来等负责的中央专案组,审查林彪、陈伯达反党集团的问题,并向全国发出通知,传达林彪叛党叛国事件。从1971年12月起,中共中央陆续批发了"关于粉碎林彪集团反革命政变斗争"的三批材料,在全国开展"批林整风"运动,揭发批判林彪集团的反革命罪行,清查与林彪集团阴谋有关的人和事。通过这一系列措施,妥善处理了与林彪事件有关的各种重要问题,保持了全国政治局势的相对稳定。

周恩来还利用当时全国开展的"批林整风"运动,力求纠正"文化大革命"的一些"左"的极端做法,在保护老干部、恢复和发展国民经济以及对外关系方面都取得了显著成绩。

在落实干部政策方面,周恩来密切配合毛泽东,为所谓的"二月逆流"进行了事实上的平反。1972年1月,毛泽东还通过参加陈毅追悼会的方式,表达了对"文革"之初"打倒一切"做法的不满;3月,中共中央正式决定,恢复邓小平的组织生活和国务院副总理的职务;4月,《人民日报》经过周恩来审阅的社论《惩前毖后,治病救人》,强调经过长期革命斗争锻炼的老干部,是党的宝贵财富,要批判林彪错误的政治路线和组织路线,排除"左"和右的干扰,认真落实党的干部政策。在此前后,一大批下放劳动或"靠边站"的各级党、政、军负责同志恢复了名誉并被重新安置到领导岗位。

周恩来在纠"左"过程中还采取措施整顿经济秩序。在1971年12月至1972年2月的全国计划会议上,周恩来发言并提出国民经济建设中存在的"三个突破"(即职工人数突破5 000万,粮食销量突破400亿千克,工资支出突破300亿元)问题,指出它给国民经济造成的危害及其危险性。国家计委据此起草了《1972年全国计划会议纪要》,提交了1973年全国计划会议讨论的《关于坚持统一计划,加强经济管理的规定》,提出必须十分重视发展农业和轻工业,国防工业建设必须与国民经济建设相适应,要下决心控制基建规模和职工人数等十项措施以及加强经济管理的一些具体制度和措施。这两份文件对纠正经济建设上的极"左"思潮、恢复国民经济起了积极的作用。

在农村经济政策方面,1972年12月26日,中共中央发出《关于农村人民公社分配问题的指示》,针对当时农村在极"左"思潮影响下普遍存在的严重平均主义问题,重申在人民公社的分配工作中要坚持按劳分配原则,兼顾国家、集体、个人三方面的利益,正确处理积累和消费的关系,同时指出不要把多种经营和正当的家庭副业当作资本主义来批判。这些措施在一定程度上调动了农民的积极性,受到农村广大干部群众的欢迎。1972年,尽管6.1亿亩庄稼遭受到严重的自然灾害,但农业总产量并没有减少。1973年,农业还取得了丰收,粮食和棉花均有较多增长,有效地缓解了当时的困难局面。

1973年,工农业总产值比上年增加9.2%,其中农业增长8.4%,轻工业增长10.6%,重工业增长8.7%,财政收支取得平衡,成为"文革"发动以来经济形势最好的一年。这一年引进工作也迈出了大的步伐。根据周恩来指示制订的"四三方案",从国外进口43亿美元成套设备和单机,包括13套大化肥、4套化纤、3套石油化工、3个电站等大型项目。这是"文化大革命"期间第一次大规模引进国外项目,这些项目的相继建成、投产,为国民经济发展注入了活力。

"文化大革命"期间,经济调整的成绩绝不是"文化大革命"的功劳,而是各级干部和广大群众抵制与纠正"左"倾错误、共同奋斗的结果。这一时期,在一些重大工程项目和科技项目上取得的成果是十分引人注目的。在铁路建设中,初步形成了西南地区铁路网络,改变了该地区长期交通梗阻的闭塞落后状况;在科学技术领域,1967年成功试爆氢弹,1970年4月成功发射第一颗人造地球卫星,标志着我国在宇航技术方面取得了历史性的突破。

在外交工作方面,在"文化大革命"初期,由于受到极"左"思潮的干扰,我国外事工作一度陷入混乱和困境。林彪、江青一伙竭力插手外事部门,煽动红卫兵制造了"三砸一烧"(即砸毁印度、印尼、缅甸驻华使馆,火烧英国驻华代办处)等严重涉外事件,极大地损害了我国的国际声誉和对外关系的发展。在对外宣传方面,不顾内外有别的原则,把宣传毛泽东思想作为对外活动的主要任务。外事工作受到"左"倾错误的干扰,引起毛泽东、周恩来的极大忧虑。在毛泽东的支持下,周恩来贯彻正确的外交方针,采取一系列措施,使外事工作中的偏差较快得到纠正,一些不正常的状况逐步消除。1969年"五一"劳动节,毛泽东在天安门城楼上会见一些外国驻华使节,同他们进行友好的谈话,实际上是向世界各国传达中国愿意同它们改善和发展关系的信息。随后不久,中国陆续派出一批驻外使节,对过去主要由于中方极左行动而损害双边关系的事件进行修复工作,从而使中国对外关系重新走上正常发展的轨道,并取得了一系列重大突破。

首先,中国恢复在联合国合法席位的斗争取得了突破性胜利。由于20世纪70年代以后国际形势发生了巨大变化,广大亚、非、拉发展中国家取得独立并在国际事务中日益成为一支举足轻重的力量;美国政府坚持了20多年的孤立中国的政策则日益趋于破产。1971年10月25日,联合国大会第26届会议由阿尔巴尼亚等18国(后增加为23国)代表提议,将恢复中国在联合国合法权利作为紧急问题列入议程,并以压倒性多数获得通过,从而恢复了中华人民共和国在联合国的合法席位,同时把台湾国民党集团的代表从联合国的一切机构中驱逐出去。这是我国外交工作的重大胜利。

其次,中美两国关系取得了突破。1969年1月,尼克松就任美国总统后,即通过一些渠道向中国方面表达了改善两国关系的愿望,并采取了诸如宣布放宽对华人员来往和交往的限制,减少美国舰队在台湾海峡的活动等措施,做出了要改善两国关系的姿态。中国方面对美国调整对华政策的动向做了积极而迅速的反应。1970年12月18日,毛泽东会见美国友人斯诺,请他转告美国政府:"如果尼克松到中国来,我愿意同他谈,谈得成也行,谈不成也行。"并表示要解决中美之间的问题,就得同尼克松谈。这是中国领导人向美国发出的一个重要信息。1972年4月,周恩来又根据毛泽东的决策,指示有关部门主动邀请美国乒乓球队访华,这一着被称为"乒乓外交"的妙棋,通过"小球转动大球",打开了中美两国人民友好交往的大门,在世界上引起巨大反响。1971年7月,美国总统国家安全事务助理基辛格秘密访华,为尼克松总统访华做准备。

1972年2月,尼克松总统访问中国。毛泽东主席同他就中美关系和国际事务认真坦率地交换了意见。周恩来总理同尼克松总统举行了会谈,并于2月28日在上海发表联合公报。联合公报确认和平共处五项原则为发展双边关系的基本准则。关于台湾问题,美国声明:"美国认识到,在台湾海峡两边的所有中国人,都认为只有一个中国,台湾是中国的一部分。美国政府对这一立场不提出异议……它确认从台湾撤出全部美国武装力量和军事设施的最终目标。"中美联合公报的签订,标志着两国关系正常化的开始,为今后双边关系的进一步发展奠定了原则基础。1973年2月,基辛格再度访华。经商定,为加速两国关系正常化和扩大各方面的交往,两国各在对方首都设立联络处。同年5月,中美双方完成了互设联络处的工作。

中美关系的改善推动了中日邦交正常化的实现。1972年7月,日本佐藤政府因遭到各方谴责而倒台。田中角荣出任首相后,明智地采取了推进中日邦交正常化的方针。1972年9月25日,田中角荣首相应周恩来总理邀请访华。毛泽东、周恩来会见了田中首相。经过会谈,中日两国于9月29日签署了建立外交关系的联合声明。声明提出,自本声明公布之日起,中日之间迄今为止的不正常状态宣告结束。日本方面痛感过去由于战争给中国人民造成重大损失的责任,表示深刻的反省。日本政府承认中华人民共和国政府是中国唯一的合法政府,台湾是中华人民共和国领土不可分割的一部分。两国决定立即建立外交关系,随后,日本同"台湾当局"断绝了外交关系。1973年初,中日两国互设大使馆,互派大使。中日建交以后,两国关系不断发展,陆续签订了贸易、航空、海运、渔业和科技文化等一系列协议。两国贸易额迅速增加。根据中国政府的建议,1975年中日两国开始谈判缔结和平友好条约。中日建交结束了两国长期敌对的历史,开始了新的睦邻友好关系,这对于两国关系的发展和世界和平都有重要的意义。

20世纪70年代初,出现了新中国外交史上的第三次建交高潮。仅1970—1972年三年中,同中国建立大使级外交关系的国家达39个(包括英国、荷兰两国由代办级升格为大使级)。其中,除大部分是亚洲、非洲和拉丁美洲等不发达国家外,同时也包括欧洲的意大利、比利时、联邦德国和北美洲的加拿大等西方资本主义发达国家。至此,我国同美国以外的西方所有发达国家都建立了正式的大使级外交关系。

中国和东欧国家的关系也得到不同程度的改善。中国同东欧各国的贸易、人员往来和科技交流都开始恢复。从1970年起,中国同南斯拉夫的关系也有了明显变化。

20世纪70年代,中国同亚非拉不发达国家建立和发展友好合作关系,取得了显著成绩。中国不但同它们建交的数目大大增加,而且同它们一道捍卫民族独立和国家主权,反对外来侵略和干涉,成为国际舞台上反霸斗争的中坚力量。中国真诚维护并努力促进第三世界各国之间的团结,为打破以大欺小、以富压贫、以强凌弱的国际旧秩序,建立以和平共处五项原则为基础的国际新秩序,做出了自己的贡献。

根据国际形势的新变化,毛泽东于1974年年初提出划分三个世界的理论。他认为,苏美两个超级大国属于第一世界,苏美以外的西方发达国家和东欧国家属于第二世界,亚洲、非洲、拉丁美洲的广大发展中国家属于第三世界。在这种划分中,突出了苏美两个推行霸权主义国家同世界反霸力量的矛盾;强调在世界反霸斗争中第三世界国家的重要作用,以及联合第二世界国家和利用两个超级大国矛盾的重要意义;强调中国属于第三世界,要联合世界上一切可以联合的力量,结成最广泛的国际反霸统一战线,为打败超级大国的侵略、控制和压迫,争取世界和平而斗争。1974年4月10日,邓小平在联合国第六次特别会议上,根据毛泽东的分析,全面阐述了"三个世界"理论,引起世界各国的注意,特别是受到第三世界广大国家的欢迎。

4. 邓小平主持的全面整顿

周恩来在主持四届人大一次会议成功抵制"四人帮""组阁"阴谋后,病情更加严重。在毛泽东支持下,复出不久的邓小平实际上主持中央的日常工作。

1975年2月10日,中共中央发出《批转一九七五年国民经济计划的通知》,要求全党"团结一切可以团结的人,调动一切积极因素,坚持抓革命、促生产、促战备的方针,把国民经济搞上去,当前特别要把交通运输和煤炭、钢铁生产抓上去"。当时,由于"四人帮"及其帮派势力的破坏,造成徐州、郑州、南昌等铁路枢纽长期堵塞,阻碍津浦、京广、陇海、浙赣4条铁路主干线的畅通,并影响其他铁路干线的运输,严重危及工业生产和一些城市的人民生活。为了改变这种混乱局面,实施1975年国民经济计划,也为了推动全国各方面工作的整顿,1975年2月25日至3月8日,中共中央召开解决铁路问题的省、市、自治区党委工业书记会议。邓小平在会上指出,现在的大局是把我国建设成为现代化的社会主义强国,只敢说抓革命,不敢说抓生产,这是大错特错。他针对铁路运输工作存在的问题,指出要加强集中统一,建立必要的规章制度,增强组织性、纪律性。经过讨论,会议做出了《关于加强铁路工作的决定》,该决定对全国铁路实行以铁道部领导为主的管理体制,统一管理,集中指挥;建立健全岗位责任制、技术和质量检验制度,确保运输安全准点;加强组织性、纪律性,整顿铁路秩序,同各种破坏行为作斗争。对少数资产阶级派性严重、经过批评和教育仍不改正的领导干部和派别头头,要及时处理。根据邓小平讲话的精神,铁道部会同有关地方党委,对一些问题严重的路局进行重点整顿。发动群众批判派性,撤换一些捣乱的派性严重的坏头头,平反错案,坚决调整领导班子,恢复和健全规章制度。这些有力措施深得广大铁路职工的拥护,铁路运输状况迅速好转。到4月份,堵塞严重的几条铁路都疏通了;全国20个铁路局中有19个超额完成计划。全国铁路日装车平均达53 700多车,比2月平均日装车多1万多车;煤炭日装车达7 800多车,是5年来第一次完成计划。铁路的整顿带动了整个工业的整顿,首先是钢铁工业的整顿。1975年前4个月,全国欠产钢铁195万吨,包头、武汉、鞍山、太原等大钢厂欠产严重。邓小平在5月29日的钢铁工业座谈会上指出:钢铁工业重点要解决好四个问题:第一,必须建立一个领导班子。钢铁生产搞不好,关键是领导班子问题,是领导班子软、懒、散。第二,必须坚决同派性进行斗争。要敢字当头,对坚持闹派性的人,该调的就调,该批的就批,该斗的就斗,不能慢吞吞的,总是等待。第三,必须认真落实政策。要特别注意把受运动伤害的老工人、技术骨干、老劳模的积极性调动起来。第四,必须建立必要的规章制度。执行规章制度宁可要严一些,否则就建不起来。6月4日,中共中央发出《关于努力完成今年钢铁生产计划的批示》,要求各省、市、自治区党委加强对钢铁工业的领导。钢铁工业的整顿立见成效。6月,钢的平均日产量达72 400吨,超过全年计划平均日水平,开始补还欠产。

经过几个月整顿,经济形势开始明显好转。1975年7月17日,中共中央转发国务院《关于今年上半年工业生产情况的报告》中指出:"3月以来,工业生产和交通运输一个月比一个月好。原油、原煤、发电量、化肥、水泥、内燃机、纸及纸板、铁路货运量等,5、6月份创造了历史上月产的最高水平。""全国工业总产值,上半年完成全年计划的43%,收支平衡,略有结余。"生产情况的迅速好转,说明整顿工作是有成效的。

以铁路整顿为突破口的工交战线的整顿,迅速扩大到对整个经济工作指导思想、一系列方针政策的反思和对农业、商业、科技、文教以及军队与国防建设等各条战线的全面整顿。这就使这场整顿实际上成为在当时特定条件下的一种拨乱反正。

1975年6月至8月,国务院召开计划工作务虚会。会议围绕如何加快经济发展问题,针对当前经济生活中的乱和散等主要问题,提出必须狠抓整顿、强调集中。会议在计划体制、企业管理体制、物资管理体制和财政体制上,提出了一系列治乱治散的办法和主张,并强调要整顿软、懒、散的班子,对职工要严格训练、严格要求,岗位责任制、各项生产管理制度要严格执行。此外,务虚会还就如何发展钢铁工业、调整机械工业、缩短基本建设战线、安排好轻工市场、发展科技等问题,提出了一些设想。

1975年8、9月,国务院又讨论了国家计委起草的《关于加快工业发展的若干问题》的文件,简称《工业二十条》。这是在"文化大革命"条件下,试图纠正工业生产中"左"的错误,系统整顿工业企业的一个重要文件。文件明确提出,"决不能把革命统帅下搞好生产,当作'唯生产力论'和'业务挂帅'来批判"。邓小平在讨论这个文件时提出的主要意见有:要确立以农业为基础,为农业服务的思想;引进新技术、新设备,扩大进出口;加强企业的科学研究工作;整顿企业管理秩序;抓好产品质量;恢复和健全规章制度;坚持按劳分配原则;等等。《工业二十条》在征求意见的过程中,得到普遍赞同,虽然由于"四人帮"的阻挠未能作为正式文件发下去,但仍产生广泛影响,对当时的工业改革起了良好的作用。

军队的整顿也是全面整顿的一个重要方面。1975年1月25日,邓小平在就任总参谋长后首次召开的总参机关团以上干部会的讲话中,明确提出"军队要整顿"。6月24日至7月15日,邓小平和叶剑英主持召开军委扩大会议。会议的中心议题是军队的思想作风和组织建设问题。会议分析了国际形势和军队现状,通过了《关于压缩军队定额、调整编制体制和安排超编干部的报告》,讨论了军队进行整顿的措施。邓小平在讲话中指出,军队必须加强组织性、纪律性,加强军政团结、军民团结和军队本身的团结。军队建设中要克服"肿、散、骄、奢、惰"的缺点,他强调要解决好这些问题,必须首先调整好各级领导班子。叶剑英在总结中提出,要批判资产阶级派性,增强无产阶级党性;要坚持安定团结的方针,认真落实政策;要抵制资产阶级思想作风的影响和腐蚀,自觉改造世界观。会议对军队整顿问题做了具体部署。会后,中共中央转发了邓小平和叶剑英的讲话。经中共中央、毛泽东批准,以叶剑英、聂荣臻、粟裕等组成的领导小组,从8月到年底,对各总部、各军兵种、各大军区等25个大单位的领导班子进行调整。同时,对北京市及其附近战略要地的军队部署也进行了调整。这对于后来粉碎"四人帮"集团,稳定全国局势,起到了重要作用。

针对农业受到很大破坏的情况,国家对农业也进行了整顿。1975年9月,在全国农业学大寨会议上,邓小平指出,实现四个现代化的关键是农业现代化,农业搞不好,要拉国家的后腿。他还提出,要落实农村干部政策。会后,各地曾抽调上百万名干部帮助进行整顿,但由于当时"农业学大寨"受"左"的干扰十分严重,致使农业整顿的成效并不明显。

对科技和文化教育领域也同时进行了整顿。1975年6月30日,中共中央批发国防科委临时党委关于解决七机部问题的报告,使这个闹派性达九年之久的老大难问题得到了解决,开始出现较为正常的科研、生产和工作秩序。7月,中共中央批发国务院关于中国科学院要整顿、要加强领导的报告。9月,中国科学院根据邓小平的意见,写出《关于科技工作的几个问题》(即《科学院工作汇报提纲》)。《科学院工作汇报提纲》明确肯定新中国建立以来科技战线的成绩是主要的;强调科学技术也是生产力,要把广大知识分子的积极性调动起来。

在教育领域,根据邓小平关于"我们有个危机,可能发生在教育部门"的谈话精神,教育部刊物连续发表文章批判"四人帮"鼓吹的"读书无用论",指出不引导青少年学习科学文化知识,"势必拖四个现代化的后腿"。

总之,邓小平主持的全面整顿,获得了中央政治局和国务院许多领导人的支持,也迅速调动了广大人民群众的生产积极性,很快使国内形势出现了明显的转机。1975年,工农业生产总值比上半年增长11.9%,其中工业增长15.1%,农业增长4.6%,工农业主要产品除棉花外,粮、钢、煤、原油、发电量等均有显著增长,使1975年成为"文化大革命"中经济形势较好的一年。

随着对各个领域整顿的深入,势必要触及"文化大革命"中实行的许多"左"的政策和理论,逐渐发展到对这些错误政策和理论的系统纠正,而这就有从根本上否定"文化大革命"的趋势。这种状况既遭到"四人帮"的猖狂反对,也为毛泽东所不能容忍。

1975年下半年以后,毛泽东的病情逐渐加重,他同中央政治局之间只能通过他的侄子毛远新作为联络员保持不多的联系。毛远新与江青等人关系极为密切。他和江青集团的歪曲性、挑拨性的情况汇报,对毛泽东做出的决策起了恶劣影响。

11月下旬,根据毛泽东的意见,中共中央在北京召开了有10多名党、政、军领导干部参加的"打招呼会议",宣读经毛泽东审阅的《打招呼的讲话要点》。这个《要点》说"清华大学出现的问题绝不是孤立的,是当前两个阶级、两条道路、两条路线斗争的反映。这是一股右倾翻案风"。此前,中共中央政治局也根据毛泽东的意见,对邓小平进行错误的批评,并停止他主持中央的工作,让他"专管外事"。以中共中央"打招呼会议"为标志,"反击右倾翻案风"运动迅速扩大到全国。邓小平主持的全面整顿就此中断,并成为所谓"右倾翻案风"的主要内容受到批判。

"批邓、反击右倾翻案风"破坏了各条战线经过整顿刚刚出现的比较稳定的局势,一批领导干部再次受到打击,一些地区的派性和武斗重新泛滥,许多地区停工停产,工业生产完不成计划。这种状况使广大干部和群众进一步认识到"文化大革命"的错误,更加认清了"四人帮"祸国殃民的面目,特别是他们在"批邓、反击右倾翻案风"中的拙劣表演,更使他们走到了天怒人怨的地步。人们心中长期积聚的不满情绪,终于通过以"天安门事件"为中心的"四五群众运动"爆发出来。

(四)"四人帮"集团被粉碎和"文化大革命"的结束

1."四五群众运动"

1976年1月8日,中国共产党和中华人民共和国的主要领导人之一、杰出的无产阶级革命家、政治家、军事家和外交家,担任共和国总理26年之久的周恩来逝世。噩耗传来,举国同悲。1月11日下午,当周恩来的遗体送往八宝山火化时,首都数百万群众为他送行。

然而,在为周恩来治丧期间,"四人帮"发出种种禁令,竭力阻挠群众悼念周恩来的活动,还特别控制舆论媒体,不准报道群众哀悼的实情。"四人帮"的倒行逆施引起了人民群众的极大愤慨。1976年3月,南京群众首先开展悼念周恩来的活动,并举行反对"四人帮"的游行和集会。接着,杭州、郑州、西安、太原、福州等城市的广大群众,利用清明节的传统习俗,冲破"四人帮"的阻力,举行悼念周恩来的活动。

北京群众从3月底开始,自发地汇集到天安门广场。他们张贴传单,朗诵诗词,发表演说,痛斥"四人帮"的罪恶,表达对周恩来的悼念。"四人帮"对此十分恐惧,千方百计地加以阻挠。4月1日,以中共中央名义发出电话通知,对南京以及各地群众的正义行动加以无理指责。4月4日,悼念活动达到高潮,首都和外地群众不顾当时一再重申的禁令而来到天安门广场,先后达200多万人次。当晚,华国锋主持召开中央政治局会议,讨论连日来天安门广场发生的事态。这次会议在"四人帮"的左右下,将此定为反革命事件,并决定当晚即采取行动,清理天安门广场的花圈和标语,布置民兵和公安人员围住纪念碑,阻止群众再去集会。毛泽东同意了这次政治局会议的决定。

4月5日清晨,当群众看到天安门广场所有的花圈、诗词、挽联等都被撤走,气愤异常,数万群众同一部分在天安门广场执勤的民兵、警察发生严重冲突。4月7日,根据毛泽东的提议,中央政治局开会,宣读并通过了《关于华国锋任中国共产党中央委员会第一副主席、中华人民共和国国务院总理的决议》和《关于撤销邓小平党内外一切职务的决议》。

以天安门事件为中心的"四五群众运动"是人民群众悼念周恩来、抗议"四人帮"的集中体现,实质上体现了人民群众对于"文化大革命""左"倾错误的反对和对于以邓小平为代表的党的正确领导的拥护和支持。这次运动虽然被镇压下去,但它鲜明地表现了全国人心的向背,为后来粉碎"四人帮"集团奠定了坚实的群众基础。

2. "四人帮"集团被粉碎,"文化大革命"结束

1976年9月9日,毛泽东在北京逝世。早在毛泽东病重之际,"四人帮"就已处心积虑地策划夺取更多的权力。8月下旬,"四人帮"在上海的亲信突击发放枪7.4万多支、炮300门、枪炮弹1000万发,为发动武装叛乱做准备,妄图使上海成为他们夺取最高权力的基地。毛泽东逝世后,"四人帮"立即加紧夺权的阴谋活动。9月11日,王洪文在江青等人的支持下,撇开中央办公厅值班室,在中南海另设值班室,并通知各省、市、自治区党委,重大问题及时向他们汇报,企图切断中共中央与各地的联系,由他们指挥全国。"四人帮"还不顾中央规定,准备派公安人员进驻中南海,妄图武装胁持党中央。他们还有计划、有预谋地伪造一个"按既定方针办"的所谓毛泽东的临终遗嘱,在报纸上反复宣传,标榜他们是毛泽东的正统继承人。10月4日,"四人帮"的写作班子"梁效"在《光明日报》头版头条发表《永远按毛主席的既定方针办》的文章,公开威胁说:"任何修正主义头子胆敢篡改毛主席的既定方针,是决然没有好下场的。"

"四人帮"集团篡党夺权的活动,使叶剑英、李先念等老一辈革命家焦虑万分,在党和国家面临严重危机之际,他们通过各种渠道,互通信息,酝酿解决"四人帮"的方法。中共中央第一副主席、主持中共中央和国务院日常工作的华国锋也认识到"四人帮"是党和国家身上的毒瘤,他与叶剑英等多次研究和反复商量清除"四人帮"的方法,他们一致认为同"四人帮"的斗争已超出正常的党内斗争范围。经过慎重考虑并征得中央政治局多数成员的同意,决定对"四人帮"采取断然措施。

10月6日晚,中共中央以召开政治局常委扩大会议为由,先后逮捕王洪文、张春桥、姚文元等人,同时对江青实行隔离审查。10月14日,中共中央公布了粉碎"四人帮"的消息。粉碎"四人帮"是全党全军和全国人民的共同意志。"四人帮"的覆灭,使"文化大革命"这场长达十年的浩劫得以结束,并使我国的社会主义建设事业进入一个新的历史发展时期。

(五)"文化大革命"的严重后果及深刻教训

粉碎"四人帮"的胜利,在实践上宣告了"文化大革命"的结束。这场持续达十年之久的长期动乱,使党、国家和人民遭受了中华人民共和国建立以来前所未有的挫折和损失。

在"文化大革命"中,大批各级党政干部被打倒、受迫害。十年来,全国上下受打击

迫害和株连的干部、群众达1亿人，占全国人口的九分之一；各级党组织和政府机构长期瘫痪，国家权力机构长期停止活动，公、检、法等专政机关被"彻底砸烂"，民主与法制被肆意践踏；它还造成人们思想上的空前混乱和对马克思主义信仰的严重削弱。"文化大革命"是在"创造性地发展马克思主义"的旗号下进行的，这极大地损害了马克思主义的声誉，在相当一部分人包括一些共产党员中，特别是在青少年中出现了信仰危机。

十年间，国民经济遭到极大破坏，国民收入损失达5 000亿元，而且长期的动乱，破坏了原有的生产组织和指挥系统，经济效益大幅度下滑，使得国家综合经济实力同世界经济大国的差距越来越大。

"文化大革命"之所以冠以"文化"二字，主要是因为这场风暴首先是在文化领域掀起的，因而这个领域受到的破坏也最严重。当时席卷全国的红卫兵运动，是以破"四旧"为先导的。各种名目的红卫兵拥向街头，抄家打人、乱烧乱砸。他们还破坏古迹、捣毁神像、焚烧书画，中华民族的优秀历史文化遗产遭受到无可估量的损失。传统文化中的各种思想、观念，长期以来形成的社会道德观念也被红卫兵重新衡量，通得过的，才会有继续留存下来的资格，否则就会被无情地破除。

在破除"文艺黑线专政"的旗号下，大批文艺界知名人士被划入"文艺黑线"的圈子，特别是许多有造诣的专家、教授、艺术家受到迫害，有的甚至被迫害致死。丰富多彩的中国传统剧目和文艺形式，大多被停止上演，被允许上映的电影极少。文艺的百花园地一片凋零，只剩下几个被誉为"文艺革命旗手"的江青搞的"样板戏"。

"文化大革命"也严重冲击了教育领域。毛泽东对中华人民共和国建立后的教育工作有个基本估计，认为学校处在资产阶级统治之下，"文化大革命"的任务之一，是夺取教育领域的领导权，并"彻底改变资产阶级知识分子统治我们学校的现象"。"文化大革命"初期，广大青年学生缺乏政治经验，出于对共产党和毛泽东的信赖与忠诚，盲目地加入了打倒资产阶级在学校的"代表人物"和批判所谓"反动学术权威"的活动。在"横扫一切牛鬼蛇神"的旗号下，大中学校"停课闹革命"，开展"革命大批判"成了中心任务。不少青年学生在政治狂热情绪支配下，文化科学知识的学习与掌握被视为无关紧要的事情。

据统计，整个"文化大革命"期间我国少培养了100多万名大专毕业生和200多万名中专毕业生，基础教育也受害甚烈，严重影响了整个民族文化素质的提高。

在"文化大革命"中，科学技术事业受到的冲击和破坏也是相当严重的。在"左"倾路线统治下，科技战线也被视为"资产阶级的世袭领地"和执行"修正主义路线"而受到批判，其中许多学有所长、有建树和有贡献的专家被作为资产阶级知识分子与反动学术权威对待，他们或者被迫离开了自己熟悉的科研岗位，或者被下放到工厂、农村、干校去接受工农兵的"再教育"，去改造自己的"资产阶级思想、感情和立场"。由于内乱、武斗和群众组织间的严重对立，很多科研机构不得不终止科学研究，有的则被砍掉和关闭。

20世纪60—70年代，正是国际上科学技术突飞猛进的年代，不仅发达资本主义国家，而且中国周边一些原本不太发达的国家也通过"科技兴国"使经济腾飞，中国则由于政治动乱，贻误了技术发展的有利时机，拉大了与世界先进科学技术水平之间的差距。

十年动乱，使全国陷入严重的政治、经济和社会危机。实践证明，"文化大革命"不是任何意义上的革命和社会进步，它是一场由领导者错误发动，被反革命集团利用，给执政的中国共产党、人民共和国和全国各族人民带来严重灾难的内乱。

"文化大革命"所昭示的教训是极其深刻的：

第一，必须正确认识社会主义条件下政治与经济的关系，坚持以经济建设为中心，正确处理阶级和阶级斗争问题。

在我国人民民主专政的国家政权建立后，特别是社会主义改造基本完成、剥削阶级作为阶级已经消灭以后，我国社会所要解决的主要矛盾，已经不是阶级斗争问题，而是人民日益增长的物质文化需要同不能满足这种需要的状况之间的矛盾。国家工作的重点，必须坚决地转到以经济建设为中心的社会主义现代化建设上来，大力发展生产力，逐步提高人民的物质文化生活水平。在这种条件下继续进行所谓"一个阶级推翻一个阶级"的政治大革命，既没有经济基础，也没有政治基础，完全脱离了国情，只能造成严重的社会动乱。对于社会主义社会一定范围内存在的阶级斗争以及党和国家肌体中确实存在的某些阴暗面，要做出恰当的估计并运用符合宪法、法律和党章的正确措施加以解决，绝不能采取"文化大革命"的方法。

第二，必须大力发展社会主义民主，健全社会主义法制。

这既是建设现代化国家所应追求的目标，也是社会主义自身的内在要求。社会主义民主和社会主义法制是不可分割的，破坏了宪法和法律，就不可能有真正的民主。

我国是一个历史上缺少民主传统、法制基础薄弱的国家。"文化大革命"中种种置宪法和法律于不顾的"无法无天"的混乱局面，更是对中华人民共和国建立以来原来就建设得很不够的社会主义民主与法制的空前破坏。为了避免"文化大革命"这样的灾难，顺利地建设社会主义现代化国家，就必须加强各级国家机关建设，使各级人民代表大会及其常设机构成为有权威的人民民主的国家权力机构；必须完善宪法和加强各种法律制度的建设，使之成为任何人都必须严格遵守的不可侵犯的行动准则；必须建立和逐步完善所有公民遵纪守法的社会机制，执政党也必须在宪法和法律范围内活动。总之，要使社会主义法制真正成为维护社会主义民主、保障社会主义现代化建设的强大武器。

第三，必须坚持民主集中制和集体领导原则，反对任何形式的个人崇拜。

"文化大革命"之所以发生并持续十年之久，其重要原因就是执政的共产党没有采取有力措施，防止个人崇拜现象的滋长，使得在探索社会主义建设过程中，对党的领袖毛泽东的个人崇拜发展到狂热程度，党和国家权力过分集中于个人，严重破坏了民主集中制传统和集体领导原则，从而造成共和国史上灾难性的失误。要吸取这一惨痛教训，就必须真正实行民主集中制和集体领导原则。在党和国家工作中真正建立科学的与民主的决策机制,避免重大决策少数人甚至个人说了算;要真正建立和完善权力监督与权力制约机制,绝不允许任何个人凌驾于党的组织和国家权力机构之上。中共十二大通过的党章规定:"党禁止任何形式的个人崇拜。要保证党的领导人的活动处于党和人民的监督之下,同时维护一切代表党和人民利益的领导人的威信。"把反对个人崇拜的条文写进党章,表明中国共产党人接受"文化大革命"的教训是认真的,反对个人崇拜的态度是坚决的,只有这样,才能使执政党少犯错误,使社会主义现代化事业健康地发展,绝不让"文化大革命"一类的悲剧重演。

第十章
改革开放与现代化建设的新时期

第一节 伟大的历史性转折与改革开放的起步

一、伟大的历史性转折

长期以来,特别是"文化大革命"中积累下来的"左"倾思想的影响根深蒂固。"左"的错误被当作是对马列主义的发展,教条主义则被错误地当作是在捍卫马列主义的纯洁性,而一些实事求是的思想、做法却被当作是资本主义、修正主义,受到批判。教条主义和个人崇拜的枷锁继续禁锢着人们的头脑,不少人的思想处于僵化和半僵化的状态。"文化大革命"后主持中央工作的华国锋支持"两个凡是"(即"凡是毛主席做出的决策,我们都坚决拥护;凡是毛主席的指示,我们都始终不渝地遵循")的错误主张。

在这种情况下,如果不能全面地认真地清除"文化大革命"的影响,拨乱反正,党和国家就不可能从困境中摆脱出来;就不可能集中精力进行社会主义现代化建设,解决人民日益增长的物质文化需要同落后的社会生产之间所存在的我国社会的主要矛盾;就不可能真正找到适合中国实际情况的社会主义建设道路,开创中国社会主义现代化建设的新局面。思想解放的大幕正是在这种背景下拉开的。

早在第二次复出前,邓小平就率先提出要完整、准确地理解毛泽东思想体系,反对"两个凡是"的错误观点。1977年4月10日,邓小平同志在致中共中央的信中,针对"两个凡是"的错误方针,首次指出:"我们必须世世代代地用准确的完整的毛泽东思想来指导我们全党、全军和全国人民,把党和社会主义的事业,把国际共产主义运动的事业,胜利地推向前进。"①5月24日,在一次谈话中,他又指出:"'两个凡是'不行。按照'两个凡是',就说不通为我平反的问题,也说不通肯定1976年广大人民群众在天安门广场的活动合乎情理的问题。""一个人讲的每句话都对,一个人绝对正确,没有这回事

---

① 中央文献研究室编:《邓小平思想年谱(1975—1997)》,中央文献出版社1998年版,第26页。

情。""马克思、恩格斯没有说过'凡是',列宁、斯大林没有说过'凡是',毛泽东同志自己也没有说过'凡是'。""毛泽东思想是个思想体系。""我们要高举旗帜,就是要学习和运用这个思想体系。"7月,在中共十届三中全会上的讲话中,邓小平再次强调要完整地准确地理解毛泽东思想,要善于学习、掌握和运用毛泽东思想的体系来指导我们的工作,只有这样才不至于割裂、歪曲毛泽东思想,损害毛泽东思想,并强调要把党的实事求是的优良传统恢复起来。8月,在中共十一大上,邓小平在所致的闭幕词中,再次强调要恢复和发扬党的实事求是的传统。邓小平的上述言论,成了历史性转折的开端,也是中国共产党实现思想解放、重新确立实事求是思想路线的开端。

"两个凡是"错误方针的推行,阻碍了大量历史问题得到迅速彻底的解决,限制了对实际生活中出现的新问题的正确处理,因而也就引起了广大干部群众越来越强烈的不满,形势的发展,为重新确立党的实事求是思想路线准备了日益成熟的有利条件。正是在这一背景下,思想解放的大潮喷涌而出。

1978年5月10日,在中共中央党校副校长胡耀邦的精心组织下,中央党校的内部刊物《理论动态》发表了《实践是检验真理的唯一标准》一文。第二天,《光明日报》又以特约评论员的名义发表了此文,新华社于当天转发全文。随后,《人民日报》《解放军报》等各大报刊相继转载,由此在全国范围内掀起了一场关于真理标准问题的大讨论,进而引发了历史性的转折。

关于真理标准问题的讨论,得到了邓小平等老一辈无产阶级革命家的明确支持。5月30日,邓小平在一次谈话中率先明确表示,现在连实践是检验真理的标准都成了问题,简直莫名其妙。并有针对性地指出,只要你讲话和毛主席的不一样,和华主席的不一样,就不行。这不是孤立的现象,这是当前一种思潮的反映。6月2日,在全军政治工作会议上,邓小平在讲话中再次指出,实事求是是毛泽东思想的出发点和根本点。有些人虽然也天天讲毛泽东思想,却往往忘记、抛弃甚至反对毛泽东同志的实事求是、一切从实际出发、理论与实践相结合这样一个马克思主义的根本观点、根本方法。不但如此,有的人还认为谁要是坚持实事求是,从实际出发,理论和实践相结合,谁就是犯了弥天大罪。他们的观点实质上是主张只要照抄马克思、列宁、毛泽东同志的原话,照抄照转照搬就行了。要不然,就说这是违反了马列主义、毛泽东思想,违反了中央精神。他们提出的这个问题不是个小问题,而是涉及怎么看待马列主义、毛泽东思想的问题。邓小平还指出,马列主义、毛泽东思想的基本原则,我们任何时候都不能违背,这是毫无疑问的。但是,一定要和实际相结合,要分析研究实际情况,解决实际问题。

9月中旬,邓小平在访问朝鲜回国后,到东北地区考察工作。他在听取吉林省委的工作汇报时,再次批评了"两个凡是"的错误观点,支持真理标准问题的讨论。他说,现在党内外、国内外很多人都赞成高举毛泽东思想旗帜。但怎样才能高举呢?有一种很出名的议论,叫"两个凡是"。凡是毛泽东同志圈阅过的文件都不能动,凡是毛泽东同志做过的、说过的都不能动。这不能叫高举毛泽东思想旗帜。这样搞下去,要损害毛泽东思想。毛泽东思想的基本点就是实事求是,就是把马列主义的普遍原理同中国革命的具体实践相结合。

真理标准问题的讨论不单纯是一个学术问题的讨论,而带有强烈的政治含义。通过全国范围的大讨论,有利于人们把受到教条主义和个人崇拜的长期禁锢下的思想解放出来,摆脱"左"倾思想的束缚,实现了党的指导思想上的拨乱反正,为中共十一届三中全会的成功召开和实事求是思想路线的重新确立,做了思想上和理论上的准备。

真理标准问题的大讨论,极大地解放了全国人民的思想,促使人们对"文化大革命"的严重错误进行深入的反思,逐渐认识到"以阶级斗争为纲"的荒谬,迫切要求尽快结束各项工作徘徊不前的不正常状态,迅速开拓社会主义现代化建设的新局面,把在十年"文革"中因"左"倾失误,特别是林彪、"四人帮"两个反革命集团造成的严重损失尽可能地挽回一些,缩短与经济发达国家业已拉大的距离。早在1978年9月,邓小平就提出,应在适当的时候结束全国性的揭批"四人帮"的群众运动,把党和国家的工作重心转移到四个现代化建设上来。邓小平的提议得到了广大党员干部群众的热烈响应。不过坚持"左"倾错误的领导人虽然也赞成这一提议,却是在坚持"以阶级斗争为纲"的指导思想下,为完成各种急于求成的高指标而实现工作重心的转移。中共十一届三中全会就是在这一背景下召开的。

为了给全会的召开做准备,中共中央于11月10日到12月15日在北京召开了中央工作会议。在讨论中,一些老革命家提出,为了实现党的工作重心的转移,必须首先解决党内外关注的"文化大革命"中发生的一些重大的政治事件以及"文化大革命"前遗留下来的一些重大历史问题,从而扭转了会议的原定方向,使之成了一次在指导思想上实现拨乱反正和提出新的指导方针的会议。

11月12日,陈云率先在发言中提出,对有些影响大或涉及面广的问题,需要中央考虑做出决定。这些问题包括:① 所谓薄一波等61人"叛徒集团案"。他们出反省院是党组织和中央决定的,不是叛徒。② 对于那些在"文化大革命"中被错误地定为叛徒的同志应给以复查。③ 陶铸、王鹤寿等不是叛徒,他们的问题应该得到解决。④ 彭德怀应该得到正确评价。⑤ "天安门事件"是北京几百万人悼念周总理,反对"四人帮",不同意批判邓小平的一次伟大群众运动,中央应予以肯定。⑥ 康生在"文化大革命"中对中央各部和全国各地党政机关瘫痪状态负有重大责任。

陈云的发言说出了许多与会者久压在心里的话,因而立即引起与会者的强烈反响,大家认为只有把历史遗留问题解决好,才能真正达到全党、全军、全国各族人民的团结,把党的工作重心转到实现社会主义现代化建设上来。

在与会者的强烈要求下,中央政治局常委经过研究,由华国锋代表中央政治局宣布了对"文化大革命"和"文化大革命"前遗留的一些重大政治事件以及一些重要领导同志的平反决定。其中包括:为"天安门事件"、薄一波等61人"叛徒集团案"、"二月逆流"平反,撤销中央关于"批邓、反击右倾翻案风"的文件,纠正过去对彭德怀、陶铸、杨尚昆等所做的错误结论,决定撤销中央专案组,康生、谢富治问题由中央组织部审查,地方性的重大事件,一律由各省、市、自治区予以实事求是地处理。

与会者一致表示,从全国范围看,揭批林彪、"四人帮"的群众运动已解决了主要问题,现在全国人民迫切要求加速实现社会主义现代化,国际形势也非常有利,工作重点转移的条件已经成熟。与会者还高度评价了真理标准问题的讨论,严肃批评了"两个凡是"的错误方针。

在此基础上,邓小平在12月13日召开的闭幕会上,做了题为《解放思想,实事求是,团结一致向前看》的重要讲话,提出并深刻阐述了关系到党和国家前途命运的几个重大问题。

邓小平指出,解放思想是当前的一个重大政治问题。只有思想解放了,我们才能正确地以马列主义、毛泽东思想为指导,解决过去遗留的问题,解决新出现的一系列问题,正确地改革同生产力迅速发展不相适应的生产关系和上层建筑,根据我国的实际情况,确定实现四个现代化的具体道路、方针、方法和措施。他高度评价了关于实践是检验真理的唯一标准的讨论,指出一个党、一个国家,如果一切从本本出发,思想僵化,迷信盛行,那它就不能前进,它的生机就停止了,就要亡党亡国。只有解放思想,坚持实事求是,一切从实际出发,理论联系实际,我们的社会主义现代化建设才能顺利进行,马列主义和毛泽东思想才能顺利发展。他强调,处理历史遗留问题为的是向前看。

邓小平的这篇重要讲话,既是对中央工作会议的总结,又为即将召开的中共十一届三中全会的成功召开,做了思想上的准备,实际成了十一届三中全会的主题报告。

由于有了中央工作会议的充分准备,中共十一届三中全会召开得非常顺利、成功,并取得了一系列重大成就,概括起来主要有:

① 重新确立了马克思主义的思想路线。全会批判了"两个凡是"的错误方针,肯定了必须完整地、准确地掌握毛泽东思想的科学体系,高度评价了关于真理标准问题的讨论,确定了解放思想、开动脑筋、实事求是、团结一致向前看的方针,从而真正实现了党和国家指导思想上的拨乱反正。

② 政治路线的拨乱反正。会议一致同意中央政治局提出的决策,这就是:适应国内外形势的发展,及时地、果断地结束全国范围的大规模的揭批林彪、"四人帮"的群众运动,停止使用"以阶级斗争为纲"的错误口号,并决定从1979年起,把全党工作着重点和全国人民的注意力转移到社会主义现代化建设上来。会议认为,这一决策体现了历史的要求,反映了人民的心愿,必将促使我国政治、经济、军事、文化等各个领域出现新面貌,必将推动我国社会主义现代化建设事业的发展。

③ 经济指导思想上的转变。回顾了中华人民共和国建立以来经济建设的经验教训,认为多年的实践证明,保持必要的社会政治安定和按照客观经济规律办事,这两个条件是发展国民经济的前提。会议集中讨论了农业问题,强调全党必须集中精力首先抓好农业生产。为了调动几亿农民的生产积极性,必须在经济上充分关心他们的物质

利益,在政治上切实保障他们的民主权利。会议原则通过《1979、1980两年经济计划的安排(草案)》中,提出了经济工作必须实行三个转变:一是从上到下都要把注意力转到生产斗争和技术革命上来;二是从那种不计经济效果、不讲工作效率的官僚主义的管理制度和管理方法,转到按照经济规律办事、把民主和集中很好结合起来的科学管理轨道上来;三是从那种不同资本主义国家进行技术交流的闭关自守或半闭关自守状态,转到积极地引进国外先进技术,利用国外资金,大胆地进入国际市场上来。这些思想的提出,是中国共产党对内改革、对外开放政策的开端,表明党的经济建设指导方针的重大转轨。

④ 会议在总结历史经验教训的基础上,决定健全党的民主集中制和党规党法。会议认为,为了保障人民民主权利的实施,必须加强社会主义法制,使民主制度化、法律化,并使制度和法律具有稳定性、连续性和极大的权威。为了维护党规党纪,切实搞好党的作风建设,全会决定成立中央纪律检查委员会。这是加强党的组织建设的一项重要措施。

中共十一届三中全会的召开,结束了粉碎"四人帮"以后的两年徘徊局面,并且开始全面纠正并清除"文化大革命"及此前的"左"倾错误与影响,充分肯定必须完整、准确地掌握毛泽东思想的科学体系,高度评价关于真理标准问题的讨论,重新确立马克思主义的思想路线、政治路线、组织路线。从根本上结束了"左"倾错误对党和国家工作的干扰,使我国的社会主义建设事业开始全面走上健康发展的轨道。这是一个全局性的历史转变。全会决定把党和国家的工作重心转移到社会主义现代化建设上来,要求在新的历史条件下,大力发展生产力,极大地提高人们的道德风尚和科学文化水平,以增强社会主义公有制和无产阶级专政的物质基础与思想基础,这样就能巩固和发展社会主义制度,充分发挥社会主义的优越性。会议确定的改革开放的方针,标志着党在社会主义建设指导思想上的重大转变,为社会主义建设事业的长远发展注入了活力。会议在恢复和发扬党的民主集中制方面也做出了很大的贡献。

所有这些新的变化的出现,标志着中国共产党已经在政治、思想、组织路线诸方面,彻底完成了拨乱反正的历史任务。在中国共产党的历史上,这是一次可与遵义会议相比的、具有划时代意义的重要会议。

二、冤假错案的平反

中共十一届三中全会后,平反冤假错案工作在全国范围内全面展开。中共中央先后为"中宣部阎王殿","旧文化部是帝王将相部、才子佳人部、外国死人部",中共中央联络部"三和一少""三降一灭",中共中央统战部"投降主义、修正主义路线","总政阎王殿","杨成武、余立金、傅崇碧事件","习仲勋反党集团","谭政反党集团","三家村反党集团"等错案平反,推倒了"文化大革命"中对宣传、教育、科技、文化、艺术、体育、卫生以及统战、民族、宗教等方面工作的错误结论。先后为一些地方性冤假错案进行了平反,这些案件主要有:"乌兰夫反党叛国集团"案、"内蒙古二月逆流"和"新内人党"案、武汉"七二〇"事件、宁夏青铜峡"反革命叛乱事件"、云南沙甸事件等。同时为上述案件的涉案当事人进行了平反,恢复了政治名誉。

在对冤假错案的平反工作中,影响最大的要数对中共中央原副主席、国家主席刘少奇冤案的平反。因为对该案的平反不仅影响大,而且涉及面广,中共中央既高度重视,又十分慎重。中共中央于1979年2月做出决定,由中央纪律检查委员会和中央组织部对刘少奇一案进行复查,并逐项重新调查核实。1980年2月,中共十一届五中全会在认真讨论了中央的复查结论后,一致通过《关于为刘少奇同志平反的决议》。该决议根据复查结果,认为原审查报告给刘少奇强加的"叛徒、内奸、工贼"三大罪名以及其他各种罪名,完全是林彪、康生一伙蓄意进行的栽赃陷害。中共八届十二中全会据此做出的"把刘少奇永远开除出党,撤销其党内外的一切职务"的决议是错误的。因此,过去对于刘少奇的污蔑、诬陷、伪造的材料以及一切不实之词都应完全推倒。

中共十一届五中全会决定,撤销中共八届十二中全会强加给刘少奇的罪名和对他的处理决议,相应地撤销原来的审查报告,恢复刘少奇作为伟大的马克思主义者和无产阶级革命家、党和国家的主要领导人之一的名誉;在适当时间,由中共中央商同全国人大常委会,为刘少奇举行追悼会;过去因刘少奇问题受株连的人和事,都应当由有关主管部门实事求是地进行复查和澄清,凡属冤假错案的,一律予以平反。

5月,刘少奇追悼大会在北京人民大会堂隆重举行。党和国家领导人以及首都各界代表1万多人参加了追悼大会。追悼大会由中共中央主席、国务院总理华国锋主持,中共中央副主席、国务院副总理邓小平致悼词。至此,这起不仅是中华人民共和国建立以来而且也是中国共产党历史上最大的冤案获得了彻底平反。随后,受刘少奇冤案株连的26 000多件有关冤案、28 000多名涉案当事人也相继得到平反。

中共中央还对"胡风反革命集团",受到错误批评和处理的党、政、军领导人邓子恢等,许多学术权威,如马寅初、杨献珍、李达等的冤假错案,以及中华人民共和国建立前蒙受冤屈的瞿秋白、李立三等和各革命根据地发生的冤假错案,进行了实事求是的平反。

同时,对"文化大革命"中被错杀、冤杀的案件也进行了改判、纠正。据不完全统计,"文化大革命"中以反革命罪被判处死刑的有10 402人,这其中有相当一部分是错判、错杀的,各级人民法院根据有错必纠的原则,分别进行了改判、纠正或平反昭雪。一批在"文化大革命"前后与林彪、"四人帮"进行英勇斗争而惨遭杀害的优秀共产党员和进步群众,如辽宁的张志新、吉林的史云峰等,也得到了平反昭雪。

到1982年年底,大规模的平反冤假错案工作基本结束。全国共为300多万名干部的冤假错案进行了平反,47万多名党员因此恢复了党籍,数以千万计的、因与这些干部有亲属关系或工作关系而受到株连的干部和群众也由此得到解脱。

中共中央还调整了遭到严重破坏的各种社会政治关系。对被错划的右派分子,不仅全部摘掉帽子,还进行了改正工作,到 1980 年,被改正的已占原划总数的 97%;摘掉了 278 万人的地主、富农帽子;改正被错划为资本家的小商小贩、手工业者 70 万人;结束对志愿军被俘归来人员的审查;落实了居住在祖国大陆的台湾同胞和去台人员在祖国大陆的亲属政策;继释放在押的国民党县、团以上党、政、军、特人员之后,又释放了在押的国民党县、团以下党、政、军、特人员 4 237 人;为在 1946 年至 1948 年国民党空军驾机起义、回到祖国大陆的 101 人颁发了证明书;给外国专家、宗教爱国人士落实了政策;清退了在"文化大革命"中被抄查的财物;调整、落实知识分子政策,开始建立学位制度,恢复学术和职称评定工作;调整和落实民族政策,释放了参加西藏叛乱的全部服刑人员;等等。

在平反冤假错案和调整各种社会政治关系的过程中,一方面是为了给此前对林彪、"四人帮"的群众性揭批运动做一个总结,使之走上法制化轨道;另一方面也是给制造这些冤假错案的罪魁祸首以应有的严厉惩处,中共中央决定对这两个反革命集团的主犯进行公开审判。

1980 年 9 月,五届全国人大常委会第 16 次会议决定,成立最高人民检察院特别检察厅和最高人民法院特别法庭,由最高人民检察院检察长黄火青担任特别检察厅厅长,最高人民法院院长江华担任特别法庭庭长,以公开起诉和审判林彪与"四人帮"两个反革命集团的主犯。

特别检察厅根据公安机关的侦查结果并进行了认真审查,认定两个反革命集团罪行严重、证据确凿,决定向特别法庭提起公诉。起诉书指出,以林彪、江青为首的反革命集团主犯林彪、江青、康生、张春桥、姚文元、王洪文、陈伯达、谢富治、叶群、黄永胜、吴法宪、李作鹏、邱会作、林立果等,在"文化大革命"中,互相勾结,凭借其拥有的地位和掌握的权力,施展阴谋诡计,利用合法的和非法的、公开的和秘密的、文的和武的各种手段,有预谋地诬陷、迫害党和国家领导人,篡党篡国,推翻无产阶级专政的政权。起诉书具体列举了两个反革命集团所犯的 4 大罪状、48 条具体罪行,指出他们给国家和民族所造成的灾难是难以估量的。特别检察厅根据《中华人民共和国刑事法》中的有关规定,认定两个反革命集团的主犯触犯了《中华人民共和国刑法》,分别犯有颠覆政府罪,分裂国家罪,武装叛乱罪,反革命杀人罪、伤人罪,反革命诬告陷害罪,组织领导反革命集团罪,反革命宣传煽动罪,刑讯逼供罪,非法拘禁罪,应当追究刑事责任。起诉书指出,根据《中华人民共和国刑事诉讼法》的有关规定,对已经死亡的林彪等不再追究刑事责任。

11 月 20 日,最高人民法院特别法庭开庭公开审理林彪和"四人帮"两个反革命集团的 10 个主犯。在两个多月的时间里,特别法庭第一、第二审判庭先后开庭 42 次,进行法庭调查和辩论,有 49 名证人和被害人出庭作证,对 872 件证据进行了认真的审查。1981 年 1 月 25 日,特别法庭做出判决:判处江青、张春桥死刑,缓期二年执行,剥夺政治权利终身①;判处王洪文无期徒刑,剥夺政治权利终身;判处姚文元有期徒刑20年,剥夺政治权利5年。其他罪犯也分别被判处10年以上徒刑,并被剥夺政治权利5年。这一判决体现了全国人民的要求与愿望。

全面平反冤假错案和调整、落实各方面政策,是中国共产党勇于承认并改正错误的重要体现。对两个反革命集团主犯的审判,是新时期法制化建设逐步健全和完善的标志,表明中国共产党在处理和解决政治纷争时已走向成熟。对历史遗留问题的成功处理,对于团结和带领全国人民从事社会主义现代化建设事业的伟大实践,有着重要的意义。

三、改革开放的起步

实现中华民族伟大复兴,必须合乎时代潮流、顺应人民意愿,勇于改革开放,让党和人民的事业始终充满奋勇前进的强大动力。我们党团结带领人民进行改革开放新的伟大革命,破除阻碍国家和民族发展的一切思想与体制障碍,开辟了中国特色社会主义道路,使中国大踏步赶上时代。

农村改革的启动,标志着改革开放的正式起步。中国改革开放的突破口是从农村开始的。为了解决"种田的人缺少粮食吃"这一长期困扰在广大农民和决策者心头的问题,安徽和四川两个农业大省的主要领导人万里与赵紫阳率先突破"左"倾思想的束缚,允许和支持农民搞农业生产责任制,很快就使农村形势为之一变。

针对一些农村地区因实行农业生产责任制而出现的积极变化,中共十一届三中全会后重新起草了《关于加快农业发展若干问题的决定》,强调要恢复和扩大社队的自主权,允许多种经营;允许实行各种形式的联产计酬责任制;恢复自留地、家庭副业,开放集市贸易,对个体经济予以扶助。全会还决定对粮食、棉花、油料等农副产品价格,逐步进行相应的提高。1979年9月,中共十三届四中全会正式通过《关于加快农业发展若干问题的决定》,果断地决定停止在农村频繁开展阶级斗争和政治运动,指出按劳分配、多劳多得是社会主义的分配原则,绝不允许把它当作资本主义原则来反对;停止对"一大二公"模式的追求以及搞"穷过渡"的做法,不再提"农业学大寨"的口号,放弃"一大二公"的提法,强调"三级所有、队为基础"的制度是适合我国目前农业生产力的发展水平的所有制结构;强调要完整执行农林牧副渔并举和"以粮为纲,全面发展"的方针,要逐步改变只重视粮食种植、忽视经济作物和发展副业的不正常状况;指出制定农村政策的出发点是有利于充分调动农民的生产积极性,有利于发展生产力。该决定同时规定:"除某些副业生产的特殊需要和边远山区、交通不便的单家独户外也不要包产到户。"

---

① 1983年1月25日,最高人民法院刑事审判庭做出裁决,依法将江青和张春桥的刑罚减为无期徒刑,原判处剥夺政治权利终身不变。

经过一段时间的冷静思考后,邓小平明确对实行农业生产责任制的态度,他指出:"农村政策放宽以后,一些适宜搞包产到户的地方搞了包产到户,效果很好,变化很快。""有的同志担心,这样搞会不会影响集体经济。我看这种担心是不必要的。""只要生产发展了,农村的社会分工和商品经济发展了,低水平的集体化就会发展到高水平的集体化。""关键是发展生产力。"①

据此,1980年9月中共中央下发《关于进一步加强和完善农业生产责任制的几个问题》,在强调集体经济不可动摇的前提下,对包产到户提出了"因地制宜,分类指导"的方针。在边远山区和贫困落后地区,长期"三靠"的生产队,群众要求包产到户和包干到户,应当支持群众的要求,并在一个较长时间内保持稳定;在一般地区,集体经济比较稳定,生产有所发展,就不要包产到户;已经实行包产到户的,群众不要求改变,应当允许继续实行。

11月,中共中央批转了中共山西省委《关于全省农业学大寨经验教训的初步总结》的报告。中共中央的批示指出,表扬先进人物和先进典型,必须坚持辩证唯物主义的思想路线,实事求是地把任何先进典型都看作是群众集体智慧和辛勤劳动的产物。对于先进典型,当然要努力从政治上、思想上给以正确的指导,尽可能使其避免失去先进性以致垮台,但是当它们的主观和客观条件发生了重大变化,以致不再继续成为先进典型的时候,就不应当人为地去"保",更不允许滥用职权,动用国家财力、物力和人力去支撑所谓"先进典型"的门面,甚至弄虚作假,欺骗上级,欺骗舆论。那种把先进典型的经验模式化、绝对化、永恒化的做法,是错误的、有害的。在推广先进经验的时候,必须分析它是在什么情况下产生的,适合于哪些条件,哪些是带有普遍性的东西,哪些是不带有普遍性的具体做法,绝不能生搬硬套、强迫命令,重犯过去农业学大寨运动中的错误,绝不能不分东西南北,不分自然条件和耕作习惯,用大寨这样一个典型的经验指导全国农村所有地区和不同行业的各项工作。同时,对先进典型也不要提不适当的、过高的要求,以免助长弄虚作假。要一分为二,经常指出不足之处,使他们不断进步。总之,要实事求是,因地、因事、因时制宜,分类指导,并且由群众当家做主、做出决定。

批示的发表,标志着在全国范围内正式结束了农业学大寨运动,从而表明发展农业、振兴农村、使农民致富的思路有了根本转变。

此后,农村地区的生产责任制有了进一步发展,包干到户逐渐成了主要形式。所谓包干,就是把生产队每年完成的国家统购、派购任务和集体积累(提留)分解落实到地头,再一揽子把这些田地承包给作业组或农户。这种做法既操作简单,又能将劳动付出与最终所得很好地结合起来,因而得到干部和群众的普遍欢迎。最早采取这种做法的安徽农民说道:"大包干,大包干,直来直去不拐弯。""保证国家的,留够集体的,剩下多少全是自己的。""该拿的拿在明处,该得的心中有数,一刀一个血口子,我们越干越有

---

① 中共中央文献编辑委员会编:《邓小平文选》第2卷,人民出版社1994年版,第315页。

劲。"到1980年年底,全国实行包产到户、包干到户的生产队已从1979年的10%上升到25%,其中安徽、河南、甘肃和贵州等地则达到50%以上。

1981年10月,全国农村工作会议在北京召开。中共中央随后以1982年"一号文件"的形式向全国转发了这次会议的"纪要"。"纪要"明确肯定,目前各地实行的多种形式的生产责任制,包括小段包干定额计酬,专业承包联产计酬,联产到劳,包产到户、到组,包干到户、到组等,都是社会主义集体经济的生产责任制。不论采取什么形式,只要群众不要求改变,就不要变动。

"纪要"还从理论上说明了包干到户的社会主义性质,指出,包干到户基本上是分户经营、自负盈亏,但是,它建立在土地公有制基础上,又集体统一管理和使用土地、大型农机具和水利设施,接受国家的计划指导,有一定的公共提留,在统一规划下进行农业基本建设。因此,它不同于合作化以前的小私有的个体经济,而是社会主义农业经济的组成部分。

中共十二大则明确指出:"近几年在农村建立的多种形式的生产责任制,进一步解放了生产力,必须长期坚持下去,只能在总结群众实践经验的基础上逐步加以完善,决不能走回头路。"

1983年1月,中共中央发出《当前农村经济政策的若干问题》(第4个"一号文件"),指出联产承包责任制"具有广泛的适应性"。林业、牧业、渔业,开发矿山、荒山以及其他多种经营方面,都要抓紧建立联产承包责任制。同月,《人民日报》发表社论《对大包干不要再堵》。此后,全国各地迅速、普遍地确立了以包干到户为主要形式的生产责任制。

到1983年年底,全国已有95%以上的农户实行了双包到户生产责任制。农村改革第一步——确立适合我国现实生产力水平的各种生产责任制的历史任务已经完成。

同年10月,中共中央、国务院根据五届人大五次会议通过的新宪法"关于改变农村人民公社的政社合一的体制,设立乡政权";设立"村民委员会,作为群众的自治组织"的规定,发出《关于实行政社分开建立乡政府的通知》。到1984年年底,全国各地基本完成了撤社建乡工作,共建立了9.1万个乡(镇)政府,92.6万个村民委员会。从此,农村人民公社制度在我国不复存在。

第二节 改革开放的全面启动和中国特色社会主义事业的长足发展

一、改革开放的全面展开

(一) 中共十二大的召开

中共十一届三中全会后,各方面的工作都取得了长足的发展。为了进一步统一全党的思想,解决新的伟大实践向党和人民提出的一系列重要课题,带领全国人民朝着更加宏伟的目标胜利前进,需要通过中共的最高权力机构提出和制定新的纲领。

1982年9月1日至11日,中共十二大在北京举行。大会的任务是总结中共十一大以来,特别是中共十一届三中全会以来的历史经验,确定继续前进的正确道路、战略步骤和方针政策,全面开创社会主义现代化建设的新局面。

邓小平在十二大的开幕词中阐明了中共十二大的历史地位、主要任务和指导思想。他指出,我们的现代化建设,必须从中国的实际出发。无论是革命还是建设,都要注意学习和借鉴外国经验。但是,照抄照搬别国经验、别国模式,从来不能得到成功。这方面我们有过不少教训。把马克思主义的普遍真理同我国的具体实际结合起来,走自己的路,建设有中国特色的社会主义,这就是我们总结长期历史经验得出的基本结论。中国的事情要按照中国的情况来办,要依靠中国人自己的力量来办。独立自主,自力更生,无论过去、现在和将来,都是我们的立足点。中国人民珍惜同其他国家和人民的友谊与合作,更加珍惜自己经过长期奋斗而得来的独立自主权利。任何外国不要指望中国做他们的附庸,不要指望中国会吞下损害我国利益的苦果。邓小平提出的关于建设中国特色社会主义的思想,是中共十二大的指导思想,也成了整个改革开放和现代化建设时期的指导思想。

胡耀邦代表中共十一届中央委员会做了《全面开创社会主义现代化建设新局面》的报告,其基本内容如下。

1. 历史性的转变和新的伟大任务

报告总结了中共十一届三中全会以来的思想、政治、组织、经济、文化、军事、党的工作等七个方面所取得的巨大成就,宣告粉碎江青反革命集团以来,特别是从中共十一届三中全会开始的历史性转变已经胜利实现。报告提出中国共产党在新的历史时期的总的历史任务是:团结全国各族人民,自力更生,艰苦奋斗,逐步实现工业、农业、国防和科学技术现代化,把中国建设成为高度文明、高度民主的社会主义国家。

2. 促进社会主义经济的全面高涨

报告实事求是地确定了中国经济建设的战略目标、战略重点、战略步骤和一系列正确方针。规定从1981年到20世纪末的20年,中国经济建设总的奋斗目标是力争使全国工农业生产的总产值翻两番,即由1980年的7 100亿元增加到2000年的28 000亿元左右。经济建设的战略重点是解决好农业、能源和交通、教育和科技问题,并必须力争到20世纪末全国人口不突破12亿。经济建设的战略步骤是20年分两步走,前10年主要是打好基础,积蓄力量,创造条件;后10年要进入一个新的经济振兴时期。

3. 努力建设高度的社会主义精神文明

报告指出,在建设高度的物质文明的同时,一定要努力建设高度的精神文明。是否坚持这个方针,将关系到社会主义的兴衰和成败。建设社会主义精神文明,是全党的任务,是各条战线的共同任务。报告指出,社会主义精神文明是社会主义的重要特征,是社会主义制度优越性的重要体现。社会主义精神文明大体可分为文化建设和思想建设两个方面。思想建设决定着精神文明的社会主义性质,其中最重要的是革命的理想、道德和纪律。要用革命的思想和革命的精神振奋起广大群众建设社会主义的巨大热情,使越来越多的社会成员成为有理想、有道德、有文化、有纪律的劳动者。

4. 努力建设高度的社会主义民主

报告指出,建设高度的社会主义民主,是我们的根本目标和根本任务之一。社会主义的民主建设必须同社会主义的法制建设紧密地结合起来,使社会主义民主法制化、法律化。报告还指出,特别要教育和监督广大党员带头遵守宪法与其他法律。

5. 坚持独立自主的对外政策

中国共产党坚持在马克思主义的基础上,按照独立自主、完全平等、互相尊重、互不干涉内部事务的原则,发展同各国共产党和其他工人阶级政党的关系。报告指出,和平共处五项原则是中国发展同各国外交关系的一贯原则;反对霸权主义,维护世界和平,发展同第三世界国家和人民的友好合作是中国的一贯立场。

6. 把党建设成为领导社会主义现代化事业的坚强核心

报告根据党的现状和十二大党章的精神,着重指出党的建设上的几个任务:健全民主集中制,使党内政治生活进一步正常化;改革领导机构和干部制度,实现干部队伍的革命化、年轻化、知识化、专业化;加强党在工人、农民、知识分子中的工作,密切党同群众的联系;有计划有步骤地进行整党,使党风根本好转。

大会经过认真的讨论,批准了这一报告。报告的主要精神成了此后很长一段时间内党和国家工作的重要指针。

中国共产党第十二次全国代表大会全面总结了拨乱反正的历史经验,制定了全面开创社会主义现代化建设新局面的正确纲领,提出了建设中国特色社会主义的崭新命题,标志着党对中国社会主义建设的基本规律有了更为清晰的认识。

(二) 农村改革的深化

1985年1月,中共中央、国务院颁发《关于进一步活跃农村经济的十项政策》(简称《十项政策》),标志着我国的农村改革进入了第二个阶段。《十项政策》的主要内容有:规定从1985年起,改革农产品统购、派购制度,除个别品种外,国家不再向农民下达农产品统购、派购任务,对粮食、棉花等少数重要产品,实行尊重农民自主权的国家计划合同收购的新政策,合同收购以外的可以自由出售,或以协议价格卖给国家,其余多数产品如生猪、水产品、牛羊肉、禽蛋、蔬菜等,逐步放开,自由交易;国家不再向农民下达指令性的生产计划,农业生产由过去向农民征收实物改为折征现金;大力帮助农村调整产业结构,支持农户发展养殖、兴办加工事业,打破农业经济发展的传统格局;积极发展乡镇企业,实行信贷、税收优惠;规定进一步放宽山区、林区政策,兴办交通事业,发展和完善农村合作制等。

农村改革第二步战略目标的提出,是符合我国农业未来发展的大方向的,有利于把农村经济纳入有计划的商品经济的发展轨道,促使传统农业逐步向专业化、商品化、现代化方向发展。长期以来,国家通过对农副产品的强制性统购统销,掌握了必要的农产品,满足了城市人口以及工业化对农副产品不断增长的需求,保证了城乡社会的基本稳定,但这一政策的实施加上人民公社的制度安排,也产生了严重的负面影响,主要表现在极大地限制了农民的生产积极性和自主性的发挥,农业生产长期徘徊不前。要真正从根本上解决我国的农业问题,适应现代经济发展的要求,就必须调动农民的生产积极性,使之成为自主决策的经营主体。

(三)城市经济体制改革的启动与深化

农村经济体制改革的成功,鼓舞改革者适时地将改革的重点引向城市。城市经济体制改革是从简政放权、扩大企业经营自主权开始的。早在1978年10月,四川就选择了6家企业开始扩大自主权的试点,中共十一届三中全会后,试点面扩大到100多家。在取得经验的基础上,国家经委于1979年5月在北京、上海、天津选择了8家大中型企业进行扩大经营自主权的试验,涉及生产计划、资金使用、产品销售、利润分配、人事安排诸多方面。7月,国务院下发了关于扩大国营企业经营管理自主权、国营企业实行利润留成、开征国营工业固定资产税、提高国营工业固定资产折旧率和改进折旧率使用办法、国营工业企业实行流动资金金额信贷等5个方面的文件。到1980年年底,试点的工业企业增加到6 600个,占全国预算内工业企业总数的16%、产值的60%、利润的70%。商业企业的扩权试点,1980年为8 900家,占商业系统独立核算单位的50%。从1982年起,扩大企业自主权的改革在全国普遍推行。

从1981年起,城市经济体制改革开始进行综合改革的试点工作。试点首先在中等城市进行。7月,国务院批准在湖北进行经济体制综合改革试点,1982年3月又批准在江苏常州进行试点。1983年2月,中共中央和国务院批准在四川重庆进行大城市的综合改革试点。

在试点取得经验的基础上,1984年中共十二届三中全会做出《中共中央关于经济体制改革的决定》,标志着城市经济体制改革进入了全面展开阶段。该决定的主要内容如下:

第一,阐明了我国经济体制改革的理论基础。指出改革是当前我国形势发展的迫切需要,同时指出社会主义经济是公有制基础上有计划的商品经济,商品经济的充分发展是不可逾越的阶段,是实现我国经济现代化的必要条件。这一论断突破了把计划经济同商品经济对立起来的传统观点,是对马克思主义政治经济学的新发展。

第二,全面系统地阐明了建立充满生机和活力的社会主义经济体制所需要解决的主要问题:解决好国家和企业、企业和职工的关系,增强企业活力,这是改革的中心环节;建立自觉运用价值规律的计划体制,发展社会主义商品经济;建立合理的价格体系,充分重视经济杠杆的作用,这是改革成败的关键;实行政企职责分开,正确发挥政府机构管理经济的职能;建立多种形式的经济责任制,认真贯彻按劳分配原则;积极发展多种经济形式,进一步扩大对外和对内的经济技术交流。

第三,从保证改革成功的战略需要出发,指出要起用一代新人,造就一支社会主义经济管理干部的宏大队伍。要加强党对改革事业的领导,以保证改革的顺利进行。

该决定的颁布,表明中共对城市经济体制的方向、性质、总体目标、基本任务以及各项方针政策,已有了较为清醒的认识,成了新时期一个较长阶段内进行全面经济体制改革的纲领性文件。邓小平称它是一部中国版的马克思主义"政治经济学的初稿"[①]。

城市经济体制改革以该决定为依据,逐步走向深入,到1987年已取得明显成效,这些成效主要表现在:① 扩大企业经营自主权,增强企业活力;② 在坚持公有制经济的主体地位并使之进一步壮大的前提下,多种经济成分得到充分发展,原先那种与现实生产力水平不相适应的单一公有制结构有了很大改变;③ 实行厂长(经理)负责制,增强企业领导人对企业的责任感;④ 改变计划管理体制,改进国家宏观调控的范围和方式;⑤ 发展横向经济联合,促进经济区的开发和利用;⑥ 改革工资制度和劳动制度;⑦ 经济体制改革方面的另一个重要内容,是对金融体制的改革。

此外,国家还对国营企业的所有制形式、管理体制、财政管理体制、商业流通体制等进行了改革,如对国营企业实行股份制,对小型企业实行租赁经营等的试点,对外贸、价格等体制的改革,等等,这些改革都取得了良好效果和有益经验。

这些改革,为国民经济的发展注入了新的生机和活力,激发了企业和职工的生产积极性、主动性与创造性,经济效益明显提高,并且为社会主义市场经济的形成创造了条件。

(四)对外开放格局的形成

在对外开放方面,中共十一届三中全会后,国家逐步克服了在对外经济关系上把自力更生和对外开放对立起来的"左"倾错误认识,提出中国的社会主义现代化建设要利用两种资源——国内资源和国外资源,要打开两个市场——国内市场和国外市场,学会两套本领——组织国内建设的本领和发展对外经济关系的本领,使中国的经济从封闭半封闭转向积极利用国际交换、国际分工的开放型经济。

---

① 中共中央文献编辑委员会编:《邓小平文选》第3卷,人民出版社1993年版,第83页。

根据中共十一届三中全会做出的改革开放的重大决策，我国的对外开放工作从20世纪70年代后期开始逐步开展起来，而试办经济特区又是中国实行对外开放所迈出的第一步。

经过反复认真的酝酿和准备，深圳、珠海两个经济特区于1980年下半年相继开始动工建设，厦门、汕头两个经济特区于1981年下半年开始动工兴建。四个经济特区建设的全面展开，表明我国对外开放工作的正式起步。

1984年5月，中共中央、国务院决定开放大连、秦皇岛、天津、烟台、青岛、连云港、南通、上海、宁波、温州、福州、广州、湛江、北海14个沿海港口城市和海南行政区。这是扩大对外开放的一个重大步骤。到1984年年底，全国共对外开放99个城市、130多个边境贸易站口。沿海港口城市的对外开放，主要包括两个方面的内容：一是扩大城市自主权，让它们有充分的活力去开展对外经济活动；二是对前来投资的客商都给予优惠政策，以利于更好地利用外资和先进技术。这些开放城市都设有经济技术开发区，实行经济特区的某些优惠政策，重点引进先进科学技术，集中兴办"三资"企业，建立外向型的新型工业区。

在沿海城市对外开放取得经验的基础上，1985年2月，国家又决定把长江三角洲、珠江三角洲和闽南厦门、泉州、漳州三角地区开辟为沿海经济开发区。这是我国实施对外开放、对内搞活决策具有重大战略意义的举措。1988年年初，中央又决定将辽东半岛和山东半岛全部对外开放，与大连、秦皇岛、天津、烟台、青岛等连成环渤海开发区。4月，全国人大七届一次会议通过了设立海南省和建立海南经济特区的决定。1990年4月，在邓小平的提议下，中共中央、国务院决定进行上海浦东的开放与开发，将它建成为21世纪现代化上海的象征。1992年6月，中共中央、国务院决定开放长江沿岸的芜湖、九江、岳阳、武汉、重庆5个城市。随后，中央又决定开放合肥、南昌、长沙、成都、郑州、太原、西安、兰州、银川、西宁、乌鲁木齐、贵阳、昆明、南宁、哈尔滨、长春、呼和浩特17个内陆省会城市。同时还决定逐步开放内陆边境的沿边城市，包括黑龙江的黑河、绥芬河，吉林的珲春，内蒙古的满洲里、二连浩特，新疆的伊宁、博乐、塔城，广西的凭祥、东兴，云南的瑞丽、畹町、河口，西藏的普兰和樟木两个口岸，从而使我国形成了"经济特区—沿海开放城市—沿海经济开放区—内地"这样一个多层次、有重点、点面结合的对外开放格局。到1993年，全国对外开放地带的总面积已达50万平方千米，包括339个县、市，3.2亿人口，开放地区覆盖全国范围。

中国的对外开放是多领域、全方位的，并呈现出逐步向纵深发展的态势与特点。以金融领域为例，为适应对外开放的需要，中国开始重视同国际和国外金融机构的联系与合作，多方吸引外资为国内的经济建设服务。1980年4月，中国在世界银行及其下设的国际开发协会和国际金融公司的代表权得到恢复，享有12 000股及12 250票的股票权数,占总投票权的 3.47%。① 9 月,中国又正式恢复了在国际货币基金组织中的合法席位,并任执行董事,时任中国人民银行行长的李葆华被中国政府推荐为该组织的理事。1982 年,中国农业银行参加了亚洲和太平洋地区农业信贷协会,并被推选为协会执行委员会委员。为贯彻国务院提出的中国与非洲国家进行经济技术合作四项原则——平等互利、讲求实效、形式多样、共同发展,中国人民银行于 1985 年 5 月正式加入非洲开发银行和非洲开发基金(非行集团),从而为中国在非洲地区更广泛地开展经济合作、加强与非洲各国的友好往来以及"南南合作"开辟了一条新的渠道。1986 年 3 月,中国正式加入亚洲开发银行。6 月,中国被联合国粮农组织银行家计划执行委员会接纳为会员。1987 年 9 月,中国获准加入国际农业信贷协会。10 月,中国成为南亚、新西兰、澳大利亚中央银行组织的正式成员,为加强中国与亚太地区的经济合作和吸取经济发达国家银行工作的有益经验创造了有利条件。此外,中国人民银行还从 1984 年 12 月起与国际清算银行正式建立了业务关系。

对外开放决策的实施,加速了我国社会主义现代化建设事业的进程,经济特区和经济技术开发区的设立,在引进海外的科技、资金、管理经验等方面起到了重要作用。据 1988 年的统计,10 年间,我国共签订利用外资协议 16 377 项,协议金额达 785.1 亿美元,创办外资企业达 15 948 家,外商实际投资 121.08 亿美元。引进的技术合同达 3 530 项,总金额达 205.5 亿美元,其中用于改造我国现有企业的技术引进项目达 2 万多个。对外开放还促进了我国对外贸易的快速发展。1988 年,我国的进出口总额达 1 028 亿美元。1989—1991 年由于受到西方国家的经济制裁,利用外资的总额与前几年相比虽有所下降,但仍保持在一个较高的水平上,协议利用外资三年分别为 114.9 亿美元、120.9 亿美元、178 亿美元,1989 年、1990 年两年新批准的外商投资项目分别为 5 779 个、7 273 个。1992 年新签利用外资协议金额则猛增至 685 亿美元。利用外资不仅数量大幅增长,而且结构也日趋合理。

二、改革开放的继续深入

(一) 社会主义初级阶段理论的提出

准确地判断我国社会发展的历史阶段,是正确认识国情的一个重要内容,也是党制定正确的路线、方针、政策的重要依据。我国是在经济文化十分落后的基础上取得新民主主义革命胜利并走上社会主义道路的,与马克思、恩格斯当年所设想的社会主义革命要在世界范围内同时发动并取得胜利或者至少要在主要资本主义发达国家首先取得胜利有着明显的不同。因此,在新民主主义革命取得胜利后,中共按照列宁对马克思主义所做的重要发展,即先建立社会主义制度,然后再大力发展生产力的思想,始终十分注意经济的恢复和发展工作,并取得了明显的成效。但从 20 世纪 50 年代中后期起,党对

---

① 杨希天等:《中国金融通史》第 6 卷(中华人民共和国时期),中国金融出版社 2002 年版,第 356 页。

国情的判断一度严重背离实际,在巨大的成就面前,产生了骄傲自满和急躁冒进的情绪,认为共产主义的实现并不是很遥远的事情,甚至提出了"跑步进入共产主义"等"左"倾口号。60年代初,随着党对"三面红旗"失误的纠正,毛泽东曾提出社会主义可以分为不发达和发达的两个阶段。

中共十一届三中全会后,党的实事求是的思想路线得到重新确立。党在领导全国人民进行社会主义现代化建设的新的伟大征程中,对我们国家所处的历史发展阶段进行了深入的探索并做出了准确的定位。

1979年9月,中共十一届四中全会通过的叶剑英代表党中央所做的《在庆祝中华人民共和国成立三十周年大会上的讲话》指出,我国还是发展中的社会主义国家,社会主义制度还不成熟、不完善,经济和文化还不发达,搞社会主义现代化有一个从初级到高级的过程,社会主义制度还处在幼年时期。这一讲话初步表露了社会主义初级阶段的思想。

1981年6月,中共十一届六中全会通过的《关于建国以来党的若干历史问题的决议》,第一次明确提出了"我国的社会主义制度还是处于初级阶段"的思想。1982年9月,中共十二大报告又一次确认了"我国的社会主义社会现在还处在初级阶段"这一论断,并把"物质文明还不发达"作为这一阶段的根本特征。1986年9月,中共十二届六中全会通过的《关于社会主义精神文明指导方针的决议》再次提出:"我国还处在社会主义的初级阶段。"

在上述基础上,1987年10月召开的中国共产党第十三次全国代表大会对社会主义初级阶段理论进行了全面、系统的论述。

所谓社会主义初级阶段,包含两层含义:其一是指我国社会已经是社会主义社会,我们必须坚持而不能离开社会主义;其二是指我国的社会主义社会还处在初级阶段。就第一层含义来说,我国已经建立了以生产资料公有制为基础的社会主义经济制度,已经确立了人民民主专政的社会主义政治制度和马克思主义在意识形态中的指导地位,剥削制度和剥削阶级已经消灭,同时已具备一定的经济和文化基础,国家经济实力有了巨大增长,教育、科学和文化事业有了相当发展。这些既是社会主义社会的基本规定,也是我国社会属于社会主义社会的基本依据。就第二层含义来说,我国人口多,底子薄,人均国民生产总值仍属于世界后列。突出的景象是:十亿多人口,八亿在农村,基本上还是用手工工具搞饭吃;与一部分现代工业同时并存的是大量落后于现代水平几十年甚至上百年的工业,与一部分经济比较发达的地区同时并存的是广大不发达地区和贫困地区;与少量具有世界先进水平的科学技术同时并存的是普遍的科技水平不高,以及文盲半文盲还占人口近四分之一的状况。生产力落后,发展社会主义公有制所必需的生产社会化程度还很低,商品经济和国内市场很不发达,自然经济和半自然经济占相当比重等,决定了社会主义经济制度的不成熟、不完善;生产力的落后和生产关系的不成熟、不完善,建设高度社会主义民主政治所必需的一系列经济文化条件很不充分,决定了上层建筑还存在不足或缺陷,封建主义、资本主义腐朽思想和小生产习惯势力在社会上还有广泛影响并且经常侵袭党的干部与国家公务员队伍等。这是我们必须承认和正视的客观现实,因而我们今天仍然远没有超出社会主义初级阶段。同时还因为我国没有经过资本主义的充分发展,我国原来是一个半殖民地半封建的大国,我们的社会主义脱胎于半殖民地半封建社会,生产力水平远远落后于发达的资本主义国家。这就决定了我国必须经历一个很长的初级阶段,去实现许多国家在资本主义条件下实现的工业化和生产的商品化、社会化、现代化。

初级阶段的两层含义表明,在近代中国的具体历史条件下,不承认中国人民可以不经过资本主义的充分发展而走上社会主义道路,是革命发展阶段上的机械论,是右倾错误的认识根源;以为不经过生产力的巨大发展就可以超越社会主义初级阶段,是革命发展问题上的空想论,是"左"倾错误的认识根源。

报告指出,社会主义初级阶段是我国在建设社会主义长过程中的一个特定的历史阶段,它不是泛指任何国家进入社会主义都会经历的起始阶段,而是特指我国在生产力落后、商品经济不发达的条件下建设社会主义必然要经历的历史阶段。我国从20世纪50年代生产资料所有制的社会主义改造基本完成,到社会主义现代化的基本实现,至少需要上百年时间,都属于社会主义初级阶段。这个阶段既不同于1949—1956年我国社会主义经济基础尚未奠定的过渡时期;也不同于已经实现社会主义现代化的阶段。在社会主义初级阶段,主要矛盾是人民日益增长的物质文化需要同落后的社会生产之间的矛盾。阶级斗争在一定范围内还会长期存在,但已经不是主要矛盾。因此,在现阶段,党和国家的主要任务和工作重点是发展生产力,搞社会主义现代化建设。从这个意义上说,我国的社会主义初级阶段是将农业国转变为现代化的工业国的阶段;是通过改革和探索,建立充满活力的社会主义政治、经济、文化体制的阶段;也是全国人民努力奋斗,艰苦创业,实现中华民族伟大复兴的阶段。

中共十三大制定了党在社会主义初级阶段的基本路线:领导和团结全国各族人民,以经济建设为中心,坚持四项基本原则,坚持改革开放,自力更生,艰苦创业,为把我国建设成为富强、民主、文明的社会主义现代化国家而奋斗。这条基本路线的主要内容可以概括为"一个中心,两个基本点"。具体来说,包括四个方面的内容:一是讲领导力量,中国共产党是领导和团结全国各族人民的核心,没有这个核心,中国的社会主义现代化建设是不可能实现的。二是讲党和国家的中心工作必须是经济建设,以其他任何内容代替经济建设这个中心,必然重犯历史上的错误。三是讲基本国策和社会主义前进的动力。坚持四项基本原则是立国之本,改革开放是强国之路。要坚持以经济建设为中心,就必须坚持四项基本原则、坚持改革开放这两个基本点。坚持四项基本原则和坚持改革开放这两个基本点,相互贯通,相互依存,统一于建设有中国特色的社会主义的实践。四是讲实现的目标,即通过自力更生、艰苦创业,把我国建设成为一个富强、民主、文明的社会主义现代化国家。

社会主义初级阶段的指导方针为:① 必须集中力量进行现代化建设。社会主义的根本任务是发展生产力,在初级阶段,为了摆脱贫穷和落后,尤其要把发展生产力作为全部工作的中心。② 必须坚持全面改革。社会主义是在改革中前进的社会,在初级阶段,特别在当前时期,由于长期形成的僵化体制严重束缚着生产力的发展,改革更成为迫切的历史要求。③ 必须坚持对外开放。在经济落后基础上建设社会主义,尤其要发展对外经济技术交流和合作,努力吸收世界文明成果,逐步缩小同发达国家的差距。④ 必须以公有制为主体,大力发展有计划的商品经济。⑤ 必须以安定团结为前提,努力建设民主政治。⑥ 必须以马克思主义为指导,努力建设精神文明。

为了实现这一宏伟目标,中共十三大制定了"三步走"的经济发展战略。报告明确指出,在社会主义初级阶段,发展生产力所要解决的历史课题,是实现国家的社会主义工业化和生产的商品化、社会化、现代化。我国的经济建设肩负着既要着重推进传统的产业革命,又要迎头赶上世界新技术革命的双重任务,所以必须经过长期的、有步骤的、分阶段的奋斗才能实现。经济发展的第一步,实现国民生产总值比1980年翻一番,解决人民的温饱问题,这个任务已经基本实现;第二步,到20世纪末,使国民生产总值再增长一倍,人民生活达到小康水平;第三步,到21世纪中叶,人均国民生产总值达到中等发达国家的水平,人民生活比较富裕,基本实现现代化。现在正处在第二步中,实现第二步任务,我国社会主义现代化建设将取得新的巨大进展:社会经济效益、劳动生产率和商品质量将明显地提高,国民生产总值和主要工农业产品产量大幅度增长,人均国民生产总值在世界上所占位次将明显上升,人民将能过上比较殷实的小康生活。

中共十五大再次强调了社会主义初级阶段的理论。江泽民代表中共十四届中央委员会所做的大会报告指出,从社会主义初级阶段的基本特征和历史任务来看,是逐步摆脱不发达状态,基本实现社会主义现代化的历史阶段;从经济现代化程度来看,是由农业人口占很大比重,主要依靠手工劳动的农业国,逐步转变为非农业人口占多数,包含现代农业和现代服务业的工业化国家的历史阶段;从经济市场化程度来看,是由自然经济半自然经济占很大比重,逐步转变为经济市场化程度较高的历史阶段;从科技、教育、文化发展状况来看,是由文盲半文盲人口占很大比重,科技、教育、文化落后,逐步转变为科技、教育、文化比较发达的历史阶段;从人民生活水平来看,是由贫困人口占很大比重、人民生活水平比较低,逐步转变为全体人民比较富裕的历史阶段;从地区经济发展来看,是由地区经济、文化状况很不平衡,通过有先有后的发展,逐步缩小差距的历史阶段;从体制建设来看,是通过改革和探索,建立和完善比较成熟的充满活力的社会主义市场经济体制、社会主义民主政治体制与其他方面体制的历史阶段;从精神文明来看,是广大人民牢固树立建设中国特色社会主义共同理想、自强不息、锐意进取、艰苦奋斗、勤俭建国,在建设物质文明的同时努力建设精神文明的历史阶段;从横向比较来看,是逐步缩小同世界先进国家发展水平的差距,在社会主义基础上实现中华民族伟大复兴的历史阶段。从一个不发达的社会主义国家到富强、民主、文明的社会主义国家的转变过程,至少需要 100 年时间。

社会主义初级阶段理论的提出和进一步完善,表明中共对中国国情的认识和判断是冷静的、实事求是的,为新时期制定一系列科学的路线、方针与政策并在此指导下取得巨大成就,提供了有利的条件和可靠的保证。

(二) 政治体制改革的稳步推进

中共十一届三中全会后,政治体制改革工作也适时地提上了议事日程。首先是恢复和健全在"文化大革命"中遭到严重破坏的法律法规体系。1979 年 6 月,五届人大二次会议讨论通过了《中华人民共和国地方各级人民代表大会地方各级人民政府组织法》《中华人民共和国全国人民代表大会和地方各级人民代表大会选举法》《中华人民共和国人民检察院组织法》《中华人民共和国人民法院组织法》《中华人民共和国刑法》《中华人民共和国刑事诉讼法》《中华人民共和国中外合资经营企业法》等重要法律文件。这些法律文件的制定和通过初步构成了我国法律法规建设的基本体系。

在政府组织法和人民代表选举法中,规定:① 县以上地方各级人民代表大会设立常务委员会,由主任和副主任、委员若干人组成。地方各级革命委员会改为人民政府,并相应地恢复省长、市长、自治区主席和州长、县长等职务称谓,这一改革不仅使地方各级人民代表大会可以通过其常务委员会开展多方面的工作,使人民行使权力的机会经常化,同时也改变了"文化大革命"中把党政合一的革命委员会的集权体制,恢复了政府机构的职能。② 省、自治区、直辖市人民代表大会及其常委会根据本行政区域的具体情况和实际需要,在和国家宪法、法律、政策、法令、政令不相抵触的情况下,可以制定和颁布地方性法规,以调动地方进行行政法制建设的积极性。③ 规定任何选民或者代表(只要有 3 人以上附议)都可以提出代表候选人,同时还把等额选举改为差额选举。这一方面扩大了选民在提出候选人上的民主范围,另一方面又增加了他们在正式选举时能够自由表达自己意愿的条件。④ 把直接选举人民代表大会代表的范围扩大到县一级,以便于人民群众对县级国家机关和工作人员实行有效的监督。⑤ 规定人民代表有权向本级人民政府,或者本级人民政府所属各工作部门提出质询,经过大会主席团提交受质询机关,受质询机关必须在会议中负责答复。同时规定,人民代表非经本级人民代表大会常务委员会同意,不得被逮捕或者审判,目的是保证人民代表能够充分行使代表职权。

在加强民主和法制建设的同时,中国共产党领导的多党合作与政治协商制度也在逐步恢复和不断完善,民主党派的参政议政作用得到发挥。1979 年 10 月 12 日,中共中央在批转中央组织部、统战部《关于在国务院各部委和在地方各级人民政府中安排党外人士担任领导职务的请示报告》时,指出,同党外人士实行民主合作是我党的一贯政策,各级党委要根据新形势和新任务的需要克服"清一色"思想,切实做好党外人士,特别是具有业务和技术专长的党外人士的工作安排,并同他们真诚合作,共同把国家的事情办好。

中国共产党还对自身的领导体制进行了初步改革。1980年2月,中共十一届五中全会专门讨论了加强和改善中共的领导问题。全会决定恢复中共八大决定的、在中共中央政治局及它的常委会领导下的日常工作机构——中共中央书记处。这次全会还通过了《关于党内政治生活的若干准则》《中国共产党章程(修正草案)》等重要文件。规定:要加强党的集体领导制度,反对个人专断和个人崇拜;强调保障党员权利,发扬党内民主;强调党内真正实行民主选举,选举要充分体现选举人的意志;强调领导干部要接受党和群众的监督,不准搞特权;不搞实际上存在的领导职务终身制,共产党的组织和党员都必须在宪法和法律的范围内活动;等等。4月,中共中央政治局通过《关于丧失工作能力的老同志不当十二大代表和中央委员候选人的决定》,成了废除实际上存在的领导职务终身制和逐步更新领导班子的一个重要步骤。7月,中共中央又发出《关于"少宣传个人"的几个问题的指示》。8月,中央书记处又决定,在今后二三十年内,一律不挂现任领导个人的像,以利于肃清个人崇拜的影响。

在上述改革取得初步成效的基础上,中共中央决定继续加大政治体制改革的力度。1980年8月,中共中央召开了政治局扩大会议,邓小平在会上做了《党和国家领导制度的改革》的重要讲话。邓小平在讲话中分析了党和国家领导制度、干部制度中存在的种种弊端,指出这些弊端主要是官僚主义、权力过分集中、家长制、干部领导职务终身制等现象和形形色色的特权现象。这些弊端如不改掉,就很难适应社会主义现代化建设的迫切需要,就会妨碍社会主义优越性的发挥,就不能适应党和国家政治生活民主化的需要,就会严重脱离广大人民群众。他指出,过去发生的各种错误,固然与某些领导人的思想作风有关,但是组织制度、工作制度方面的问题更重要。这些方面的制度好,可以使坏人无法任意横行;制度不好,可以使好人无法充分做好事,甚至会走向反面。即使是毛泽东同志这样伟大的人物,过去也受到一些不好的制度的严重影响,以致对党、对国家、对他个人都造成了很大的不幸。这个教训是深刻的。因此,我们只有对这种制度中的弊端进行有计划、有步骤而又坚决彻底的改革,才能有利于我国的长治久安,才能保证我国四个现代化的实现。

中央政治局扩大会议以后,政治体制改革很快走向深入。主要工作有:

① 改变领导干部兼职、副职过多,权力过分集中的状况。1980年8月底至9月上旬召开的全国人大五届三次会议决定,身兼数个要职的华国锋不再担任国务院总理的职务,由赵紫阳接任。邓小平、陈云、李先念等也不再兼任国务院副总理和人大常委会副委员长的职务。这是改变党政领导干部兼职、副职过多,权力集中于少数人甚至个别人的体制的重要举措。1982年11月,五届人大五次会议按照党政分权的要求,扩大了人大常委会的立法等职权,恢复设立国家主席和副主席的职务,并规定连同其他国家领导人连续任职不得超过两届;设立国家的中央军事委员会,领导全国武装力量;除了国家和省、自治区、直辖市的权力机关有权制定适合本地的地方性法规外,省、自治区所在地的市和国务院批准的较大的市人大常委会,也可以制定本市需要的地方性法规草案,

提请省、自治区的人大常委会审定、公布。

② 扩大基层民主权利。对县级人大代表实行直接选举,再在被选出来的代表中选出县人大常委会和人民政府的领导人。这一工作在1980年上半年就在除北京市以外的全国28个省、自治区、直辖市的460个单位进行了试点,下半年在全国范围内全面推开。

③ 在企业中实行党政分开。按照党政分开的总要求,从1980年起,我国在少数企业中分别试行厂长负责制和公司董事会领导下的经理负责制等新的领导制度,目的是使企业中的中共党组织摆脱行政和经济事务,集中力量抓大政方针的贯彻,做好职工的政治思想工作,使厂长、经理真正做到有职有权,建立起强有力的生产指挥系统,改善企业的经营管理。1981年7月,中共中央和国务院在颁发《国营工业企业职工代表大会暂行条例》时指出,企业领导制度改革的基本内容是:发挥中共的领导作用,特别是加强和改善中共对企业的思想政治和方针政策的领导;发扬职工群众主人翁的责任感和当家做主的积极性,实行民主管理;企业的生产、行政工作由厂长(经理)负责统一指挥。

④ 进行中央政府机构精简和改革。1982年1月,中共中央政治局开会,讨论中央机构精简问题。邓小平同志在会上做了《精简机构是一场革命》的讲话,指出:"精简机构是一场革命。""如果不搞这场革命,让党和国家的组织继续目前这样机构臃肿重叠、职责不清,许多人员不称职、不负责,工作缺乏精力、知识和效率的状况,这是不能得到人民赞同的。"要坚持社会主义道路,要坚持搞四个现代化,就必须实现干部队伍的革命化、年轻化、知识化、专业化,这是革命和建设的战略需要。如果不进行这场革命,"不只是四个现代化没有希望,甚至于要涉及亡党亡国的问题"①。把机构改革提高到"亡党亡国"的高度,既说明了机构改革的迫切性,也说明了改革者的坚强决心。

会后,精简机构首先从中央党政机关有领导、有步骤、有秩序地展开。到当年6月底,中央党政机关机构改革的第一阶段结束。针对部级机构过多、业务重叠、办事拖拉、相互推诿、效率低下的情况,采取大量裁撤、合并有关部委的做法,减少办公机构和办事人员。国务院所属部委、直属机构和办公机构,由100个裁并为60个,工作人员编制缩减三分之一左右。据38个部委的统计,除兼职的部长、主任外,正副部长、正副主任由原来的505人减至167人,减少了67%。在新组成的领导班子中,新选拔的中青年干部占32%。平均年龄由64岁降到58岁。国务院副总理由13人减为2人,新设国务委员10人,改善和加强了国务院的日常领导机构。中共中央直属单位、局级机构减少了11%,工作人员总编制缩减17.3%,各部委的正副职减少了15.7%。从10月开始,各省、自治区、直辖市领导机构以及地、县基层党政机构也相继进行了调整。到1984年9月,除西藏自治区以外的全国县级以上领导机构的调整工作基本结束。

---

① 中共中央文献编辑委员会编:《邓小平文选》第2卷,人民出版社1994年版,第396—397页。

从1985年起,政治体制改革进入了全面展开阶段。随着经济体制改革的不断走向深入,政治体制上的新旧矛盾日益突出。比如,在政治生活中,缺乏一套行之有效的制度和机制使执政党与国家干部,特别是领导干部处于人民群众和法律的监督之下,对国家公务人员缺乏一种公正、有效的奖惩制度,人民群众无法行使作为主人和公民的应有权力,法制不健全、执法不严的情况也很严重。这说明,国家的政治和社会生活中还有许多与现代化建设不相适应的现象。

1986年6月,邓小平在听取有关部门汇报经济情况时指出,不搞政治体制改革不能适应形势。改革,应包括政治体制的改革,而且政治体制改革应作为改革的一个标志。我们要精兵简政,真正下放权力,扩大社会主义民主,把人民群众和基层组织的积极性调动起来。9月初,他在会见日本客人时,又说:重要的是政治体制不适应经济体制改革的要求。所以不搞政治体制改革就不能保证经济体制改革的成果,不能使经济体制改革继续前进。不久,他在听取中央财经领导小组的汇报时,对我国政治体制改革的基本内容做了具体阐述。他指出,我国政治体制改革的目的是调动群众的积极性,提高效率,克服官僚主义。改革的内容,首先是党政分开,解决党如何领导、如何善于领导的问题。这是关键。第二个内容是权力要下放,解决中央和地方的关系,同时地方各级也都有一个下放权力的问题。第三个内容是精简机构。还有一个是提高效率。其中,党政分开应放在第一位。但在改革中不能照搬西方的做法,不能搞自由化。稍后,他又提出了政治体制改革的三个具体目标:第一是始终保持党和国家的活力;第二是克服官僚主义,提高工作效率;第三是调动基层和工人、农民、知识分子的积极性。

由于政治体制改革远较经济体制改革等要复杂、敏感得多,加上国际上苏联、东欧社会主义国家的相继垮台,以及国内政治形势的变化,政治体制改革步履艰难,任重道远。

(三)治理整顿工作的开展

由于对1987年经济形势好转的判断过于乐观,国家加快了经济体制改革和对外开放的步伐,并在发展中产生了急于求成的倾向;同时由于对物价全面改革的时机判断有误,不适当地强调物价改革要闯关,"迟痛不如早痛",引起群众对通货膨胀的恐慌心理,导致了抢购商品的风潮;加上体制转轨中对经济发展的管理不严,流通领域里出现了不少"官倒",利用权力对少数紧缺商品囤积居奇,转手倒卖,哄抬物价,牟取暴利,严重扰乱了市场经济的正常秩序,结果导致1988年全国普遍出现了严重的通货膨胀,物价大幅度上涨,社会商品零售物价指数全年平均比上年增加18.5%,12月这一指数达到顶峰,比上年同期上涨26.7%。由于物价大幅上升,全国各地都出现了大量提前支取银行存款的现象,少数基层银行甚至一度出现支付危机,更助长了群众的挤兑心理。

在农业生产方面,由于对农业发展的形势判断有误,对其中存在的深层次问题认识不足,过早地将农民推向市场,由此引发了一系列问题。其中尤为突出的是,从1985年起,由于比较效益的差异,在乡镇企业、经济作物种植和养殖业迅速发展的同时,粮食、棉花等重要农产品的产量却在大幅度下降,由此产生了严重后果。首先,导致农产品的严重短缺,人均粮食占有量趋于下降。1988年的人均粮食占有量,从1984年的近400千克下降到362千克。其次,各地为了完成粮食收购任务,不惜动用行政性的强制措施,由此引起干群关系的紧张。各地相继出现了"粮食大战""棉花大战""羊毛大战""蚕茧大战""烟叶大战"等对农副产品的争购风潮,农产品市场出现严重混乱。再次,以农副产品为原料的轻工业无法进行正常生产。

在严峻的经济形势下,为了保证经济建设持续、稳定、健康地发展,1988年9月召开的中共十三届三中全会上,中央提出了治理经济环境、整顿经济秩序、全面深化改革的方针。全会认为,当前我国的经济形势存在的问题和困难不少,突出的是出现了明显的通货膨胀,物价上涨幅度过大。一定要充分认识遏制通货膨胀的重要性和紧迫性,要下最大的决心,把今后两年改革和建设的重点放到治理经济环境、整顿经济秩序上来。否则,不但价格改革很难进行,其他改革也难深入,整个社会主义建设的速度也会受到严重影响,甚至会损害改革开放已经取得的成就。

1989年11月,中共十三届五中全会通过《关于进一步治理整顿和深化改革的决定》,提出了这次治理整顿工作的主要目标是:① 逐步降低通货膨胀率,明确提出要使全国零售商品的物价涨幅下降到10%以下;② 扭转货币超经济发行的状况,逐步做到当年货币发行量与经济增长的合理需求相适应;③ 努力实现财政收支平衡,逐步消灭财政赤字;④ 在提高经济效益、经济素质和科技水平的基础上,保持适度的经济增长率,争取国民生产总值平均每年增长5%~6%;⑤ 改善产业结构的不合理状况,力争主要农产品生产逐步增长,能源、原材料供应紧张和运力不足的矛盾逐步缓解;⑥ 进一步深化和完善各项改革措施,逐步建立符合计划经济与市场调节相结合原则的经济、行政、法律手段综合运用的宏观调控体系。为了实现上述目标,全会认为,治理整顿必须抓住四个重要环节:一是继续压缩社会总需求,坚决执行紧缩财政和信贷的方针,解决好国民收入超额分配的问题,下决心过几年紧日子;二是大力调整产业结构,增加有效供给,增强经济发展后劲;三是认真整顿经济秩序,继续下大力气清理整顿各种公司特别是流通领域的公司,克服生产、建设、流通、分配领域的严重混乱现象;四是深入开展增产节约、增收节支运动,下功夫改进企业的经营管理,挖掘内部潜力,提高科技水平,走投入少、产出多、质量高、效益好的经济发展道路。千方百计地提高经济效益,继续深化改革和扩大对外开放,切实加强中共对治理整顿和深化改革工作的领导。

随后,治理整顿工作全面展开。由于农业生产面临的形势较为严峻,而且农业又是整个国民经济的基础,因此治理整顿工作首先是从加强农业生产开始的。

第一,稳定和完善以家庭经营为主的联产承包责任制。

稳定包含三个方面的内容:一是坚持土地和一些大型生产资料集体所有制不变;二是实行家庭经营联产承包责任制不变;三是统一经营和分户经营结合的双层体制不变。既反对实行"土地私有化"的主张,也反对重新恢复过去的集体化经营模式。目的是为了阻止农民在土地使用过程中出现的重用轻养的短期化行为,减少生产经营中的盲目性。

第二,增加对农业的投入,特别是增加资金的投入。

国家在江河治理、农用工业和农业基础设施、良种研制、兴办教育和建立商品基地等方面加大投资力度。增加对农业的物资和科技投入也是一个重要方面。中央指出,农业的发展,一靠政策,二靠科技,三靠投入。

第三,进一步理顺农产品价格和购销体制,减轻农民负担,改善农业生产的环境。

一是调整农产品收购价格。一方面调整工农产品的比价,适当调高农产品的收购价格;另一方面调整农产品内部的比价关系,对某些因价格过高引起盲目发展的农林特产品,采取适当措施加以限制,在农业内部进行必要的利益调节。二是改革购销制度。从1989年起,国家加强了对粮食、棉花、生丝等农产品的市场管理,成立中央和地方批发中心,实行管理和监督,防止发生抬价抢购农产品,但这不是恢复过去的统购统销,农产品的集市交易继续放开。三是努力减轻农民负担。乡、村两级给农民的负担不得超过上一年农民纯收入的5%;由农业部门清理农民的负担项目,由各级政府核准,没有国务院批准,农民可以拒绝交钱。

第四,稳妥调整产业结构,引导乡镇企业健康发展。

为了扭转前几年农村劳动力过多转向第二、第三产业而导致粮食生产连续徘徊乃至下降的不利局面,中央重申要在保证粮食生产稳定增长的基础上,积极发展非农产业,开展多种经营,保证农民收入的提高。国家决定把粮食作为农产品价格的基准,通盘考虑各种农产品价格,并通过国家职能和税收等经济手段,采取以工补农、以工建农等多种形式,合理调整各行业之间的利益关系。对乡镇企业,国家提出"调整、整顿、改造、提高"的方针,将其高速增长的势头压下来,对一些耗费电力和原材料严重的乡镇企业,坚决关掉一批;同时调整产品和产业结构,提高管理和技术水平。在起草国民经济发展的"八五"规划时,国家决定将乡镇企业与国家工业统一规划,走城乡结合、工农互助、共同富裕、共同发展的道路,解决发展乡镇企业与发展大工业的矛盾。

第五,积极推进农业综合开发。

从1988年开始,国务院决定将上交中央的耕地占用税作为农业综合开发基金,并决定在冀、鲁、豫、苏、皖5省的黄淮海平原,东北的三江平原、松辽平原以及浙江、广西、新疆3省等11大片立项进行开发。1989年又在四川、湖北、湖南、江西、宁夏、内蒙古、海南及黄河口三角洲8片地区立项进行开发。

农业政策的调整、国家对农业基础地位认识的强化、一系列有利于农业生产政策的出台,迅速扭转了农业生产的不利形势。到1992年治理整顿工作结束时,农业连续4年获得丰收,年均递增4.9%,从而摆脱了前几年徘徊不前的局面。

在控制社会总需求方面,首先,国家运用金融手段,采取了一系列旨在促进存款、压缩消费、降低通货膨胀指数,以稳定物价的重要措施。国家决定1989年实行紧缩银根、稳定金融的政策。其次,认真清理在建项目和压缩投资规模,砍掉了一批楼堂馆所项目,停建缓建一批一般的生产性项目。将项目开工审批权限上收到中央和省一级,严格土地审批制度,加强对国有土地使用权有偿出让收入的管理。再次,压缩和控制社会集团的购买力。一是从严审批和掌握专控商品的购买;二是要求各级税收、财务、物价和财政部门共同负责,对各机关、团体、企业和事业单位设立的各种形式的"小金库"进行清理与检查,并且计划要求社会集团的消费水平比1988年压缩20%。最后,控制职工工资总额的增长幅度,加强工资基金的管理。

在整顿流通秩序方面,一是坚决清理和整顿各类公司。1988年10月,中共中央、国务院做出《关于清理整顿公司的决定》,指出由于有相当一部分公司政企不分、官商不分、转手倒卖、牟取暴利,因而严重损害了国家和群众的利益,造成社会分配不公,扰乱经济秩序,败坏社会风气,干扰和阻碍改革。因此,决定对现有公司进行清理。8月,国家审计署公布了对中国康华发展总公司、中国国际贸易信托投资公司、光大实业公司、中国工商经济开发公司和中国信托投资公司的审计结果与处罚决定。同月,中共中央、国务院又做出了《关于进一步清理整顿公司的决定》,认为清理整顿公司不仅是经济领域的问题,而且是全国上下十分关注的政治问题,并要求各省级主要行政长官和各部部长亲自负责这项工作。

经过多方努力,经济增长过热、无序的局面得到有效控制。在农业生产有所回升的基础上,1989年国民生产总值增长4%,比1988年下降了7个百分点。其中工业增幅下降到5.1%,比1988年下降了10.2个百分点。建筑业则出现了负增长,比1988年下降了16.4个百分点。全国零售物价总指数为17.8%,比1988年下降0.7%,下降幅度较小,主要是由于1988年全国零售总需求严重超过总供给,影响了1989年的物价指数。10月,物价涨幅降到了两位数以内,12月,又进一步降到6.4%。

由于用力过猛,多管齐下,在物价涨幅趋缓的情况下,1989年下半年又逐渐开始出现市场销售疲软、工业增长速度回落过快的现象。对经济生活中出现的新问题,中央政府决定在坚持财政金融双紧方针的前提下,采取多种措施以缓解当前出现的突出矛盾:适度放松金融,增加部分贷款,主要用于增加企业流动资金,增加商业、物资和外贸收购资金,适当调整存贷款利率,在贷款上实行差别利率;成立专门小组尽快负责清理"三角债",全面恢复银行托收承付制度,以减少企业间的相互拖欠;适当增加投资,主要用于计划内重点建设项目和企业的技术改造,用于在城市建设一些中低档职工住宅,在农村用以工代赈的形式搞一些水利建设和公路建设,同时严禁恢复和新建楼堂馆所;大力搞活流通,积极开拓市场,特别是农村市场,通过多条渠道,促进城乡物资交流;对部分商品价格实行有升有降的适当调整;等等。

重点是清理企业间的"三角债"。"三角债"是对企业之间相互拖欠的债务锁链的俗称。形成"三角债"的原因是多方面的,其中主要是由制度因素引起的。有的是在固定资产投资时因投资资金不到位产生的;有的是因产品结构不合理导致大量产品严重积压造成的;有的是因企业自有资金不足,亏损严重而形成的;有的是因商品经济秩序混乱,法制和信用观念淡薄而有意拖欠形成的。到1989年下半年,全国国有工商企业相互拖欠的"三角债"已达1 100多亿元,90%以上的企业之间存在着相互拖欠。进入1990年企业间的"三角债"又出现上升的趋势,成为困扰国民经济正常运行的严重障碍。

1990年3月,国务院发出《关于在全国范围内开展清理"三角债"工作的通知》,成立了以国务院副总理朱镕基为组长的清理"三角债"领导小组,负责组织领导全国清理"三角债"工作。清理工作分三步进行。第一步,先在各省、自治区、直辖市范围内和基建、外贸、商业、物资等系统进行,由各地区、各部门自行组织清欠工作。第二步,以被拖欠货款较多的省、自治区、直辖市为中心,把全国分成6个大区,组织跨地区的区域性清理。第三步,在区域性清理的基础上进行全国范围的清理。

经过一年多的努力,"三角债"的清理工作取得了很大进展。到1991年年底,全国共注入银行贷款306亿元,地方和企业自筹24.5亿元,共清理连环拖欠款1 360多亿元。这次清欠从固定资产投资项目拖欠这个源头入手,着重对机电、冶金、煤炭、有色金属等生产资料的国有大中型企业的债务进行了清理,使企业资金紧张状况得到明显改善,还加快了一批国家重点项目的建设。1992年2月,国务院清理"三角债"领导小组发出《关于1991年全国清理"三角债"成果和1992年继续开展清理"三角债"工作的公告》,提出1992年要继续把清理固定资产投资项目作为清理"三角债"的重点,清理的范围仅限于1991年未清理过和1991年年底投产仍有拖欠的项目,对1992年2月1日以后发生的拖欠,国家不再组织清理。随着1992年经济形势的迅速好转,"三角债"问题也逐渐消失。

治理经济环境、整顿经济秩序工作,到1992年上半年邓小平南方谈话公开发表,掀起新一轮经济建设高潮后,基本结束。

第三节　社会主义现代化建设新局面的开创

一、建设中国特色社会主义理论的系统化

党的十一届三中全会以后,以邓小平为主要代表的中国共产党人,团结带领全党全国各族人民,深刻总结我国社会主义建设正反两方面经验,借鉴世界社会主义历史经验,创立了邓小平理论,做出把党和国家工作中心转移到经济建设上来、实行改革开放的历史性决策,深刻揭示社会主义本质,确立社会主义初级阶段基本路线,明确提出走自己的路、建设中国特色社会主义,科学回答了建设中国特色社会主义的一系列基本问题,制定了到21世纪中叶分三步走、基本实现社会主义现代化的发展战略,成功开创了

中国特色社会主义。

（一）邓小平南方谈话的发表

20世纪80年代后期以来，国际共产主义运动又一次遭受了严重的挫折。1986年波兰团结工会在大选中获胜，上台执政。自此，东欧国家政坛出现"多米诺"现象，共产党相继丧失政权，由执政党沦为在野党。1991年苏联八一九事件后，苏共受到沉重打击，组织陷于瘫痪。12月25日，苏联解体。国际局势的剧烈变化，给中国的社会主义建设和改革事业带来了严峻的考验。

与此同时，我国周边的一些国家和地区发展迅速。亚洲"四小龙"已把中国远远地抛在后边，继起的马来西亚、泰国和印度尼西亚等国家的发展速度也很快。1991年，韩国经济增长8.8%，泰国、马来西亚均增长8.1%，超过中国7%的增速。日本经济在年年增长的基础上，1991年又增长4.7%，由于其基数巨大，增长的绝对量很庞大。所有这些，对中国来说既是挑战，也是压力。

在国内，自80年代末发生"八九风波"后，在防止和反对和平演变的过程中，一些人对改革开放的决策产生怀疑。有些人则把治理整顿同发展经济、深化改革对立起来，未能很好地处理改革、发展与稳定三者之间的辩证关系。甚至认为，改革开放就是引进和发展资本主义，和平演变的主要危险来自经济领域，"三资"、外资、私营企业发展多了就是资本主义多了，乡镇企业是不正之风的根源，农村家庭联产承包责任制的推行是瓦解集体经济的根源，市场化改革就是搞资本主义，股份制就是私有化，等等。总之，其实质就是在姓"资"姓"社"问题上绕圈子，无限上纲上线。

在治理整顿工作中也暴露出了一些深层次问题。例如，由于缺乏经营自主权和有效的约束机制，致使部分国有企业亏损严重，经济效益差；由于现行财政分配、财政支出机制等不合理，导致财政困难和赤字增加；由于价格体系不合理、利益机制不健全，使得资产存量结构不合理、重复建设非常严重；等等。

改革需要新突破，发展需要新思路。正是在这一背景下，邓小平从1992年1月18日到2月21日去武昌、深圳、珠海、上海等地视察，沿途发表了一系列重要谈话，意在冲破姓"资"姓"社"的束缚和限制，进一步解放思想，掀起改革开放的新高潮。

邓小平南方谈话的主要内容如下：

第一，深刻阐明了社会主义的本质，强调党的"一个中心，两个基本点"的基本路线不能改变。

邓小平指出，社会主义的根本任务是解放和发展生产力。"社会主义的本质，是解放生产力，发展生产力，消灭剥削，消除两极分化，最终达到共同富裕。"这一新概括，既纠正了过去忽视生产力发展的错误观念，把发展生产力看作是决定我们国家、民族的命运，关系到社会主义的兴衰成败、前途命运的大问题，同时又把发展生产力同消除两极分化、实现共同富裕有机地结合起来，从而明确了我们发展生产力同剥削阶级统治的社会发展生产力的根本区别，这是对马列主义的完善和发展。

他说,为了促进生产力的发展,在社会主义基本制度建立以后,还要从根本上改变束缚生产力发展的各种体制。在这一意义上,改革同革命一样也是解放生产力。只讲在社会主义条件下发展生产力,不讲还要通过改革解放生产力,不完全。因此,改革开放以来所制定的以"一个中心,两个基本点"为中心内容的基本路线,不能变,要管一百年。坚持这条路线,中国就大有希望。谁要改变这条路线,老百姓不答应,谁就会被打倒。

第二,发展是硬道理,一定要抓住机遇,发展经济,力争几年上一个台阶。

邓小平说,现在,周边一些国家和地区经济发展比我们快,如果我们不发展或发展得太慢,老百姓一比较就有问题了。因此,能发展就不要阻挡。如果我们不抓住时机,尽快把经济搞上去,必将被历史所抛弃,最终葬送社会主义。他强调,我们必须抓住机遇,发展自己,关键是发展经济。一定要搞清楚,"发展才是硬道理"。有条件的地方要尽可能搞快点,条件暂不具备的则要努力创造条件逐步快起来。我们强调要抓住机遇,现在国内条件具备,国际环境有利,是最好的机遇,我就担心丧失机遇。他说,低速度就等于停步,甚至等于后退。但追求高速度,一定要从实际出发,不能一哄而起,盲目上新项目,而要讲求经济效益,讲质量,搞外向型经济。

邓小平指出,中国能不能顶住霸权主义、强权政治的压力,坚持社会主义制度,关键就看能不能争得一个较快的经济发展速度,实现我们的经济发展战略。他指出,我国的经济发展,总要力争几年上一个台阶。从国际经验看,一些国家在发展过程中,都曾经有过高速发展时期,或若干高速发展阶段。因此,我们的发展也必须在某一阶段,抓住时机,加速搞几年,发现问题及时加以治理,而后继续前进。经济要快速发展,必须依靠科技和教育。在高科技领域,中国也要在世界占有一席之地。希望大家通力合作,为加快发展我国科技和教育事业多做实事。

第三,要冲破姓"资"姓"社"的思想束缚,大胆试验,大胆地闯;提出了用于检验改革开放是否正确的三个"有利于"的标准;强调要警惕右,但主要是防止"左",不争论。

邓小平认为,改革开放迈不开步子,不敢闯,说来说去就是怕资本主义的东西多了,走了资本主义道路,要害是姓"资"姓"社"的问题。他说,判断的标准,应该主要看是否有利于发展社会主义社会的生产力,是否有利于增强社会主义国家的综合国力,是否有利于提高人民的生活水平。根据这一标准,邓小平明确指出,深圳特区姓"社"不姓"资"。"三资"企业受到我国整个政治、经济条件的制约,是社会主义经济的有益补充,归根到底是有利于社会主义的,所以多搞点"三资"企业,不用怕。绝不能认为办特区就是搞资本主义,"三资"企业多了就是发展了资本主义。

邓小平强调,现在,有右的东西影响我们,也有"左"的东西影响我们,但根深蒂固的还是"左"的东西。"左"的东西之所以能够盛行不衰,能吓唬人,是因为"左"带有革命色彩,好像越"左"越革命。"左"的东西在党的历史上很可怕。右可以葬送社会主义,"左"也可以葬送社会主义。中国要警惕右,但主要是防止"左"。把改革开放说成是引进和发展资本主义,认为和平演变的主要危险来自经济领域,这就是"左"。"左"倾思潮有深刻的历史原因和传统影响,对此我们必须保持清醒的头脑,这样就不会犯大错误,出现问题也容易纠正和改正。社会主义要赢得与资本主义相比较的优势,就必须大胆地吸收和借鉴人类社会创造的一切文明成果,吸收和借鉴当今世界各国包括资本主义发达国家的一切反映现代社会化生产规律的先进经营方式、管理方法。

第四,要两手抓,两手都要硬。

邓小平指出,要坚持两手抓,一手抓改革开放,一手抓打击各种犯罪活动。这两手都要硬。发达地区要赶上亚洲"四小龙",不仅经济要上去,社会秩序、社会风气也要搞好,两个文明建设都要超过他们,这才是中国特色的社会主义。对各地出现的吸毒、嫖娼、经济犯罪等丑恶现象,要坚决取缔和打击,绝不能任其发展。历史事实证明,共产党能够扫除这些丑恶现象。

邓小平强调,在改革开放过程中,必须始终注意坚持四项基本原则。要长期坚持反对资产阶级自由化的斗争。搞资产阶级自由化,后果极其严重,花很长时间才建设起来的成果,垮起来则是一夜之间的事情。他指出,依靠无产阶级专政保卫社会主义制度,是马克思主义的一个基本观点。这是因为刚刚掌握政权的新兴阶级,总是弱于敌对阶级的力量,因此要用专政的手段来巩固政权。运用人民民主专政的力量,巩固人民的政权,是正义的事情,没有什么输理的地方。

第五,一定要加强执政党建设,尤其是要把领导班子建设好。

邓小平指出,正确的政治路线要靠正确的组织路线来保证。中国的事情能不能办好,社会主义的改革开放能不能坚持,经济能不能快一点发展起来,国家能不能长治久安,从一定意义上说,关键在人。帝国主义搞和平演变,把希望寄托在我们以后的几代人身上。因此,一定要把军队教育好,把专政机构教育好,把共产党员教育好,把人民和青年教育好。中国要出问题,还是出在共产党内部。对这个问题要有清醒的认识,要注意培养人,按照"革命化、年轻化、知识化、专业化"的标准,选拔德才兼备的人进班子。重点是要进一步找年轻人进班子,注意下一代接班人的培养,让更多的年轻人成长起来。这是我国长治久安的头等大事。他指出,在整个改革开放过程中,都要坚持反腐败。对干部和共产党员来说,廉政建设要作为大事来抓。干部队伍建设一定要依靠法制,搞法制靠得住些。

第六,对社会主义前途充满信心,坚信社会主义必然代替资本主义。

邓小平指出,我坚信,世界上赞成马列主义的人会多起来,因为马克思主义是科学。它运用历史唯物主义揭示了人类社会发展的规律。一些国家出现严重曲折,社会主义好像被削弱了,但人民经受锻炼,从中吸取教训,将促使社会主义向着更加健康的方向发展。

邓小平还强调,马克思主义之所以打不倒,是因为它的真理颠扑不破。学马列要精,要管用。实事求是是马列主义的精髓。我们搞改革开放,就不是靠本本,而是靠实践,靠实事求是。马克思主义并不玄奥,而是很朴实的道理。

他说,我们搞社会主义才几十年,还处在初级阶段。巩固和发展社会主义制度,需要一个很长的历史阶段,需要我们几代人、十几代人,甚至几十代人坚持不懈的努力奋斗,绝不能掉以轻心。如果从中华人民共和国建立起,用一百年时间把我国建设成中等水平的发达国家,那就很了不起!从现在起到21世纪中叶,将是很要紧的时期,我们要埋头苦干。

邓小平的南方谈话,是在国际国内发生"政治风波",国际共产主义运动和国内现代化建设面临严峻考验的重大历史关头,坚持中共十一届三中全会以来的理论和路线,深刻回答了长期束缚人们思想的许多重大认识问题,把改革开放和现代化建设推进到新阶段的又一个解放思想、实事求是的宣言书,为中共十四大的召开准备了重要的思想理论基础。

1992年3月,中共中央政治局召开全体会议,完全赞同邓小平的重要谈话,认为谈话不仅对当前的改革和建设,对开好中共十四大具有十分重要的指导作用,而且对整个社会主义现代化建设事业具有重大而深远的意义。

(二)建设中国特色社会主义理论的系统化

在中国共产党第十二次全国代表大会上,邓小平在致开幕词时首次明确提出:"把马克思主义的普遍真理同我国的具体实际结合起来,走自己的道路,建设有中国特色的社会主义,这就是我们总结长期历史经验得出的基本结论。"[1]但由于中国的改革开放走的是一条"摸着石头过河"的渐进发展道路,对什么是有中国特色的社会主义,怎样建设有中国特色的社会主义,在刚开始时没有也不可能有一套具体明确的整体设计。而只能在实践中不断地发现问题、解决问题,并对其中的成功经验进行理论总结,上升为党领导全国人民进行社会主义建设的指导思想。

经过全党和全国人民多年的不断探索、正反两方面经验教训的反复积累以及理论工作者的深入研究,到20世纪90年代初,这一理论的主要轮廓已较为清晰。

1990年年底,中国共产党十三届七中全会通过的《中共中央关于制定国民经济和社会发展十年规划和"八五"计划的建议》,首次对中国特色社会主义理论做了12个方面的归纳和概括:

① 坚持以工人阶级为领导的以工农联盟为基础的人民民主专政,不断完善人民代表大会制度,不断完善共产党领导的多党合作和政治协商制度,不断巩固和发展最广泛的爱国统一战线,努力加强社会主义民主和社会主义法制建设。② 坚持把发展社会生产力作为社会主义的根本任务,专心致志地搞好现代化建设,不断提高人民的物质文化生活水平。③ 通过改革,不断完善社会主义的经济、政治体制和其他领域的管理体制,充分调动中央、地方、企业和广大劳动人民的主动性、积极性和创造性。④ 采取发展对

---

[1] 中共中央文献编辑委员会编:《邓小平文选》第3卷,人民出版社1993年版,第3页。

外经济贸易关系、利用外资和引进先进技术等多种形式,通过举办经济特区、经济开发区和实行必要的特殊政策与灵活措施,不断扩大对外开放。⑤坚持以社会主义公有制为主体的多种经济成分并存的所有制结构,发挥个体经济、私营经济和其他经济成分对公有制经济的有益补充作用,并对它们加强正确的管理和引导。⑥积极发展社会主义的有计划商品经济,实行计划经济与市场调节相结合,努力促进国民经济持续、稳定、协调发展。⑦实行以按劳分配为主体、其他分配形式为补充的分配制度,允许和支持一部分人、一部分地区通过诚实劳动和合法经营先富起来,鼓励先富起来的帮助未富起来的,以利于全体人民和各个地区逐步实现共同富裕。⑧坚持以马克思列宁主义、毛泽东思想为指导,继承和发扬祖国优秀文化遗产,借鉴和吸收世界上一切优秀文化成果,不断提高全民族的思想道德和科学文化素质,建设社会主义精神文明。⑨建立和发展平等互助、团结合作、共同繁荣的社会主义民族关系,坚持和完善民族区域自治制度,反对民族歧视、民族压迫和民族分裂。⑩按照"一个国家,两种制度"的构想和实践,促进祖国统一大业的逐步实现。⑪坚持独立自主的和平外交政策,在和平共处五项原则的基础上发展同一切国家的友好关系,反对霸权主义和强权政治,支持被压迫民族和被压迫人民的正义斗争。⑫坚持共产党的领导,不断改善党的领导制度、领导作风和领导方法,加强党的政治、思想、理论和组织建设,使党始终成为社会主义事业的坚强领导核心。

1991年6月底,在庆祝中国共产党成立70周年大会上,江泽民在讲话中从政治、经济和文化三个方面又对中国特色社会主义这一理论的基本内容做了阐述。他指出,中国特色社会主义的经济,必须坚持以生产资料社会主义公有制为主体,允许和鼓励其他经济成分的适当发展,既不能脱离生产力发展水平搞单一的公有制,又不能动摇公有制经济的主体地位,不能搞私有化;必须实行以按劳分配为主体、其他分配形式为补充的分配制度,既要克服平均主义,又要防止两极分化,逐步实现全体人民的共同富裕;必须建立适应社会主义有计划商品经济发展的、计划经济与市场调节相结合的经济体制和运行机制,在国家法规和计划的指导下发挥市场调节的积极作用,既要克服过去那种过分集中、管得过多过死的弊端,又不能过于分散和削弱宏观调控。同时要在实践中按照这些基本原则的要求,不断完善各项政策、措施,逐步实现国民经济的现代化。

中国特色社会主义的政治,必须坚持工人阶级领导的、以工农联盟为基础的人民民主专政,不能削弱和放弃人民民主专政;必须坚持和完善人民代表大会制度,不能搞西方那种议会制度;必须坚持和完善中国共产党领导的多党合作和政治协商制度,不能搞西方那种多党制。并且要按照这些基本原则的要求,不断加强社会主义民主和法制建设,发展安定团结、生动活泼的政治局面,保证人民当家做主和国家长治久安。

中国特色社会主义的文化,必须以马克思列宁主义、毛泽东思想为指导,不能搞指导思想的多元化;必须坚持为人民服务、为社会主义服务的方向和"百花齐放,百家争鸣"的方针,繁荣和发展社会主义文化,不允许毒害人民、污染社会和反社会主义的东西泛滥;必须继承和发扬民族优秀传统文化而又充分体现社会主义时代精神,立足本国而又充分吸收世界文化的优秀成果,不允许搞民族虚无主义和全盘西化。同时要按照这些基本原则的要求,极大地提高全民族的思想道德和科学文化素质,促进社会主义物质文明和精神文明的发展。

　　随着实践的深入发展和经验的不断积累,人们的认识也在不断加深。1992年10月,江泽民在中国共产党第十四次全国代表大会上,受中共十三届中央委员会的委托,向大会做了题为《加快改革开放和现代化建设步伐,夺取中国特色社会主义事业的更大胜利》的报告。报告以邓小平南方谈话的基本内容为根据并结合改革开放以来我国社会主义建设的伟大实践,从9个方面对建设中国特色社会主义理论做了更为系统、全面的阐述,也反映了中国共产党人对这一理论认识的深化。

　　① 在社会主义的发展道路上,强调走自己的路,以马克思主义为指导,以实践作为检验真理的唯一标准,解放思想,实事求是,尊重群众的首创精神,建设有中国特色的社会主义。

　　② 在社会主义的发展阶段问题上,作出了我国还处在社会主义初级阶段的科学论断,强调这是一个至少上百年的很长的历史阶段,制定一切方针政策都必须以这个基本国情为依据,不能脱离实际,超越阶段。

　　③ 在社会主义的根本任务问题上,指出社会主义的本质是解放生产力,发展生产力,消灭剥削,消除两极分化,最终达到共同富裕。强调现阶段我国社会的主要矛盾是人民日益增长的物质文化需要同落后的社会生产之间的矛盾,必须把发展生产力摆在首要位置,以经济建设为中心,推动社会全面进步。判断各方面工作的是非得失,归根到底,要以"三个有利于"为标准。科学技术是第一生产力。

　　④ 在社会主义的发展动力问题上,强调改革也是一场革命,也是解放生产力,是中国现代化的必由之路,僵化停滞是没有出路的。经济体制改革的目标,是在坚持公有制和按劳分配为主体、其他经济成分和分配方式为补充的基础上,建立和完善社会主义市场经济体制。政治体制改革的目标,是以完善人民代表大会制度、共产党领导的多党合作和政治协商制度为主要内容,发展社会主义民主政治。同经济、政治的改革与发展相适应,以"有理想、有道德、有文化、有纪律"为目标,建设社会主义精神文明。

　　⑤ 在社会主义建设的外部条件问题上,指出和平与发展是当代世界的两大主题,必须坚持独立自主的和平外交政策,为我国现代化建设争取有利的国际环境。强调实行对外开放是改革和建设必不可少的,应当吸收和利用世界各国包括资本主义发达国家所创造的一切先进文明成果来发展社会主义,封闭只能导致落后。

　　⑥ 在社会主义建设的政治保证问题上,强调坚持四项基本原则。四项基本原则是立国之本,是改革开放和现代化建设健康发展的保证,又从改革开放和现代化建设中获得新的时代内容。

　　⑦ 在社会主义建设的战略步骤问题上,提出基本实现现代化分三步走。在现代化

建设的长期过程中要抓住时机,争取出现若干个发展速度比较快、效益又比较好的阶段,每隔几年上一个台阶。贫穷不是社会主义,同步富裕又是不可能的,必须允许和鼓励一部分地区一部分人先富起来,以带动越来越多的地区和人们逐步达到共同富裕。

⑧ 在社会主义的领导力量和依靠力量问题上,强调作为工人阶级先锋队的共产党是社会主义事业的领导核心,党必须适应改革开放和现代化建设的需要,不断改善和加强对各方面工作的领导,改善和加强自身建设。执政党的党风、党同人民群众的联系,是关系到党生死存亡的问题。必须依靠广大工人、农民、知识分子,必须依靠各民族人民的团结,必须依靠全体社会主义劳动者、拥护社会主义的爱国者和拥护祖国统一的爱国者的最广泛的统一战线。党领导的人民军队是社会主义祖国的保卫者和建设社会主义的重要力量。

⑨ 在祖国统一的问题上,提出"一个国家,两种制度"的创造性构想。在一个中国的前提下,国家的主体坚持社会主义制度,香港地区、澳门地区、台湾地区保持原有的资本主义制度长期不变,按照这个原则来推进祖国和平统一大业的完成。

报告还指出,建设中国特色社会主义的理论还有其他许多内容,还要在研究新情况、解决新问题的过程中,在实践检验中继续丰富、完善和发展。在建设中国特色社会主义理论的指导下,中国共产党形成了社会主义初级阶段的基本路线。"一个中心,两个基本点"是这条路线的简明概括。同这条路线相适应,还形成了包括经济、政治、科技、教育、文化、军事、外交等各方面的一整套方针政策。这条路线和这些方针政策也要在实践中继续丰富、完善和发展。

建设中国特色社会主义的理论,是在和平与发展成为时代主题的历史条件下,在我国改革开放和社会主义现代化建设的实践过程中,在总结我国社会主义胜利和挫折的历史经验并借鉴其他国家社会主义兴衰成败历史经验的基础上,逐步形成和发展起来的。它是马克思列宁主义基本原理与当代中国实际和时代特征相结合的产物,是毛泽东思想的继承和发展,是全党全国人民集体智慧的结晶,是当代中国的马克思主义,是中国共产党和中国人民最可珍贵的精神财富。邓小平同志是我国社会主义改革开放和现代化建设的总设计师。他尊重实践,尊重群众,时刻关注最广大人民的利益和愿望,善于概括群众的经验和创造,敏锐地把握时代发展的脉搏和契机,既继承前人又突破陈规,表现出了开辟社会主义建设新道路的巨大政治勇气和开拓马克思主义新境界的巨大理论勇气,对建设中国特色社会主义理论的创立做出了历史性的重大贡献。

1997年9月,江泽民在中共十五次全国代表大会上所做的《高举邓小平理论伟大旗帜,把建设中国特色社会主义事业全面推向二十一世纪》报告中,再次从政治、经济、文化三个方面阐述了中国特色社会主义理论的基本内容以及如何建设有中国特色的社会主义。

报告指出,建设中国特色社会主义的经济,就是在社会主义条件下发展市场经济,不断解放和发展生产力。这就要坚持和完善社会主义公有制为主体、多种所有制经济共同发展的基本经济制度;坚持和完善社会主义市场经济体制,使市场在国家宏观调控下对资源配置起基础性作用;坚持和完善以按劳分配为主体的多种分配方式,允许一部分地区、一部分人先富起来,带动和帮助后富,逐步走向共同富裕;坚持和完善对外开放,积极参与国际经济合作和竞争。保证国民经济持续、快速、健康发展,人民共享经济繁荣的成果。

建设中国特色社会主义的政治,就是在中国共产党的领导下,在人民当家做主的基础上,依法治国,发展社会主义民主政治。这就是坚持和完善工人阶级领导的、工农联盟为基础的人民民主专政;坚持和完善人民代表大会制度和共产党领导的多党合作、政治协商制度以及民族区域自治制度;发展民主,健全法制,建设社会主义法制国家;实现社会安定,政府廉洁高效,全国各族人民团结和睦,生动活泼的政治局面。

建设中国特色社会主义的文化,就是以马克思主义为指导,以培育有理想、有道德、有文化、有纪律的公民为目标,发展面向现代化、面向世界、面向未来的,民族的科学的大众的社会主义文化。这就要坚持用邓小平理论武装全党,教育人民;努力提高全民族的思想道德素质和教育科学文化水平;坚持为人民服务、为社会主义服务的方向和百花齐放、百家争鸣的方针,重在建设、繁荣学术和文艺。建设立足中国现实、继承历史文化优秀传统、吸取外国文化有益成果的社会主义精神文明。

上述建设中国特色社会主义的经济、政治、文化的基本目标和基本政策,有机统一,不可分割,构成党在社会主义初级阶段的基本纲领。

二、社会主义市场经济理论的提出

"八九风波"后,理论界有人把经济以及政治、社会生活中出现的一些问题归咎于改革的政治方向有问题,认为不该选择市场取向,不能削弱计划经济,甚至有人把市场经济同和平演变联系起来,说搞市场经济就是资产阶级自由化在经济领域中的表现,市场取向就等于资本主义取向,市场经济就等于资本主义。

对此,邓小平在一系列讲话中明确指出,社会主义不等于计划经济,市场经济不等于资本主义,计划和市场都是手段。他强调:"我们要继续坚持计划经济与市场调节相结合……绝不能重复回到过去那样,把经济搞得死死的。"①又说:"我们必须从理论上搞懂,资本主义与社会主义的区分不在于是计划还是市场这样的问题。社会主义也有市场经济,资本主义也有计划控制。""不要以为搞点市场经济就是资本主义道路,没有那么回事。计划和市场都得要。不搞市场,连世界上的信息都不知道,是自甘落后。"1991年年初,他在上海视察时又说:"不要以为,一说计划经济就是社会主义,一说市场经济就是资本主义,不是那么回事,两者都是手段,市场也可以为社会主义服务。"②在

---

① 中共中央文献编辑委员会编:《邓小平文选》第3卷,人民出版社1993年版,第306—307页。
② 中共中央文献编辑委员会编:《邓小平文选》第3卷,人民出版社1993年版,第364、367页。

南方谈话中,他对计划和市场的关系的认识又向前发展了一步。邓小平指出,计划多一点还是市场多一点,不是社会主义与资本主义的本质区别。计划经济不等于社会主义,资本主义也有计划;市场经济不等于资本主义,社会主义也有市场。①

邓小平的这些论断,极大地启发了人们的思想。1992年2月,江泽民在主持召开中共十四大报告起草座谈会上指出,中共十四大报告要以邓小平南方谈话为指导,研究回答中国经济体制改革的目标是什么的问题。6月9日,江泽民来到中共中央党校,在对省、部级干部学员的讲话中表示:他个人比较倾向于用"社会主义市场经济"的提法。他认为,有计划的商品经济,也就是有计划的市场经济。因为社会主义一开始就是有计划的,因此,不会因为在提法中没有"有计划"三个字,就发生是不是取消了计划性的疑问。②

根据上述认识,江泽民在代表中共十三届中央委员会所做的《加快改革开放和现代化建设步伐,夺取有中国特色社会主义事业的更大胜利》报告中,正式提出了建立社会主义市场经济体制的目标与要求。报告指出,改革开放十多年来,市场经济逐步扩大,大多数商品的价格已经放开,计划直接管理的领域显著缩小,市场对经济活动调节的作用大大增强。实践表明,市场作用发挥比较充分的地方,经济活力就比较强,发展态势也比较好。我国经济要优化结构,提高效益,加快发展,参与国际竞争,就必须继续强化市场机制的作用。实践的发展和认识的深化,要求我们明确提出,我国经济体制改革的目标是建立社会主义市场经济体制,以利于解放和发展生产力。

报告指出,我们要建立的社会主义市场经济体制,就是要使市场在社会主义国家宏观调控下对资源配置起基础性调节作用,使经济活动遵循价值规律的要求,适应供求关系的变化;通过价格杠杆和竞争机制的功能,把资源配置到效益好的环节中去,并给企业以压力和动力,实现优胜劣汰;运用市场对各种经济信号反应比较灵敏的优点,促进生产和需求的及时协调。同时也要看到市场有其自身的弱点和消极方面,必须加强和改善国家对经济的宏观调控。在这些方面,社会主义市场经济和资本主义市场经济并没有本质区别,真正的区别在于,社会主义市场经济体制是同社会主义基本制度结合在一起的。例如,在所有制结构上,以公有制为主体;在分配制度上,以按劳分配为主体;在宏观调控上,可以更好地发挥计划和市场两种手段的长处;等等,就是社会主义市场经济所独有的。

中共十四大决议指出,建立社会主义市场经济体制,涉及经济基础和上层建筑的许多领域。要有一系列相应的体制改革和政策调整,必须抓紧制定总体规划,有计划、有步骤。根据这一要求,中共十四大以后,中共中央组织力量进行深入调查研究,总结改革开放的实践经验,借鉴国外的成功做法,完成了关于社会主义市场经济体制的具体

---

① 中共中央文献编辑委员会编:《邓小平文选》第3卷,人民出版社1993年版,第372页。
② 汤应武:《抉择——1978年以来的中国改革的历程》,经济日报出版社1998年版,第457页。

化、系统化的研究工作。1993年11月,中共十四届三中全会通过了《中共中央关于建立社会主义市场经济体制若干问题的决定》,勾画了社会主义市场经济体制的基本框架,并对有关的重大问题做出了明确的原则性规定。

该决定指出,要实现在20世纪末初步建立社会主义市场经济体制的目标,就必须坚持以公有制为主体、多种经济成分共同发展的方针,进一步转换国有企业经营机制,建立适应市场经济要求,产权清晰、权责明确、政企分开、管理科学的现代企业制度;建立全国统一开放的市场体系,实现城乡市场紧密结合,国内市场与国际市场相互衔接,促进国民经济的健康运行;转变政府管理经济的职能,建立以间接手段为主的完善的宏观调控体系,保证国民经济健康运行;建立以按劳分配为主体,效率优先、兼顾公平的收入分配制度,鼓励一部分地区、一部分人先富起来,走共同富裕的道路;建立多层次的社会保障制度,为城乡居民提供同我国国情相适应的社会保障,促进经济发展和社会稳定。

该决定指出,以公有制为主体和多种经济成分共同发展的所有制结构,除了作为现代企业制度的基础外,既是统一开放的市场体系、健全的宏观调控体系、合理的收入分配制度和必要的社会保障制度的基础,也是整个社会主义市场经济体制的基础。现代企业制度、统一开放的市场体系、健全的宏观调控体系、合理的收入分配制度和多层次的社会保障制度,是社会主义市场经济体制的重要组成部分,它们之间的关系都是一种整体关系,都是现代企业制度的条件,同时也都体现现代企业制度的基本要求。这是社会主义市场经济体制五个组成部分整体关系的一般性重要内容和方式。除了由上述五个方面组成的整体关系外,社会主义市场经济体制还有一些特殊的内容和方式。第一,合理的收入分配制度和多层次的社会保障制度,一方面是以现代企业制度、统一开放的市场体系、健全的宏观调控体系的统一为基础和条件;另一方面又是这三个组成部分的条件。第二,健全的宏观调控体系,一方面与现代企业制度、统一开放的市场体系既是从下到上的关系,也是从上到下的关系;另一方面与整个社会主义市场经济体制的关系,既是其组成部分,又是总体的协调者,协调现代企业制度、统一开放的市场体系以及它们之间的关系,处在整个社会主义市场经济体制框架结构的顶层。

该决定强调,建立社会主义市场经济体制,必须继续深化农村经济体制改革和对外经济体制改革;必须处理好与科技体制和教育体制改革的关系;必须处理好加强法律制度建设和改善党的领导的关系。

该决定指出,应当看到,我国社会主义的市场经济体制与世界上其他国家的市场经济体制有着显著不同的特点:大多数国家建立市场经济都是在自由竞争的基础上,自发地、逐渐地建立市场经济体制,而今形成了比较完善的市场运行机制和市场经济体制。而我国则是逐渐地缩小计划经济的范围和权力,相应地扩大市场经济的作用,当我们确定要建立社会主义市场经济体制时,就提出了所要建立的经济体制的蓝图,然后在政府主导下有计划、有步骤地予以实施。

三、中国特色社会主义事业的跨世纪发展

（一）经济宏观调控任务的完成

从1992年下半年起，由于不少地方对邓小平南方谈话做了不准确的理解，中国再次出现"经济过热"的不正常现象，社会上乱集资、乱拆借盛行，"股票热""房地产热""开发区热"，经济运行中的泡沫现象非常严重。主要表现在：① 货币投放过量、金融秩序混乱。从1979年到1992年这14年间，除了1988年上半年净投放12亿元之外，其余各年上半年都是回笼的。但1993年上半年净投放现金高达528亿元。金融机构违章乱拆借，社会不规范集资面广、量大、利率高，许多地方擅自设置金融机构从事信贷活动。这些活动导致大量资金在银行系统"体外循环"，资金投入不合理，大量资金被用于炒房地产、炒股票以及盲目大办开发区，有的金融机构利用贷款权为小团体或个人谋私利。而正常的信贷投放却完不成计划额度，重点需要的资金难以得到保证。由于高利集资的冲击，1月至5月全国居民新增储蓄存款仅912亿元，比上年同期减少226亿元。国家债券发行停滞不前，头5个月只发行18.4亿元，约完成年度预算的5%。国家专业银行资金来源短缺，备付金率明显下降，有些地方甚至发生支付困难的现象。② 投资需求膨胀。上半年全社会固定资产投资3 542亿元，其中国有单位投资2 190亿元，比上年同期增长70.7%（扣除物价因素，实际增长30%以上），新开工项目、在建工程投资总规模，都超过上年同期1倍多。许多地方"房地产热""开发区热"急剧膨胀，豪华别墅、高级写字楼、游乐园、度假村遍地开花。房地产价格愈炒愈高。银行工资性支出和对个人现金支出以及行政事业管理费现金支出大幅度增长，消费需求也出现膨胀趋势。③ 财政困难状况加剧，物价大幅度上涨。财政收入比上年同期下降，财政支出比上年同期增加，而收入仅增长1.4%。④ 由于工业增长速度过快，基础设施和基础工业的"瓶颈"制约进一步强化。交通运输特别是铁路十分紧张，一些干线限制口的通过能力仅能满足需要的30%～40%，电力、油品供需缺口越来越大，有的地方又出现"停三开四"现象。⑤ 出口增长乏力，进口增长过快，国家外汇结存下降较多。由于供求失衡，为弥补国内资源不足，被迫扩大进口和压缩国内紧缺的能源及原材料出口，为国际收支平衡带来沉重压力。上半年进口总额407亿美元，比上年同期增长23.2%，而同期出口总额372亿美元，仅增长4.4%。上半年进口金属材料用汇55.4亿美元，比上年同期增长1.4倍，其中钢材进口1 116万吨，增长3.6倍；钢坯及粗锻件进口304万吨，增长9.7%；铜进口23.2万吨，增长17.5%；铝进口14.6万吨，增长1倍。从1993年开始，国家的外汇储备下降，比上年减少25%。调剂市场美元和人民币的比价从年初的1∶7滑落到6月的1∶10（短时间内曾一度高达1∶11）。①

因货币投放量的急剧上升，导致通货膨胀严重发展，特别是生产资料在强大需求的

---

① 苏星：《新中国经济史》，中共中央党校出版社1999年版，第802—804页。

推动下价格猛涨。全国物价总水平上涨幅度,从 3 月开始突破 10%,到 6 月达到 13.9%,35 个大中城市 6 月居民消费价格总水平比上年同期上涨 21.6%。钢材、水泥等建筑材料涨幅超过 70%①。在生产资料价格暴涨的推动下,流通领域公司林立,投机资本兴风作浪,炒买炒卖、囤积居奇现象严重,虚假需求急剧上升,人为地扩大了供需缺口,使价格更加"离谱走调"。1993 年全年商品零售价格总指数较上年增长 13.2%。1994 年物价指数继续上升,全年物价指数又增长 21.7%。②

上述情况表明,当时宏观经济形势的弦已绷得很紧,有些矛盾和问题还在继续发展,如果不抓住时机,进一步深化改革,抓紧实施宏观调控措施,势必导致社会供需总量严重失衡,通货膨胀进一步加剧,甚至会引起经济大的波动,影响社会安定。

早在 1992 年 11 月,中共中央在分析了经济运行状况后,提出既要抓住机遇,加快发展,又要注意可能出现的各种问题,保证改革开放和发展的顺利进行。江泽民指出,要对经济形势有个总体把握,加强预见性,注意及时发现问题,并尽可能把它们解决在萌芽状态,不要使之积累成大问题,影响全局。12 月,在全国计划工作会议上,江泽民又强调,当前的形势大好,但要防止经济"过热",要求各地积极、正确、全面地贯彻中共十四大方针和邓小平南方谈话精神。1993 年 4 月初,中共中央召开经济情况通报会,江泽民等主要领导人在讲话中提出,我们要抓住机遇、珍惜机遇、用好机遇、加快发展。但是,经济发展一定要从客观实际出发,不搞一刀切。中央提出防止经济过热,就是为了提醒大家注意稳妥,避免大的起伏和损失,把经济发展的好势头保持下去。5 月 9 日至 11 日,江泽民在华东六省、市经济工作座谈会上指出,当前我国经济发展中出现的一些矛盾和问题,从根本上讲,是经济体制转换过程中发生的问题。要解决这些问题,不能沿用过去的老办法,而应通过改革,主要运用经济手段、法律手段,辅之以必要的行政手段,加强宏观调控力度,对经济进行有效的驾驭,使经济生活中的矛盾得到缓解,努力保持和发展经济运行的好形势。19 日夜,他又给国务院领导人写信,强调对经济活动中存在的突出问题,要抓紧时机解决,否则,解决问题的时机就会稍纵即逝,倘若问题积累,势必酿成大祸。

根据中共中央的部署,国务院陆续制定和实施了一系列加强宏观经济调控的政策与措施。1992 年,国务院发出《关于进一步加强证券市场宏观管理的通知》,决定成立国务院证券管理委员会和中国证券监督管理委员会。1993 年 4 月,国务院发出《关于坚决制止乱集资和加强债券发行管理的通知》,并决定派出 7 个工作组,由国务院有关部委主要负责人带队到 14 个省、市进行检查。5 月上旬,国务院又发出《关于严格审批和认真清理各类开发区的通知》,要求清理各类开发区,规定设立各类开发区实行国家

---

① 何沁主编:《中华人民共和国史》,高等教育出版社 1999 年版,第 392 页。
② 陈威主编:《中国共产党新时期历史大事记[增订本](1978.12—2002.5)》,中共党史出版社 2002 年版,第 406、426 页。

和省两级管理,保税区、高新技术产业开发区、国家旅游度假区、边境经济合作区的审批权归国务院。但由于在新旧体制交替过程中,有许多新问题一时还看不清楚,经济利益主体多元化后,各地对形势的看法也不尽一致,一些思想障碍不同程度地影响了宏观决策的贯彻落实。

面对经济不断升温的形势,中共中央、国务院于1993年6月颁发了《关于当前经济情况和加强宏观调控的意见》,决定对国民经济再次进行治理整顿。

在宏观调控中,国务院采取了一系列具体措施:第一,从1993年起,中国人民银行开始编制中央银行贷款年度计划,并实行贷款的限额管理、余额监控。第二,进一步严格贷款的审批程序,从1993年第4季度起,中国人民银行贷款全部贷给各专业银行总行,加强专业银行系统的调控能力。第三,增加银行备付金,控制银行扩张信用的能力。第四,试行公开市场业务。中国人民银行从6月份开始,首次向国内部分金融机构发行中国人民银行融资债券,融资债券实行浮动利率。第五,提高存、贷款利率,调节货币供求。5月和7月连续两次提高贷款利率,两次共提高各项存款平均利率2.54%,提高贷款平均利率2.2%。第六,加强对外汇市场的监督管理,稳定人民币汇价,中央银行适时入市干预,调节外汇供求,保持汇率稳定。第七,治理"乱拆借、乱集资、乱投资",收回违章拆借资金。

由于措施得力、上下认识趋于一致,宏观调控工作很快就取得了明显的成效,到1993年11月,全国的金融形势趋向稳定;"房地产热""开发区热"与投资增长过旺的势头受到抑制;国家重点建设项目进度加快;物价上涨得到一定程度的遏制;外汇调剂市场价格回落并趋向基本正常;夏季农副产品收购打"白条"现象基本消除,秋收资金已经提前到位;钢材等主要生产资料价格回落;国家财政收支情况有所改善;城乡人民收入增加。整个国民经济运行向着健康的方向发展。

其后又经过两年多的努力,到1996年,国家基本上达到了对国民经济进行宏观调控的预期目标,出现了低通胀下经济持续增长的良好局面。它的突出标志是既把1994年、1995年两年过高的物价涨幅降了下来,又避免了国民经济的"大起大落",成功地实现了"软着陆"。1996年,社会商品零售价格上升率由1994年的21.7%,1995年的14.8%,下降到6.1%,国民生产总值则由1993年的13.5%,1994年的12.6%,1995年的10.5%,下降到9.7%[①],仍比"九五"计划时期的平均增长率高出1.7个百分点。

这次治理整顿有两个特点:一是十分重视金融宏观调控的作用。重点是整顿金融秩序,严肃金融纪律。1993年5月、7月,国家连续两次宣布提高银行存、贷款利率,并从5月起,重新举办保值储蓄存款,对三年期以上存款实行保值储蓄。为抑制贷款需求,又于1995年1月、7月,分两次提高贷款利率。通过整顿金融秩序,治理"三乱"(乱拆借、乱集资、乱投资),进行宏观调控,使过热的经济降温,减少了通货膨胀的压力。

---

① 金春明:《中华人民共和国简史》,中共党史出版社2001年版,第316页。

二是强调在抑制通货膨胀,取得经济、金融健康运行的同时,保持经济的持续快速发展,避免因紧缩过度而出现经济滑坡。

(二)加入世界贸易组织

世界贸易组织(英文全称为"Word Trade Organization",简称 WTO),是致力于监督世界贸易自由化的国际组织。其前身是 1947 年创立的关税及贸易总协定(英文全称为"General Agreement on Tariffs and Trade",简称 GATT)。它是在第二次世界大战后由美国发起、中国作为创始缔约国的一个涉及金融、投资、贸易等内容的国际性法律文件,1948 年 1 月正式生效。其基本原则为:无差别或非歧视原则、互惠和对等的关税减让原则、关税递减原则、公平贸易原则、反对倾销和出口补贴原则等。其宗旨是:缔约国政府认为在处理它们的贸易与经济事务的关系方面,应以提高生活水平、保证充分就业、保证实际收入和有效需求的巨大持续增长,扩大世界资源的充分利用以及发展商品生产与交换为目的,导致大幅度地削减关税和其他贸易障碍,取消国际贸易中的歧视待遇,并对上述目的做出贡献。它的具体职能是:组织缔约方之间的多边谈判,通过大幅度地削减关税,取消一般的数量限制以及对非关税壁垒进行控制,形成一套一致同意的管理政府贸易行为的多边规则,实现或促进缔约方之间的贸易自由化,继而推动全球贸易自由化和经济发展;作为贸易谈判场所,通过开放国内市场、强化和延伸规则的适用范围、管辖范围,使贸易环境自由化和更具有可遇见性;作为各国政府借以解决与其他贸易伙伴争端的国际法院,通过磋商和争端解决程序,比较公正、合理地解决缔约方之间的贸易矛盾和纠纷,避免危害缔约方的贸易利益,避免贸易战的爆发。

按照原先的设想,关贸总协定很快会被一个称为国际贸易组织的联合国专门机构所取代,但这一国际贸易组织由于多种原因一直未能出现。在关贸总协定存在的 47 年时间里,共有 128 个国家或单独关税区加入,每年世界范围内的国际贸易绝大多数发生在协定内部的缔约方之间。关贸总协定使发达国家的加权平均关税从 1947 年的 35%降到 4%左右,发展中国家则降到 12%,对发展中国家的利益予以一定程度的保护。其成熟的贸易纠纷处理机制、缔约方之间的对话交流,在世界经济日益一体化的背景下,都是有利于世界经济以及区域(国家)经济发展的。但由于它所赖以发生作用的仅是一些临时协议,因此使约束力大大降低,在管辖范围上仅限于货物贸易,且农产品和纺织品、服务业都不受约束,这与世界产业结构向服务业、第三产业转变,国际服务贸易及投资的迅速发展和与贸易有关的知识产权保护的要求不相适应,且容易受大国所左右和控制。

为了解决关贸总协定存在的上述局限,1986 年 9 月,各缔约方的贸易部长在乌拉圭开始进行新一轮谈判,重新审议关贸总协定的有关条款,并逐步扩展到农产品、纺织品等敏感部门以及服务贸易和与之有关的知识产权、市场准入、反倾销规则等方面。1993 年 11 月,乌拉圭回合谈判正式结束,谈判各方决定建立"多边贸易组织协定",即美国提议的"世界贸易组织"。1994 年 4 月,104 个参加方代表在摩洛哥的马拉喀什召开的关贸总协定部长级会议上,正式签署了《建立世界贸易组织协定》(即《WTO协定》)。1995年1月1日,该协定正式生效。总部设在日内瓦。

世界贸易组织的核心是WTO规则。WTO规则是由WTO组织创建的一个世界多边贸易的法律体系,它由一个协议和四个附件,共29个法律文件组成,还包括20多个部长宣言和决定。WTO规则属于多边国际公约,是规范各参加方政府行为的国际行政法典,要求各成员必须遵守。其宗旨是:提高生活水平,保证充分就业、实际收入和有效需求的大幅度稳定增长;扩大货物和服务的生产及贸易;坚持可持续发展,促进对世界资源的最佳利用,保护和维护环境,并以符合不同经济发展水平的需要和关注相一致的方式,加强采取各种相应的措施;积极努力,以保证发展中国家,特别是最不发达国家在国际贸易增长中获得与其经济发展相当的份额。WTO的目标是建立一个完整的包括货物、服务与贸易有关的投资及知识产权等更具活力、更持久的多边贸易体系,以包含关贸总协定、贸易自由化的结果等。为实现上述宗旨与目标,WTO规则规定各成员之间应通过达成互惠互利的安排,大幅度削减关税和其他贸易壁垒,消除歧视性待遇,扩大市场准入程度及提高贸易政策和法规的透明度,以及实施通知与审议等原则,协调各成员之间的贸易政策,以便在可持续发展的基础上,扩大商品及服务的生产和交换。WTO坚持非歧视性、自由贸易、公平竞争、政策透明度、权利与义务平衡等原则。

1982年11月,中国首次以观察员身份列席关贸总协定第36届缔约国大会。12月,国务院批准中国申请加入关贸总协定的报告。1986年7月,中国政府正式提出申请,要求恢复中国在关贸总协定中的缔约方地位。随后,开始了漫长的复关谈判历程。世界贸易组织成立后,1995年6月,中国成为该组织的观察员,并开始了同有关国家就中国加入世贸组织的艰辛谈判。1997年8月,中国与新西兰首先就中国"入世"达成协议,不久又相继与韩国、匈牙利、捷克、斯洛伐克、巴基斯坦、智利、哥伦比亚、阿根廷、印度、日本等国家达成协议。

为了推动中国与有关国家的"入世"谈判,并表明中国政府在"入世"问题上的原则立场,1998年6月,国家主席江泽民在接受美国记者采访时提出中国"入世"三原则:① WTO没有中国参加是不完整的;② 中国毫无疑问要作为发展中国家加入WTO;③ 中国的"入世"是以权利和义务的平衡为原则的。

1999年11月,中美两国最终就中国"入世"问题达成协议,为中国"入世"扫清了一个关键性的障碍。2001年11月10日,世界贸易组织第四届部长级会议在卡塔尔首都多哈以全体协商一致的方式,审议并通过了中国加入世界贸易组织的决定。12月11日,中国正式加入世界贸易组织,成为这一组织的第143个成员。

中国加入世贸组织,尽管存在许多风险和挑战,但在总体上利大于弊,具体表现在:有利于改善我国的贸易投资环境,吸引外商特别是跨国公司到我国投资;有利于我国根据国际市场竞争的要求,加快经济结构的调整和科技进步;有利于我国建立一套符合国际通行做法的外经贸法制体系,促进在经济工作中依法办事,促进社会主义市场经济的发展;有利于我国要求其他国家必须对我国按照国际规则办事,这对我国对外贸易的稳定发展有好处。①

第四节　全面建设小康社会

一、中共十六大的召开,全面建设小康社会行动纲领的制定

2002年11月,中国共产党第十六次全国代表大会在北京召开,这是一次承上启下、继往开来的重要会议,也是中国共产党在新世纪召开的第一次重要会议。

江泽民代表中共第十五届中央委员会做了《全面建设小康社会,开创中国特色社会主义事业新局面》的报告。这次大会的主题是:高举邓小平理论伟大旗帜,全面贯彻"三个代表"重要思想,继往开来,与时俱进,全面建设小康社会,加快推进社会主义现代化,为开创中国特色社会主义事业新局面而奋斗。

报告对中共第三代领导集体主持中央工作以来的十三年进行了科学总结。指出,十三年来的实践,加深了我们对什么是社会主义、怎样建设社会主义,建设什么样的党、怎样建设党的认识,积累了宝贵的经验。主要有:坚持以邓小平理论为指导,不断推进理论创新;坚持以经济建设为中心,用发展的办法解决前进中的问题;坚持改革开放,不断完善社会主义市场经济体制;坚持四项基本原则,发展社会主义民主法制;坚持物质文明和精神文明两手抓,实行依法治国和以德治国相结合;坚持稳定压倒一切的方针,正确处理改革、发展、稳定的关系;坚持党对军队的绝对领导,走中国特色的精兵之路;坚持团结一切可以团结的力量,不断增强中华民族的凝聚力;坚持独立自主的和平外交政策,维护世界和平与促进共同发展;坚持加强和改善党的领导,全面推进党的建设的新的伟大工程。

报告认为,21世纪头20年,是一个必须紧紧抓住并且可以大有作为的重要机遇期,并据此提出了全面建设小康社会的奋斗目标。这就是:① 在优化结构和提高效益的基础上,国内生产总值到2030年力争比2000年翻两番,综合国力和国际竞争力明显增强。基本实现工业化,建成完善的社会主义市场经济体制和更具活力、更加开放的经济体系。城镇人口的比重有较大幅度提高,工农差别、城乡差别和地区差别扩大的趋势逐步得到扭转。社会保障体系比较健全,社会就业有比较大幅度提高。② 社会主义民主更加完善,社会主义法制更加完备,依法治国基本方略得到全面落实,人民的政治、经济和文化权益得到切实尊重和保障。基层民主更加健全,社会秩序良好,人民安居乐业。③ 全民族的思想道德素质、科学文化素质和健康素质明显提高,形成比较完善的

---

① 江泽民:《论有中国特色社会主义(专题摘编)》,中央文献出版社2002年版,第192、195页。

现代国民教育体系、科技和文化创新体系、全民健身和医疗卫生体系。人民享有接受良好教育的机会,基本普及高中阶段教育,消除文盲。形成全民学习、终身学习的学习型社会,促进人的全面发展。④ 可持续发展能力不断增强,生态环境得到改善,资源利用效率显著提高,促进人与自然的和谐,推动整个社会走上生产发展、生活富裕、生态良好的文明发展道路。

在经济建设和经济体制改革方面,报告提出21世纪前20年的主要任务是,完善社会主义市场经济,推动经济结构战略性调整,基本实现工业化,大力推进信息化,加快建设现代化,保持国民经济持续快速发展,不断提高人民生活水平。前十年要全面完成"十五"计划和2010年奋斗目标,力争使经济总量、综合国力和人民生活水平再上一个大台阶,为后十年打基础。为此,必须走新型工业化道路,大力实施科教兴国战略和可持续发展战略;全面繁荣农村经济,加快城镇化水平;积极推进西部大开发,促进区域经济协调发展;坚持和完善基本经济制度,深化国有经济体制改革;健全现代市场体系,加强和完善宏观调控;深化分配制度改革,健全社会保障体系;坚持"引进来"和"走出去"相结合,全面提高对外开放水平;千方百计扩大就业,不断改善人民生活。

中共十六大的另一个重要内容是把"三个代表"重要思想同马列主义、毛泽东思想和邓小平理论一起确立为党的指导思想。中共十六大报告指出,"三个代表"重要思想是在科学判断党的历史方位的基础上提出来的。中国共产党历经革命、建设和改革,已经从领导人民为夺取全国政权而奋斗的党,成为领导人民掌握全国政权并长期执政的党;已经从受到外部封锁和实行计划经济条件下领导国家建设的党,成为对外开放和发展社会主义市场经济条件下领导国家建设的党。同时,中国共产党又是在特殊的内外环境下执政并领导国家建设的,这就是:当今世界虽然仍以和平与发展为主题,但出现了许多新的特点,世界仍很不安宁;我国社会正处在并将长期处在社会主义初级阶段。中国共产党是执政党,是领导国家建设的党,这是思考和解决问题的基点。能否正确认识党所处的历史方位,涉及对党的性质的科学把握。中国共产党是工人阶级的先锋队,同时又是中国人民和中华民族的先锋队。要始终保持先锋队的性质,就必须从中国和世界的历史、现状和未来着眼,明确时代特点和党的任务,科学制定并正确执行党的路线、方针、政策,认真研究和解决推动中国社会进步与加强党的建设的问题,做到既不割断历史、又不迷失方向,既不落后于时代、又不超越阶段,使我们的事业不断从胜利走向胜利。这一重要论述,回答了中国共产党身处何处及保持先进性的历史定位的问题。

报告强调,中国共产党要全面贯彻"三个代表"重要思想。大会经过认真、深入的讨论,在新通过的《关于修改党章的报告》中,将"三个代表"重要思想同马列主义、毛泽东思想和邓小平理论一起确立为党必须长期坚持的指导思想,要求全党把这一重要思想贯彻到社会主义现代化建设的各个领域,体现在党的建设的各个方面,这对于加强新时期党的建设,更好地担负起全面建设小康社会,开创中国特色社会主义建设事业新局面的领导重任,必将产生极其重要的作用。

二、以科学发展观统领经济社会发展全局

（一）科学发展观被确立为中国共产党的指导思想

2003年7月,中共中央总书记胡锦涛在全国抗击"非典"总结大会上,首次阐述了加强经济社会协调发展、统筹城乡经济社会发展的要求。10月,中共中央十六届三中全会正式提出了坚持以人为本、全面协调可持续发展的科学发展观。2004年3月10日,胡锦涛在中央人口资源环境工作座谈会上,进一步阐明了科学发展观。他指出,坚持以人为本,就是要以实现人的全面发展为目标,从人民群众的根本利益出发谋发展、促发展,不断满足人民群众日益增长的物质文化需要,切实保障人民群众的经济、政治和文化权益,让发展的成果惠及全体人民。全面发展,就是要以经济建设为中心,全面推进经济、政治、文化建设,实现经济发展和社会全面进步。协调发展,就是要统筹城乡发展、统筹区域发展、统筹经济社会、统筹人与自然和谐发展、统筹国内发展和对外开放,推进生产力和生产关系、经济基础和上层建筑相协调,推进经济、政治、文化建设各个环节、各方面相协调。可持续发展,就是要促进人与自然的和谐,实现经济发展和人口、资源、环境相协调,坚持走生产发展、生活富裕、生态良好的文明发展道路,保证一代接一代地永续发展。同年9月召开的中共十六届四中全会,提出要全面落实科学发展观,把科学发展观贯穿到发展的整个过程和各个方面。这年12月召开的中央经济工作会议,要求坚持以科学发展观统领经济社会发展全局。2005年10月,中共十六届五中全会指出,科学发展观是推动社会发展、加快推进社会主义现代化建设必须长期坚持的指导思想。

科学发展观是以胡锦涛为总书记的中共中央坚持以邓小平理论和"三个代表"重要思想为指导,从新世纪、新阶段党和国家事业的发展全局出发提出的重大战略思想;是马克思主义同当代中国实际和时代特征相结合的产物,是马克思主义关于发展的世界观和方法论的集中体现,对新形势下实现什么样的发展、怎样发展等重大问题做出了新的科学回答,从而把中国共产党对中国特色社会主义规律的认识提高到新的水平,开辟了当代中国马克思主义发展的新境界;科学发展观是中国特色社会主义理论体系的最新成果,是中国共产党集体智慧的结晶,是指导党和国家全部工作的强大思想武器。科学发展观同马克思列宁主义、毛泽东思想、邓小平理论、"三个代表"重要思想一道,是必须长期坚持的指导思想,这已为中国共产党第十七次、第十八次全国代表大会所确认。

（二）构建社会主义和谐社会

中共十六届四中全会把构建社会主义和谐社会提到了加强执政党建设能力的高度加以重视。会议通过的《关于加强党的执政能力建设的决定》对建设社会主义和谐社会的基本要求做了规定,主要有:① 全面贯彻尊重劳动、尊重知识、尊重人才、尊重创造的方针,不断增强全社会的创造活力;② 妥善协调各方面的利益关系,正确处理人民内

部矛盾;③ 加强社会建设和管理,推进社会管理体制创新;④ 健全工作机制,维护社会稳定;⑤ 坚持党的群众路线,加强和改进新形势下的群众工作。

2005年2月,中共中央总书记胡锦涛在省、部级主要领导干部提高构建社会主义和谐社会能力专题研讨班开班式上发表重要讲话,从国际国内形势和中国共产党肩负的历史使命的高度,从马克思主义关于社会主义社会建设理论的高度,阐述了构建社会主义和谐社会的重大意义,概括了社会主义和谐社会的基本特征,明确提出了构建社会主义和谐社会的重要原则和主要工作,并就加强和改善中共对构建社会主义和谐社会各项工作的领导提出了具体要求。

社会主义和谐社会,应该是民主法治、公平正义、诚信友爱、充满活力、安定有序、人与自然和谐相处的社会。民主法治,就是社会主义民主得到充分发扬,依法治国基本方略得到切实落实,各方面积极因素得到广泛调动;公平正义,就是社会各方面的利益关系得到妥善协调,人民内部矛盾和其他社会矛盾得到正确处理,社会公平和正义得到切实维护和实现;诚信友爱,就是全社会互帮互助、诚实守信,全体人民平等友爱、融洽相处;充满活力,就是能够使一切有利于社会进步的创造愿望得到尊重,创造活动得到支持,创造才能得到发挥,创造成果得到肯定;安定有序,就是社会组织机制健全,社会管理完善,社会秩序良好,人民群众安居乐业,社会保持安定团结;人与自然和谐相处,就是生产发展,生活富裕,生态良好。

构建社会主义和谐社会,必须坚持以邓小平理论和"三个代表"重要思想为指导,坚持社会主义的基本制度,坚持走中国特色社会主义道路;必须树立和落实科学发展观,坚持以经济建设为中心,坚持"五个统筹",促进社会主义物质文明建设、政治文明建设、精神文明建设与和谐社会建设全面发展;必须坚持以人为本,始终把最广大人民的根本利益作为党和国家工作的根本出发点与落脚点,在经济发展的基础上不断满足人民群众日益增长的物质文化需要,促进人的全面发展;必须尊重人民群众的创造精神,通过深化改革、创新体制,调动一切积极因素,激发全社会的创造活力;必须注重社会公平,正确反映和兼顾不同方面群众的利益,正确处理人民内部矛盾和其他社会矛盾,妥善协调各方面的利益关系;必须正确处理改革、发展、稳定的关系,坚持把改革的力度、发展的速度和社会可以承受的程度统一起来,使改革、发展、稳定相互协调、相互促进,确保人民群众安居乐业,确保社会政治稳定和国家长治久安。

建设社会主义和谐社会,必须提高全民族的精神文明素质。为此,中共中央总书记胡锦涛2006年3月4日在参加全国政协十届四次会议民盟、民进界委员联组讨论时,提出了以"八荣八耻"为核心内容的社会主义荣辱观,即以热爱祖国为荣、以危害祖国为耻,以服务人民为荣、以背离人民为耻,以崇尚科学为荣、以愚昧无知为耻,以辛勤劳动为荣、以好逸恶劳为耻,以团结互助为荣、以损人利己为耻,以诚实守信为荣、以见利忘义为耻,以遵纪守法为荣、以违法乱纪为耻,以艰苦奋斗为荣、以骄奢淫逸为耻。

提出构建社会主义和谐社会的重要任务,为今后很长一段历史时期内中国共产党和全国人民明确了前进的方向和目标。

2007年6月25日,胡锦涛在中共中央党校省、部级干部进修班发表重要讲话,提出要在毫不动摇地坚持和发展中国特色的社会主义事业中,做到"四个坚定不移",即坚定不移地坚持解放思想的思想路线,坚定不移地推进改革开放,坚定不移地落实科学发展和社会和谐的基本要求,坚定不移地推进全面建设小康社会的伟大实践。讲话破除了"左"、右两种错误思潮对中国特色社会主义实践的干扰,为中共十七大的召开做了思想和理论上的准备。中共十七大后,社会主义和谐社会建设获得长足进展,中共十八大进一步完善了对社会主义和谐社会的理论阐述。

第五节 改革开放和社会主义现代化建设的成就

中共十一届三中全会以来,改革开放和社会主义现代化建设取得了巨大成就,主要表现在以下几个方面:

① 经济长期保持平稳较快发展,综合国力大幅提升,2011年国内生产总值达到47.3万亿元。农业综合生产能力提高,粮食连年增产,2011年粮食总产量达5.7万吨,总体上实现自给有余。产业结构调整取得新进展,基础设施全面加强。城镇化水平明显提高,城乡发展协调性增强。人民生活水平显著提高。改善民生力度不断加大,城乡就业持续扩大,居民收入较快增长,家庭财产稳定增加,衣食住行用条件明显改善,城乡最低生活保障标准和扶贫标准提升,企业退休人员基本养老金持续提高。

② 社会主义市场经济体制初步建立并不断完善,各项改革事业取得重大进展。确立了以公有制为主体、多种经济成分共同发展这一社会主义初级阶段的基本经济制度,实行按劳分配为主体、多种分配方式并存的基本分配制度。农村综合改革、集体林权制度改革、国有企业改革不断深化,非公有制经济健康发展。现代市场体系和宏观调控体系不断健全,财税、金融、价格、科技、教育、社会保障、医药卫生、事业单位等改革稳步推进。开放型经济达到新水平,2012年我国进出口总额跃居世界第二位。

③ 民主法制建设迈出新步伐。政治体制改革继续推进。实行城乡按相同人口比例选举人大代表。基层民主不断发展。中国特色社会主义法律体系形成,社会主义法治国家建设成绩显著。爱国统一战线巩固壮大。行政体系改革深化,司法体制和工作机制改革取得新进展。

④ 社会、文化建设获得显著进展。在社会建设方面,基本公共服务水平和均等化程度显著提高。教育事业迅速发展,城乡免费义务教育全面实现。社会保障体系建设成效显著,城乡基本养老保险制度全面建立,新型社会救助体系基本形成。全民医保基本实现,城乡基本医疗卫生制度初步建立。保障性住房建设加快推进。加强和创新社会管理,社会保持和谐稳定。在文化建设方面,社会主义核心价值体系建设深入开展,

文化体制改革全面推进,公共文化服务体系建设取得重大进展,文化产业加速发展,文化创作更加繁荣,人民精神文化生活更加丰富多彩。全民健身和竞技体育取得新成绩。

此外,在国防和军队建设、祖国统一、外交工作以及党的建设等方面,也都获得了长足发展。

人们完全有理由相信,有着近百年革命和建设历史、日益成熟的中国共产党,在总结自身所走过的既艰难曲折、又充满无限辉煌的漫长道路而留下的丰富经验与深刻教训,并借鉴其他社会主义国家的沉痛教训,吸取资本主义发达国家有益经验的基础上,一定能提升自己驾驭复杂事件的能力,带领全国人民不断克服前进道路上的困难,取得新的伟大胜利。一个和谐发展的社会主义美好未来,在永葆马列主义先进性的中国共产党的领导下,一定能在中国出现。

第十一章

中国特色社会主义进入新时代

第一节 全面建设小康社会进入决胜阶段

一、全面建设小康社会的新要求和新举措

经过中共十六大以来的不懈努力，中国在全面建成小康社会方面取得了重大成就，经济总量从世界第六位上升到第二位，社会生产力、经济实力、科技实力迈上一个大台阶，人民生活水平、居民收入水平、社会保障水平迈上一个大台阶，综合国力、国际竞争力、国际影响力迈上一个大台阶，国家面貌发生新的历史性变化。这说明，我国全面建设小康社会的伟大事业已经进入了决胜阶段。

正是在这样的重要历史时期，中国共产党于2012年11月上中旬召开了第十八次全国代表大会，胡锦涛做了《坚定不移沿着中国特色社会主义道路前进 为全面建成小康社会而奋斗》的报告。大会的主题是：高举中国特色社会主义伟大旗帜，以邓小平理论、"三个代表"重要思想、科学发展观为指导，解放思想，改革开放，凝聚力量，攻坚克难，坚定不移沿着中国特色社会主义道路前进，为全面建成小康社会而奋斗。

为夺取全面建成小康社会的胜利，大会向全党和全国人民提出了新的要求。

第一，要实现经济的持续健康发展。要通过转变经济发展方式取得重大进展，在发展平衡性、协调性、可持续性明显增强的基础上，实现国内生产总值和城乡居民人均收入比2010年翻一番；使科技进步对经济增长的贡献率大幅上升，使我国进入创新型国家行列；要使我国基本实现工业化，信息化水平大幅提升，城镇化质量明显提高，农业现代化和社会主义新农村建设成效显著，区域协调发展机制基本形成；要进一步提高对外开放水平，国际竞争力明显增强。

第二，必须不断扩大人民民主。要更加完善民主制度，使民主的形式更加丰富，人民的积极性、主动性、创造性得到进一步发挥；要全面落实依法治国基本方略，基本建成法治政府，不断提高司法公信力，切实尊重和保障广大人民的基本人权。

第三,必须不断增强文化软实力。要使社会主义核心价值体系深入人心,公民文明素质和社会文明程度明显提高;文化产品更加丰富,公共文化服务体系基本建成,文化产业成为国民经济的支柱性产业,中华文化走出去迈出更大步伐,社会主义文化强国建设基础更加坚实。

第四,必须全面提高人民群众的生活水平。要在总体上实现基本公共服务的均等化,全民受教育程度和创新人才培养水平明显提高,进入人才强国和人力资源强国行列,教育现代化基本实现;要实现更加充分的就业,逐步缩小收入分配差距,使中等收入群体持续扩大,扶贫对象大幅减少;社会保障实现全民覆盖,人人享有基本医疗卫生服务,住房保障体系基本形成,社会和谐稳定。

第五,要在资源节约型、环境友好型社会建设方面取得重大进展。要基本形成主体功能区布局,初步建立资源循环利用体系;单位国内生产总值能源消耗和二氧化碳排放大幅下降,主要污染物排放总量显著减少;森林覆盖率提高,生态系统稳定性增强,人居环境明显改善。

党的十八大提出,全面建成小康社会,必须以更大的政治勇气和智慧,不失时机深化重要领域改革,坚决破除一切妨碍科学发展的思想观念和体制机制弊端,构建系统完备、科学规范、运行有效的制度体系,使各方面制度更加成熟更加定型;要加快完善社会主义市场经济体制,完善公有制为主体、多种所有制经济共同发展的基本经济制度,完善按劳分配为主体、多种分配方式并存的分配制度,完善宏观调控体系,更大程度更广范围发挥市场在资源配置中的基础性作用,完善开放型经济体系,推动经济更有效率、更加公平、更可持续发展;加快推进社会主义民主政治制度化、规范化、程序化,从各个层次、各个领域扩大公民有序政治参与①,实现国家各项工作法治化;加快完善文化管理体制和文化生产经营机制,基本建立现代文化市场体系,健全国有文化资产管理体制,形成有利于创新创造的文化发展环境;加快形成科学有效的社会管理体制,完善社会保障体系,健全基层公共服务和社会管理网络,建立确保社会既充满活力又和谐有序的体制机制;加快建立生态文明制度,健全国土空间开发、资源节约、生态环境保护的体制机制,推动形成人与自然和谐发展的现代化建设新格局。

大会选举出了新的中央委员会。十八届一中全会选举了以习近平为中共中央总书记的中央领导机关的组成人选。2013年3月,十二届全国人大一次会议选举习近平为国家主席,同时选举了新一届全国人大常委会,决定了新一届国务院的组成人员,李克强任国务院总理,再次实现了党和国家领导人的平稳过渡,在组织上保证了中国特色社会主义建设事业的可持续发展。

---

① 公民有序政治参与是指公民的政治参与必须遵循法律、规则和程序,正确处理权利和义务的关系,坚持中国共产党的领导。否则就会导致公民无序的政治参与。

二、中国特色社会主义建设的新成就

中共十八大后,以习近平同志为核心的中共中央团结、带领全国人民"撸起袖子加油干",将中国特色社会主义建设事业向前大大推进了一步,取得了明显的成就。

经济建设取得重大成就。坚定不移贯彻新发展理念,坚决端正发展观念、转变发展方式,发展质量和效益不断提升。经济保持中高速增长,在世界主要国家中名列前茅,国内生产总值从54万亿元增长到82.7万亿元,稳居世界第二,年均增长7.1%,占世界经济比重从11.4%提高到15%,对世界经济增长贡献率超过30%。供给侧结构性改革深入推进,经济结构不断优化,数字经济等新兴产业蓬勃发展,高铁、公路、桥梁、港口、机场等基础设施建设快速推进。农业现代化稳步推进,粮食生产能力达到1.2万亿斤。城镇化率年均提高1.2%,8 000多万农业转移人口成为城镇居民。区域发展协调性增强,"一带一路"建设、京津冀协同发展、长江经济带发展成效显著。创新驱动发展战略大力实施,创新型国家建设成果丰硕,天宫、蛟龙、天眼、悟空、墨子、大飞机等重大科技成果相继问世。南海岛礁建设积极推进。开放型经济新体制逐步健全,对外贸易、对外投资、外汇储备稳居世界前列。

全面深化改革取得重大突破。蹄疾步稳推进全面深化改革,坚决破除各方面体制机制弊端。改革全面发力、多点突破、纵深推进,着力增强改革系统性、整体性、协同性,压茬拓展改革广度和深度,推出1 500多项改革举措,重要领域和关键环节改革取得突破性进展,主要领域改革主体框架基本确立。中国特色社会主义制度更加完善,国家治理体系和治理能力现代化水平明显提高,全社会发展活力和创新活力明显增强。

民主法治建设迈出重大步伐。积极发展社会主义民主政治,推进全面依法治国,党的领导、人民当家做主、依法治国有机统一的制度建设全面加强,党的领导体制机制不断完善,社会主义民主不断发展,党内民主更加广泛,社会主义协商民主全面展开,爱国统一战线巩固发展,民族宗教工作创新推进。科学立法、严格执法、公正司法、全民守法深入推进,法治国家、法治政府、法治社会建设相互促进,中国特色社会主义法治体系日益完善,全社会法治观念明显增强。国家监察体制改革试点取得实效,行政体制改革、司法体制改革、权力运行制约和监督体系建设有效实施。

思想文化建设取得重大进展。加强党对意识形态工作的领导,党的理论创新全面推进,马克思主义在意识形态领域的指导地位更加鲜明,中国特色社会主义和中国梦深入人心,社会主义核心价值观和中华优秀传统文化广泛弘扬,群众性精神文明创建活动扎实开展。公共文化服务水平不断提高,文艺创作持续繁荣,文化事业和文化产业蓬勃发展,互联网建设管理运用不断完善,全民健身和竞技体育全面发展。主旋律更加响亮,正能量更加强劲,文化自信得到彰显,国家文化软实力和中华文化影响力大幅提升,全党全社会思想上的团结统一更加巩固。

人民生活不断改善。深入贯彻以人民为中心的发展思想,一大批惠民举措落地实施,人民获得感显著增强。脱贫攻坚战取得决定性进展,6 000多万贫困人口稳定脱贫,贫困发生率从10.2%下降到4%以下。教育事业全面发展,中西部和农村教育明显加强。就业状况持续改善,城镇新增就业年均1 300万人以上。城乡居民收入增速超过经济增速,中等收入群体持续扩大。覆盖城乡居民的社会保障体系基本建立,人民健康和医疗卫生水平大幅提高,保障性住房建设稳步推进。社会治理体系更加完善,社会大局保持稳定,国家安全全面加强。

生态文明建设成效显著。大力度推进生态文明建设,全党全国贯彻绿色发展理念的自觉性和主动性显著增强,忽视生态环境保护的状况明显改变。生态文明制度体系加快形成,主体功能区制度逐步健全,国家公园体制试点积极推进。全面节约资源有效推进,能源资源消耗强度大幅下降。重大生态保护和修复工程进展顺利,森林覆盖率持续提高。生态环境治理明显加强,环境状况得到改善。引导应对气候变化国际合作,成为全球生态文明建设的重要参与者、贡献者、引领者。

强军兴军开创新局面。着眼于实现中国梦强军梦,制定新形势下军事战略方针,全力推进国防和军队现代化。召开古田全军政治工作会议,恢复和发扬我党我军光荣传统和优良作风,人民军队政治生态得到有效治理。国防和军队改革取得历史性突破,形成军委管总、战区主战、军种主建新格局,人民军队组织架构和力量体系实现革命性重塑。加强练兵备战,有效遂行海上维权、反恐维稳、抢险救灾、国际维和、亚丁湾护航、人道主义救援等重大任务,武器装备加快发展,军事斗争准备取得重大进展。人民军队在中国特色强军之路上迈出坚定步伐。

港澳台工作取得新进展。全面准确贯彻"一国两制"方针,牢牢掌握宪法和基本法赋予的中央对香港、澳门全面管治权,深化内地和港澳地区交流合作,保持香港、澳门繁荣稳定。坚持一个中国原则和"九二共识",推动两岸关系和平发展,加强两岸经济文化交流合作,实现两岸领导人历史性会晤。妥善应对台湾局势变化,坚决反对和遏制"台独"分裂势力,有力维护台海和平稳定。

全方位外交布局深入展开。全面推进中国特色大国外交,形成全方位、多层次、立体化的外交布局,为我国发展营造了良好外部条件。提出共建"一带一路"倡议,发起创办亚洲基础设施投资银行,设立丝路基金,举办首届"一带一路"国际合作高峰论坛、亚太经合组织领导人非正式会议、二十国集团领导人杭州峰会、金砖国家领导人厦门会晤、亚信峰会。倡导构建人类命运共同体,促进全球治理体系变革。我国国际影响力、感召力、塑造力进一步提高,为世界和平与发展做出新的重大贡献。

全面从严治党成效卓著。全面加强党的领导和党的建设,坚决改变管党治党宽松软的状况。推动全党尊崇党章,增强政治意识、大局意识、核心意识、看齐意识,坚决维护党中央权威和集中统一领导,严明党的政治纪律和政治规矩,层层落实管党治党政治责任。坚持照镜子、正衣冠、洗洗澡、治治病的要求,开展党的群众路线教育实践活动和"三严三实"即严以修身、严以用权、严以律己及谋事要实、创业要实、做人要实专题教育,推进"两学一做"即学党章党规、学(习近平)系列讲话,做合格党员的学习教育常态化制度化,全党理想信念更加坚定、党性更加坚强。贯彻新时期好干部标准,选人用人状况和风气明显好转。党的建设制度改革深入推进,党内法规制度体系不断完善。把纪律挺在前面,着力解决人民群众反映最强烈、对党的执政基础威胁最大的突出问题。出台中央八项规定,严厉整治形式主义、官僚主义、享乐主义和奢靡之风,坚决反对特权。巡视利剑作用彰显,实现中央和省级党委巡视全覆盖。坚持反腐败无禁区、全覆盖、零容忍,坚定不移"打虎""拍蝇""猎狐",不敢腐的目标初步实现,不能腐的笼子越扎越牢,不想腐的堤坝正在构筑,反腐败斗争压倒性态势已经形成并巩固发展。

第二节 坚持和发展中国特色社会主义

一、习近平新时代中国特色社会主义思想成为指导思想

在中国特色社会主义进入以习近平新时代中国特色社会主义思想为指导思想时代之际,中国共产党于 2017 年 10 月召开了第十九次全国代表大会。习近平做了题为《决胜全面建成小康社会,夺取新时代中国特色社会主义伟大胜利》的报告。大会的主题是:不忘初心,牢记使命,高举中国特色社会主义伟大旗帜,决胜全面建成小康社会,夺取新时代中国特色社会主义伟大胜利,为实现中华民族伟大复兴的中国梦不懈奋斗。大会通过的党章,明确将习近平新时代中国特色社会主义思想作为中国共产党的指导思想。

习近平新时代中国特色社会主义思想,明确了要坚持和发展中国特色社会主义,总任务是实现社会主义现代化和中华民族伟大复兴,在全面建成小康社会的基础上,分两步走在 21 世纪中叶建成富强、民主、文明、和谐、美丽的社会主义现代化强国;明确新时代我国社会主要矛盾是人民日益增长的美好生活需要和不平衡不充分的发展之间的矛盾,必须坚持以人民为中心的发展思想,不断促进人的全面发展、全体人民共同富裕;明确中国特色社会主义事业总体布局是坚持经济建设、政治建设、文化建设、社会建设、生态文明建设"五位一体",战略布局是"四个全面",即全面建成小康社会、全面深化改革、全面推进依法治国、全面从严治党,强调坚定道路自信、理论自信、制度自信、文化自信;明确全面深化改革总目标是完善和发展中国特色社会主义制度、推进国家治理体系和治理能力现代化;明确全面推进依法治国总目标是建设中国特色社会主义法治体系、建设社会主义法治国家;明确党在新时代的强军目标是建设一支听党指挥、能打胜仗、作风优良的人民军队,把人民军队建设成为世界一流军队;明确中国特色大国外交要推动构建新型国际关系,推动构建人类命运共同体;明确中国特色社会主义最本质的特征是中国共产党领导,中国特色社会主义制度的最大优势是中国共产党领导,党是最高政

治领导力量,提出新时代党的建设总要求,突出政治建设在党的建设中的重要地位。

习近平新时代中国特色社会主义思想,是对马克思列宁主义、毛泽东思想、邓小平理论、"三个代表"重要思想、科学发展观的继承和发展,是马克思主义中国化的最新成果,是党和人民实践经验和集体智慧的结晶,是中国特色社会主义理论体系的重要组成部分,是全党全国人民为实现中华民族伟大复兴而奋斗的行动指南,必须长期坚持并不断发展。

中共十九届一中全会选举习近平、李克强、栗战书、汪洋、赵乐际、王沪宁、韩正为中央政治局常委,习近平为中共中央总书记。2019年3月召开的十三届全国人大一次会议选举习近平继续担任国家主席,并再次任命李克强为国务院总理。

二、实现中华民族伟大复兴的行动纲领

中共十九大提出,要实现中华民族的伟大复兴,就必须团结带领人民进行有效应对重大挑战、抵御重大风险、克服重大阻力、解决重大矛盾的伟大斗争,深入推进党的建设新的伟大工程,推进中国特色社会主义的伟大事业。伟大斗争,伟大工程,伟大事业,伟大梦想,紧密联系、相互贯通、相互作用,其中起决定性作用的是党的建设新的伟大工程。

大会还对2020年到21世纪中叶所要完成的伟大任务分两个阶段进行了安排。第一个阶段,从2020年到2035年,在全面建成小康社会的基础上,再奋斗15年,基本实现社会主义现代化。第二个阶段,从2035年到21世纪中叶,在基本实现现代化的基础上,再奋斗15年,把我国建成富强民主文明和谐美丽的社会主义现代化强国。为完成上述任务,必须开启全面建设社会主义现代化国家的新征程;必须贯彻新发展理念,建设现代化经济体系;必须健全人民当家做主制度体系,发展社会主义民主政治;必须坚定文化自信,推动社会主义文化繁荣兴盛;必须提高保障和改善民生水平,加强和创新社会治理;必须加快生态文明体制改革,建设美丽中国;必须坚持走中国特色强军之路,全面推进国防和军队现代化;必须坚持"一国两制",推进祖国统一;必须坚持和平发展道路,推动构建人类命运共同体;必须坚定不移全面从严治党,不断提高党的执政能力和领导水平。

目标已经确定,蓝图已经绘就,方向也已指明。改革开放40余年来特别是中共十八大以来的中国特色社会主义建设所取得的伟大成就,使人们完全有理由相信,中华民族伟大复兴的光荣梦想一定能实现。